심리치료의 거장

Master Therapists

심리치료의 거장

Thomas M. Skovholt · Len Jennings 편저

유정이 · 유성경 · 이문희 · 박정민 공역

Master Therapists

학지사

Authorized translation from the English language edition, entitled
MASTER THERAPISTS:
EXPLORING EXPERTISE IN THERAPY AND COUNSELING, 1st Edition

KOREAN language edition published by Hakjisa Publisher, Copyright © **2008**

ISBN:0205335063 by SKOVHOLT, THOMAS M.; JENNINGS, LEN, published by Pearson Education, Inc, publishing as Allyn & Bacon,

역·자·서·문

상담과 심리치료에 입문한 사람이라면 누구나 훌륭한 상담자가 되고 싶어 한다. 가능한 한 많은 서적을 읽고, 할 수 있는 한 많은 실습을 하면서 스스로를 연마하는 이유가 바로 여기에 있다. 이런 점에서 심리치료의 거장들이 어떤 특성을 가지고 있는지를 알고 싶어 하는 것은 너무도 자연스러운 일이라 하겠다. 이런 관심으로 이 책의 번역을 시작하였다.

역자들은, 상담과 심리치료에서 대가 혹은 거장으로 불리는 이들이야말로 상담의 살아 있는 교과서라고 생각했다. 또한 그들은 상담과 심리치료 영역에서 우리와 함께 같은 길을 걸어가는 동료고 선배며, 또한 우리 미래의 모델이라는 점에서 아주 매력 있는 연구대상이 아닐 수 없었다. 그들의 면면을 다룬 이 책을 발견했을 때, 마치 보물지도를 발견한 사람들처럼 설레고 흥분했다. 아마도 이 책을 통해서 상담교육과 훈련의 결과를 미리 예견할 수 있지 않을까 하는 기대와 함께 초심 상담자들을 교육할 수 있는 보다 명확한 길을 발견할 것이라는 확신 때문이었을 것이다. 그리고 그런 기대는 번역 과정에서 충분히 채워졌음을 말하지 않을 수 없다.

이 책은 톰 스콥홀트(Tomas M. Skovholt)의 *Master Therapist*를 한국어로 옮긴 것이다. 톰 스콥홀트는 1980년대 이후 지속적으로 상담자의 발달에 관심을 가져왔으며 주로 상담자의 발달모델을 제시한 인물이다. 그와 그의 제자들이 진행해 온 연구를 바탕으로 저술된 이 책은, 상담의 대가 혹은 거장의 인지적, 정서적, 행동적 측면을 구체적으로 보여 주고 있으며 나아가 연구에 관심을 가진 독자를 위해서 연구방법을 제시하고 있다.

저자도 서문에서 말하고 있듯이, 이 책은 실제로 상담 실무를 해 온 이들 10명에 대한 생생한 인터뷰 기록이다. 이들의 상담 실무 경력 평균은 29.3년이다. 30년 가까운 실무경력뿐 아니라 동료 상담자들로부터 가장 뛰어난 상담자로 반복적으로 지목된 이들이다.

이 책은 상담자 교육에 관한 좋은 입문서인 동시에 훌륭한 연구안내서이기도 하다. 저자와 번역자 모두 상담 실무자며 동시에 연구자기 때문에 이 책의 '이상적 독자'는 상담자, 심리치료자, 인간의 문제를 다루는 실무영역의 모든 실무자와 연구자 그리고 교육자가 될 수 있다고 생각한다. 이러한 점에 맞추어 저자들은 심리치료의 거장들이 보여 주는 면면을 다루는 데 많은 부분을 할애했고, 동시에 이와 유사한 연구를 진행하고자 하는 연구자들을 위해 부록에 연구법과 분석과정을 그대로 실었다.

번역과정에서 가능한 한 원문에 충실하게 그리고 정확하게 내용을 제공하고자 노력하였으나 오역의 가능성은 여전히 남아 있다. 몇 가지 용어는 적합한 번역어를 찾기 어려워 비교적 그 내용을 충실히 전달한다고 판단되는 근접한 용어로 옮기기도 하였다. 또 몇몇 용어는 원저자의 경우에도 그렇듯이 명확한 차이를 두지 않고 혼용하여 사용했다. 상담자와 실무자, 치료와 상담 그리고 개입, 대가와 거장은 혼용했음을 미리 밝혀 둔다. 충실한 번역으로 오해의 소지가 없도록 수차례의 수정과 논의를 거듭했지만 그래도 부족한 의미의 전달이 있을 것으로 생각한다. 만약 그렇다면 그것은 온전히 번역자의 몫일 것이다. 다만 이 번역서를 시작으로 중견 혹은 대가 상담자에 대한 논의와 연구가 보다 활발하게 이루어지기를 바란다. 상담에 입문하는 많은 초심 상담자들이 초심자 시절의 두려움과 막막함을 견디고 보다 성숙한 상담자로 성장해 가는 데 조금이라도 도움이 된다면 더욱 바랄 게 없다.

번역자들 역시 각자의 위치에서 상담 실무를 계속하고 있다. 우리는 몇 년 전부터 상담의 대가 혹은 거장에 대한 관심을 공유하고 대가 연구를 시작하였다. 연구과정에서 한국의 상담 거장들을 선정했지만 그 과정에는 난관이 많았다. 인터뷰를 극구 사양하는 분도 있었고 한국에 대가가 있는냐는 회의적인 질문을 하는 분도 있었다. 연구진은 우선 톰 스콥홀트의 책을 공부하면서 호흡을 고르고자 했으며 이를 번역하는 데 뜻을 모으게 되었다.

모두 다른 영역에 종사하여 공유할 수 있는 시간이 제한된 이유로 번역작업이 늦어졌다. 그럼에도 불구하고 출간을 위한 뒷바라지를 모두 담당해 주신 학지사 김진환 사장님께 감사의 말씀을 전한다.

이 책을 정성껏 편집해 준 학지사 편집부에 감사하며, 특히 늦은 원고를 기다려서 꼼꼼히 검토하는 친절함과 인내를 보여 주신 강물결 선생님께 감사를 전한다.

수리산 연구실에서
역자 일동

머·리·말

이 책의 머리말을 쓸 수 있게 되어 매우 기쁘게 생각한다. 나는 심리치료자 발달과 관련된 이들의 연구에 대해서 잘 알고 있던 바이며 매우 흥미로운 연구 주제라고 생각하고 있었다. 이 연구진은 대가 상담자들의 발달과 그들이 자신의 삶과 심리치료에 어떻게 접근하고 있는지에 대해 풍부한 이야기를 해 준다. 대가 상담자들은 우리에게 없는 것을 가지고 있지만 시기심을 불러일으키기보다 우리에게 영감을 불러일으켜 준다.

이 책은 실제로 상담자가 되려고 하는 우리 모두에게 중요하다. 삶에 대한 사랑, 자기 성찰적 능력, 성숙, 대인관계, 자기 돌봄, 윤리적인 부분에서 우리가 이들 대가 상담자와 비교하여 어떠한지를 알 수 있는 기준을 제시하기 때문이다. 이러한 결과는 왜 나는 이 사람들과 다르거나 혹은 비슷한지 우리 스스로 성찰할 수 있는 풍부한 기회를 제공한다.

내담자들이 이 책을 읽는 것도 좋다. 상담자에게서 무엇을 찾아야 하는지를 알려 주기 때문이다. 이 책은 어떤 상담자가 다른 상담자보다 더 나을 수도 있다는 사실을 보여 준다. 상담자와 내담자가 잘 맞지 않을 때, 그것이 항상 내담자의 문제 때문만은 아니다.

이 책은 상담자를 교육하는 이들에게도 중요하다. 무엇을 지향하여 교육시킬 것인가를 아는 것은 중요하기 때문이다. 마지막으로 이 책은 연구자들에게도 중요하다. 기술적인 연구를 할 때 도움이 되는 질적 연구 패러다임의 좋은 예시를 제공해 주기 때문이다.

머리말의 나머지 부분은 상담자 발달 분야에 관해 이 연구가 시사하는 것에 초점을 두고 싶다. 이 주제는 나에게 매우 친숙한 주제이기 때문이다. 나는 상담 기술과 훈련에 관한 주제를 위해 많은 시간을 보냈고, 그 주제들이 나의 주된 관심사였다. 강의를 할 때도 나는 초보 상담자들에게 기초적인 조력기술을 가르치는 데에 많은 에너지를 쏟아 붓는다. 연구를 할 때도 상담자 개입효과를 이해하기 위해 대부분의 에너지를 쏟는다. 지금까지 연구를 통해 잘 나타내지는 못했지만, 나는 상담자가 상담과정에 상당한 기여를 한다고 믿고 있으며, 우리 훈련이 더 나은 상담자를 키워 내는 데 기여하고 있다고 굳게 믿고 있다. 그러나 이 또한 안타깝게도 이제까지는 연구를 통해서 잘 보여 주지 못했다.

우리의 훈련이 특정한 효과를 보이지 못한다는 사실에 대해 생각하는 것은 도전이 된다. 1991년 『설득과 치료(Persuasion and Healing)』라는 책에서 프랭크와 프랭크(Frank & Frank)는 우리가 상담자들이 믿을 수 있는 이론적인 틀을 제공하고 상담기술에 대한 자신감을 키워 가도록 돕고 있지만, 여기에서 중요한 것은 기술이나 훈련보다는 믿음이라고 주장했다. 즉, 치료자가 치료자로서 자신감과 전문적 정체성을 가지게 되면 그들이 사용하는 구체적인 기술은 그다지 중요하지 않다는 것이다.

여기서 대가 상담자에 대한 연구가 상담자 발달에 관한 연구의 역사적인 맥락에서 어떤 위치를 차지하고 있는지를 잠시 살펴보겠다. 이 연구를 역사적인 맥락에서 살펴보는 것은 그 흐름을 이해하고, 또 앞으로의 연구 방향을 생각하는 데도 도움이 될 것이다.

상담자 발달 관련 연구의 시작이면서 가장 많은 연구가 이루어졌던 부문은 초보 상담자에 대한 조력기술 프로그램(예: Carkhuff, 1969; Ivey, 1994; Kagan et al., 1965에 의해 개발된 것)의 효과를 검증하는 것이다. 이러한 부류의 연구는 1960년대와 1970년대에 유행했는데, 연구방법론에 주요한 문제가 있어서 이후로는 거의 사장되어 가고 있다. 보다 최근에는 경험 있는 상담자들이 매뉴얼화된 치료를 하도록 훈련하는 것과 관련된 연구들이 있다.

또한 상담 슈퍼비전에 관한 연구도 많이 등장하고 있는데, 주로 기본 상담기술 훈련 후에 개인적으로 이루어지는 슈퍼비전에 관한 것들이다. 이러한 연구는 다른 발달 수준에 있는 상담자의 훈련에서 이루어지는 변화를 설명해 주는 발달 모델에 관한 것이다. 그 밖에 다른 영역의 주제도 다양하게 연구되고 있다. 예컨대, 슈퍼비전 동맹, 슈퍼비전 스타일, 슈퍼비전에서의 비밀, 슈퍼비전에서의 피드백, 슈퍼비전이 상담과정에 미치는 효과에 관한 것들이다.

수년에 걸쳐 상담자들의 경험 수준과 관련된 꽤 많은 양의 연구가 진행되었는데, 대부분 상담자의 경험 수준과 치료효과 간에는 아무런 관계가 없는 것으로 나타났다(예: Seligman, 1995). 이러한 연구에서 경험 수준은 체계화되지 않고 어느 정도의 경력이었는지를 추측해서 적는 방식이었다. 그런데 이들 연구에서 상담 경험이 상담 성과에 아무런 기여를 하지 못한다는 결론은 우리에게 도전 과제를 준다. 이러한 결과는 상담자를 훈련시키는 우리 분야에 대한 회의를 불러일으킨다. 경험이 아무런 차이를 만들어 내지 못한다면 다양한 훈련을 시키느라고 애쓸 필요가 있을까? 그냥 초심자들이 열의에 차서 상담을 하면 되는 것이 아닐까?

최근에 올린스키와 동료들(Orlinsky et al., 1999)은 상담자 발달에 관한 주요한 연구를 해 왔다. 그들은 세계 각국의 수많은 치료자들에게 회고적 관점에서 자신들에게 중요했던 발달적 요소들에 대해 생각해 보도록 하였다. 이 연구는 상담자들이 그들의 발달과정에서 경험하게 되는 주요한 변화에 관한 초학문적이고 국제적인 자료를 제공하고 있다. 치료자들은 훈련과정에서의 경험, 슈퍼비전 경험, 내담자를 만났던 경험과 개인분석이 치료자로서의 성장에 분명히 영향을 주었다고 생각하고 있었다.

이제 우리는 상담자 발달과 대가 상담자에 관한 연구물을 가지고 있다. 상담자 발달에 관한 초기의 연구물은 치료자들이 전 생애에 걸친 상담자로서의 발달과정에서 그들이 겪은 변화를 이해하는 데 필요한 개념틀을 제공해 준다. 그리고 대가 상담자에 관한 최근의 연구들은 훈련의 마지막 산물에 대해, 또한 치료자가 숙련되고 유능해지면 어떻게 보이는가에 대해 알려주고 있다.

문헌에 대한 간단한 검토를 통해 쉽게 알 수 있는 점은 치료자 발달에 대한 연구물이 부족하다는 것이다. 『심리치료와 행동 변화에 관한 핸드북(Handbook of Psychotherapy and Behavior Change)』(Lambert, 2003) 최신판에서는 치료자 훈련에 관한 내용을 삭제했다. 또한 『상담심리학 핸드북(Handbook of Counseling Psychology)』(Brown & Lent, 2000)에서는 항상 상담자 훈련에 관한 부분이 있었는데, 가장 최근호에서는 주로 대학원 과정에서 이루어지는 슈퍼비전을 중점적으로 다루고 있다.

이러한 결과는 우리에게 미래의 방향을 제시해 준다. 첫째로 대가 상담자에 관한 연구, 피어나기 시작한 슈퍼비전에 관한 연구, 올린스키의 치료자 발달에 관한 연구는 상담자 발달 분야에 대한 관심이 늘어날 것을 예견해 준다. 우리는 훈련과정에서 정확히 무엇이 일어나는지, 훈련의 성과는 무엇인지에 대해 보다 많은 증거가 필요하다. 치료자들이 자신이 하는 일에 숙련되도록 돕는 가장 좋은 방법은 무엇일까? 치료자들은 특정한 기술을 배우는 것일까, 아니면 자신의 능력에 대해 자신감을 갖고 치료자로서의 역할을 하는 것을 배우는 것일까?

더불어 치료자에 대한 종단적 연구가 필요하다. 치료 이전의 요소(성격, 인지적/정서적 지능, 상담자 또는 내담자로서 조력과 관련된 초기 경험)가 다양한 형태의 훈련(기초 조력기술, 사례개념화 기술, 사례관리 기술, 진단 및 평가 기술, 매뉴얼화된 치료) 및 개인분석, 임상적 경험과 어떻게 상호작용하여 대가 상담자로 발달하도록 이끄는지를 밝혀야 한다.

결론적으로 연구자와 교육자들이 이 책을 읽고 무엇이 대가 상담자를 만들어 내는지에 대해 비판적으로 생각할 수 있기를 바란다. 우리는 학생들에게 많은 시간의 실습, 박사과정 전 인턴십을 지속적으로 요구하고 이제는 박사과정 후 인턴십까지 요구하고 있지만 이들 훈련이 중요하다는 증거를 가지고 있는가? 과연 타고난 치료자를 선택하여 그들에게 내담자를 볼 수 있는 경험을 많이 제공해야 할까, 아니면 체계적인 훈련과 슈퍼비전을 주어야 할까?

클라라 힐(Clara E. Hill)

서 · 문

-대가를 찾아서-

쉽게 파악하기 어려운, 예술적이고 과학적인 측면을 모두 지닌 심리치료를 보다 잘해 내는 것은 모든 초보 상담자들의 소원일 것이다. 마찬가지로 경험이 많은 상담자들도 이러한 소원을 가지고 있다. 불행하게도 상담 전문가가 되기 위해서는 애매모호한 복잡성을 지닌 인간의 삶에 몰두하고 그것을 이해하며 성장을 조력하는 일을 해내야 한다. 이는 마치 고속도로 위에 자국을 남긴 신기루처럼 거기 있는 듯하지만 금세 사라져 버리는 알기 어려운 수준의 유능감이다.

이 책은 파악하기 어려운 전문성을 추적하고 그 일부라도 이해해 보고자 하는 목표를 가진다. 무엇보다도 심리치료 과정이 잘 진행되었을 때는 인간의 삶을 변화시킬 수 있다. 따라서 이 고귀한 시도를 위해서는 많은 연구와 노력을 기울일 만한 가치가 있다.

이 책은 동료 전문가들에 의해 대가로 선정된 10명의 대가 심리치료자에 관한 네 가지 연구로 구성되어 있다. 여기에 소개된 대가들은 저술이나 교육 분야에서 유명한 사람들이 아닌 상담 실무에서의 대가들이다. 전문성 연구는 한 영역에서 철저한 경험을 쌓지 않은 사람은 그 영역의 전문가가 될 수 없다는 사실을 강력하게 지지하고 있다. 그러나 히멜라인과 퍼트넘(Himelein & Putnam, 2001)에 따르면 심리치료를 가르치는 많은 교수들은 실제 치료를 하지 않고 있다. 하지만 이 책에서 연구된 대상들은 수십 년 동안의 심리치료 경험을 지닌 숙련된 치료자들이다. 우리는 큰 소망을 가지고 그들에 관해 연구했고, 그들로부터 얻은 통찰을 제공하고자 한다.

우리의 목적은 이들 대가들에게서 배워서 우리 분야의 전반적 임상 수준을 향상시키는 것이다. 우리는 특히 초보 상담자들과 훈련과정에 있는 상담자들에게 도움이 될 만한 정보를 제공하는 데 관심이 있다. 연구 대상인 10명의 대가를 미화하고자 하는 의도는 없다. 이러한 점을 명확히 하기 위하여 그들의 신분은 밝히지 않았다. 대가를 신봉하도록 미화하는 것은 상담 및 심리치료 분야에서 유능감을 높이기 위한 생산적 방법이 아니라고 생각되었기 때문이다.

독자들은 이 책의 저술이 어떻게 시작되었는지에 대해 궁금할지도 모르겠다. 1985년 톰 스콥홀트(Tom Skovholt)는 오슬로 대학의 헬가 로네스테드(Helge Rønnestad)와 함께 심리치료자/상담자 발달에 관한 연구를 시작하였다. 교육과 경험 수준이 다양한 미네소타 거주 상담자 100명을 뽑아 20명씩 집단으로 묶어 연구하였다. 6년간의 연구를 거쳐 우리는 심리치료자/상담자 발달 모델을 개발하였다. 이 발달 모델은 스콥홀트와 로네스테드의 1992, 1995년 저서를 비롯하여 다양한 영역에서 적용되어 왔다. 톰은 일반적인 심리치료자 발달 모델과 더불어 대가 상담자들의 비범한 발달과정에 대해 오랫동안 연구하고 싶어 했다. 톰의 박사과정 지도학생인 케빈 해링턴(Kevin Harrington)은 이 집단을 대상으로 초기 작업을 시작하였다. 1988년에 해링턴은 심리학 전공으로 ABPP(American Board of Professional Psychology)

학위를 받은 사람들을 대가 상담자로 규정하고 계량적인 통계방법을 사용하여 연구를 시도하였다. 그러나 안타깝게도 계량적인 방법으로는 대가와 같이 극도로 복잡한 주제가 지니는 풍부함을 잘 드러내지 못했다. 하지만 대가 연구는 이후로도 계속되었다.

그 후 세 가지 주제가 통합되었다. 첫째, 스콥홀트와 로네스테드가 먼저 사용하였던 질적 방법이 선택되었다. 둘째, 동료추천 방식(Anastasi & Urbina, 1997)에 눈덩이 표집방법(Patton, 1990)이 추가됨으로써 대가 상담자를 찾아내는 길고도 좌절스러운 여정이 마무리되었다. 마지막으로 렌 제닝스(Len Jennings)가 박사학위 논문 주제로 대가 연구에 관심을 보였다. 1994년 봄에 이러한 일들이 이루어졌다. 렌은 대가로 불리는 심리치료자들을 만나 면접을 할 수 있다는 것에 대해 흥분하였다. 훈련과정 중에 있는 심리학자로서 렌은 대가 상담자들의 발달 여정과 관련된 어떠한 지혜라도 얻기를 원했다. 또한 렌은 스콥홀트와 로네스테드가 심리치료 영역에서의 전문성에 관한 논문을 쓰는 과정에 참여하였다(Skovholt, Rønnestad, & Jennings, 1997).

동료들에 의해 상담 능력과 기술에 있어서 대가로 선정된 10명의 상담자들을 연구한 것은 렌의 노력이 컸다. 동료추천과 눈덩이 표집이라는 타당한 방법을 사용하여 대가를 선정해 가는 과정은 많은 시간을 필요로 했다. 물론 이 과정은 전체 연구과정에서 매우 핵심적인 부분이었다. 우리가 알기로는 심리치료 대가에 관한 연구 가운데 심리측정적으로 타당한 방법을 사용하여 대가들을 선정한 연구는 거의 없다.

렌의 박사학위 논문이 출간된 후, 다행스럽게도 톰의 다른 미네소타 대학 박사과정 지도학생인 메리 뮬렌바흐(Mary Mullenbach)와 마이클 설리번(Michael Sullivan)이 대가 연구에 관한 관심을 계속 이어갔다. 10명의 대가 상담자들은 모두 거의 60번에 가까운 면접을 기꺼이 응해 주었다! 렌 제닝스, 애쉴리 소버린(Ashley Sovereign), 낸시 보토프(Nancy Bottorff), 멜리사 머셀(Melissa Mussel)은 대가 상담자들의 면접 내용 가운데 윤리적 가치가 반영된 내용을 분석한 마지막 프로젝트에서 합의적 질적 연구법(Consensual Qualitative Research methods; Hill, Thompson, & Williams, 1997)을 적용하였다.

전문성 탐구: 각 장에 대한 소개

1장에서는 스콥홀트, 핸슨, 제닝스 및 그리어가 전문성에 관한 광범위하고 복잡한 주제를 검토하였다. 2장에서는 상담 및 심리치료의 전문성에 관한 연구들에서 핵심적인 주제를 뽑아내려고 노력하였다. 3장에서는 10명 대가들의 개인적 특성에 관한 제닝스와 스콥홀트의 질적 연구 내용이 제시되었다. 이 연구의 핵심은 심리치료 영역의 전문성에 관하여 세 영역의 전문성 모델을 제안한 점이다. 전문적 심리치료자들은 고도로 발달된 인지적,

정서적, 관계적 특성을 지니고 있었다. 4장에서는 설리번, 스콥홀트 및 제닝스가 대가들의 관계적 특성을 확장하여 대가 상담자들이 수립하고 유지하고 있는 치료동맹을 검토하였다. 5장에서는 뮬렌바흐와 스콥홀트가 대가 상담자들이 자기 관리를 어떻게 하는지를 연구하여 정서적 영역을 보다 깊이 탐색하였다. 6장에서는 제닝스, 소버린, 보토프 및 머셀이 이들 대가 상담자들의 윤리적 가치들을 정리하였다. 마지막 장에서는 스콥홀트, 제닝스 및 뮬렌바흐가 10명의 대가 상담자들이 어떻게 전문성을 발달시켜 나갔는지의 여정을 밝히기 위해 모든 자료를 요약하고 통합하여 대가 상담자들의 초상화를 완성하였다. 각 연구에서 사용된 방법론에 대해 관심이 있는 독자들은 부록 A를 참고하면 된다. 부록 B에는 각 연구에서 얻어진 면접 내용 가운데 한 회기씩, 세 편의 인터뷰 내용을 수록하였다.

Contents

제1장

전문성의 역사

Thomas M. Skovholt
Matthew Hanson
Len Jennings
Tabitha Grier

거인의 어깨 위

1675년, 촉망받는 젊은 과학자 아이작 뉴턴(Isaac Newton)은 물리학자 로버트 후크(Robert Hooke)와 심각한 논쟁을 벌였다. 배타적인 과학 왕립학술원의 회원이며 지적이고 사회적으로 저명한 후크는 이전에 출간된 빛과 시각에 관한 그의 아이디어를 뉴턴이 훔쳤다고 고발했다. 그 당시 뉴턴은 중력과 수학(그와 라이프니츠(Leibniz)는 각각 미적분학을 개발했다.), 기계학(뉴턴의 운동의 세 법칙은 코페르니쿠스(Copernicus)에 의해 시작된 과학적 혁명을 완성했다.), 광학(그는 반사 망원경을 개발했고 햇빛이 프리즘을 통과할 때 스펙트럼의 색깔로 구성된다는 것을 설명했다.)에 대한 경이적인 공헌으로 이미 유럽의 과학자 그룹에서 기대되는 천재로 알려지기 시작했다. 그러나 후크는 '인간에 대한 생각을 재설계하고' '신에 대한 생각을 그의 방식대로 수정하였다' (Morrow, 1999, p. 173)고 알려진 사람(뉴턴)에 대해 경쟁적인 이의를 주장하면서 그를 허풍선이, 적어도 표절자라고 치부하였다.

뉴턴은 겸허하거나 겸손하다고 알려진 사람은 아니다. 왕립학술원의 일원에 의해서 자극받은 그는 후크와의 논쟁을 해결하려 노력하였고, 영구이 최고 명석한 두 과학 천재 사이에 일어난 공적인 논쟁을 가라앉히려고 하였다. 그러기 위해 뉴턴은 그의 경쟁자에게 그가 어떻게 자연계의 역학 분야에서 현저한 통찰을 발견해 냈는지를 설명하는 회유적인 편지를 작성했다. "만약 내가 무엇인가를 더 보았다면, 그것은 거인의 어깨 위에 서 있었기 때문이다." 라는 뉴턴의 말은 유명해졌다.

뉴턴은 그의 삶의 태반을 자연계의 역학적 작용을 연구하며 보냈다. 그가 정립한 우주의 개념은 놀랍게도 예측 가능했고 논리적이었다. 뉴턴은 중력에 대한 세 가지 법칙(믿을 수 없을 만큼 간단한)을 사용하여 우주를 설명하였다. 아인슈타인(Einstein)은 뉴턴에 대해 이와 같이 말했다. "그가 경험의 물질들을 배열하기 위해 정리하곤 했던 개념들은 그가 장난감을 배열했던 멋진 경험에서 자연스럽게 흘러나오는 것 같았다." (Newton, 1931, p. vii에서 인용) 아인슈타인에 따르면, 뉴턴은 복잡한 현상을 쉽게 이해하며 물질의 복잡성과 독특성과는 모순되는 명료함과 정확성을 가지고 물리적 세계에 대해 그의 사상을 설명하는 그 분야에서의 최고의 전문가였다.

경험에 기초하여

앞서 이야기한 뉴턴과 그의 식견에 대한 논의는 또한 '무엇이 전문가인가'에 대한 의문점을 낳는다. 그 말 자체는 '경험'에서 나왔고, 문자 그대로 '경험을 가지고 있는' 혹은 '경험이 있는'으로 해석되는 라틴어 experiri에서 유래된 것이다. 이와 같이 전문가란 그 최초의 의미대로, 주어진 영역에서 축적된 경험을 바탕으로 한 능숙한 기술을 가진 사람이다. 최초로 전문가라는 말이 쓰인 예는 1374년 조프리 초서(Geoffrey Chaucer)의 『트로일로스 II(Troylus II)』이다. 여기서 초서는 전문가를 관련 경험의 축적을 통해 전문적 기술을 획득한 사람으로 묘사한다. 예를 들어, 초서는 사랑과 과학의 '전문가'에 대해 말했다. 초서나 동시대인들에게 있어 전문성은 다양한 영역에서 발전될 수 있었다. 비록 전문성의 영역은 다양할지라도, 전문가가 되는 과정은 동일한 것이었다. 간단하게 한 가지 과정만 말하자면, 필요한 기술들을 발전시키고 완벽하게 하는 작업을 통해 관련 지식을 충분히 축적하는 것이다.

게일 크리스찬슨(Gale Christianson)과 같은 최근의 전기 작가들은 뉴턴의 '거인의 어깨 위에 서서' 라는 표현이 실제로 보고된 후크의 성과에 대한 신랄한 언급일지도 모른다고 하였다. 하지만 그 표현은 뉴턴의 전문성이 근본적으로 그 자신과 선대의 경험의 축적을 통해 발전되었음을 뜻하는 것이다. 당연히 이러한 경험의 축적은 하룻밤이나 며칠 밤을 통해 이루어지는 것이 아니다. 뉴턴과 초서 그리고 역사적 인물들이 보여 주듯이, 전문성이 발전되려면 관련된 의미 있는 경험들을 이해해야만 한다. 이는 많은 시간과 큰 인내를 통해 나타난다.

전문성: 새로운 정의

인류의 역사를 통해 봤을 때 전문가에 대한 설명과 해설이 다양한 분야에 걸쳐 충분해 보이지만, 현재 사용되는 것과 같은 체계적인 정의는 인지과학 혁명이 시작된 20세기가 되어서야 비로소 드러나기 시작했다. 전문가가 되는 것은 무엇인가라는 의미를 고찰한 최초의 시도 중 하나는 유명한 체스 대가인 애드리언 드 그루트(Adrian de Groot)가 1966년에 그의 분야에서 대가를 조사한 것이었다. 드 그루트는 체스 대가들이 그들의 경기에서 전문성이 떨어지는 상대에 비해 질적으로 다른 정신적 과정을 갖는지에 대해 알고 싶어 했다. 조사를 위해서 그는 전문가와 초보 체스 선수들에게 진략이나 일련의 체스 움직임을 결정할 때 큰소리로 이야기할 것을 요구하였다. 이러한 대화들을 기록하면서, 드 그루트는 선수들의 사고과정 내용을 분석하기 시작했다. 예를 들면, 그는 각 선수들이 다음 이동에 대해 결정 내리기 위해 사용한 경험적 이론뿐만 아니라 어떻게 그들이 게임보드를 탐색하는지를 조사하였다. 놀랍게도 그는 초심자와 전문가의 실제 사고과정 사이에 어떤 차이도 없음을 발견했다. 그는 초심자들은 단지 몇 번만 정확한 방법을 선택하는 반면에 전문가들은 대부분 정확한 이동을 선택하는 이유에 대해서 알아내지 못했다(de Groot, 1996).

하지만 드 그루트는 거기서 멈추지 않고 대가와 초심자들 사이에 나타나는 일반적인 사고과정에서의 차이보다 기억에 있어서의 차이를 살펴보기로 하였다. 5초 동안 드 그루트는 각 참여자들에게 가상적 체스 고수의 스무 번째 이동을 보여 주었다. 그리고 영상을 치우고는 참여자에게 가능한 정확하게 체스판을 재현할 것을 요구하였다. 드 그루트는 초심자들의 경우 겨우 서너 개 정도를 정확하게 재현하면서 끙끙대는 반면, 체스 고수들은 보드의 내용을 거의 정확하게 재현할 수 있다는 것을 발견하였다. 이러한 결과는 전문성의 인지적 특성에 관한 미래의 연구를 위한 초석을 제공하였다. 드 그루트는 전문가들은 그들의 전문 영역에서 관련된 지식(예: 체스판에서 각 수들의 구성)을 의미 있게 '한 묶음' 으로 만들 수 있으며, 결과적으로 초보자들보다 더 많이 기억하고 더 나은 수행을 한다는 결론을 내렸다.

윌리엄 체이스(William Chase)와 허버트 사이먼(Herbert Simon, 1937)은 드 그루트의 결과를 반복 연구하고 확장시켰다. 이들 저자들은 체스 고수들이 아무 의미 없는 체스판을 재현하도록 요구받았을 때는 수행 성과가 눈에 띄게 떨어진다는 것을 발견하였다. 이 연구 결과와 드 그루트의 결과를 검토하였을 때, 체이스와 사이먼은 최상의 전문적인 수준은 형태의 커다란 레퍼토리에서 적절한 움직임을 다시 생각할 수 있는 선수의 능력과 연관되었다고 하였다. 체이스와 사이먼은 체스 고수들은 수행을 향상시키기 위해서 기억 속에 1만 개의 패턴을 저장하는 것이 분명하다고 주장하였다. 1만 개는 놀랄 만큼 많은 양이나, 최근에 알려진 체스 거장의 기억 속 패턴은 어림잡아 10만~100만 개 이상이다(Richman, Gobet, Staszewski, & Simon, 1996). 체이스와 사이먼(1973)은 또한 축구, 음악, 물리학 등 여러 다른 분야에서 전문성을 연구하였다. 그 결과, 다른 영역에서의 전문가의 성과도 기본적으로 같은 것을 요구하였다. 즉, 수년간의 경험에 의해 얻어진 광대한 지식과 패턴에 기초한 기억 체계를 요구한다는 것이다.

1980년대에 드 그루트, 체이스와 사이먼 등의 주장을 지지하는 여러 연구가 나타나기 시작했다. 예를 들면, 라킨, 맥더못, 사이먼과 사이먼(Larkin, McDermott, Simon, & Simon, 1980)은 초보 물리학 학생은 문제를 풀 때 '후진식 작업(working backward)' 방법이 일반적이라고 주장하였다. 예를 들어, 잘 알려지지 않은 속력 계산에 관해 생각해 보자. 초심자들은 알려지지 않은 가속도의 계산을 위해 익숙한 식을 적용해서 문제를 풀려고 할 것이다. 그래서 가속도를 풀기 위해 한 방정식을 찾는다. 그리고 그들은 그 문제의 해결을 허용하는 일련의 방정식이 함께 통합될 때까지 문자 그대로 '후진식으로 연결한다.' (Anderson, 1990)

대조적으로 물리학 전문가는 유사한 방정식을 사용하나 정반대의 순서를 보인다. 전문가들은 문제에 대해 초기에 이해한 내용을 바탕으로 문제 해결 계획을 세우는 것과 같이 '전진식으로 추론하는(reason forword)' 능력을 보여 준다(Larkin, 1981). 위의 가속도 문제 예시에서 보면, 전문가는 알려져 있거나 직접적으로 계산할 수 있는 양적인 부분부터 시작하며 원하는 해답을 향해 거기서부터 문제를 해결할 것이다. 전문가의 경우에는 마치 잠재적 해답을 위한 신호나 표지가 문제 자체에 깊숙이 박혀 있는 것 같이 보인다.

연관된 연구에서 차이, 글레이저 및 리즈(Chi, Glaser, & Rees, 1892)는 전문성의 개념을 정교화하였다. 그들은 물리학 전문가들이 문제 해결에 도움을 주는, 더 많은 전체적 지식을 가지고 있다는 것을 발견했다. 게다가 물리학 전문가들은 더 복잡한 이론적 법칙의 사용을 통하여 문제를 파악하면서도 더 잘 조직화된 지식을 가지고 있었다. 이와 같이 전문가들에게 있어서 지식이란 붓이 그리는 획 하나하나는 의미가 없지만 축적된 획과 색깔이 결국 놀랍게도 통일성 있는 그림을 만들어 내는 인상주의 미술작품과 같다. 유사하게 전문가들이 축적한 개별 세부 지식은 아무 의미가 없다. 그러나 더 크고 복잡하고 의미 있는 범위의 맥락에서 이와 같은 정보는 전문가로 하여금 지속적으로 수준이 높아지는 복잡성과 용이성 그리고 논리적 일관성을 가지고 문제를 해결하고 상황을 분석하는 것을 가능하게 한다.

그러면 이것은 도대체 무슨 의미일까? 우리는 무엇이 초심자와 대가를 구별한다고 말할 수 있을까? 우리는 전문가와 초심자 모두 문제를 풀 때 같은 단어를 보고 체스판 위의 같은 말을 보고 악보에 있는 같은 음표를 본다는 것을 안다. 전문가와 초심자 간의 차이란 전문가들이 축적된 경험, 지식, 지혜의 맥락에서 단어, 체스 말 혹은 음표를 보는 것이라고 생각된다. 이는 전문가들이 초심자들보다 더 깊게, 더 빠르게, 더 멀리, 더 잘 보도록 해 준다. 결국 전문가들은 거인의 어깨 위에 서서 보는 것처럼 다르게 보는 것이다.

전문성의 몰입

후크에게 보낸 뉴턴의 유명한 표현('거인의 어깨 위에 서서')은 의도된 것은 아니지만 전문성의 한 요소를 기술한다. 전문가가 되기 위해서, 우리는 주어진 영역이나 분야에서 자기 비전을 깊이 있게 향상시키고 확장하는 경험을 축적해야만 한다. 우리는 지적 선대인 뉴턴에 대한 아인슈타인의 찬사에서 전문성의 또 다른 요소를 볼 수 있는데, 이는 외부적인 특징이기도 하고 내면적인 특징이기도 하다. 아인슈타인은 이전에 주목되지 않거나 잘못 이해된 것을 설명하는 것에 있어 뉴턴의 생각은 노력이 필요 없는 상태라고 강조하고 있다. 그는 뉴턴의 굉장하고 심오한 생각들이 어떻게 '경험 자체로부터 자발적으로 흘러나오는지'에 대해 말하고 있다(Morrow, 1999). 최상의 성과에 대한 이런 '노력이 필요 없는 상태(effortlessness)'는 경험적으로 관찰되어 왔다. 그것은 이제 전문성의 특성에 대한 또 다른 통찰을 제공한다.

전문적 업적 대부분을 최상의 인간 경험과 기쁨의 현상에 대한 연구에 바치고 있는 심리학자 미하이 칙센트미하이(Mihaly Csikszentmihalyi)는 개인은 특정 환경적 요소와 내부의 상태가 효율적으로 통제되거나 극복된다면 일상생활에서 노력이 필요 없는 상태(여기서 행복이 유래한다)를 경험할 수 있다는 것을 발견했다(Csikszentmihalyi, 1990). 칙센트미하이는 이 경험을 끊임없는 창조력과 기쁨의 '몰입(flow)' 이라고 불렀다. 물리학의 뉴턴과 같이, 전문가들은 각자의 분야에서 이런 정신적 상태에서 뛰어남을 보이는 듯했다. 칙센트미하이(1990)는 다음과 같이 설명하였다.

> 많은 사람들은 그들 삶의 최고의 순간에 갖는, 노력이 필요 없는 행동의 느낌을 설명하기 위해 '몰입' 의 은유적 개념을 사용해 왔다. 운동선수들은 '그 영역에 있는 상태' 로, 종교적 신비주의자들은 '환희' 속에 있는 것으로, 그리고 음악가들은 심미적 황홀에 있는 것으로 몰입을 표현한다. 운동선수, 신비주의자, 음악가, 예술가는 그들이 그 '몰입' 에 도달할 때 매우 다른 행동을 하지만, 그들의 경험의 묘사는 매우 유사하다(p. 29).

칙센트미하이는 누구나 일상생활에서의 작업, 놀이, 다른 사람과의 상호작용, 심지어 고독을 통해서도 '몰입' 이나 경험의 높아진 감각을 즐길 수 있다는 개념을 강화시키기 위해 오랜 기간 연구했다. 하지만 그는 일관적인 '몰입' 은 개인의 능력과 직면된 도전 간의 강력한 만남이 있을 때에만 발생한다고 주장했다. 다시 말하면, 단지 새로운 도전만으로 몰입이 이루어지지는 않는다는 것이다. 마찬가지로 개인에게 전문적으로 수행할 기술이 부족하다면 몰입에서 노력이 필요 없는 내적인 느낌을 경험할 수 없다.

칙센트미하이(1990)는 몰입이 전문성과 정확하게 동의어는 아니라고 주장한다. 그러나 몰입에 대한 그의 설명은 전문성에 대한 설명과 매우 유사하다.

> 그것('몰입')은 개인과 세대에 걸친 시행착오적 경험을 통해 얻어지는 것이 분명하다. …몰입을 하는 방법을 아는 것으로는 충분하지 않다. 즉, 우리는 이론으로 아는 것을 연습해야 하는 운동선수나 음악가와 같은 방식으로 계속해서 그것을 해야만 한다(p. 21).

몰입과 전문성의 개념이 같은지 다른지와는 무관하게, 칙센트미하이가 설명하는 절정경험(optimal experience)은 특별하게 그것이 어떻게 다음의 것들을 강조하느냐에 있어서 상당히 중요하다. (a) 우수함은 시간, 연습, 충분히 숙달된 기술의 발달이 필요한 과정이다. (b) (숙련이라 불리는) 전문성의 최고 수행은 분명한 노력이 없는 상태와 기품에 의해 특징지어진다.

전문가들의 공통 특징

심리학자 프렌치와 스턴버그(Frensch & Sternberg, 1989)는 전문성 문헌들이 가지고 있는 주요 문제점은 공통적으로 받아들여지는 전문성의 정의를 가지고 있지 않은 것이라고 했다. 에릭슨과 레만(Ericsson & Lehmann, 1996)과 같은 연구자들은, 일반적으로 전문가는 선천적인 재능과 우수성을 얻기 위해 필요한 엄격한 훈련과 연습에 필요한 동기의 독특한 연합과정을 거치는 것으로 보인다고 하였다. 이러한 입장은 프렌치와 스턴버그(1989)에 의해 제안된 전문성의 정의를 명확하게 해 준다. 그것은 '특정 영역에서 질적으로 우수하게 수행하기 위해 연습과 경험에 의해 획득된 능력' (p. 158)이다. 이 정의는 우리가 개념을 명확히 이해하는 데 도움을 주는 반면, 다른 정의와 마찬가지로 복잡한 현상을 몇몇 요약으로 줄여 준다. '전문성' 이라는 용어의 간결한 정의는 스냅사진과 같다. 그것은 몇 개의 주목하지 않을 수 없는 정보를 제공하나 실제 삶의 구조적인 복잡함에 대해서는 아무것도 말해 주지 못한다.

이 구조적 복잡성 때문에 전문성에 대한 제일 명확한 설명은 전문성의 의미를 설명하는 데 상당한 시간과 에너지를 쏟은 1970년대 이후의 수많은 연구심리학자들로부터 나온다. 이들 연구자 간에는(예: Glaser & Chi, 1988) 전문가가 다른 영역에 걸쳐 일반화될 수 있는 잘 연구되고 확립된 특징들로 확인될 수 있다는 계속적인 합의가 있는 것 같다. 『전문성의 특성(The Nature of Expertise)』(Chi, Glaser & Farr, 1988)이라는 책의 개요에서, 차이와 글레이저는 전문가의 특징을 일곱 가지로 설명하였다.

■ **전문가는 주로 각자의 분야에서 뛰어나다.** 한 분야의 전문가가 다른 비관련 분야의 전문적 지식을 수행할 수 있는가에 대한 경험적 증거는 없다. 실제로 기초 연구에서는 그 반대의 입장을 나타낸다. 보스와 포스트(Voss & Post, 1988)는 가령 전문 화학자들이 정치과학 문제를 해결할 때, 그램분자, 분자, 화학주기율표에 관한 화학 문제를 푸는 데 쓰는 상세한 추상적 용어들을 사용하지 않으며, 두드러진 문제들을 논의하는 데에 구체적인 기본 용어들을 사용하는 것에 있어 초심자들보다 더 높은 수행 결과를 보이지 않는다는 것을 밝혔다.

글레이저와 차이(1988)는 전문성에 관해 가장 간단하게 설명한다면 직접적 체험과 연구를 통해 획득되는 높은 수준의 전문화된 지식이라고 볼 수 있다고 주장하였다. 예를 들어, 전문 내과의사들은 그들이 수년 동안 인턴 및 레지던트 생활과 실습에서 얻은 엄청난 정보 때문에 정확한 진단을 내릴 수 있다. 그러나 이런 전문성의 특징은 학계에 한정되지 않을 뿐더러 높은 학위를 요구하는 것이 아니라는 것이 지적되어야 한다. 예를 들면, 전문 택시기사들은 운전 중에 빠르게 세2, 세3의 길을 만들어 낸다. 그러나 초보 운전자들은 한 가지 길만을 고집하는 경향이 있다.

■ **전문가는 그들의 분야에서 광범위하고 의미 있는 형태를 인지한다.** 이 특징은 미숙련자들이 의미 있는 형태를 더 적게 보거나 단순히 무질서라고 보는 것을 전문가들은 더 넓고 전반적인 형태로 본다는 것을 말한다. 이것은 앞서 체스 대가들에 관해 기술한 바 있는 '큰 묶음으로 묶는(chunking)' 현상과 관련이 있다. 예를 들어, 심리평가에서 전문가들은 초보 상담자들이나 대학원생들이 성격검사에서 종종 간과하는 형태와 윤곽을 볼 수 있다. 이와 같이 초심자들이 간과할 수 있는 자료를 전문가들이 파악하는 능력은 건축가(Akin, 1980), 방사능 연구자(Lesgold, Rubinson, Feltovich, Galser, Klopfer, & Wang, 1988), 프로그래머(McKeithen, Reitman, Reuter, & Hirtle, 1981)에게서도 관찰된다. 무엇보다 이 특징은 때때로 미숙한 사람들에게 보이지 않는 정보를 보는 것처럼 많은 양의 정보를 고르게 구조화시키는 전문가의 능력을 의미한다.

■ **전문가는 그들 분야의 기술을 수행하는 데 있어 초심자보다 더 신속하다.** 글레이저와 차이(1988)는 업무를 수행하는 전문가의 유능함은 그 업무에 달려 있다고 설명했다. 타자를 치는 일이나 반복적인 공장 작업, 장인들과 같이 손으로 하는 작업들에서 전문가의 속도는 그 업무를 배우는 데 걸린 시간과 상관관계가 있다. 예를 들면, 전문 도예가는 초심자보다 도자기를 더 빨리 예술적으로 만들 수 있다. 이것은 그들의 기술, 그들만의 색다른 점토, 회전 속도, 형태를 잡는 도구를 배우는 데 보낸 수년간의 시간 때문이다.

솜씨보다 더 논리적인 것을 요구하는 분석적 영역에서 전문가들의 빠른 속도에 관한 가장 적절한 설명은 공통점이 없고 고립된 정보의 조각을 보다 넓게 의미 있는 형태로 볼 수 있는 그들의 능력이라 하겠다. 전문가들은 정보를 '큰 묶음으로 묶어 봄으로써' 초심자보다 정보 통합에 드는 시간을 절약하게 된다.

■ **전문가들은 우수한 기억력을 갖고 있다.** 현대 영화 중 고전작품인 〈아마데우스〉에서, 모차르트(Mozart)의 적수인 살리에리(Salieri)는 오스트리아 궁전을 방문하기로 한 젊고 불손한 모차르트를 환영하기 위해 오스트리아 황제에게 악보를 건넨다. 이 영화에 따르면(Zaentz & Forman, 1984), 황제는 자칭 초보 연주자였는데 모차르트가 황실로 들어올 때 자신이 새로운 악보를 연주해도 되는지 살리에리에게 허락을 구했다. 살리에리는 동의하였고 황제는 그 젊은 천재가 왕궁의 명사들에게 인사하기 위해 들어왔을 때 어설프게 음악을 연주하였다. 거칠게나마 입장행진곡 연주를 끝내고 난 후, 황제는 모차르트에게 악보를 내밀었다. "폐하가 가지십시오. 이미 다 외웠습니다." 모차르트는 자신의 머리를 가리키며 대답했다. 황제는 의심스러워하며 "한 번 들은 걸로 말이오?"라고 강한 어조로 말하면서 젊은 작곡가에게 그의 탁월한 기량을 보여 줄 것을 요구했다. 모차르트는 악보를 보지 않은 채 원곡보다 더 아름답게 연주해서 이 모든 광경을 본 살리에리의 자존심을 상하게 하였다.

모차르트는 그의 분야에서 전문가였고 틀림없이 역사상 거대한 작곡가였다. 그가 회상능력을 강화할 수 있는 사진으로 찍은 것 같은 기억력을 가지는 축복을 받는 것이 가능했다 할지라도, 인지 연구자들은 전문가가 다른 사람보다 더 우수한 단기기억을 가지고 있지 않다는 것을 발견했다. 오히려 전문가들은 '자동성'을 통해 그들의 전문 분야에서 기능을 한다. 자동성이란 우수한 성과를 내기 위해 필요한 기술들이 많은 노력이나 생각의 필요 없이 자동적으로 나타나는 것이다. 이는 수천 시간의 연습을 통해 발생한다. 전문가의 기술은 매우 자동적이기에, 그들은 저장, 복구나 다른 실행적인 정신기능들에 대해 자유로우며 더 큰 정신자원을 가지고 있다.

■ **전문가는 초심자보다 더 깊고 더 중요한 수준에서 그들 영역의 문제를 이해하고 해결한다.** 이 주제에 관한 연구(예: Cho, Feltovich, & Glaser, 1981)에서는 전문가와 초심자 모두 같은 개념적 범위에서 문제를 정리하는 경향이

있었지만, 초심자의 범위는 더 피상적인 특징이 있는 반면 전문가의 범위는 더 의미 있고 문제 해결에 기초한 경향이 있다는 것을 보여 주었다. 예를 들면, 차이 등(1981)은 물리학 전문가는 일련의 물리 문제를 정리하기 위해 역학 법칙을 사용하는 반면에 초심자는 덜 중요한 순서 도식을 사용하여 같은 문제를 범주화한다는 것을 발견하였다.

■ **전문가는 문제를 질적으로 분석하는 데 많은 시간을 쓴다.** 전문성 문헌에서 더욱 확실한 발견 중 하나는 전문가와 초심자 간의 문제 해결 전략에 있어 관찰되는 차이에 관한 것이다. 물리학과 심리학 같은 많은 분야에서 연구자들은 전문가들이 문제 해결 상황 초기에 해결 과정을 시작하기 전, 여러 관점에서 문제를 이해하려고 노력하면서 초심자들보다 더 많은 양의 시간을 사용하는 것을 발견했다. 아마도 그들은 진실로 문제를 이해하기 위해 시간을 사용하는 것 같다. 즉, 깊이 있게, 복잡한 세부 사항까지 철저하게 이해하는 것이다.

예를 들어, 진단심리학 분야에서 인디애나 대학교의 힐과 리들리(Hill & Ridley, 2001) 같은 연구자들은 치료과정에서 진단을 느리게 내린 정신건강 임상가들이 진단을 빨리 내린 이들보다 더 정확했다는 결과를 제시하였다. 다른 연구자들은 특히 계획을 짜고 있는 동안의 정신과정을 연구하여, 몇 가지 흥미로운 점을 발견했다. 예를 들어, 페이지와 사이먼(Paige & Simon, 1966)은 전문가들이 문제에 직면할 때 문제의 필수 요소에 관한 심리적 설명 구조를 빠르게 구축하며 문제 해결을 시작하는 것을 발견했다. 그렇게 하여, 전문가들은 문제의 핵심 측면을 정의할 뿐 아니라 문제를 이해해서 잠재적 문제 해결책을 찾고 결국에는 문제를 해결한다는 것이다. 페이지와 사이먼은 문제와 고유 해결책을 빠르게 개념화하는 전문가의 능력은 비합리적이고 이치가 닿지 않는 해결책에 낭비하는 시간을 줄여 준다고 설명하였다.

전문가들이 문제 해결을 할 때 시간 절약의 긴장감을 가지는 태도를 설명하기 위해, 보스와 포스트(1988)는 (그들 자신을 소련의 농림부장관으로 가정하고) 소련연방 전문가인 정치학자에게 농작물 수확량이 연이어 여러 해 동안 저조하다면 어떻게 할 것인가 설명해 줄 것을 부탁하였다. 초보 정치학자들과는 반대로, 전문가들은 일반적으로 해결책에 한계를 줄 수 있는 진정한 문제를 확인하면서 초기 문제를 상세히 설명하기 위해 그들의 해결시간의 25%를 사용하였다. 불가능한 선택을 제거하는 데 전문가들이 사용한 시간의 양은 같은 일에 단지 1%의 시간을 소비했던 초심자들과 크게 대조적이다. 전문가들은 가능한 것과 불가능한 것을 분리하는 방법을 찾고 그것을 통해 문제 해결을 위한 시간과 에너지를 절약한다.

■ **전문가들은 강한 자기점검 기술을 가지고 있다.** 전문가들은 그들의 기술수준에 대해서 더욱 전문적인 자아정체성을 가진 것으로 보인다. 전문가들은 일반적으로 초심자보다 직면한 문제에 대한 지식적 한계를 잘 알고 있으며 그들이 해결하려고 하는 문제의 어려움에 관해 더 나은 판단을 한다. 예를 들면, 전문 상담자들은 특정 상황의 내담자에게 얼마 동안 치료가 필요할지 빠르게 파악하는 반면, 초보 실습생들은 필요한 치료의 구체성에 대해 거의 알고 있는 것이 없다.

글레이저와 차이(1988)에 의하면, 문제의 어려움을 예측하는 전문가의 능력은 궁극적으로 주어진 영역에 대한 전문가의 지식 기반과 연관이 있다. 그것은 능률과 정확성을 증가시키는 데 이용된다. 전문가들은 문제가 갖는 어려움의 정도를 정확하게 측정함으로써 과제를 수행하기 위해 다른 측면에 할애한 시간이 어느 정도인지를 알고 있는 능력이 있다.

누구나 전문가가 될 수 있는가

앞선 논의는 전문가가 어떤 모습인가에 대한 것을 명확히 보여 주나, 전문가가 어떻게 전문성을 발달시키는가의 질문에 대한 답을 파악하는 데는 실패했다. 전문성이 어떻게 발전되느냐는 또 다른 문제다. 누가 전문가가 될 수 있는가? 전문성의 초기 개념은 경험과의 연관성에서 개념이 분리된 후 지능 및 분석적 태도와 밀접하게 연관된 일반화된 현상으로 제시되었다(Glaser & Chi, 1988). 즉, 어떤 사람이 한 분야에서 아주 지적이거나 전문가라면, 그 지식과 전문성은 다른 영역에도 적용될 거라는 것이다. 그러나 전문성 문헌에 대한 포괄적인 연구는 이러한 주장을 지지하지 않는다. 대신에 글레이저와 차이가 제시한 전문가의 특징에서 보여졌듯이, 연구자들은 이제 전문적 지식의 발달은 '영역 구체적' 이라고 믿는다(Chi, Glaser, & Farr, 1988). 전문가는 그들의 특정 영역에 대한 상당한 지식과 기술을 가지고 있기에 전문가인 것이다.

많은 방면에서 전문성 발달에 관한 이러한 생각은 전문성의 개념 및 뛰어나다고 지목되는 과정에 대한 편견적인 생각들에서 신비성을 제거한다. 이는 또한 다음과 같은 문제를 제기한다. 누구나 전문가가 될 수 있는가? 그들의 영역에서 전문가로서의 지위를 얻은 사람은 보통 사람들보다 뛰어난 특별한 특성을 가지고 있는가?

1980년대 초에 윌리엄 체이스는 이러한 의문점에 대한 답을 제시하였다. 체이스는 평균적인 대학생들이 여덟 개 단위를 기억하게 되는 전통적인 기억검사들을 이용하여 기억 영역에서의 예외적인 능력을 연구하였다. 그는 앞서 체스 대가들이 사용한 것으로 제시된 묶어 내는 기술과 유사한 기법을 사용하여, 이 기억검사들(Chi, Glaser, & Farr, 1988)로부터 무작위 숫자들을 기억하고 반복시키기 위해 2명의 '보통 사람' 을 훈련시켰다(체이스는 러닝타임의 기본(format of running time, 예를 들어 4분과 55.2초)을 사용하여 실험 참가자들에게 숫자들을 3~4개의 묶음으로 나누도록 가르쳤다. 그다음 그는 실험 참가자들에게 3~4개의 숫자 묶음을 기억하기 위해 상위 순서의 묶음을 사용하도록 가르쳤다.). 8개월의 실습 후에 체이스의 실험 참가자 중 최고 수행자는 80개의 숫자를 반복할 수 있었다(Chase, 1983).

결국 체이스의 '전문가'는 숫자에 관해서는 사진 같은 기억에 가까운 것으로 증명되었다. 그러나 흥미롭게도 이러한 '기억의 전문성'은 문자에 관해서는 나타나지 않았다. 이 작업의 중요성은 다음과 같이 설명된다. "체이스는 사진을 찍듯 기억하는 매우 예외적인 현상은 많은 날에 걸쳐 연습한 사람과 정보를 기억에 부호화하는 체계적 방법을 적용한 보통 사람에게 획득될 수 있다는 것을 발견했다." (Posner, 1988, p. xxx)

유사한 방법으로 사이먼과 길마틴(Simon & Gilmartin, 1973)은 전문성 연구자들에게 체스 대가들은 경기 동안에 신속하게 회상하고 이용할 수 있는 5만 개의 패턴을 얻기 위해 체스 위치들을 관찰하는 데에 1~2만 시간을 사용한다는 것을 알려 주었다. 포스너(Posner, 1988)는 이와 같이 말했다. "33주 동안 일주일에 40시간을 공부하는 학생은 1년에 1,320시간을 공부한다. 즉, 대학공부에서 한 주제 혹은 체스에 대해 10년 이상을 연구한다고 가정해 봤을 때, 당신은 대가 수준의 시간 투자에 대해 이해할 것이다." (pp. xxi-xxii)

정의에 의하면, 전문성은 뛰어난 수행이나 우월한 능력을 포함하지만, 전문성의 발전은 우월한 유전적 혈통이나 신이 내린 능력을 가진 이들에게 한정되지 않는다. 전문가가 되기 위해서 천부적 재능이 있거나 월등한 성과를 위해 유전적, 지적 타월성을 가져야 하는 것은 아니다. 보통 사람도 전문성을 가질 수 있다고 보여 주는 증거들이 있다. 다만 보통 사람이 전문성을 쌓기 위해서는 매우 긴 시간 동안 연습과 투자를 해야 한다. 토머스 에디슨(Thomas Edison)은 전문가는 99%의 노력과 1%의 영감으로 이루어진다고 했다. 이러한 극도의 몰입은 어떻게 시작할 수 있을까?

전문성 개발

1986년 철학자 허버트 드레이퍼스(Herbert Dreyfus)와 컴퓨터 과학자인 그의 형제 스튜어트(Stuart)는 둘 다 캘리포니아 버클리 대학의 교수였는데, 그들은 '전문가' 컴퓨터 시스템에 초점을 맞춰서 전문성 개발 모델을 고안해 냈다. 드레이퍼스 형제는 이러한 '전문가' 체계는 본래 인간 존재에 의해 나타난 전문성의 유형과 다르다는 것, 더 나아가 '닭의 성별 분리(암수 병아리를 분류하는 것)' 및 임학과 같은 다양한 분야에서 인간 전문가에 의해 발견되는 직관을 모방할 수 없다는 것을 주장하였다.

드레이퍼스 형제는 인간과 컴퓨터는 기본적으로 다르게 작동되고, 결과적으로 절대 합쳐질 수 없는 독립적인 유형으로 전문성이 발달된다고 주장했다. 드레이퍼스 형제가 지적하듯이, 인간의 경우 구성 법칙과 규칙을 배우고 수행함으로써 새 기술을 개발한다. 예를 들어, 야구에서 투수는 게임에서 이기려고 하기 전에 공, 스트라이크, 안타, 선수들의 위치에 대해 우선 배워야 한다. 그러나 사이영상(Cy Young Award)[1)]을 받은 투수는 중요한 게임에서 공을 던질 때 야구의 기본 법칙을 분석하기 위해 멈추어 서는 일이 거의 없다. 전문 투수나 포수들은 한 번에 전체 상황을 보고 특정 타자와 경기 상황에서 어떤 종류의 투구가 유용할지 직관적으로 안다. 그들은 단지 바른 투구를 던지는 보다 깊은 수준에 초점을 맞춘다.

대조적으로 컴퓨터는 결론을 얻기 전에 정보를 아주 빠른 방법이기는 하나 주어진 규칙과 순서에 기초하여 한 번에 한 부분의 정보를 처리한다. 컴퓨터는 순서를 처리하는 도구와 사용에 관해 배울 수 없고, 그 자신만의 규

1) 역자 주: 1890년부터 22년간 메이저리그 879경기에 출장, 개인통산 최다승인 511승을 올린 전설적인 투수 '덴턴 트루 영(Denton True Young)' 의 별명인 '사이 영' 을 따 1956년 제정된 메이저리그 최우수 투수상.

칙을 포기할 수 없고, 전체적으로 또는 직관적으로 생각할 수 없다. 드레이퍼스 형제에 의하면, 컴퓨터가 할 수 있는 최상의 것은 속도, 창조성, 프로그램을 만든 사람의 정교성의 특성이다.

드레이퍼스 형제(1986)가 말했듯이, 한 영역에서 전문적 수행으로의 발달 단계는 초심자, 발달된 초심자, 유능성, 숙달감, 전문가의 다섯 가지 단계로 나누어진다. 이 모델에서 드레이퍼스 형제는 개인은 그들의 추론을 지배하는 '객관적이고 맥락이 없는' 일련의 법칙에서 결정을 내리는 데 사용되는 '주관적이고 맥락적인 단서' 로 움직인다고 제시하였다. 각 단계는 행동을 지시하는 기제나 의사결정 규칙이 외부적인 것에서 내부적인 것으로 발전하는 특징이 있다.

드레이퍼스 형제(1986)는 초심자 단계를 그들이 겪는 전체적인 상황에서 예외 없이 규칙을 고수하는 시기라고 설명했다.

> 초보 학생은 잘하기를 원한다. 하지만 배운 규칙들을 어떻게 잘 따르는지에 의해서 주로 수행을 판단하는 과제에 대해서는 일관적인 이해가 부족하다. 어린아이가 자전거를 처음 배우는 것처럼, 이러한 첫 번째 규칙들은 경험의 축적을 도와주지만, 앞으로 나아가기 위해서 그것들은 잊혀져야 한다(p. 22).

치료와 상담 분야에서 이것은 내담자의 특정 상황을 무시하고 하나의 상담 원칙만을 고수하는 학생에 비유될 수 있다. '내담자 정보' 를 기반으로 진행하는 대신, 초심자들은 자신이 우선시하는 상담이론을 중심으로 진행하며 내담자의 맥락과 요소에 대한 고려 없이 이론이 지침만을 고수한다. 학생이 두 번째 단계로—발달된 초심자—가게 되면, 그들은 내담자의 맥락적 요소와 '이전에 배웠던 상담이론 지식' 을 더 잘 통합할 수 있다(Fook, Ryan, & Hawkins, 1997, p. 401).

유능성 단계에서 '사람들은 의사결정의 위계적인 단계를 선택하기 위해 배우고 학습한다.' (Dreyfus & Dreyfus, 1986, p. 24). 치료와 상담 과정에서

이는 상담자들이 교과서에 대한 강한 집착에서 벗어나기 시작하는 단계다. 그보다 유능한 상담자는 상담 및 치료에서 어떤 요소들이 중요한지 결정하기 위해 상담자로서의 경험과 이론적인 지식을 통합할 것이다. "일반적으로 마음에 목표를 가지고 있는 유능한 상담자는 상황을 사실들의 모음으로 본다." (Drefus & Drefus, 1986, p. 24) 그리고 그들은 초보자들처럼 객관적이기만 할 뿐 맥락이 없는 규칙들에 근거한 행동과정을 선택하지 않는다(Dreyfus & Dreyfus, 1986).

다음으로 숙달감 단계는 한 영역에서 전문가들이 공통적으로 나타내는 '직관' 이 두드러진다. 드레이퍼스 형제는 "신속성과 유연함으로 특징지어지는 두 개의 높은 수준의 기술은… 문제 해결 과정의 느리고 연계 없는 추론과는 전혀 유사성이 없다." (p. 27)고 주장한다. 본질적으로 드레이퍼스 형제는 숙달감 단계가 '전체적인 유사성 인식' 혹은 '그것을 구성하는 특성으로 분해하지 않고 형태를 사용하는 능력' (p. 28)으로 특징지어진다고 주장한다. 드레이퍼스 형제에 따르면, 전체적이고 노력 없이 이해하고 패턴과 상황을 사용하는 전문가의 능력은 인공지능 프로그램이 최고 인식 수준의 인간의 수행력을 적절히 흉내 낼 수 없는 이유다. 컴퓨터는 인간이 할 수 있는 것처럼 직관적일 수 없다. 컴퓨터 프로그램이 아무리 빠르고 효율적이더라도, 그것은 새로운 미지의 영역에서 기본 규칙을 넘어서는—적절한 교육과 훈련을 통해— '심오한 상황적 관여' 에 머무를 수 없다.

마지막으로 전문성 단계는 다른 모든 단계를 통해 얻어진 성장과 성찰적인 실습의 축적된 경험이 특징적이다. 이 단계에서는 경험과 중요한 성찰에 근거한 성숙한 이해를 통해 힘들이지 않고 진행할 수 있다(Dreyfus & Dryus, 1986). 이 단계에서 스콥홀트와 로네스테드(Skovholt & Rønnestad)(1995)는 전문가 수준에 이르는 성장하는 상담자가 획득한 능력을 '축적된 지혜' 라 불렀다. 이 단계에서 상담자는 그의 행동을 이끌었던 외부적 상담이론 교과서에서 벗어나 수년의 실습, 경험, 성찰, 직관을 통해 발달된 내부의 개인화된 상담이론을 만들게 된다.

드레이퍼스 형제의 5단계 모델에 더하여, 다양한 전문성 발달 모델이 다른 연구자들에 의해서 개발되어 왔다. 그러나 대부분은 유사한 결론을 내렸다. 슈미트, 노먼 및 보쉬젠(Schmidt, Norman, & Boshuizen, 1992)이 개발한 모델은 초심자가 전문가가 되는 4단계 모델을 정교화하기 위해 임상적 의사결정 이론을 사용했다. 이 모델의 핵심 관점은 드레이퍼스 형제의 유능성 단계에서 소개된 '위계적 의사결정' (p. 24)이다. 드레이퍼스 형제 모델과 유사하게, 슈미트 등의 모델은 초심자와 전문가 간의 차이가 지식 획득에 있다고 주장한다. 초심자 단계에서는 지식을 주로 학교과정을 통하여 획득하는 반면, 전문가 단계에서는 더 '치료적으로 이용 가능하고' 더 '사례에 대해 구체적인' 지식을 보이는 것이 특징적이다(Locke & Covell, 1997, p. 247). 전문가 단계에서는 축적된 지식의 영역을 관리하며 지식과 기술을 독특하고 창조적으로 통합하는 데 있어서 '아주 특이한' 방식으로 기능하는 것 같다(Locke & Covell, 1997, p. 242).

드레이퍼스 형제, 슈미트 등의 모델은 초심자에서 전문가까지의 유사한 개념적 진행을 가정한다. 초심자들은 학술적이고 이론적인 지식을 가지고 행동하며, 전문가는 축적된 경험과 지혜를 바탕으로 행동한다. 본질적으로 로크와 코벨(Locke & Covell, 1997)이 슈미트 등의 모델을 요약한 것에 근거하여 볼 때, 이 두 모델의 주요한 차이는 언어라 할 수 있다. 지식 구조의 발달 개념을 전개시킨 임상적 의사결정 모델은 상당히 인지적이며, 틀이나 각본(Locke & Covell, 1997) 등과 같은 용어를 사용한 반면, 드레이퍼스 형제의 모델은 직관의 언어를 사용했다. 언어를 제외하고, 두 모델은 전문성 발달에 대한 그들의 견해에서 상당히 일관적이다.

인간의 판단과 의사결정

전문성과 숙련을 이해하기 위한 또 다른 방법은 인간의 판단과 의사결정에 대한 연구를 고찰하는 것이다. 콜로라도 대학 심리학과 명예교수인 케네스 해먼드(Kenneth Hammond, 2000a)는 인간 의사결정의 여섯 가지 이론—결정이론, 행동결정 이론, 심리학적 결정이론, 사회판단 이론, 정보통합 이론, 귀인이론—을 통합함으로써, 인간의 판단과 의사결정을 이해하려고 시도하였다. 이 여섯 가지 접근을 통합함으로써, 해먼드는 인지심리학과 과학적 방법에서의 상식과 함께 더욱 '순간적인' 지혜의 진실을 융화시키고자 하였다. 대부분의 해먼드 연구는 드레이퍼스 형제의 연구와 전문성 연구에서의 타당한 개념으로서 직관에 초점을 둔 것을 넘어섰다.

해먼드 연구의 초점은 전문성의 발달이라기보다는 의사결정이다. 그의 연구는 의사결정 과정의 개발과 밀접한 연관을 가지고 있고, 전문성 학자들의 연구에 밀접하게 근접하는 언어와 사상을 포함하고 있다. 예를 들어, 해먼드는 많은 의사결정 접근이 초심자의 판단을 향상시키기 위한 방법을 분명하게 설명한다고 이해했다. "이 방법들이 의사결정자들로 하여금 더 나은 생각을 할 수 있도록 돕든 그렇지 않든 간에, 거의 모든 사람들은 이러한 모델이 의사결정자들을 특정 문제에 관해 더 현명하게 만든다고 주장한다."(2000b, p. 107) 해먼드의 통합적 개관은 의사결정 이론이 의사결정론자들을 도와줌을 보여 준다. (a) 의사결정을 위해 어떤 정보가 중요하고 중요하지 않은지를 결정하도록 돕는다. (b) 어떤 정보가 최상의 결론에 다다르기 위해 필요한지 분별하는 것을 돕는다. 해먼드는 이러한 관점들은 이전의 불확실성으로부터 질서를 창조하도록 의사결정자를 촉진하기 때문에 의사결정 과정에서 본질이 된다고 보았다.

많은 면에서 이 연구는 드레이퍼스 형제의 연구나 '직관' '축적된 지식' '영역 구체적 지식' 같은 개념을 고찰하는 전문성의 다른 연구들의 선구자라고 할 수 있다. 게다가 해먼드의 불확실한 영역에서의 의사결정에 대한 논의는 치료와 상담 분야에서의 전문성 발달상 중요한 부분을 보여 준다. 치료와 상담 분야의 실무자에게 내담자와 함께 일하는 것은 복잡한 모호성에 직면했을 때 훌륭한 의사결정을 해야 함을 보여 주는 예다. 전문성이란 새로운 상황과 구조화하기 힘든 세계에서의 적응성에 기반이 되는 것이다.

'일상적' 전문성 대 '적응적' 전문성

매우 도전적인 문제를 해결할 수 있는 사람들을 좀 더 잘 이해하기 위해서, 홀리오크(Holyoak, 1991)는 '일상적(routine)' 전문가와 '적응적(adaptive)' 전문가를 구별했다. 그는 일상적인 전문가는 '빠르고 정확하게 유사한 형태를 가진 문제를 해결하는 능력을 가지고 있지만' (p. 310), 새로운 문제에 대해 기존 지식을 응용하는 데 있어서는 제한된 능력을 가지고 있다고 설명했다. 반대로 적응적인 전문가는 그들의 전문적 지식을 새로운 문제나 상황들을 해결하기 위해 사용할 수 있다.

홀리오크(1991)는 적응적인 전문성은 일상적인 전문성보다 '더 깊은 개념적 이해' (p. 310)로부터 발전하고 특정 조건에 의해 촉진된다고 말했다. 우선 적응적인 전문성은 개인들이 비구조적인 문제들의 예측 불가능한 특성이나 변수에 직면할 때 발전하는 것 같다. 또한 보다 깊은 이해력은 가능한 해결들이 자유로이 탐색되는 동안 목표를 성취하라는 직접적 압박이 없을 때 촉진된다. "이해력은 예견된 실패에 대한 놀라움, 현상에 대한 대안적 설명을 주목하는 것에 대한 당혹감 그리고 명백히 연결되어야 하는 지식의 조각들 사이에서 설명적인 연관성의 부족에서 오는 비조정력과 같이 내적으로 일어난 피드백에 대한 민감성에서 야기된다." (p. 310)

깊은 이해를 촉진하는 다른 조건들은 더 심도 있는 수준으로 발전하도록 하기 위한 타인의 격려와 자신의 업무를 다른 이에게 설명하려는 동기를 포함한다. 본질적으로 적응적인 전문성은 '해결' 에 반대되는 '이해' 에 집중해서 배울 때 더 쉽게 발전된다. 홀리오크(1991)는 이해의 목적으로 배우게 되면 학습자들이 필요 시 새로운 경로를 적용하게 되고 다양한 대안들을 더 탐구하게 된다고 하였다.

홀리오크(1991)는 전문성이 통합되고 전체적인 관점에 의해 특징지어지는 새로운 단계로 들어섰다고 주장했다. 이 연구의 새로운 단계는 문제 해결을, 활성화되는 동시에 더 단순화되는 인지적인 스키마나 네트워크의 통합이라고 보는 시각을 강조하기에 '상징적 결합주의(symbolic connectionism)' 라고 묘사된다. 더 나아가 로크와 코벨(1997) 같은 학자들은 이 새로운 연구의 발생은 특히 관련 지식의 복잡한 상황에서 추론을 이끌어 내는데 도움이 된다고 주장했다. 이러한 관점은 상담과 심리치료와 같이 '해결하는 것' 보다 직관적으로 '이해하는 것' 이 더 쉬운(앞서 서술한 홀리오크의 구분을 이용) '좀 더 유연한' 분야에서의 전문성에 관한 연구를 위해 명백한 중요성을 가지고 있다.

로크와 코벨(1997)이 설명했듯이, 이 상징적 결합에서의 전문성 발달은 대학생들의 재학기간 동안 지적 발달에 대한 연구 결과에 비유될 수 있다. 대학생들은 대학과정을 통해 발달하면서, 관련 사실을 암기하는(고등학생들과 신입생들에 의해 종종 관찰되는 학습 전략) 행동에서 전체적 상황을 이해하고 종합하는(대학 상급생과 대학원생에 의해 특징지어지는) 행동으로 변화한다. 비슷한 시각에서 상징적 결합주의자들은 전문가란 새로운 지식과 오래된 지식을 통합하고 자료의 복잡한 단위들을 관련 있는 전체로 통합하는 능력에서 뛰어난 사람이라고 주장한다.

정서적 전문성

홀리오크(1991)에 의해 제안된 적응적 전문성과 일상적 전문성의 구분은 구조화하기 힘든 영역과 잘 정의된 문제 영역 간의 구별을 서술한다. 명확하고 정확한 답이 없는 구조화하기 힘든 문제에서는 적응하고 수행할 수 있는 능력을 어떻게 개발하는가를 배우는 것이 도전 과제가 된다. 반대로 잘 정의된 문제는 모두가 인정하는 해답과 탐색 계획에 의해 특징지어진다. 이 중 후자는 일상적인 전문성을 발전시키는 데 더 적절하다.

앞서 언급한 것처럼, 이 적응적인 전문성의 시각은 치료와 상담같이 구조화되기 어렵고 모호한 분야에서 전문가 수행의 발달을 이해하는 것과 특히 관련이 있다. 그러나 '상징적 결합수의'에서 제안된 '관계적'이거나 정서적인 영역은 인간의 사고와 인지에서의 전문성 모델에 대한 의존성 때문에 혼란스러워진다. 홀리오크(1991)는 인간관계나 정서에 관한 영역이 자신의 접근(전문성을 정의하는 것) 혹은 전문성의 다른 접근에서 분명하게 제시되지 않았음을 인정하였다.

정서적 지능에 대한 진보는 골먼(Goleman, 1995)의 연구에서 이루어졌다. 골먼은 정서적으로 지적인 사람들은 적절한 수준에서 적절한 시기에 자기 자신을 표현할 줄 안다고 주장했다. 그들은 장기적인 목표를 달성하기 위해 노력할 수도 있고, 순간적인 정서적 반응을 만족시키기 위해 노력할 수도 있다는 것이다. 전문 상담자들이 더 우월할 것이 기대되는 주요 영역—관계를 형성하고 높은 수준의 정서적 성숙을 갖는 것—은 실제로 전문성 발달의 기존 모델들에서는 간과되었다.

문헌에서의 이러한 부족함을 다루기 위해 우리는 치료자들 및 상담자들의 성공과 실패에 중요한, 특히 인지적(C), 정서적(E), 관계적(R) 지식의 세 영역을 구체적으로 기술하는 대가 상담자들을 위한 전문성 모델(이것은 3장과 7장에서 더욱 상세히 논의될 것이다.)을 제시하였다. 이 모델은 대가 상담자의 위치에 올라가기 위해서는 반드시 이 세 가지 모든 영역에 있어서 전문성을 발전시켜야 한다는 것을 제시한다. CER 모델은 정서적 · 관계적 전문성과 같은 영역을 논의하기 위한 최초의 상담자 전문성 모델이며, 매우 모호한 분야에서 치료자나 상담자들이 전문성의 독특한 형태를 성취하는 것을 통한 잠재적인 통로를 발견하는 데 필요한 첫 번째 단계를 제시한다. 이제 우리는 치료와 상담 연구에서 발견되는 전문성의 다른 모델들에 대해 고찰할 것이다.

제2장

치료와 상담에서의 전문성

Thomas M. Skovholt

Matthew Hanson

Len Jennings

Tabitha Grier

1장에서 우리는 학문 분야와 활동 영역 그리고 직업 분야 사이의 경계를 넘나드는 개념으로서 넓은 의미의 전문성을 살펴보았다. 이와 같은 광범위한 접근은 여러 분야에 걸쳐 전문가의 공통적인 특성을 찾아온 전문성 연구문헌에 반영되어 있다.

이러한 접근은 인간의 우수성과 보다 나은 성취의 토대를 찾는 데 있어서 가치 있는 목표를 제공하지만, 의문은 여전히 남아 있다. 이제까지 윤곽이 그려진 전문성에 대한 결론과 설명을 치료자들과 상담자들에게 적용해 보라. 어떤 사람(예: Dawes, 1994)은 이렇게 '빈약한 구조'를 가진 분야에서 전문성을 성취하는 것은 불가능에 가깝다고 말한다. 연구자들은 모호성과 주관적인 해석이 중심을 이루는 상담과 같은 분야에서 어떻게 물리학이나 수학과 같은 '엄격한 과학' 분야에서 전문가를 키워 내는 것과 같은 방식으로 전문가들을 길러 낼 수 있는지에 대해 의문을 갖는다.

회의론자들은 '전문가' 또는 '대가 상담자'가 갖추어야 할 '표준'이나 대가 상담자에 대해 합의된 정의 그리고 이러한 분야에서 전문성을 성취하는 데에 있어서 필요한 일반적으로 알려진 과정이 없다는 사실을 지적한다. 나아가 저자들이나 연구자들이 무의식적으로, 심지어는 의식적으로 경험과 전문성이 같다고 생각한다면 회의론은 더 분명히 생길 수 있을 것으로 보인다. 이 두 개념 사이에는 상관관계가 있겠지만, 상담자들과 상담 수련생들이 확실히 입증할 수 있듯이 경력과 전문성은 분명 별개의 것이다. 실제로 경력이 많은 상담자들이 반드시 '전문가'의 상태에 이르는 것은 아니라는 것을 우리는 알고 있다.

정신건강 분야에서 경력과 전문성 사이의 관계는 연구 주제로서 거의 관심을 받지 못했다. 하지만 올린스키 등(Orlinsky et al., 1999)에 의해 발표된 연구는 예외로 유명하다. 그는 자신의 전문적인 발달에 대한 상담자들의 인식을 살펴보기 위해서 상담 경험과 전문성 사이의 관계에 관한 조사연구를 실시하였다. 많은 인원의 조사 대상들(3,958명)은 다양한 국가에서 모집되었고, 참여자들의 연령대는 22~90세였다.

이 연구의 대상에는 심리학자들, 정신과의사들, 기타 의학 및 정신건강 관련 분야에 있는 사람들이 포함되었다. 연구자들은 발달을 '상담자가 복잡성이 많이 요구되는 과제에서 높은 전문성을 획득하는 것' (p. 204)으로 정의하였다. 그리고 그들은 세 가지 주요 연구 문제들을 탐색하였다. (a) 인식된 치료적 숙련과 전문 직업의 전문성 수준 사이에는 어떤 관계가 있는가? (b) 일반적으로 경험으로 얻어진 성장과 전문 직업의 경험 수준 사이의 관계는 어떠한가? (c) 상담자의 인식된 숙련과 상담자로서 일반적으로 경험된 성장 사이의 관계는 무엇인가?

연구자들은 인식된 숙련이 실무 현장에서 치료자들의 경험 연수와 정적 상관관계라는 것을 알아냈다. 그러나 초심자들과 경험이 많은 치료자들이 거의 같은 정도의 성숙을 보고하는 것으로 보아, 성장이란 치료에서의 경험 연수와 상관없이 같은 수준에서 일어나는 것 같다. 올린스키 등(1999)은 인식된 숙련이 일반적으로 경험된 성숙과 중간 정도이지만 일관적인 정적 상관이 있음을 발견하였다.

이 연구는 정확한 결과의 해석을 어렵게 하는 몇 가지 한계를 가지고 있다. 특히 치료자들의 인식은 수행의 객관적인 측정치와 대조되지 않았고 자기 보고에만 의존하였다. 이러한 한계를 염두에 두고 보았을 때, 올린스키 등(1999)의 연구는 숙련에 대한 자기 보고된 감정이 치료적 작업에 대해 가지는 효능감이나 자기 확신을 나타내는 것을 시사한다.

확신감이나 효능감이 숙련의 필요한 부분이긴 하지만 분명히 동의어는 아니다. 사실 버나드와 굿이어(Bernard & Goodyear, 1998)는 전문성과 자신감의 개념이 종종 독립적이라고 말한다. 그들은 경험이 종종 숙련과는 별개로 과장된 확신감에 대한 통로가 될 수 있다고 언급하면서, 비록 공식적인 훈련을 거의 받지 않더라도 어려운 과제를 수행하는 데 높은 유능감을 느끼며 적임이라고 느끼는 '유사 전문 상담자' 를 예로 들어 설명한다.

그렇지만 올린스키 등(1999)의 연구가 기여한 점은 연구자들이 전문성을 유일하게 경험 연수에 의해서만 정의하는 것과 다른 시각을 가지고 있다는 것이다. 연구에서 저자들은 인식된 숙련 척도를 통해 대가 장인의 전통적인 의미에서 숙련을 정의하려고 시도하였다. 올린스키 등은 치료적인 전문성의 정의를 시도하였는데, 그것은 정확성과 기술을 가지고 생생한 치료적 역동의 이해를 고려하는 것이다. 그들의 정의는 '치료 회기 동안 순간순간 일어나는 것을 이해하는 것… 치료적 작업에서 정확성, 민감성, 솜씨를 갖는 것, 다른 치료자들의 발달을 안내할 수 있는 능력' (p. 211)을 포함한다.

이 정의에서 '민감성' '솜씨' '정확성' 과 같은 개념은 여전히 다소 모호한 채로 남아 있다. 게다가 치료자의 숙련을 연구하기 위해 이 연구자들이 사용한 방법들이 완전하게 그 개념을 포착하지 못했을 수 있다. 여러 연구자들(예: Dreyfus & Dreyfus, 1986; Jennings & Skovholt, 1999)이 보여 주었듯이, 심리치료나 상담과 같이 모호한 분야에서의 전문성은 경험을 비판적으로 반추하고 경험을 통해 배우는 능력과 높은 관련이 있을 수 있다. 대조적으로 인식된 전문성은 자신감을 더 크게 반영하는 것으로 보인다. 따라서 연구자들이 치료적 전문성과 경력을 구별할 수 있다고 하더라도 전문성과 자기 확신 사이의 연관성은 더 연구될 필요가 있다.

복잡한 모호성을 가진 인간 특성

남에게 도움을 주는 직업이 가지는 복잡성과 모호성은 이 분야에서 전문성을 획득하는 것을 어렵고 불분명하게 만드는 원인이 된다. 이러한 분야들에서는 전문가를 분명하게 찾아낼 때 어려움을 겪는다. 푸크, 라이언 및 호킨스(Fook, Ryan, & Hawkins, 1997)는 사회복지 분야에서의 전문성을 연구하였다. 그들은 그 분야에서의 전문성의 특성을 확인하기 위해 30명의 경력 있는 사회복지사들을 대상으로 질적 연구를 수행하였다. 그들이 제시한 결과는 많은 점에서 다른 전문성 연구자들의 연구 결과와 유사하다. 예를 들어, 사회복지 '전문가들'은 사회복지사로서의 전문적인 정체성에 대해 확신을 가지고 있는 것으로 밝혀졌다. 경력 있는 사회복지사들은 또한 내담자들과 상담을 할 때 모호성을 다루고 관련 요인들을 빠르게 다루는 능력을 보였다. 더불어 푸크는 전문가들이 사례와 관련된 실제적인 한계점들에 대해 인식하는 경향이 있었고, 그들의 의사결정 과정에서 '공식적인' 이론을 최소한으로만 사용하였다는 것을 발견하였다.

그러나 푸크와 동료들은 사회복지 분야의 전문성은 특히 정의하거나 표준화하기가 어렵다는 결론도 내놓았다. 왜냐하면 전문성이 발휘되는 상황은 가변적인 데다가 예측 불가하고 개인적인 가치나 이념에 의해 좌우되는 부분이 많기 때문이다. 다른 전문성 연구자들과 같이 이 저자들 또한 보편적인 전문성에 관한 생각을 반박하였고, 대신 전문성을 독특한 영역이라고 주장하였다.

그들은 드레이퍼스 형제(Dreyfus & Dreyfus, 1986)의 전문성 모델을 사용하면서, "학습자는 상황에서 분리된 추상적이고 분석적인 행동을 통해 과거 경험과 유사한 것에 대한 무의식적이고 직관적인 인식에 근거한 복잡하고 기술적인 행동을 진전시켜 간다."(p. 401)라는 생각을 드러냈다. 드레이퍼스 형제의 모델을 사용하면서 푸크와 동료들은 전문가들이 세 가지 영역 중 하나에 해당하는 것으로 보인다고 제안한다. (a) 특별한 상황의 '맥락적 규칙'과 대비하여 '맥락에 얽매이지 않는' 더욱 자유로운 규칙들에 대한 분명한 인식을 가지고 있는 사람, (b) 자신의 전문가 정신에 확신을 가지고 있고 사회복지사로서 전문적인 정체성을 가지고 있는 사람, (c)

어려운 상황에 영향을 미치는 그들의 능력을 믿는 사람이다. 이와 같이 연구 대상을 분류하고 난 후, 푸크는 적어도 사회복지사와 같이 '덜 구조화된 분야' 에서 전문성의 발달은 '분명한 이론적인 틀의 사용' 보다는 발달, 지혜와 직관의 사용(드레이퍼스 형제의 표현을 빌리자면)에 기초한 것이라는 결론을 내렸다(p. 407).

지혜와 직관은 치료와 상담에 관련된 전문성의 핵심인가? 푸크와 동료들의 발견은 한 분야만을 대표하는 연구이지만, 그들은 사회복지 분야 전문성의 두드러진 특징이 불확실성과 불예측성을 다루고 문제들을 해결하기 위해 혼란스러운 상태에서 융통성을 보이는 능력이라고 주장한다. 모든 문제를 다룰 수 있는 하나의 방법은 없다. 실체가 없는 것에 대한 인내(예: 모호성, 불안, 장애, 갈등, 양가감정, 역설)는 타인을 돕는 직업 분야에서 전문성을 위해 필수적인 요소다. 심리치료나 상담에서의 복잡하고 모호한 특성을 감안할 때, 이 분야에서의 전문성은 완전히 일치하지는 않더라도 분명히 유사한 특징으로 묘사될 것이다. 푸크와 동료들은 사회복지, 치료와 상담 분야에서의 전문성은 긍정적인 결과만큼 과정적인 기술들에 대한 것이 많다는 것을 보여 주었다.

모호함 받아들이기: 치료자와 상담자의 이상적 발달

상담 관련 분야 종사자들이 너무나 잘 알고 있듯이, 치료와 상담은 구조화되기 힘든 문제로 가득 차 있으며 때로는 너무나 많은 해결책이 넘쳐난다. 이는 분명 치료나 상담의 전문성이 가지는 특성을 정의하기 어렵게 해왔던 이유다.

로네스테드와 스콥홀트(Rønnestad & Skovholt, 1991)는 상담 분야의 모호성을 다루려는 노력으로 초보 상담자들이 하는 공통적인 실수는 전문적인 발달을 쉽게 방해할 수 있는 현상인 '조급한 종결(premature closure)' 이라고 하였다(Rønnestad & Skovholt, 1991, 2001; Skovholt & Rønnestad, 1992, 1995). 로네스테드와 스콥홀트는 조급한 종결을 인지적 · 정서적으로 압도되는 것을 피하기 위해 내담자에게 단 하나의 단순한 해결책, 이론 또는 참조틀을 적용하려는 성향이라고 하였다.

특별히 치료자를 연구하지는 않았지만, 아크레돌로와 호로빈(Acredolo & Horobin, 1987)은 학령기 아동들을 대상으로 관계적 추리의 발달과 조급한 종결에 대해 체계적인 연구를 수행하였다. 아크레돌로와 호로빈은 조급한 종결을 "비효과적이거나 모호한 정보이기 때문에 하나 이상의 해결책을 인정하는 어떤 문제에 대해 단 하나의 해결책을 제시하려는 경향" 이라고 정의하였다. 1, 3, 6학년 학생들의 표본을 가지고, 그들은 정답이 존재하지 않고 구조화되지 않은 문제들을 아동들이 얼마나 빠르게 확인할 수 있는지 살펴보았다.

연구자들은 6학년과 다른 연령 집단들 사이에 조급한 종결의 회피와 관계적 유추에서 극적인 차이가 있는 것을 발견하였다(Acredolo & Horobin, 1987, p. 19). 그러나 그들이 1학년과 3학년 아이들에게 정확한 피드백 훈련(아이들에게 실수의 특성을 설명해 주는)을 실시하였을 때 그 차이는 유의미하게 줄었다. 흥미롭게도 저자들은 하나 이상의 답을 가지고 있는 문제의 해결점들을 생각하는 아이들의 능력은 부분적으로는 '인지적인 과부하' 때문에 발견되지 못하고 있다고 주장한다. 아크레돌로와 호로빈은 작업기억과 수행해야 하는 정신적인 기능들이 과도하게 요구될 때 인지적 과부하가 일어난다고 설명하였다. 그들은 그러한 인지적 과부하가 어린 아동들에게 쉽게 일어났으며 조급한 종결을 유도하였다고 주장한다.

사용하지 않았을 뿐 조급한 종결을 피하는 능력을 가지고 있었던 어린 아동들과 마찬가지로, 초보 치료자나 상담자 또한 노력하여 해낼 수 있다.

염두에 두면, 아크레돌로와 호로빈(1987)이 사용한 교정 피드백 훈련 결과는, 초심자들로 하여금 다양한 반응 형태뿐만 아니라 구조화되지 않은 문제에 민감해지고 준비될 수 있도록 하는 치료자/상담자 훈련에 중요한 시사점들을 줄 수 있다. 그러한 훈련은 인지적인 과부하의 두려움 없이 다양한 반응 형태들을 이용하는 생각들을 융통적으로 적용할 수 있고 급하게 대안을 버리는 편안함을 피할 수 있도록 돕는 지점까지 초심자들의 인지적 틀을 강화할 것이다. 아크레돌로와 호로빈(1987)은 모호한 상황들에서 학생들이 문제를 해결하는 데 필요한 교수적 전략을 제공한다. 치료자와 상담자의 훈련과 전문성 발달을 위해 이와 같은 교수적 전략들의 중요성은 탐색될 만한 가치가 있다.

로네스테드와 스콥홀트(1991), 스콥홀트와 로네스테드(1995)는 이상적인 상담자 발달과 대비되는 허위 상담자 발달의 논의에서 조급한 종결의 문제를 언급한다. 저자들은 성장하는 상담자가 불안을 유발하는 경험이나 도전들, 복잡함을 피하고 없애는 조급한 종결을 하게 되면 그 결과로 허위 발달이 생긴다고 기술하였다. 그들은 더 나아가 조급한 종결을 "동화/조절 작업이 완성되기 전에 반추과정을 방해하는 것"(Skovholt & Rønnestad, 1995, p. 135)으로 정의하였다.

전문적인 발달 내의 조급한 종결에 대한 논의에서, 로네스테드와 스콥홀트(1991)는 상담자 성장의 발달/정체 모델을 제시하였다. 그들은 이 모델의 중심에는—그리고 성공적인 상담자 발달의 중심에는—치료적 노력에서 종종 존재하는 복잡성에 대한 자각이 있다고 주장하였다. '복잡성에 대한 자각' 이란 단순하거나 지나치게 단순화하려는 해결점들에 집착하는 것을 막고, 대신 이해하기에는 너무나 어렵고 모호한 현상에 대한 숙달감을 위해 지속적으로 노력하는 단계를 만드는 것이다. 스콥홀트와 로네스테드(1995)는, "전문적 발달은 이러한 현상과 과정들에 대한 개방과 자각을 전제로 하며, 그들에 대한 더 심오한 이해에 이르기 위한 지속적인 탐색이라고 가정한다."(p. 126)고 보았다. 그리하여 작업이 가지는 복잡한 모호성을 자각하는 것은 이상적인 치료자/상담자 발달에 필요한 기초다.

고도로 발달된 상담자들은 덜 성숙한 치료자들에서는 종종 보이지 않는 '복잡성에 대한 자각'을 가지고 있다는 스콥홀트와 로네스테드의 주장은 다른 전문성 연구자들의 발견과 밀접하게 유사하다. 반면 치료적 실무는 화학 혹은 물리학과 같이 '더 엄격한' 분야에서는 전형적으로 경험되지 않는 어떤 독특한 도전 과제들을 가지고 있다. 특히 중요한 점으로서, 스콥홀트와 로네스테드(1995)는 전문적인 성장이나 정체는 처음에 그 직업에 입문하는 상담자가 갖고 있는 동기의 상태와 정도에 달려 있다고 주장하였다. 예를 들어, 일차적 동기가 외로움을 피하는 것이나 권력에 대한 욕구인 상담자들은 전문적인 정체에 대한 위험이 가장 크다. 반대로 그 직업을 선택한 일차적인 동기가 이타적이거나 누군가를 돕고자 하는 마음인 상담자들은 개인적, 전문적 발달에 필요한 기초를 만들고 있는 것이다.

로네스테드와 스콥홀트(1991), 스콥홀트와 로네스테드(1995)는 기능성과 동기의 강도 관계는 곡선 선형적으로 가장 잘 이해된다고 설명한다. 다시 말해, 정체로 가는 한 가지 경로에는 약하고 역기능적인 동기들이 있다는 것이다. 그러나 과도하게 동기화되어 있어도 정체되거나 허위 발달일 수 있다. 이는 그 직업에 들어오는 동기가 높지만 동기의 특성이 역기능적일 때 일어난다. 이런 맥락에서 '기능적' 동기들은 전형적으로 의식적인 것이고 '사람을 돕기 원하는 것' '사람을 이해하기 원하는 것' '전문적인 상태를 원하는 것'과 같은 욕구를 포함한다(Henry, Sims, & Spry, 1971). 반대로 '역기능적' 동기들은 빈번하게 무의식적인 특성이 있으며, 원가족에서 중재자의 역할을 계속 수행하려 하고, 아동기의 손상의 주제를 보상하려 하며, 다른 사람을 훔쳐 보는 경향들을 표현하려는, 그리고 고립을 피하려는 욕구로 보일 수 있다.

이상적인 상담자 발달 연구를 어렵게 만드는 다른 요인들도 있다. 예를 들어, 그 직업을 선택하는 많은 상담자들의 동기는 대개 무의식적일지도 모른다. 또한 이상적인 상담자 발달에는 종종 고통스러운 정서들을 견디고 유지해야 하며 익숙한 편안함을 떠나 알려지지 않은 영역으로 움직이는 능력이 필요하다.

그리하여 전문 상담자들은 일반적인 전문가 특성을 소유해야 하는데, 이 작업은 고통, 괴로움, 정서적 괴리를 겪으면서 이루어져야 한다. 이런 특징들은 대부분 다른 훈련에서는 그다지 강하게 나타나지 않는다.

복잡성에 대한 자각과 동기 기능성에 추가하여, 스콥홀트와 로네스테드(1995)는 이상적인 상담자란 개인적으로나 전문적으로 높은 일치성을 가진 사람이라고 기술한다. 그들은 고도로 발달된 전문가들은 발달적인 '상위 목표(metagoal)' 에 대한 자각을 내면화한다고 설명하였다. 이러한 맥락에서 '내면화' 는 성격, 가치들, 삶의 철학, 이론들, 적용되는 방법들 사이의 일치를 언급하는 로저스(Rogers) 학파의 순수성 개념과 유사하다. 발달적 '상위 목표' 에 대한 자각은 전문적인 인생주기를 통해 높은 수준의 일치성에 대한 계속적인 탐구를 말한다. "…장기적인 목표는 대단히 유능한 방식으로 더욱 완전하게 자기 자신이 되는 것이다." (Skovholt & Rønnetad, 1995, p. 131)

전반적으로 스콥홀트와 로네스테드(1995)는 이상적인 전문가 발달은 몇 가지 조건을 가진다고 주장한다. 우선 복잡성과 도전에 직면할 때 변화와 지지에 대한 기회를 제공하는 구조 내에서 발달 전문가들이 일하는 것이 중요하다. 덧붙여 성장에 가장 기여하는 구조는 발달 중인 치료자나 상담자들에게 (피아제(Piaget)의 용어를 사용하자면) 새로운 지식을 동화시키고 조절하기 위한 균형 있는 기회를 제공한다. 궁극적으로 그것은 '지지/도전의 균형' 의 모든 부분이다. 여기에서 상담자는 자신이 알고 있는 한계를 확대하고 심지어 넘어서는 경험을 제공받을 뿐만 아니라 알지 못하는 것을 통과하면서 지시되는 것이다.

매우 숙련된 전문가들에게는 이 과정이 끝없이 더욱 복잡해진다. 스콥홀트와 로네스테드(1995)는 이 과정을 견디는 한 가지 방법은 전문적 성장을 촉진하는 경험과 요인에 대한 구조를 제공하는 '발달적인 계약' 을 만들어

내는 것이라고 설명한다. 그러한 계약은 아크레돌로와 호로빈(1987)이 어린 학생들이 조급한 종결과 인지적 과부하를 피하도록 돕는 데 매우 유용하다고 발견한 것과 유사한 교정적 피드백을 제공하고 적응하기 위한 믿을 만한 길을 제공할 수 있다. 발달적 계약은 발달 중인 치료자들이 치료와 상담의 구조화되지 않는 문제를 잘 조정하도록 하는 데 유용한 틀을 제공할 수 있다. 슈퍼바이저들은 또한 적절하고 교정적이며 치료자/상담자 모호성의 영역 내에서 정체 대신에 발달을 촉진하는 피드백을 제공할 수 있다(Skovholt & Rønnestad, 1995).

전문 상담자에 대한 신화?

비록 스콥홀트와 로네스테드(1995)의 주장이 이상적인 치료자/상담자 발달을 이해하는 데 유용하긴 하지만, 그들은 직접적으로 중요한 문제를 언급하지 않았다. 다른 분야의 훈련과 유사한 방식으로 치료/상담 분야에서 전문성이 성취될 수 있는가? 치료/상담의 전문성 개념을 대상으로 가장 두드러진 비판을 한 사람들 중 하나는 카네기멜론 대학의 연구심리학자인 도스(Dawes)다. 여러 가지 관련 연구 저널을 인용하면서, 도스(1994)는 문헌들을 보면 치료와 상담에서 전문성이란 존재하지 않는다고 주장하였다. 그에 의하면 오히려 그 반대라는 것이다.

정서적인 도움을 위해 정신건강 분야에서 전문가와 상담하기를 원하는 사람은 잘 들어주고 관계를 맺어 주는 공감적/중립적 사람을 만나거나 행동 변화의 기본 원칙에서 잘 숙달된 누군가를 만나는 것으로 충분하다. 도스는 "모든 치료의 대부분의 성공은 내담자가 행동하고 파괴적인 정서적 고통에 직면할 때 더 이상 무력하다고 느끼지 않는다는 사실에 의해 영향을 받을 수 있다."(p. 75)고 주장한다.

도스의 주장에 대한 경험적 기초 중 하나는 1977년 학술지 『미국 심리학자(American Psychologist)』에 게재된 논문에서 나온다. 이 논문의 결과를 통해 심리치료는 대인관계적 도움의 효과적인 수단으로 확립되었다. 연구자인 스미스와 글래스(Smith & Glass, 1977)는 메타분석이라는 새로운 기법을 사용하였고, 치료를 받은 실험집단에서 무작위로 선택된 사람들이 통제집단에서 무작위로 선택된 사람들보다 정서적으로 두 배 더 좋아진다는 발견을 하였다. 이런 비교점에서 대부분의 의학적 연구(예: 심장약의 임상적 시도 등)는 이와 같은 유의미한 수준에 도달하지 못했다는 사실을 고려해 본다(Dawes, 1994).

전반적인 심리치료 효과에 관한 주요 발견에 덧붙여, 스미스와 글래스는 관습적인 치료적 지혜에 도전하는 세 가지 추가적인 결론을 제공하였다.

1. 치료자의 자격(무학위, 박사, 석사)은 대개 전체적으로 치료의 효과성과 관련이 없다.
2. 개입에서 사용된 치료의 형태(인지 행동주의 치료, 인본주의 치료 등)는 전체적인 것은 아닐지라도 대개 치료의 효과성과 관련이 없다(참고적으로 행동적 기법의 어떤 형태는 매우 구체적인 행동 문제들과 공포증을 치료하는 데 적합하다는 것이 발견되었다.).
3. 치료기간은 성공이나 실패와 관련이 없다.

도스는 심리학 분야의 사람들이 상담의 효과성을 제시하는 스미스와 글래스의 결과를 쉽게 수용하였지만 중요한 세부 사항들에 관해서는 비교적 침묵을 지키고 있는 것을 관찰하였다. 기본적인 메타분석의 타당성과 연구 결과의 반복 가능성에 대한 호기심을 가지고, 랜드먼과 도스(Landman & Dawes, 1982)는 스미스와 글래스의 연구물들을 다시 분석하였다(물론 그들 자신의 연구에서는 보다 엄격한 기준을 사용하였지만). 그리고 거의 동일한 결론을 얻었다. 의심할 것 없이 치료는 효과가 있었다. 하지만 치료의 효과를 얻기 위해 고도로 훈련된 전문가를 요구하는지에 대해서는 아직 확인되지 않았다.

도스의 결론을 지지하는 다른 고전적 연구는 스트럽과 하들리(Strupp & Hadley, 1977)의 연구다. 분석을 위해 스트럽과 하들리는 우울이나 불안의 비임상적 수준을 경험하고 있는 대학생들을 모집하였다. 그리고 나서 연구자들은 학생들을 무작위로 15명의 매우 잘 훈련되고, 자격증이 있는 심리학자 집단 혹은 대학에서 비임상적으로 훈련된 '공감적' 교수집단으로 할당하였다. 놀랍게도 스트럽과 하들리는 두 집단에 있는 학생들이 정신건강과 행복감에 관한 다양한 척도에서 통계적으로 동등한 점수를 얻었다는 것을 발견했다. 연구자들은 훈련된 전문가들을 만난 학생들이 삶에 대한 낙관성에서 더 높은 점수를 보였다고 하였다. 하지만 그 차이는 적었고 다른 많은 척도에서는 두 집단 간에 유의미한 차이가 없었다. 물론 어떤 사람은 배려심 있는 교수들 집단이 상당히 잘 숙련된 조력자 집단을 대표한다고 주장할 수 있다. 때문에 그들은 학생들을 도울 때 긍정적인 결과들을 얻을 수 있을 것이다. 더 정교한 연구 문제들은 다음과 같다. 기술과 전문적인 지식을 가지고 있지 않은 상담 분야에 입문하는 학생들이 첫해에 어떻게 성공적으로 치료를 돕는가? 아마도 치료/상담에서의 경력 수준은 성공적 내담자 효과와 거의 관련이 없는 것 같다. 예를 들어, 갑작스러운 대인관계 손실로 고통받고 있는 1학년 대학생은 초보 상담자에게서 공감적 경청의 시간을 경험한 후에 상당한 위안을 얻을 수 있을 것이다. 치료와 상담에서 '전문성의 신화'를 주장하는 도스(1994)의 결론과 이를 지지하는 연구는 고려해 볼 가치가 있다. 궁극적으로 도스는 치료효과는 거의 내담자에 의해서 결정된다고 주장하였다.

> 나는 '치료적' 효과를 갖고 있는 삶 자체의 변화를 야기하는 것은 '팔을 드는'—즉, 치료에서 거론된 문제에 대해 어떤 것을 하는—내담자 자신의 행동일 것이라고 생각한다.

하지만 이것이 치료가 가지는 효과성의 유일한 결정인자인가? 우리는 치료자의 특징에 진정한 차이가 있다는 것을 알면서 내담자들의 성공 전체를 내담자 자신의 행동 변화로 귀인할 수 있는가, 아니면 그것은 다소 더 복잡한 그림인가? 예를 들어, 어떤 경력 있는 상담자는 초보 상담자보다 내담자의 변화를 더 잘 유발하거나 내담자 동기를 더 잘 일깨울 수 있다는 것이 가능한가?

치료와 상담에서의 전문성에 대한 탐구

이 책에서 제시된 증거는 전문 상담자들을 묘사하는 어떤 치료적 특징들이 있고 이러한 차이들은 치료적 경험의 특성에서 중요한 차이를 만들어 낸다는 것을 주장한다.

전문 치료자/상담자들이 어떤 의미 있는 방식들에서 초심자와 질적으로 다르다는 생각은 이해할 만하다. 일반적인 전문성 문헌에서 관찰된 가설들은 이러한 생각들을 담고 있다. 치료/상담 분야의 전문가에게서 얻은 일화적 증거들은 그들이 초심자였을 때보다 성숙한 전문가로서의 지금이 더 유능하다는 것을 스스로의 경험으로부터 알고 있음을 보여 준다. 그러나 이러한 가설들을 지지하는 경험적 연구들은 최근에 많이 수행되고는 있지만 자료가 빠르게 축적되지는 않는다.

상담에서의 전문성을 분석하는 첫 번째 경험적 연구 중 하나로, 미네소타 대학의 유명한 상담심리학자인 스트롱(Strong, 1968)은 1960년대 상담에서 변화는 대개 상담자가 내담자에 미치는 영향에 귀인할 만하다고 가설을 세웠다. 그는 상담자가 사회적 힘의 기본을 확립할 수 있다면(내담자에 의해서 전문가로, 매력적이라고, 믿을 만하다고 인식됨으로써) 그 영향을 사용해서 의미 있는 내담자의 변화를 가져올 수 있을 것이라고 보았다(Strong, 1968).

스트롱(1968)의 이론은 연구들의 지지를 받아 왔다. 직접적인 지지의 증거로, 내담자에 의해 더 전문가답고 매력적이고 믿을 만하다고 인식된 상담자들은 내담자에게 영향력이 있거나 강한 충격을 줄 만한 높은 능력을 가지고 있다는 것을 보여 주는 결과가 있다(Heppner & Claiborn, 1989).

간접적인 지지는 내담자들의 가치가 시간이 지나면서 자신의 상담자의 가치와 일치하는 경향이 있다는 것을 보여 주는 상담 연구의 다른 영역에서 나온다. 이는 상담자 영향의 또 다른 차원을 보여 준다(예: Beutler, Arizmendi, Crago, Shanfield, & Hagaman, 1983).

이러한 결과들은 치료/상담에서의 전문성에 관한 두 가지 중요한 요소들을 강조하고 있다. (a) 상담자들이 내담자들에게 전달할 수 있는 '전문가라는 느낌' 은 치료 결과에 중요한 영향을 미친다. (b) 상담자들은 내담자의 가치와 신념을 형성하는 데 영향을 미치는 상당한 힘을 가지고 있다. 이 두 요소 모두 상담 연구에 중요하며 상담자들이 치료적 변화의 과정을 이해하는 데 중요하다. 하지만 구체적으로 어떠한 부분도 전문 상담자들이 초보 상담자들과 비교하여 어떤 모습인지에 대해—그들이 무엇을 하고 어떻게 관계하는지에 관해—언급되어 있지 않다.

초보 상담자와 전문 상담자들을 구별하려는 한 가지 노력은 마틴, 슬레먼, 하이버트, 홀버그 및 커밍스(Martin, Slemon, Hiebert, Hallberg, & Cummings, 1989)의 연구에서 나왔다. 그들은 "전문가들은 경험을 통해 효과적인 개념화, 문제 해결, 행동을 가능케 하는 방식으로 상황적 정보를 개념화하는 데 적절한 지식을 획득한다." (p. 395)고 설명했다.

경력 상담자들과 초보 상담자들이 질적으로 중요한 차원에서 서로 다르다는 생각을 점검하려는 시도에서, 마틴과 그의 동료들은 11명의 경력 상담자들과 12명의 초보 상담자들에게 2명의 실제 내담자들과 여러 회기를 상담한 후 그들의 생각과 인식들을 '지도로 그려 보도록' 하였다. 연구자들은 초보 상담자와 경력 상담자들이 일반적인 상담과 내담자의 구체적인 문제들을 다르게 개념화할 것이라는 가설을 세웠다. 즉, 경력이 짧은 상담자들보다 경력이 많은 상담자들은 더 미묘하고 상세하며 정확한 정보를 제공할 것이라고 보았다.

그런 다음 그들은 상담자의 반응—일반적인 상담에 대한 생각(예: 일반적으로 상담 회기 중에 내담자에게 도움이 되는 일은 어떤 것입니까?)과 구체적인 내담자에 대한 생각(예: 내담자의 문제를 생각할 때 가장 중요한 것은 무엇입니까?)—을 녹음하였다.

마틴과 동료들(1989)은 경력이 있는 상담자들이 더 일반적인 방식으로 개념화하려고 하였고(특별한 내담자의 경험들을 더 넓은 치료적 원칙과 관련 지으면서), 반면에 초보 상담자들은 구체적인 상담 상황을 포함하는 사례를 개념화하려고 한(그들이 집중하는 즉각적인 상담 상황을 분석하면서) 것을 발견하였다. 다시 말해, 경력 상담자들은 일반적으로 상담의 포괄적인 지식을 저장하고 있었으며 구체적인 내담자 문제들에 관해 가장 최선의 행동을 결정할 때 효과적이고 절약적으로 그러한 지식을 인출하였다. 반면 초보 상담자들은 상담에 관해 추상적 지식이 부족하고 각각의 내담자에 대해 포괄적인 개념화를 시작할 필요가 있었다.

그들의 연구 결과를 보다 더 명확하게 하기 위해, 마틴 등(1989)은 동일한 자료를 가지고 내용분석을 실시하여 추후연구를 발표하였다. 내용분석은 그 자료를 통해 더 넓은 범위의 주제나 생각을 끌어내기 위해 사용된 질적 연구 방법론이다. 마틴과 그의 동료들은 구체적인 내담자 질문에 답하여 반응의 일관성과 '영역 구체적 개념'('내용'에 대한 지식)과 대비하여 절차적 개념('방법'에 대한 지식)을 중심으로 살펴보았다.

연구자들은 경력 상담자들이 초보 상담자들보다 그들이 사용했던 개념에 있어서 더 일관적이고 더 상호작용적인 접근을 하였다는 것을 발견하였다. 다시 말해, 경력 상담자들은 내담자 문제에 숨겨진 복잡한 사회적이고 대인관계적인 맥락을 더 잘 지각하고 있었고 초심자보다 더욱 영역 구체적인 개념들을 사용하였다. 흥미롭게도 경력 상담자들은 내담자를 분석할 때 어떤 절차적 지식(어떻게)도 사용하지 않았다. 이것은 경력 상담자들이 그들의 상담 회기들을 수행하는 방법에 특별히 관심을 가지지 않았다는 것을 의미한다. 하지만 그들은 더 광범위하게 더 추상적으로 더 포괄적인 수준에서 개념화를 하고 있었다. 이에 반해 초보 상담자들은 회기를 분석할 때 더 절차적인 지식을 사용하였는데, 이는 상담에서의 '방법'에 대해 더 몰두하는 것으로 보였다.

마틴과 그의 동료들(1989)은 이러한 발견들이 다른 분야에서의 전문성 발달과 일관적이라고 말하였다. 즉, 필요한 훈련과 경험을 가지고 상담자들은 내담자의 호소 문제에 대한 더 깊이 있고 의미 있는 정신표상을 발전시켰다는 것이다. 이것은 그들이 더 분명하고 효과적인 방식으로 독특한 내담자 개인을 개념화할 수 있도록 해 준다.

마틴 등(1989)에 의해 얻어진 결과를 지지하는 한 연구는 키블리건과 퀴글리(Kivlighan & Quigley, 1991)에 의해서 이루어졌다. 그들의 연구에서 키블리건과 퀴글리는 전문가와 초보 집단상담자들에게 집단상담 회기를 담은 비디오테이프를 보여 주었다. 그러고 나서 참여자들에게 집단 구성원들의 다양한 쌍들 간에 나타나는 유사성이나 차이점에 대해서 판단하게 하였다.

이 연구 결과에 따르면, 전문 상담자들은 초보 상담자들보다 집단 구성원들에 대해 더 복잡한 개념화를 하였다. 예를 들어, 전문가들은 세 가지 차원(지배적/복종적, 우호적/비우호적, 치료 작업에 대해 지지적/치료적 작업을 방해하는)에서 집단 구성원들을 평가하였고, 초보 상담자들은 두 가지 차원(지배적/복종적, 높은 참여/낮은 참여)에 따라 평가하였다. 궁극적으로 키블리건과 퀴글리(1991)는 마틴과 동료들이 이끌어 낸 결과와 유사한 결론을 내렸다.

지식이 기억 내에서 광범위하고 완벽한 구조로 조직화되어 있기에, 전문가들은 더 광범위한 추론을 할 수 있으며, 겉으로는 다른 문제이지만 그 기저의 종종 미묘한 특징들에 의해서 통합할 수 있고, 질적으로 더 정교하고 중요한 판단을 할 수 있다(p. 415).

힐러브랜드와 클레이본(Hillerbrand & Claiborn, 1990)은 마틴과 동료들(1989)의 결과를 지지하는 것에 실패하였다. 그들은 진단을 내릴 때에 전문가와 초보 상담자의 추론기술을 비교하였다. 전문가는 평균 이상의 진단적 능력을 가지고 있는 사람으로 동료들에 의해서 추천되었고, 초심자들은 상담심리학 프로그램에 등록된 대학원 학생들이였다. 피험자들은 세 가지 상담 사례들을 진단하도록 요청받았는데, 사례 각각은 '문제 구성' (즉, 사례들에서 정보가 분명하고, 모호하지 않고, 쉽게 해결할 수 있는 정도)에서 다양했다.

연구자들은 전문 상담자들이 더 정확하고 많은 진단명을 제공할 것이고 분석에서 더 분명한 합리적 근거를 제시할 것이라는 가설을 세웠다. 놀랍게도 잘 구조화된 사례에서는 전문 상담자나 초보 상담자 모두 더 많은 진단명을 보고했고, 모호한 사례에서는 모두 더 적은 진단명을 보고하였다. 더 나아가 저자들은 전문가와 초심자 간에 사례 유형에 따른 진단의 정확성에서 차이가 나타나지 않았다고 보고하였다.

이러한 결과는 내담자들이 제시하는 문제들의 정확성 차이가 모든 임상가들에게, 즉 경력자건 그렇지 않건 영향을 미친다는 것을 나타낸다. 앞서 언급했듯이, 치료는 다른 분야에서 보이는 선형성 없이 불규칙적인 과정을 거치는 복잡하고 때로 매우 모호하게 정의된 과정이다.

왜 힐러브랜드와 클레이본의 연구에서는 전문가와 초심자 사이에 차이가 나타나지 않았을까? 그리고 왜 같은 현상을 측정하려는 이러한 연구들의 발견들에서 차이가 나타나는 것일까?

한 가지 가능한 설명은 두 집단 사이에 진정으로 차이가 있지 않다는 것이다(즉, 통계적으로 측정하기에 그 차이가 충분히 유의미하게 크지 않다.). 앞서 언급했듯이, 이는 전문성이 '엄격하지 않고' 정의 내리기 힘든 분야에서도 성취될 수 있다는 생각에 도전하는 사람들(예: Dawes)에 의해서 내려진 결론이다. 힐러브랜드와 클레이본(1990)은 연구들 간의 일관성 부족의 원인에 대한 다른 가능한 설명을 제시하였다. 이들 저자는 글로 작성되어 있는 가설적 사례 연구의 사용은 상담실에서 만나는 '생생한' 경험의 특성을 잡아내기 어려우며, 전문가와 초심자들이 실제로 어떻게 행동하고 내담자와 어떻게 상호작용하는지에 대해 정확히 묘사하지 못한다고 설명한다.

힐러브랜드와 클레이본의 결과에 대한 또 다른 가능한 설명은 행동적 예언 자체의 특성에 대한 관심이다. 고전적 연구에서 저명한 연구심리학자 폴 밀(Paul Meehl, 1954)은 행동을 예언하는 것(치료 회기에서 직면하게 되는 것과 같은 행동을 포함하여)은 매우 어렵고 신뢰하기 힘든 노력이며 내담자와 상담자들이 희망하는 것만큼 결코 정확하지 않다고 밝혔다. 다시 말해, 밀에 의해서 제시된 발견을 고려한다면 상담자나 다른 행동 전문가들이 정신건강 장애가 얼마나 오래 지속될 것인지, 그리고 개선을 위해 내담자들이 그들 삶에서 필요한 변화를 언제 수행할 것인지를 예측하는 데 높은 성공률을 얻을 수 없다는 것은 매우 타당해 보인다. 이것이 사실이라면 아마 진단적 완벽을 추구하는 것은—적어도 행동적 변화를 예언하는 것에서—전문 상담자/치료자의 행동 특징을 기술하는 것에서 매우 어리석은 일이 될 것이다.

치료와 상담에서의 전문성이 궁극적으로 진단과 예언에서의 정확성과 궁극적으로 일치하지 않는다면 이 분야에서 전문성이란 무엇으로 구성되어 있는 것일까? 전문적 치료자와 효과적인 치료자는 같은 것인가? 효과성과 전문성을 같은 것으로 보는 것은 나름대로의 직관적인 매력을 가진다. 하지만 도스와 다른 연구자들이 보여 주었듯이 종종 상담에서 내담자가 더 좋은 기분을 느끼기 전에 기분이 더 악화될 수 있다는 것을 고려한다면, 효과성은 측정하기가 극단적으로 어려운 개념일 것이다.

아마도 전문성은 스콥홀트, 로네스테드 및 제닝스(Skovholt, Rønnestad, Jennings, 1997)가 제안한 것과 같이 극히 도전적인 내담자들과 관계를 맺으며 부담스럽고 정서적으로 불안정한 환경 속에 있는 내담자들과 상담을 하는 전문 상담자의 능력으로 보인다. 치료와 상담에서의 전문성은 치료자가 관계를 형성하는 고유한 능력과 복잡하게 연결되어 있다고 주장하는 관점은 경험적 문헌에서 그 지지자를 발견할 수 있다. 예를 들어, 루보스키, 맥렐란, 우디, 오브라이언 및 아우어바흐(Luborsky, McLellan, Woody, O' Brien, & Auerbach, 1985)는 중요한 치료 성과란 상담자와 도움을 주는 관계에 의해서 대부분 결정된다는 것을 밝혔다. 다른 연구들에서는 상담자의 기여가 정신건강을 촉진하고 성취하는 데에 있어 내담자의 기여를 넘어선다고 보고하였다(Teyber & McClure, 2000).

타이버와 맥클러(Teyber & McClure, 2000)는 "치료자-내담자 관계를 강화하는 요인을 이끌어 내는 것이 미래 연구의 가장 적절한 초점이 될 것이다."(p. 68)라고 결론 내렸다. "많은 연구에서 치료자가 하는 말과 치료시간에 하는 행동이 좋은 직업동맹을 촉진시키고 변화와 긍정적 치료효과에 대한 단 하나의 가장 큰 기여자임이 입증되고 있다."(p. 70).

연구의 철저한 고찰에서 웜폴드(Wampold, 2001)는 성공적인 치료를 구분하는 데 있어 관계를 형성하는 상담자의 능력의 중요성을 확인하였다.

> …상담자가 전달하는 구체적인 처치가 효과에 영향을 미치는 것이 아니다. 더욱이 치료 계획에 집착하는 것은 결과에서의 변화를 설명하지 않는다. 그럼에도 불구하고 치료 내에서 치료자들은 변량의 큰 부분을 설명한다. 분명히 치료자 개인은 성공적인 치료에 중요한 요소인 것이다(p. 202).

치료자/상담자 효과성 문헌들 중 몇 가지는 이러한 생각들을 더 깊이 지지한다. 효과적인 상담자들은 잘 발달된 사회적 기술들을 가지고 있다. 그들은 배려하고 양육적이고 동정적이며(예: Wicas & Mahan, 1966; Demos & Zuwaylif, 1966) 다른 사람과 동맹을 맺으려는 강한 욕구를 가지고 있다(예: Wiggins & Moody, 1983; Wiggins & Weslander, 1979).

이 장에서 검토된 정보를 사용하면서, 우리는 모호하게나마 전문 치료자/

상담자의 기술이 무엇인지를 설명할 수 있다. 대가 상담자의 더 상세한 그림은 남아 있는 다른 장에서 제시될 것이다. 대인관계에서 효과적인 상담자는 성숙하고 자기 확신적이며 낙관적이고 일반적으로 만족스러워 보인다(Jackson & Thompson, 1971). 때때로 어렵고 요구적인 내담자들과도 의미 있는 관계를 형성할 수 있다. 동시에 최고의 전문성을 지닌 상담자와 치료자는 복잡한 인간의 특성에 편안하게 직면할 수 있는 지적인 호기심과 융통성을 가지고 있는 것 같다(예: Goldberg, 1992).

이러한 특성들은 따뜻하고 의식이 있고 지적으로 명석한 개인에 대해 묘사해 주지만, 이 도전적인 직업에서 발휘하는 전문성에 대해서는 그림을 그려 주지 못한다. 위에서 제시된 방법론적인 한계(연구에 사용된 표본이 너무 작은 것, '전문가' '효과적' 과 같이 분명하게 정의하기 어려운 용어에서의 어려움)를 인정하면서, 상담에서의 전문성 성취에 관한 초기 발견들은 다른 영역에서 전문성에 대해 발견된 것들과 비교적 일관성을 가지고 있다.

경력이 있는 치료자/상담자들은 그들의 내담자를 이해하고자 할 때 사례 개념화의 수가 더 많고 높은 정도의 복잡함을 보인다(예: Cummings et al, 1990). 전문 상담자/치료자는 또한 일반적으로 치료과정에 대해 더 광범위한 지식을 가지고 있으며 순간순간의 구체적인 것에는 관심을 덜 갖는다(예: Martin et al, 1989). 그들 자신을 평가할 때, 전문가는 지식을 많이 가지고 있으며 확신을 가지고 있고 분명하게 내담자 문제를 이해하고 있다고 평가하였다(Hillerbrand & Claiborn, 1990).

연구 문헌에 따르면, 전문가들은 치료/상담 영역에서 경험을 쌓는다고 한다. 그들은 거인의 어깨 위에 서 있어서, 그들의 기술이 성숙하고 발달될 수 있도록 시간을 갖기에 더 잘 볼 수 있다. 지혜와 같이 전문성은 시간과 경험이 걸린다. 골드버그(Goldberg)는 그의 책 『성숙한 치료자: 고난을 이긴 승리(The Seasoned Psychotherapist: Triumph Over Adnersity)』에서 "경력 있는 치료자가 되는 것이 우리에게 지혜를 보장해 주지는 못하지만 지혜를 얻을 수 있는 대단한 기회를 주는 것은 분명하다." (1992, p. 147)라고 언급한다.

'전문가' '효과적' '대가 상담자' 라는 용어는 모두 치료적 직업에서 '최고 중의 최고' 를 기술하려는 시도다. 존재하는 문헌들은 치료자의 전문성에 대한 정의에 대해 아직 분명하고 포괄적인 정의들을 제공하지 못하고 있다. 이 책의 목적은 질문과 답 모두를 제공하는 것이다. 우리는 이 책에서 독자들에게 치료와 상담에서의 뛰어남에 대한 현실적 기술을 제공하려고 노력한다. 뛰어남의 본질에 대한 탐구는 치료와 상담이 어디서나 사람들이 경험하는 정서적 고통을 줄이는 데 도움을 주기 때문에 더욱 중요하다.

제3장

대가 상담자의 인지적, 정서적, 관계적 특성

Len Jennings

Thomas M. Skovholt

대가 상담자의 특성

지난 몇십 년 동안 많은 연구의 초점은 효과적인 심리치료에 이르게 하는 요인을 밝히는 것이었다. 그것은 내담자 변인, 치료자 변인, 내담자-치료자의 성격 조화, 작업동맹, 다양한 치료적 모델에 나타나는 '공통 요소들' 이다(Miller, 1993). 특히 작업동맹은 효과적인 심리치료를 이끌어 내는 데 있어서 가장 핵심이 되는 역할을 한다(Beutler, Machado, & Neufeldt, 1994; Horvath & Symonds, 1991; Luborsky, McLellan, Woody, O' Brien, & Auerbach, 1885). 섹스톤과 휘스톤(Sexton & Whiston, 1994)은 그들 연구의 초록 첫 줄에 "상담관계의 특성이 성공적인 상담의 성과에 가장 중요하게 영향을 미친다는 것이 발견되어 왔다." (p. 6)고 기술하였다.

상담자의 개인적 특성이 작업동맹의 질에 영향을 준다는 것을 감안하면, 효과적인 상담자들의 상담에서 나타나는 특성을 충분히 이해하는 것은 유용할 것이다. 가장 도움이 되는 것은 대가 상담자들—정신건강의 전문 실무자들—사이에서 '최고 중의 최고' 로 선정된 상담자의 특성을 규명하는 것이다.

치료자의 효과성에 관한 문헌을 보면 대부분의 연구들이 초보 상담자나 상담 수련생들을 대상으로 연구를 하였다. 경력 상담자들을 대상으로 연구한 몇몇 연구들에서는 효과적인 치료자의 개인적 특성에 관한 정보가 부족하였다. 위카스와 마한(Wicas & Mahan, 1966)은 효과적인 치료자들이 덜 효과적인 치료자들에 비해서 스스로를 더 잘 통제할 수 있으며 다른 사람에 대해 공감적임을 발견하였다. 잭슨과 톰슨(Jackson & Thompson, 1971)은 효과적인 치료자들이 비효과적인 치료자들보다 자신과 내담자, 다른 사람들, 치료에 대해서 긍정적 태도를 가지고 있다고 보고하였다.

릭스(Ricks, 1974)는 2명의 치료자를 집중적으로 연구한 결과, 혼란스러운 남자 청소년들을 치료한 2명의 상담자들에게서 성공에서의 주요 차이점을 발견하였다. 이러한 차이점들은 치료자의 성격 차이와 두 상담자들이 역전이 반응을 처리하는 것에서의 차이에서 비롯되는 것으로 보았다. 위긴스와 웨스랜더(Wiggins & Weslander, 1979)는 매우 효과적인 치료자들은 덜 효과적인 치료자들에 비해서 직업에 대해 더 큰 만족도를 보고했다고 밝혔다. 루보스키와 그의 동료들(Luborsky et al., 1985)은 환자 결과와 치료동맹 간에 유의미한 상관관계를 발견하였고, "효과적인 치료의 주요한 요인은 치료자의 성격이며, 특히 따뜻하고 지지적인 관계를 형성하는 능력"이라고 진술하였다(p. 609). 비록 루보스키 등(1985)은 치료자의 성격이 치료적 성공을 가능하게 하는 치료동맹을 형성하는 데 결정적이라고 주장하였지만, 치료자 효과성에 관한 연구는 이러한 치료적 성격 특성들이 무엇인지에 대해 많은 정보를 제공해 주지 못하였다.

심지어 대가 상담자의 성격 특성들을 정의하려는 몇몇 연구들 또한 아주 미미한 결과를 보인다. 해링턴(Harrington, 1988)은 미국전문심리학위원회(American Board of Professional Psychology)의 자격증을 받은 전문가들(대가 상담자들로 정의된)이 형용사 체크리스트 중 37개 하위척도에서 30개에 관해 서로 비슷하다고 채점하였다는 것을 발견하였다. 전문가들이 공유하는 30개의 기술어를 가지면서, 이 연구의 결과는 대가 상담자들의 정의가 다소 모호하고 분명하지 않다는 것을 제시하였다.

골드버그(Goldberg, 1992)는 뛰어난 치료자라고 동료들에 의해서 추천된 12명의 정신과의사를 인터뷰하였다. 그는 한 집단으로서 상담자들은 매우 민감하고 배려심이 많고 그들 자신의 개인적/전문적 성장과 내담자의 복지에 전념하였다고 하였다. 그리고 상담자들은 자신의 직업 선택에 만족을 느끼는 것으로 보이며, 유능한 조력자에 의해서 도움을 받고 있고, 전문적으로 다른 사람들에게 조력을 하면서 기운을 얻는다고 보고하였다. 마지막으로 앨버트(Albert, 1997)는 유능한 임상가로서 그들의 동료들에게 추천된 12명의 정신과의사를 인터뷰하였고, 그 결과 상담자들의 융통성, 민감성, 내담자에게 안식처를 제공할 수 있는 능력, 치료적 동맹을 만들 수 있는 능력 등이 효과적인 치료를 제공하는 데 모두 중요하다고 하였다.

치료자 효과와 별도로, 대가가 되는 데 있어 다른 잠재적인 요인은 기초지식을 조직하고 접근하도록 돕는 치료자의 지식과 기초 기술, 인지적 과정과 관련이 있다. 치료자의 전문성에 관한 문헌은 제한적이지만 최근 연구 영역에서 관심이 증가하고 있다. 힐러브랜드(Hillerbrand, 1989)는 전문 상담자를 다음과 같이 정의하고 있다.

> …전문 상담자는 내담자를 개념화할 수 있고 사실적 정보와 행동을 통합하며 대인관계적 과정을 이해할 수 있다. 전문성은 이해와 문제 해결의 인지적 기술들로 구성되어 있다. 즉, 계속 들어오는 정보를 이해하고 확인하고 결론이나 해결에 도달하기 위해 인지적으로 이러한 정보를 처리하는 능력을 말한다.

다른 영역들에서의 전문성 연구와 유사하게, 전문가와 초보 치료자 간 차이에 관한 연구는 전문가가 초심자보다 더 복잡한 인지 구조를 가지고 있고 문제들의 미묘한 특성들을 더 잘 알아차린다고 보고한다(Martin, Slemon, Hiebert, Hallberg, & Cummings, 1989). 그러나 이러한 연구의 희망적인 방향이 문제가 없는 것은 아니다. 그 예로 치료자의 전문성을 연구하고자 하는 많은 연구들은 전문성을 판단하는 데 주요 준거로서 경력(경험 연수)을 사용한다(Cummings, Hallberg, Martin, Slemon, & Hiebert, 1990; Kivlighan & Quigley, 1991; Martin et al. 1989). 그러나 경험 연수가 전문성의 수준을 명확하게 구별한다는 결과는 발견되지 않았다(Skovholt, Rønnestad, & Jennings, 1997).

대가 상담자들을 더 잘 정의하기 위한 노력으로 이 연구는 '대가 상담자들의 개인적 특성은 무엇인가?' 라는 질문에 초점을 맞춘다. 더 구체적으로는 '동료 전문가들에 의해서 두드러진다고 인정되는 상담자들의 특성은 무엇인가?' 이다. 명확한 개념 부족에도 불구하고, 대가 상담자라는 용어는 정신건강 사전에서 동료 임상가들 사이에 '최고 중의 최고' 라고 인정되는 상담자를 기술하기 위해 빈번하게 사용된다. 많은 상담 연구들이 초보 상담자들에 초점을 맞추고 있는 반면(Goldbergs, 1992), 우리는 다양한 전문적 정신건강 분야에 걸쳐 매우 숙련되고 존경받는 상담자들을 연구함으로써 잠재적으로 효과적인 상담자 특성에 대해서 많은 설명들을 얻을 수 있을 것이다.

질적인 방법론이 대가 연구에 사용되었다. 많은 방법론 학자들은 질적인 연구 디자인이 연구의 탐구적인 측면을 위해서 가장 적절한 수단이라고 본다(Hoshmand, 1989; Patton, 1990). 이 연구의 탐구적인 특성과 복잡한 인간 구조(예: 대가 상담자)에 대해 더 나은 이해를 얻고자 하는 열망 때문에 양적인 인터뷰가 자료수집 방법으로 선택되었다. 이 연구에서 사용된 10명의 대가 상담자들과 방법론의 상세한 기술은 '부록 A' 를 참고하기 바란다.

연구 결과

결과들은 대가 상담자들의 핵심 특성 영역을 대표하는 세 가지 영역, 즉 인지, 정서, 관계의 영역하에 조직화되었다. 각 영역 내에는 세 개의 항목이 있다. 다음에서 10명의 대가 상담자가 선택한 인용문들은 항목과 영역 모두를 가장 잘 예시하기 위한 원자료로서 제공된다.

1. 인지적 영역

범주 1: 대가 상담자는 열정적인 학습자다. 계속적인 전문적 발달은 대가 상담자의 특징인 것 같다. 많은 대가들이 배움과 앎에 대해 이야기할 때 '허기짐' '목마름' 으로 표현하였다. 그들의 지식에 대한 강한 열정은 발달의 강력한 원천으로 보인다. 한 응답자가 다음과 같이 말했다.

내가 알고 있는 것에 만족할 수 없어요. 그리고 내가 배우는 경험들이 얼마나 많은지에 대해 창피하기도 합니다. 나의 가족은 나의 이러한 모습에 대해 항상 놀랍니다. 나는 수업을 듣고, 여전히 공부합니다. …가족들은 내가 죽으면 비문에 "지금 그녀의 (죽음에 대한 호기심에 관한) 질문이 대답되었다."라고 써야 할 것이라고 농담을 하곤 합니다. 호기심은 나의 인생에서 굉장히 큰 부분을 차지합니다.

다른 대가 상담자는 배움에 대한 열정이 자기개발의 근원이라고 말하였다.

나는 워크숍에 참가하기도 하고, 개최하기도 합니다. 또 자문집단에서 가르치기도 하지요. 에너지를 받고, 흥미를 갖고 더 알고자 하는 이러한 모든 것들… 나는 사람들과 함께 읽고 또 읽은 것에 대해 이야기하는 것을 좋아합니다. 어떤 사람들은 배움을 참 싫어하지만 나는 좋아합니다. …배움은 한 가지에 관해 지속적인 에너지를 제공하니까요. 나는 우리 분야에서 일어나는 일 때문에 우리가 피곤하고 지칠 수 있다고 생각하지만, 배움은 높은 에너지를 느끼도록 유지하는 많은 것들 중에 하나입니다. 그리고 배움은 우리가 하는 것에 대해 사랑과 관심을 만들어 낼 것입니다. 배운다는 것은 매우 흥미롭습니다.

한 대가 상담자는 지식을 추구하는 것에 있어 끝없는 특성과 흥분을 가지고 있었다.

> 우리가 더 많이 알수록 우리가 모르고 있다는 것을 알게 됩니다. 맞지요? 항상 그 방정식을 우리 앞에 가지고 있어요. 앎이라는 것은 잘 모르고 있다는 것에 이르게 하지요. 하지만 그것은 흥미롭고 매력적이며 정말 괜찮은 일이에요. 그리고 탐구… [하지만] 탐구는 결코 멈추지 않아요. 다 알게 된 상태에는 결코 이를 수 없지요.

응답자들은 초심자 시절에도 마찬가지로 잘 모르는 것에 대해 비슷한 매력을 가지고 있었다. 개인적 욕구와 타고난 호기심에 의해서 자극된 초보 상담자는 열정적으로 새롭게 배우는 경험들을 추구하였다. 한 대가 상담자는 다음과 같이 말하였다.

> 내가 아주 젊었을 때 혹은 치료자를 꿈꾸고 있었을 때… 나는 심리치료의 모든 것에 관심이 있었고 모든 것을 시도해 봤지요. 나는 상상할 수 있는 모든 이론을 두루두루 배웠고 그것이 실패하는 부분을 직접 목격했어요. …어떤 것이든지 시도해 보는 것에 개방적이었고, 다른 접근을 통한 실패에 개방적이었지요.

다른 응답자도 유사하게 말했다.

> 나는 아이들이 옷을 입어 보듯이 여러 스타일[치료 접근들]을 시도했어요. 어떤 것들은 효과적이었고, 어떤 것들은 약간 효과적이었고, 어떤 것들은 때때로 효과적이었어요.

마지막으로 한 참여자가 충고하였다.

…당신이 할 수 있는 만큼의 많은 의식(rite)들을 경험하세요.…당신이 할 수 있는 한 최대로 당신 자신을 넓히도록 노력하세요.…당신은 가능한 한 당신 자신을 개방해야만 합니다.

범주 2: 대가 상담자에게는 축적된 경험이 주요한 근원이다. 평균 29.5년의 경력을 가지고 있는 대가 상담자들은 그들의 일에서 활용할 수 있는 풍부한 삶과 일의 경험을 가지고 있다. 이러한 경험들은 인간 존재로서, 정신건강 전문 실무자로서의 깊이와 능력을 증가시킨 것으로 보인다. 경험의 장점은 인터뷰 동안 자주 언급되었다. 예를 들어, 한 대가 상담자는 다시 상담으로 돌아온 내담자가 자신이 수년간 얻었던 특성과 능력의 발전을 어떻게 주목하는지를 이야기하였다.

나는 2년 전에 정말로 행복했던 경험이 있어요. 내가 17년 전에 만났던 내담자가 나에게 전화를 해서 상담을 다시 받고 싶다고 말했습니다. 상담을 한 지 아마 3개월 정도 지났을까, 그 사람은 "선생님, 정말 달라지셨네요."라고 말했습니다. 그래서 나는 말했지요. "정말 듣고 싶었던 말이네요." 정말 대단했어요. 그는 또 말했어요. "선생님은 많이 편안해 보이고 더 자신을 잘 표현하는 것 같습니다. 내가 선생님을 더 많이 이해할 수 있어요. 아시다시피, 과거 선생님에 대한 느낌은 선생님이 교과서 대로 진행한다는 것이었거든요." 네, 나는 실제로 그랬습니다. 치료를 어떻게 진행해야 하는지에 관해 내가 알고 있는 전부는 교과서의 내용밖에 없었기 때문이지요.

계속해서 그는 경험이 얼마나 유용한지에 대해 이야기를 해 나갔다.

나는 나이가 많이 들었어요. 나에게는 더 많은 경험이 생겼지요. 젊었을 때는 나이와 경력은 중요하지 않다고 믿고 싶었지만, 그것은 더 넓은 범위에 대해 공감하고 이해하는 능력에서 매우 중요합니다.

다른 참여자도 유사하게 말하였다.

> 나는 경험을 대신하는 것은 없다고 생각합니다. 누구든지 21세에 똑똑할 수는 있습니다. 하지만 61세에도 완전히 같을 수는 없습니다.

다른 응답자는 경험에 의존하는 것이 어려운 회기를 극복하는 데 어떤 의미를 가질 수 있는지에 대해 이야기하였다.

> 정말 화가 났거나 당신에 대해 신랄하게 비난하고 당신이 하는 상담에 대해 실망하는 누군가를 상담한다는 것은 처음에 매우 직면하기 힘듭니다. "그게 무엇인지 나는 알아요."라고 말할 수 있으려면 시간이 필요합니다.

경험은 일반적인 의미에서 이 참여자를 도왔다.

> 음, 나의 기초 지식이 더 넓어지고 깊어졌다고 생각해요. 나는 학위를 준비할 때보다 박사학위를 딴 이후의 더 많은 치료 경험들에서 사람들의 존재에 대해 더 많은 것을 배웠습니다. …[나는] 더 많은 문제들과 더 복잡함에 대해 말할 수 있어요.

마지막으로 한 응답자는 수년간의 경험의 가치가 때때로 어떻게 당연하게 받아들여지는지에 대해서 설명하였다.

> 유명하고 책을 집필하기도 하는 대가 상담자들은 자신들이 하는 기법들에 대해 당연시합니다. 그들이 그렇게 오랫동안 그에 대해서 이야기를 하고 오랫동안 그것을 해 오고 있기 때문에, 그들은 다른 상담자들도 그것을 가지고 있을 것이라고 생각하지요.

비록 응답자들이 축적된 경험을 통해 많은 것을 얻었지만, 경험만이 전문적인 발달을 보증하지는 않았다는 것에는 대부분 동의한다. 중요한 것은 배움과정에서 가지는 관심과 개방적 자세였다는 것이다. 한 응답자는 다음과 같이 말했다.

> 나는 경험만으로 저절로 된다고는 생각지 않아요. 나는 20년의 경력을 가지고 있습니다. 실제로 당신이 하고 있는 것에서 배우고, 당신 자신에 대해서 더 많이 배우고, 당신이 사람들에게 어떻게 영향을 주는지에 대해서 배울 수 있도록 좋은 자문과 좋은 학습 체계를 갖추는 것이 중요합니다.

다른 응답자도 유사한 의견을 가지고 있었다.

> 아시다시피, 경험 자체로 충분하다고 생각지는 않아요. 경험은 누군가가 자기 반추와 더 깊은 이해를 위해 사용하는 수단이 될 수 있다고 생각합니다. 경험 자체가 개인의 능력을 반드시 강화시켜 주는 것은 아니에요. 직업/학문 분야에서 더 잘하는 사람들의 차이는… 아마도 진실로 이해할 수 있고 경험을 반추할 수 있고 그들 자신을 관찰할 수 있는 능력일 것입니다.

또 다른 응답자는 자신의 경험을 통해 기꺼이 배우려는 자세의 중요한 핵심으로서 자존감을 강조했다.

> 나는 성장을 위해 경험을 사용하기 위해서는 자존감과 개방성이 필요하다고 생각합니다. 많은 것을 배우는 사람들은… 그들이 실수를 했을 때에도 스스로를 하찮게 보지 않고 그들 자신을 볼 수 있을 만큼 충분히 강합니다. … 실수는 배움에 있어 가장 큰 부분입니다.

범주 3: 대가 상담자는 인지적 복잡성과 인간 상황의 모호성에 가치를 둔다. 응답자들은 단순히 모호성과 복잡성만을 참아 내는 것만이 아니라 그 특성들을 추구한다. 한 응답자는 기상학자가 되어 날씨와 같이 복잡한 시스템을 다루는 것은 매우 흥미 있는 일이라고 말하였다. 다른 응답자는 여유 있는 취미로 카오스 이론에 대해서 읽는다. 치료자들은 인간 생활을 이해하는 입장에 있을 때 복잡성과 알려지지 않은 사실들에 직면하게 된다. 응답자들은 복잡성과 모호성을 환영하는 것 같았다. 한 응답자가 이야기하였다.

> 우리들 중 어느 누구도 다른 사람과 상담을 할 때 완전한 상태에 도달할 수 없어요. …항상 결핍되는 것이 있으니까요. 항상 수준 높은 복잡함이 있지요. 만약 어떤 것을 생각하기 시작하자마자 단순해진다면, 당신은 상담을 그만두는 것이 좋습니다. 내가 가장 좋아하는 말이 생각납니다. "우리의 뇌가 그것을 이해하는 데 너무 단순하다면, 우리는 너무 단순해서 그것을 이해할 수 없을 것이다."

유사하게 다른 응답자는 말했다.

> 진부하지만 그것은 사실입니다. 당신이 배우면 배울수록 당신이 모르고 있다는 것을 발견하게 됩니다. 당신은 일어나는 일들에 대해 알지 못하는 것에 개방성을 가지고 모든 상황에 계속해서 접근해야 합니다. …그것은 끝내는 대신 가능성에 대한 높은 개방성을 만들어 내는 것과 같습니다. 개인적으로 결코 독단을 좋아한 적이 없다는 것이 나 자신에 대한 자부심입니다. 나는 결코 '어떤 입장이든지 완전히, 고스란히' 그대로 받아들이지 않습니다.

또 다른 응답자는 모호성과 복잡성에 대한 개방이 치료자에게 어떻게 자산이 되는지에 대해서 설명한다.

나는 때때로 어려운 부분은 진실로 복잡한 것을 너무 단순화시키려고 노력하는 것이라고 생각합니다. 내담자들은 종종 나에게 이렇게 말합니다. "선생님이 아시다시피, 저는 모든 것에서 문제가 있어요." 알지 못하는 것과 모호한 상황에 대해서 개방적이 되십시오. 그러면 당신이 그 상황을 규정하는 게 아니라 일어나고 있는 것이 무엇인지 들을 수 있습니다. 나는 내가 알았다고 생각할 때 편안함을 느끼곤 했습니다. 지금 '알기에 지금 내가 편안할 수' 있기 때문이지요. 알지 못할 때의 상황은 정반대라는 것을 알게 되면, 당신은 더 관심을 가지고 집중해서 들을 수 있고 일어나는 모든 것에 대해서 더욱 개방적이 될 수 있을 것입니다. 그래서 나는 모호성이라는 것이 진실의 한 부분이며, 분류하고 이해하고 더 나아가 발견하는 것에 대해 궁금한 상태로 머물게 돕는다고 생각합니다.

계속해서 그는 복잡성과 모호성이 종종 어떻게 나타나는지에 대해 이야기하였다.

…당신은 자신이 정말 공감적이라고 생각하는데 누군가 당신의 반응을 공감적 실패로 보면 화가 납니다. 당신은 당신이 참 잘했다고 생각하는데 누군가는 그것이 형편없다고 생각합니다. 혹은 당신은 스스로가 엉터리 상담을 했다고 생각하지만 실제로는 당신이 아주 많이 그 사람들을 도왔기에 그들로부터 35번의 추천을 받기도 합니다. 이런 현상은 당신이 뭘 알지 못한다는 것을 알게 해 주지요. 우리에게는 겸손함이 필요하다고 생각합니다. 정말 많은 요인들이 관련되는 것입니다.

유사하게 응답자들은 치료 결과들을 평가하는 데 있어서 복잡하고 다양한 기준을 사용한다. 응답자들은 복잡한 과정을 평가하는 것은 상담을 하는 것만큼 어렵다고 인식한다. 다른 상담자들과 같이, 응답자들은 효과적인 상담의 증거로서 내담자의 행동, 인지, 정서에서의 긍정적인 변화를 찾는다. 그러나 응답자들은 효과적인 결과를 판단하는 데 있어서 복잡하고 독특한 방법을 사용한다. 한 응답자는 말하였다.

> 어떤 면에서 나는 심리치료에 종결이 있다고 생각하지 않습니다. 성공적인 상담은 내적으로 내담자를 위해 계속되는 것이라고 생각합니다. 사실 초기에는 그것을 알지 못했던 것 같아요. 하지만 긴 세월 동안 상담을 한 후에 나는 15년 전에 만났던 내담자들이 삶의 환경상의 문제나 기타 다른 문제로 다시 상담을 신청해 오는 기회를 가졌습니다. 그들은 상담을 하지 않았던 15년 동안에도 꽤 분명하게 나와 함께 지속했던 과정을 경험하고 있었습니다. 상담이라는 것은 어떤 면에서는 누군가에게 내적으로 어떤 것을 활성화시키는 과정입니다. 그래서 나는 마지막 회기에 정말로 끝나는 것은 상담이 아니었을 거라고 생각합니다.

2. 정서적 영역

범주 4: 대가 상담자는 자기 자각을 하고 반영적이고 방어적이지 않으며 피드백에 개방적인 정서적 감수성을 갖고 있는 것 같다. 응답자들은 자신들이나 다른 사람들에 대한 자각을 높이기 위해 다양한 피드백 자료들을 얻는 개인분석, 동료 자문과 슈퍼비전에 참여한다고 말했다. 응답자들은 지속적으로 자신의 일이나 자기 자신에 대해 더 많이 배우는 데 열심인 것으로 보인다. 한 응답자는 계속적인 자기 반영과 피드백에 대한 필요성에 대해 말했다.

> 나 자신, 나의 동기체계 그리고 나의 내부에서 움직이는 것에 대해 완전히 자각하는 것이 필요합니다. 나는 개인치료, 많은 슈퍼비전, 계속되는 자문활동을 통해 반복해서 나 자신을 외부에서 볼 수 있는 기회를 갖습니다. 이것은 대단히 도움이 됩니다.

피드백에 대한 개방성에는 내담자의 피드백도 포함된다. 한 응답자는 내담자가 가치 있는 피드백을 주었던 중요한 경험들에 대해 이야기하였다.

나의 내담자는 나에게 많은 가르침을 주었어요. 내가 초보 상담자였을 때, 1년 동안 한 커플을 만났지요. 여자가 불평하는 것은 남자의 음주 문제였어요. 남자가 기본적으로 여자에게 말하는 것은 "당신이 나를 그렇게 심하게 귀찮게 굴지만 않으면 술을 먹지 않을 거요." 였습니다. 그때 나는 알코올중독에 대해 아무것도 몰랐어요. 그들은 점점 상담실에 나타나지 않게 되었고, 나는 우리가 그리 많은 것을 하지 않았기 때문에 별로 그들을 비난하지 않았습니다. 1년 후에 그 여자는 약속을 잡기 위해 나에게 전화를 했고, 찾아와서는 앉자마자 말하기 시작했어요. "나는 당신이 우리에게 얼마나 해를 끼쳤는지 직접 얼굴을 보고 말하고 싶었어요." 이것은 나에게 일어날 수 있는 가장 강력한 일이었습니다. 나는 정말 감사하게 생각합니다. 그 이야기를 듣는 것은 대단히 힘들었지만, 내가 정말 형편없는 상담을 했다는 것을 알았고 그녀가 다시 찾아올 만큼 충분히 많은 영향을 미쳤다는 것을 알았습니다. 나는 너무 당황스러웠고, 그것은 강력한 인상을 주었습니다. …나는 그것이 사실이었다는 것을 알았고 많은 것을 배우게 되었습니다. 그녀가 이런 말을 할 결단력을 가지고 있다면, 나는 여기서 배울 수 있는 용기를 가져야 한다고 느꼈습니다. …그 일은 내가 몰랐던 것에 대해서 배우는 중요한 계기가 되었습니다.

다른 응답자가 이야기하였다.

나는 오늘 아침 여기에 있었던 사람에 대해 생각하고 있습니다. 그 사람은 "나를 간섭하지 말아요. 당신은 나를 간섭하고 있어요." 라고 말하였습니다. 나는 신실하게 그와 만나기를 원했기 때문에, 또 나보다 더 강한 사람이 그의 배우자라는 것을 느꼈기 때문에 어느 정도는 그랬습니다. 그러니까 내가 그 사람을 간섭한 거죠. …이렇게 말해야겠네요. "내가 이 일을 할 때 어떤 생각을 가지고 있는 것일까요?"

응답자들의 자기 반영의 사용을 잘 보여 주는 더 많은 예들이 이어진다. 한 응답자는 말했다.

> …나는 주어진 상황에서 내가 어떻게 느끼고 반응하는지를 잘 알고 있습니다. 나 자신을 관찰하는 기술을 갖는 것은 내가 다른 사람들을 잘 관찰하도록 돕습니다. …나 자신의 개인분석은 일종의 특별한 자기 인식의 중요한 부분입니다.

다른 응답자도 자각하는 것의 중요성에 대해 유사한 입장을 보이고 있다.

> 나는 자기 자각이 정말로 방해가 되는지 방해가 되지 않는지, 촉진하는지 촉진하지 않는지, 함께하는지 함께하지 않는지를 이해할 수 있도록 돕는 핵심 요소라고 생각합니다.

겸손한 행동과 관련해서 모든 응답자들이 방어적이지 않고 그들의 한계를 기꺼이 이야기하려고 했다. 한계점들에 대해서 알고 개방적으로 이야기할 수 있는 것은 상당히 유능한 상담자의 한 특징이다. 한 응답자가 예를 들어 설명하였다.

> 나는 내가 누군가를 돕지 못하고 있는 것은 아닌지, 그리고 그들이 다른 곳에 갈 필요가 있는 것은 아닌지 확인하는 것이 훨씬 좋습니다. 그렇게 내가 그들을 도울 수 없다는 것을 인식하는 과정에서 그들을 도울 수 있습니다. 내담자들이 다른 상담자를 찾고 있을 때 내가 사람들에게 말하는 것들 중의 하나는 진심으로 그들에게 물어보는 것입니다. "당신이 하기 힘들어하는 문제는 무엇입니까?" 당신이 할 수 없는 것을 상담자들이 가지고 있지 않다면 상

담을 그만두세요!

다음 응답자도 개방적으로 자신의 한계에 대해서 이야기했다.

나와 매우 비슷한 사람들이 있는가 하면 나와는 너무나 극적으로 다른 삶의 경험을 가지고 있는 사람들, 내가 이해하기 힘든 문화적인 차이를 가지고 있는 사람들이 있습니다. 나는 필연적으로 존재하는 일종의 성격적인 차이를 느낍니다. 생동감 있고 소란스러운 가족을 가진 사람들은 내가 적절하게 침묵을 사용한다 해도 부정적인 평가를 합니다. 나는 그들이 원하는 만큼 나의 방식을 변화시키고 편안함을 느낄 수 없습니다.

다른 응답자는 말했다.

나는 아마 로저스 학파의 상담을 하는 상담자가 필요한 사람들과는 잘 맞는 것 같습니다. 하지만 직면을 필요로 하는 사람들과는 잘 맞지 않아요. 내가 그것을 너무 힘들어하기 때문이지요.

범주 5: 대가 상담자는 자신의 정서적 안녕에 집중하는 정서적으로 건강하고 성숙한 사람이다. 정서적 건강의 한 예로서, 응답자들은 개인적/전문적 삶에서 일관되게 행동하려고 노력한다. 많은 대가 상담자들은 그들 스스로를 일관되고 믿을 만하며 정직하다고 기술하였다. 그 예로 한 응답자는 다음과 같이 말했다.

나의 통합성과 신뢰성은 직업적 생활과 개인적 생활에 기초를 두고 있습니다. 나는 직업 현장과 가정에서 다른 방식으로 살지 않습니다. 나는 직업적 삶이나 개인적 삶에서 어느 정도 최대한 정직할 필요가 있습니다. 내담자에게 헌신한다기보다는 당신의 일치된 삶에 헌신하는 것입니다. 그것은 안과 밖의 삶이 조화를 이루는 것입니다. 사람들이 당신의 존재에 대해 생각하는 것이 바로 당신인 것입니다.

다른 응답자 또한 비슷한 생각을 이야기하였다.

…만약 내가 내담자의 이야기를 재구성하거나 내게 발생한 어떤 일을 하든지 간에 나는 내담자와 작업동맹 내에서 진실함을 가지고 작업할 것입니다. 나는 결코 적응시키기 위해, 감추거나 속이기 위해 작업하지 않습니다. 진실된 관계를 맺는 일은 명예로운 작업입니다. …내가 맺고 있는 관계가 무엇이든, 그것이 저녁식사를 하고 있는 친구와의 관계이든, 혹은 내가 자동차 중개업자와 중고차를 놓고 흥정을 하는 것이든, 나의 아내와 방학 계획을 세우든, 내담자와 그들의 삶에 대해서 이야기를 하든 간에 나는 언제나 정직할 것입니다.

한 응답자는 다음과 같이 말했다.

…나는 진실합니다. 무언가를 보는 것은 당신이 어떤 것을 갖는 것입니다. 나는 어떤 것을 숨기는 것이 너무 힘들다고 생각합니다.

또 다른 정서적 건강의 지표로서, 응답자들은 중요성에 대한 그들의 인식에서 건강한 관점을 가지고 있었다. 응답자들은 겸손하며 순수한 모습을 보였고, 자기중심적이지 않으며 자신을 표현하는 데 있어 과장하지 않았다. 그들은 자신에 대해 편안해 보였으며 현실에서 그들 자신이 가지는 중요성에 대해 현실적인 관점을 가지고 있었다. 간략히 말하자면, 응답자들은 확신과 겸손함 사이에 건강한 균형을 이루고 있었다. 한 응답자는 말하였다.

겸손함은 신기한 부분입니다. …그것은 "나는 중요하지 않습니다."라고 말하는 것과 같습니다. 나는 여기에서 진행되는 것이 중요하다고 봅니다. 여기에는 배우[내담자]가 있습니다. 우리는 둘 다 전문가이므로, 내가 실수를 하게 되면 내담자는 그것을 만회하기 위해 무엇인가를 할 수 있습니다. 따라서 내가 혼자 모든 책임을 지는 것이 아닙니다.

그들 자신의 중요성에 대한 응답자들의 입장은 광활한 우주에서 그들의 위치 및 인간 상태에 대한 이해와 관련이 있는 듯하다. 그 예로 한 응답자가 다음과 같이 말했다.

나는 좋은 치료자가 되는 것은 겸손함을 포함하는 개인적 특성을 갖는 것이라고 생각합니다. 겸손함이란 우주에서 하나의 위치를 가진 나 자신에 관한 시각을 갖는 것을 의미합니다… 아주 큰 우주에서. 그것은 나에 대한 가치를 떨어뜨리는 것을 의미하는 게 아닙니다. 단지 나의 위치를 보는 것입니다. …나의 문을 통해 들어오는 누구든지 내가 하나의 인간 존재인 것과 같이 인간 존재의 또 다른 관점을 보는 것입니다. …우리는 서로 다르기보다는 더 많이 비슷합니다.

응답자들의 건강한 관점에 대한 또 다른 예는 '대가 상담자'라는 호칭과 관련이 있다. 응답자들이 대가 상담자로서 그들의 동료에 의해서 지명되는 명예를 가졌지만, 대부분의 응답자들은 그들 자신이 그렇게 불려지는 것을 편안하게 느끼지 않았다. 겸손함과 더불어 자신을 대가 상담자로 부르는 것에 대해 조심스러움을 갖는 많은 이유가 있었다. 한 응답자가 말했다.

나는 대가 상담자라는 전체 생각에 대해 반감을 가지고 있습니다. 내가 상담자란 위험한 요소를 가지고 있는 의심스러운 개념입니다. 내담자나 환자들에게 있어 이 개념은 작업을 방해할 수 있는 자동적인 우상화를 가져옵니다.

그리고 나는 누군가가 자신을 대가 상담자로 생각하기 시작한다면, 그것은 곧 독선이 될 수 있다고 생각합니다. 즉, 힘을 잘못 사용하는 모든 종류의 길을 열 수도 있는 것이지요.

이 집단의 전반적인 특징인 겸손함과 광범위한 시각을 가지고 한 응답자가 말했다.

당신이 다양한 사람들과 공부할 기회를 가질 때, 대가 상담자의 신비한 매력은 감소될 것이라고 생각합니다. 우리들 각자가 제공할 수 있는 어떤 것을 가지고 있으며, 누구든 어떤 사람들과 잘 작업할 수 있으며, 우리가 잘 작업하지 못했던 누군가와 초보 상담자들이 잘 시작할 수 있다는 것을 당신은 이해하게 될 겁니다. …내가 생각하기에 대가 상담자의 개념은 한 부분에서는 대가이지만 다른 부분에서는 그렇지 않다는 면에서, 그리고 기간상으로도 한 지점에서는 대가이지만 다른 지점에서는 그렇지 않다는 면에서 매우 모호합니다.

추가적으로 응답자들은 개인상담이나 그 밖의 자기를 돌보는 활동을 통해 그들 자신의 복지에 관심을 갖고 있었다. 응답자들은 그들이 가장 중요한 치료적 도구로 생각하는 자기 자신을 보호하기 위해 예방적인 활동을 하고 있었다. 그들은 자신의 정서적 안녕을 유지하는 것이 계속되는 과정이라는 것을 이해하고 있으며 개인상담, 실습, 영성 훈련 등의 다양한 방법들을 개발해 왔다. 한 응답자는 자기 돌봄이란 '자신이 가르치는 것을 실습해 보는 것' 이라고 확신하면서 이야기하였다.

나는 매일 운동을 합니다. 나는 다른 사람들에게 하도록 권장한 것을 스스로 해 보려고 노력합니다. 나는 강한 지지체계를 가지고 있습니다. 나는 좋은 친구들과 정기적으로 만나서 많은 일들을 함께합니다. 나는 매일 조용한 시간을 가지며 나 자신과 만날 기회를 갖습니다. 나는 음식을 잘 먹습니다. 나는 그러지 않으면 정말로 불편합니다. 그러지 않는다면 나는 좋은 자기 돌봄이 되지 않는다고 생각합니다.

다른 응답자가 말했다.

나는 내담자를 위해서 자기를 돌보는 것이 아닙니다. 내가 자기 돌봄을 하는 이유는 나 혼자는 살 수 없기 때문이고, 모든 일에는 끝이 있으며 언제 끝날지를 알려 주지 않는다는 것을 알고 있기 때문입니다. …내 인생의 초기에 그것은 치료였습니다. 요즈음 나의 자기 돌봄은 영적인 부분 이상입니다. 자기 돌봄은 나의 육체적인 건강을 위해 내가 하는 일 이상입니다. 나이가 들면서 나는 예전보다 더 많이 자기 돌봄에 집중합니다. 이 모든 것은 내가 정서적으로 어떻게 느끼는지에 영향을 줍니다.

또 다른 응답자는 일에서 휴식을 취하는 것의 중요성에 대해서 말하였다.

당신이 소진되기 시작한다면, 그것은 당신에게 문제가 있다는 것입니다. 나에게 그것은, 나 자신을 잘 돌보지 못했다는 것입니다. 예전에는 방법을 몰랐지만, 나는 세 달마다 여행을 떠나 휴식을 취하고 휴가를 가야 한다는 것을 수년에 걸쳐 알게 되었지요. 이러한 일들을 하지 않을 때 나타나는 첫 번째 증상은 이중으로 약속을 잡기 시작하는 겁니다. 상담실에 갔더니… 최악의 경우에는 3명의 내담자가 기다리고 있더군요. 그러고 나서야 나는 정말 내가 휴가를 가야 한다는 것을 알았습니다.

마지막으로 한 응답자는 좋은 상담사에 대한 생각을 이야기하였다.

…좋은 상담자는 잘 충전되어야 하고 충분히 사랑받아야 합니다. 그리고

기본적으로 일하고 있는 곳에서 벗어난 생활을 가져야 합니다.

범주 6: 대가 상담자는 자신의 정서적 건강이 치료의 특성에 어떻게 영향을 미치는지 알고 있다. 응답자들은 그들의 정서적 건강이 그들의 상담에 어떻게 영향을 미치는지 민감하게 자각하고 있었다. 한 응답자는 상담자의 정서적 건강의 특성에 대해 확신 있는 주장을 폈다.

> 나의 확실한 신념 중 하나는 우리가 좋은 상담자가 되는 유일한 길과 희망은 우리가 우리 자신의 본질을 기꺼이 들여다보는 일이라는 것입니다. 우리는 이 세상에 존재하는 모든 기술들을 배울 수 있기에 충분히 노력한다면 많은 기술을 배울 수 있습니다. 하지만 우리가 우리 본질을 깨끗하게 하지 않으면 계속해서 우리의 감정들을 내담자에 대해 분출할 것입니다. 우리 자신의 심리적인 찌꺼기를 제거하는 데 전념할 필요가 있습니다. 실제로 우리가 내담자를 만나는 매 시간에 우리 자신의 오래된 감정이나 생각이 자극될 수 있기 때문에, 우리 삶 전체에서 기꺼이 그렇게 해야만 한다는 것을 이해해야만 합니다.

다른 응답자는 상담자로서 정서적인 안녕을 갖지 않는 것의 위험에 대해 강조한다.

> 나에게 내담자들이 필요하지 않으면서도 내담자들에게 내가 실제적으로 유용할 수 있도록 하려면, 나 자신의 정서적인 건강을 유지할 수 있는 모든 것을 해야 합니다. 상담이 방향을 잘못 잡을 수 있는 것 중의 하나는 상담자가 자신의 정서적인 지지를 위해서 내담자를 이용하기 시작하는 것이라고 생각합니다. 치료자의 자존감 문제를 비롯한 모든 것들….

전이와 역전이 반응을 이해하고 이용하는 것은 응답자들의 상담에서 중요한 부분인 것 같다. 한 응답자는 다음과 같이 설명하였다.

> 중심을 잃게 되는 경우를 위해 나는 체크리스트를 가지고 있습니다. 이 문제가 내담자의 것인가, 나의 것인가, 아니면 우리 둘 다의 것인가?… 삶을 경험하는 나의 주된 방식은 감각입니다. 그래서 내가 불쾌한 감정을 느끼기 시작한다면, 그것은 나의 머리가 마침내 "이것을 봐라." 하고 신호를 보내는 때입니다.

다른 응답자는 치료의 일반적인 과정으로서 전이와 역전이를 인식하는 중요성을 강조한다. 이 과정을 이해하지 않으면 경계를 침범하게 된다고 그 응답자는 말하였다.

> …많은 성적인 문제들이 항상 치료에 나타납니다. 내담자의 성적인 느낌들과 환상들. 하지만 상담자가 유사한 감정과 환상들을 자각하지 않는다면… 예기치 않은 일이나 놀라운 일이 벌어질 수 있습니다. 하지만 상담자가 상호작용을 통해 그것을 잘 조율한다면 불가피한 어떤 일들이 나타나더라도 집중하고 이야기를 나누면서 해결할 수 있습니다.

또 다른 대가 상담자는 역전이가 어떻게 사용되는지에 대해 이야기하였다.

> 역전이에서 이해될 필요가 있는 것은 만약 내가 여기에서 당신에 대해서 두려워하며 앉아 있다면 두 가지를 봐야 한다는 것입니다. 즉, 나에게 무엇이 진행되고 있으며, 당신이 나의 과거에서 누구를 떠올리게 하는지입니다. 내가 보고 있는 것은 50%입니다. 나머지 50%는 당신에 대한 것이며, 당신에 관한 무언가를 이해하기 위해 나의 역전이 반응을 어떻게 사용할 수 있을까의 문제입니다. 실제로 내가 나의 아버지에게 했던 것과 같이 반응하고 있다면 그것에 집중해 보세요. 그리고 그러한 특성들 중 어떤 것이 있는지 봅시다.

내가 그러한 방식으로 행동하고 있다면, 그것은 '내가 진실로 나의 부분을 봐야 하는' 문제만은 아닙니다. 그것은 일부일 뿐입니다. 남은 부분은 내가 당신의 치료에서 사용할 수 있을 만한 당신에 대한 어떤 것이 있는지를 살펴보는 것입니다.

3. 관계적 영역

범주 7: 대가 상담자는 강력한 관계기술을 가지고 있다. 많은 응답자들은 원가족을 통해 듣고 관찰하고 다른 사람의 행복을 위해 배려하는 기술들을 발달시켜 왔다. 이것은 관계기술을 발전시키는 10~15년의 중요한 출발을 제공한다. 한 응답자는 이야기했다.

나의 아버지는 어머니 때문에 속상할 때 나에게 와서 위로를 구했습니다. 나의 어머니 또한 아버지에게 화가 났을 때 나에게 왔지요. 나는 그들을 도우려고 노력했습니다. 그래서 내가 누군가에게 도움을 주고자 하는 욕구가 생겼던 것 같습니다. …사람들을 위해 있어야 한다는 욕구는 매우 뿌리 깊은 특성이었어요.

한 대가 상담자는 가족 역할의 분담과정에 대해 이야기하였다.

[많은] 상담자들은… 그들이 가족 내에서 돌보는 사람으로서 규정되는 가족 구조에서 성장했습니다. 그 체계에서 그것이 그들의 가족 내 역할이었습니다. 그리고 그들은 그 역할로 훈련되었습니다. 그렇기에 그들은 모든 사람들의 욕구에 민감해야만 했습니다. …갈등에 민감하고… 문제 해결의 불가능한 과제를 떠안는 것입니다.

다른 대가 상담가는 말했다.

…나는 술을 많이 먹는 아버지라든가 그와 비슷한 부분을 가지고 있지 않아요. 하지만 나의 부모님들 사이에는 긴장감이 있었어요. 그래서 나는 항상 무엇이 진행되었는지 이해하려고 노력해 왔어요. 결국 나는 결혼상담을 하게 되었지요.

한 대가 상담자의 이야기는 다음과 같다.

우리 치료자들 대부분은 두 살 때부터 시작하는 것 같아요.…나는 참견을 잘하는 아이로 불려졌다는 것을 알아요. 나는 끝없이 사람에 대해서, 그리고 그들을 움직이게 하는 것에 대해서 호기심이 있었어요. 무엇이 그들을 더 기분 좋게 만드는 건지에 대해서도 말이지요. 그리고 중서부 지역의 여성으로서 나는 그들을 더 기분 좋게 만들고 있었어요. 그래서 나는 치료자로서의 역할을 매우 어릴 때부터 시작한 사람들이 있다고 생각합니다. …그들은 그들의 가족에 의해서 훈련되는 것이지요.

이어서 그녀는 동정적으로 행동했던 초기 경험의 예를 설명해 주었다.

…그[그녀의 아버지]가 죽기 전에 나에 대한 이야기들이 있습니다. 내가 네 살이나 다섯 살쯤, 아버지가 편찮으셔서 침대에 누워 계셨던 어느 날이었어요. 햇빛이 아버지의 눈을 비추고 있었기에 나는 아무 말 없이 차양을 내려드렸지요. 나는 정서적 민감성을 가지고 있었던 거예요. 하지만 그것이 정확히 어디서 왔는지는 모르겠어요.

덧붙여 응답자들 자신의 정서적인 상처는 다른 사람들에 대한 그들의 민감성과 동정심을 증가시키는 것 같다. 응답자들은 고통스러운 개인적 이야기들을 공유하였고, 그들의 경험이 다른 사람에 대한 그들의 민감성을 어떻게 높였는지를 설명하였다. 한 응답자는 다음과 같이 말했다.

> 나는 5년 동안 힘겨운 일을 겪었어요. 그 시기 동안 나는 집을 팔아 다른 곳으로 이사를 했고, 마지막으로 남아 있는 형제가 뇌종양으로 죽었고, 나의 어머니와 숙모도 돌아가셨지요. 그래서 나는 기운을 차리려 애썼고 나 자신을 꼭 잡고 있었습니다. 흥미로운 것은 가장 고통이 심할 때 내가 가장 좋은 상담자였다는 것입니다. 그것은 부수려는 기계의 움직임에 민감해지기 위해 피부를 사포로 문지르는 은행 털이범과 같은 거죠. 나는 나의 내담자의 행동을 더 민감하게 느낄 수 있었습니다.

한 대가 상담자는 상처를 갖는다는 것이 좋은 상담자가 되는 데 필요한 조건이었다고 말하였다.

> …나는 상담자가 자신의 상처를 잘 자각하지 못한다면 스스로의 취약함을 알 때까지는 상담을 잘할 수 없을 거라고 생각합니다. 상처를 자각하는 것은 당신 자신과는 다른 다른 사람의 경험에 대해 동정심과 깊이 있는 존경심을 개발하는 데 매우 도움이 됩니다.

또 다른 대가 상담자는 말했다.

> 아마도 모든 치료자들은 위기나 어려움 혹은 그와 유사한 기간을 겪게 됩니다. 일반적으로 한 상담자의 삶 자체가 박탈되었거나 고립적이거나 고통으로 가득 차 있다면 나는 그가 상담자로서 기능할 수 없다고 생각합니다. 하지만 아마도 자신의 삶에서 많은 정서적인 고통을 경험해 보지 않은 사람 중에 치료자가 되는 사람은 없다고 생각합니다. 나는 누군가가 아주 개인적 수준에서의 정서적인 고통에 대해서 알지 못한다면 이러한 직업에 관심을 두지

않을 것이라고 봅니다.

한 대가 상담자는 사람들이 상담자로서 그들의 효과성을 높이기 위해 그들의 정서적 상처들을 다루는 것에 대해 관심을 가졌다.

깊은 상처가 있지만 여전히 배움에 대해 개방적일 수 있습니다. 나는 끔찍한 배경을 가지고 있지만 대단한 치료자들을 알고 있습니다. 더불어 더 공감적이 되고 더 깊이 이해하고 진심으로 다른 사람들의 상처를 치료하는 것을 돕기 위해 그들의 상처와 그것을 통해 얻은 성숙을 이용하는 많은 사람들을 알고 있습니다. 또는 상처가 너무 커서 완전히 방어적이 될 수도 있습니다. …그것은 당신이 상처를 다루는 방법에 달려 있습니다. 나는 고통이 더 적은 사람들을 보아 왔습니다. …즉 당신이 그들의 배경을 볼 때, 그 고통의 정도는 덜합니다. 하지만 놀라운 일들을 극복하고 새롭게 일어난 사람들보다 그들은 더 방어적입니다.

인터뷰 과정 동안 응답자들은 따뜻함, 존경, 돌봄 그리고 사람에 대한 순수한 관심을 보였다. 그들은 다른 사람들과 관계를 잘 맺을 수 있는 상당히 발달된 사회적 기술을 가지고 있었다. 한 응답자는 관계기술에 대해 다음과 같이 이야기하였다.

아마 나는 대부분의 관계를 시작하는 지점인 공감에 대해 타고난 능력이 있는 것 같습니다. 다른 사람의 신발을 신는 능력, 심지어 내가 살아 본 적이 없는 것조차 상상할 수 있는 능력 말입니다. 나는 그것이 무엇인지에 대해 상상할 수 있는 능력을 가지고 있습니다. 나는 대단히 책임감이 있고 신뢰할 만합니다. 나는 사람들이 고통을 재경험하고, 나에게 의지할 수 있도록 시공간적으로 곁에 있어 주며 예측 가능한 환경을 만들어 줍니다. 나는 공감과 예언 능력이 안전한 환경을 제공한다고 생각합니다. 사람들은 그들 자신과 그들의

> 삶에서 대부분의 사람들을 위협하고 견딜 수 없게 하는 문제들을 가져옵니다. 나는 이러한 문제들에 접근 가능한 상황을 만들고, 그 사람의 당황함이나 부끄러움을 감소시킬 수 있는 어떤 것을 만들어 내고 그 문제를 설명해 낼 수 있습니다. 나는 공감이 누군가 자기 자신에게 공감적이 될 수 있도록 도와주는 효과를 가지고 있다고 생각합니다.

다른 응답자는 좋은 상담관계를 형성한다는 것의 의미에 대해 언급했다.

> 사랑에 자유롭고, 사람들에 대해 배려하는 것에 자유롭고, 상처받는 것에 대해 두려움이 없는 것….

계속해서 그 응답자는 이러한 면에서 대가 상담자라 할 만한 사람에 대해서 설명했다.

> …나는 그와 작업하는 모든 사람들이 대부분 그에게 있어 자신들이 세상에서 가장 중요한 사람이라고 진심으로 느낀다고 생각합니다. 그리고 실제로 그들은 중요한 사람들이었습니다.

뛰어난 상담자들은 내담자가 특별하다고 느끼도록 돕는 데 재능을 가지고 있는 것 같다. 한 대가 상담자는 내담자와 관심을 나누는 특성에 대해 이야기하였다.

> 내가 상담했던 사람들이 나에게 해 주었던 말은 내가 진심으로 그들을 돌보고 그들에게 관여한다는 것입니다. 나는 일어나는 일들을 돌봅니다. 나는 진행되는 것에 대해 생각하고 그것을 나눕니다. 나는 치료에서 매 순간 그들에게 일어나는 것에 집중합니다. 그리고 나는 내담자를 존경합니다. 나는 그들이 느끼는 어떤 감정이든 가질 수 있는 여지를 줍니다. 또 나에게 도전하고

화를 내고 나에게 의문을 가질 수 있도록 합니다.

범주 8: 대가 상담자는 강한 치료동맹을 형성하도록 돕는 인간 특성에 대해 큰 믿음을 가진다. 응답자들은 다양한 훈련 배경과 이론적 배경을 가지고 있었지만, 강력한 관계를 확립하는 것이 필요하다는 것에는 모두 동의하였다. 한 응답자는 관계의 중요성에 대해 다음과 같이 이야기하였다.

내 생각에 치료는 진실한 파트너십입니다. …우리는 무엇인가를 할 수 있게 해 주는 동맹관계를 만들어 냅니다. 그러한 관계를 활용하여 치유가 일어나게 됩니다.

어떤 상담자들은 관계를 상담 그 자체로 이야기하였다. 한 응답자가 다음과 같이 설명하였다.

나에게 치료의 핵심은 관계를 발전시키는 것이며 내담자와의 연결입니다. 그리고 관계의 발전은 다른 사람을 치료하고 돕는 목적을 가지지요. …내가 하는 치료는 기법이 아닌 관계입니다. 치료는 진실로 내담자와 상담자 사이에서 만들어지고 작업되는 것입니다.

다른 대가 상담자는 유사한 견해를 이야기했다.

…내가 그들과 함께할 수 있다고 느끼지 않는다면 나의 상담은 이미도 효과적이지 않을 것입니다.

응답자는 상담자와 내담자 사이에 공유된 책임감의 중요성을 강조했다.

내가 들었던 것들 중 하나는 내담자의 변화 여부는 순전히 내담자에게 달

> 려 있다는 것입니다. 우리는 단지 그것을 촉진하기 위해, 그리고 그들을 돕기 위해 있는 것입니다. 그들이 변화하거나 혹은 변화하지 않는다 해도 그것은 우리가 한 것이 아닙니다. 하지만 나는 진심으로 이것이 두 사람의 일이라고 믿습니다. 그래서 변화가 일어나거나 일어나지 않는다는 것은 우리 두 사람 모두에 대한 것입니다. 그래서 나는 상담에서 성공적인 결과가 나와도 내가 그것을 했다고 생각하지 않습니다. 대신에 나는 우리가 함께한 것이라고 생각합니다. 그리고 상담이 효과적이지 않다면, 그것은 우리가 함께하지 않았기 때문이라고 생각합니다.

더욱이 응답자들은 변화를 위한 내담자의 능력을 강하게 믿었다. 이러한 믿음은 희망을 낳고 작업동맹을 강하게 만든다. 응답자들은 자기 결정에 대한 내담자의 권리에 대해 깊은 존중감을 가지고 있었고 내담자의 변화가 가능하다고 믿었다. 실제로 한 응답자는 변화가 어떻게 필연적인지에 대해 설명하였다.

> 내담자들이 상담실에 앉아 있다는 사실은 곧 그들이 더 좋아지기 위한 끈기를 가지고 있다는 것을 말합니다. 즉, 당신은 내담자들을 항상 지지해야만 합니다. 당신이 그 수준까지 내려가길 원하는 것은 인간 세포기능의 한 부분입니다. 성장은 삶의 일부지요. 그래서 항상 성장이 있을 것입니다. 변화가 지속적인 것과 같이, 항상 변화가 있을 것입니다. 문제는 변화의 여부가 아니라 당신이 방향을 잡을 수 있는가입니다. 그것은 다른 것과 반대인 한 방향으로 가도록 도울 수 있는지에 관한 것입니다. 그들이 자신이 가고자 하는 방향을 선택할 수 있도록, 그리고 그들이 그러한 방식으로 갈 수 있도록 도우십시오. 내담자들이 가야 하는 방향을 정의해 주지 마십시오. 나는 항상 사람들에게 선택할 수 있는 기회를 주어야 한다고 생각합니다. 우리의 기본 임무는 그들이 스스로 선택할 수 있도록 돕는 것입니다. 만약 그들이 나쁜 선택을 하기 원한다면… 내가 할 일은 그 선택의 결과가 무엇인지 그들 스스로 보도록 돕

는 것입니다.

다른 대가 상담자는 모든 내담자에서 유능감을 보고 있었다.

그들은 어디든 다닐 수 있는 어른입니다. 그들은 여기에 한 시간 동안 와 있습니다. 그래서 그들은 유능합니다. 그들이 원하는 것은 고통을 덜고 더 유능해지는 것입니다.

마지막으로 한 응답자는 좋은 상담자가 어떻게 내담자에게 해답을 찾을 수 있도록 하는지 그 예를 보여 주었다.

그리고 나에게 영향을 주었던 그[저자 셀던 코프(Sheldon Kopp)]의 말은… "한 내담자가 방으로 들어와 당신의 발 앞에 몸을 내던지며, 당신이 자신을 구해 줄 것이라고 믿으면서 당신의 발목에 매달립니다. 그럴 때 좋은 상담자는 한 발 물러서서 그를 엎어지게 하고, 그가 자신을 스스로 일으켜 세우는 방법을 배울 때 그의 옆에 다가갑니다." …내담자들은 그들 자신을 위한 방법을 배우기 위해 그들 내부에서 지식을 얻습니다. 그때 당신은 그들 옆에 서 있는 것입니다.

범주 9: 대가 상담자는 자신의 특별한 관계기술을 치료에 사용하는 데 전문가인 것 같다. 응답자들은 안전감과 지지를 제공할 뿐만 아니라 필요할 때는 내담자에게 도전하기도 한다. 따뜻하고 안전한 관계를 확립한 후, 응답자들은 매우 어렵고 고통스러운 문제를 설명했다. 응답자들은 그들이 고통스러운 문제에 식별할 수 있고 필요할 때 내담자에게 도전할 수 있는 성격과 개인적인 힘을 가지고 있는 것 같다. 한 대가 상담자는 말했다.

나는 내가 좋은 피드백을 받는 이유가 지지적이고 도전적인 것 모두와 관

> 련 있다고 생각합니다. …나는 온화하면서도 강하다고 생각합니다. 더불어 부드럽고 동정심이 있습니다. 하지만 필요할 때 나는 강해집니다. 나는 내담자가 부딪쳐 밀고 나갈 수 있지만 굽히지 않는 사람입니다.

다른 대가 상담자는 이야기하였다.

> …나의 매력은 사람들이 나에게서 안전감을 느끼는 것이라고 생각합니다. 나는 사람들이 많은 관심을 받고 있다고 느낀다고 생각합니다. 나는 내가 명확한 사람이라고 생각하는데, 이는 사람들에게 많은 안정감을 주는 것 같습니다. 더불어 나는 사람들이 매우 지지되는 기분을 느낀다고 생각합니다. 만약 그들이 다르고 새롭고 힘겨운 어떤 것을 하고 있다면, 나는 그들에게 최대한 지지와 용기를 주려고 합니다. 사람들은 인지적/정서적으로 도전받는 기분을 느낀다고 생각합니다. 나는 내가 따뜻하다고 생각하며 사랑하고 있다고 생각합니다. 가장 중요한 것은 내가 그들이 갈 필요가 있는 곳에 가는 것을 두려워하지 않는 것입니다. 나는 질문하는 것을 두려워하지 않습니다. 그리고 그것이 그들이 두려워하지 않도록 돕는 것이라고 생각합니다.

세 번째 대가 상담자는 말했다.

> 나의 반농담 중의 하나는 상담자의 과제가 무엇인가에 대한 것입니다. 상담자는 인간성을 먹고 사는 체체파리와 같습니다. 당신이 존재하는 이유는 전문적 자극입니다. 알다시피, 당신은 나쁜 질문, 당황스러운 질문, 시끄러운 질문을 해야 하는 사람이기 때문입니다. …당신은 사람들에게 그들이 보지 않으려 하는 것을 보도록 하고, 그것을 보지 않으려는 방식에서 보도록 요청해야 하는 사람입니다.

또 다른 공통적 특성은 응답자들이 내담자의 강한 정서에 대한 두려움이 없다는 것이다. 그들은 매우 강력한 순간 동안 내담자와 함께하려는 기꺼운 마음을 표현하였다. 한 응답자는 치료자가 자신의 고통을 다루는 만큼만 내담자의 고통과 함께할 수 있다고 설명하였다.

> 상담자들이 자신의 고통을 두려워한다면 내담자들의 고통에서 그들과 함께 머무를 수 없습니다. 상담자가 내담자를 밀쳐 내게 되면 그들이 당신의 불편함을 알아차려서 고통을 갖는 것이 무언가 잘못되었다는 것을 알게 됩니다. 누군가의 고통을 두려워하지 않는 것은 매우 중요합니다.

다른 대가 상담자는 설명하였다.

> 나는 당신을 당신의 어둠 속으로 인도할 수 있습니다. 그리고 그것은 두렵지 않습니다.

한 대가 상담자는 내담자들이 결국 그들의 고통에 크게 영향을 받지 않음으로써 고통을 극복할 수 있도록 돕고 있었다.

> …때때로 나는 냉랭합니다. 그리고 당신이 지금 가지고 있는 것이 고통에 있어서 아카데미상이라고 말합니다. 사람들은 그들의 고통을 소중하게 생각하고 자기 고통이 상대방의 고통보다 더 강렬하다고 생각합니다. 나는 내담자의 생각에 영향을 받지 않으려 합니다. 고통을 인정하고 그것에 집중하기 위해서 말입니다. 하지만 그다음에는 "그래서 어떻게 되었나요?" 라고 묻습니다. 그것은 내가 많이 범하는 실수입니다. 누군가의 끔찍한 이야기에 영향을 받고 어떤 것도 하지 않는 것이지요. 한번은 일본이 난징을 침공했을 때의 학살 사진을 가지고 온 내담자를 만난 적이 있습니다. 사람의 잘린 머리 사진들이 줄지어 있있지요. 나는 "당신은 차라리 이 고통을 느끼지 않았던 사람이었으면 합니까?" 라고 물었습니다. 그녀는 그 일이 그녀를 더 깊은 사람으로

만들었다는 것을 이해하면서 돌아갔습니다. 나는 내담자의 고통에 집중하지만… 그에 현혹되지 않도록 노력합니다.

한 대가 상담자는 내담자의 화를 다루는 법에 대해서 이야기했다.

…내담자가 화를 많이 낼 수도 있습니다. 항상 그렇지는 않지만 그들은 그럴 수 있고 또 그래도 된다는 것을 압니다. 일반적으로 그들은 "선생님도 아시겠지만, 저는 선생님께 정말로 화가 나지 않았어요."라고 말합니다. 그러면 나는 "네, 알아요. 괜찮아요."라고 말하지요.

덧붙여 응답자들은 내담자와 상담을 할 때 적절한 시기, 속도, 처치 양의 부분에서 매우 능숙했다. 수년간 실수와 성공을 통해 실험하고 배운 지식을 가지고, 응답자들은 개입의 시기와 강도에 관련된 판단을 잘 조율해 왔다. 한 응답자는 처치의 양에 대한 예를 설명하였다.

만약 내담자가 나에게 화가 났다면, 나는 뒤로 물러서서 다른 것을 합니다. 이는 부분적으로 처치의 양에 대한 게슈탈트 개념입니다. 당신은 실험의 적정 수준까지 견뎌야 합니다. 그것이 충분하지 않다면 아드레날린이 나오지 못할 것이고, 너무 과하면 그들이 압도되기 때문입니다.

유사하게 한 대가 상담자는 그에 관련된 경험을 나누었다.

…지나치게 반응하지 않았고, 너무 적게 반응하지 않았으며, 그 범위가 좁다는 것을 믿으십시오. 모든 사람이 지나치게 반응하거나 너무 적게 반응합니다. 하지만 전문성이 있다면 실수의 범위는 좁습니다.

다른 대가 상담자는 개입 시기에 집중하는 이야기를 하였다.

나는 대개 여러 시기에서 우리가 그것을 견딜 만큼 충분히 동맹이 맺어질 때까지는 자기 노출을 하지 않습니다. 그것은 시기적절하고 보조를 맞추는 과정의 한 부분이니까요.

논 의

해링턴(1988), 골드버그(1992), 스콥홀트와 로네스테드(1995), 앨버트(1997)와 같은 연구자들은 수련되고 인정받는 상담자들이 가지고 있는 풍부한 지식과 지혜를 알아보고자 하였다. 유사하게 우리는 그들의 전문적인 동료들에게 '최고 중의 최고'로 인정되는 대가 상담자들의 특성을 확인하고 조명하고자 했다.

현행 연구의 발견들을 바탕으로, 대가 상담자가 되는 것은 시간과 경험의 축적 이상인 것을 알 수 있다. 이 연구에서 대가 상담자들은 전문적으로 성장하기 위해 지속적으로 투자하고 혁신적으로 많은 특성을 개발하였다. 대가 상담자들은 내담자, 동료들, 다른 사람들의 피드백을 받을 때 방어적이지 않으며, 경험에 있어 개방적이고 열정적인 학습자들인 것으로 보인다. 대가 상담자들은 복잡성과 모호성을 다룰 때 그들의 확신과 만족을 높이기 위해 경험과 지적 능력을 함께 활용한다. 덧붙여 그들은 상당히 자기 반추적이고 자기 자각적이며, 이러한 속성들을 계속 배워 나가서 개인적으로나 전문적으로 성장하는 데 사용하였다. 그들은 수년간의 활발한 배움과 삶에서 얻은 정서적 성숙함과 자아 강도를 소유하는 것으로 보인다. 마지막으로 대가 상담자들은 다른 사람들과 최고의 관계를 맺을 수 있는 것 같다. 추측할 수 있듯이, 이것은 강력한 작업동맹과 긍정적 치료효과로 이어진다.

이 연구의 결과와 선행연구의 결과 간에는 일치점이 있다. 예를 들어, 이 연구에서 제시된 아홉 개 항목에 포함된 주제 대부분은 스콥홀트와 로네스테드(1995)에 의해서 제시된 단계나 주제와 유사하다. 전문성을 발전시키는 특성에 관해 여기에 보고된 결과와 다른 결과들은 일치도가 매우 높다(Colton & Sparks-Langer, 1993; Neufeldt, Karno, & Nelson, 1996; Rønnestad & Skovholt, 1991, 1997; Schon, 1983, 1987; Skoholt & Rønnestad, 1995; Tremmel, 1993; Ward & House, 1998; Worthen & McNeill, 1996).

이 연구의 핵심적 내용에는 전문적으로 성장하기 위해서는 복잡함을 견디고 그에 대해 반추할 수 있는 능력이 포함된다. 여기서 기초가 되는 관심은 유능함을 증가시키기 위해, 그리고 전문성을 향하여 나아가기 위해 경험을 사용하는 방법이다. '경험을 잘못 사용하게 되면' 경험에 영향을 받지 않으면서 같은 과정을 반복하게 된다.

워드와 하우스(Ward & House, 1998)는 훈련 중인 상담자들의 전문적 성장이 어떻게 '정서적 · 인지적 불일치의 높은 수준을 경험하는 것'을 통해 이루어지는지 설명하면서, 교육과 슈퍼비전에서의 복잡성을 견디는 것에 대해 논의하였다.

> 상황이 주어진 채로 제시되지 않을 때, 상담자들은 행동의 순간에 반추하도록 격려받는다. 그리고 임상적인 방향은 복잡하고 힘겹고 불확실한 사건들을 가지고 구성되어야 한다(Schon, 1983). 그것은 반추적인 학습과정을 강조하는 전문적인 경험에 관한 불편함을 인식하는 것이다. 슈퍼바이저는 불일치하는 상담 경험을 탐색하도록 촉진된다(p. 25).

복잡성을 직면하고 반추과정을 통해 그것을 극복하는 것에 대한 강조는 전문적 발달의 불확실성-확실성 원칙의 핵심 요소다(Rønnestad & Skovholt, 1997). 여기에서 슈퍼바이저의 오리엔테이션은 항상 불확실함을 탐구하는 자세를 제시하는 동시에 초심자들에게 확실한 구체적인 기법을 제시한다.

현행 연구의 시사점에 관해서 고려할 문제로 다음과 같은 사항들을 제시한다. 어떤 상담자들이 어려운 사례의 역동을 이해하는 인지적 능력을 가지고 있지만 내담자와 치료적 동맹을 맺는 데 필요한 관계형성 기술은 부족하다면 어떨까? 어떤 상담자들이 그들의 내담자와 정말 관계를 잘 맺지만 그들의 정서적 욕구가 내담자와 상담을 하는 데 방해가 된다면 어떨까? 정서적으로 건강한 상담자들이 내담자의 복잡한 문제를 이해할 수 있는 인지적 능력을 가지고 있지 않다면 어떨까? 연구에 비추어 보아, 우리는 대가 상담자의 CER 모델을 제안한다. 대가 상담자가 되려고 하는 사람들은 인지적(C), 정서적(E), 관계적(R) 영역에서 매우 높은 수준으로 발전해야 하며, 내담자와 상담을 할 때 그들의 서비스에 이 세 영역을 모두 포함해야 한다는 것이다. 대가 상담자의 CER 모델은 이러한 세 가지 영역이라는 다리를 가지고 있는 테이블이다. 그것은 인지적 특성(인지적 복잡성과 배움에 대한 열정적인 욕구), 정서적 특성(정서적 수용과 성숙), 관계적 특성(대인관계면에서 재능 있는)을 포함한다.

후속연구를 위해 세 가지 제언을 하려고 한다. 우선 상담자의 전문성 연구는 상담자의 인지적 과정의 이해에 크게 기여하였지만(Cummings et al., 1990; Hillerbrand & Claiborn, 1990; Kivlighan & Quigley, 1991; Martin et al., 1989), 현행 연구에서는 상담자의 전문성 연구자들이 전문성의 개념을 상담자의 정서적/관계적 영역으로 확장해야 한다고 생각한다. 다시 말해, 우리는 상담에서의 전문성은 인지적 차원 이상이라고 주장한다. 인지적 영역은 세 개의 다리를 가진 전문성 테이블에서 하나의 다리일 뿐이다. 우리는 세 다리(인지적, 정서적, 관계적) 모두가 상담에서 전문가로서 활동하는 데 단단한 기초로 필요하다고 믿는다(Skovholt, Rønnestad, & Jennings, 1997).

두 번째로 이 연구가 잠재적으로 바람직한 상담자의 여러 특성을 강조하였더라도, 향후 연구자들은 대가 상담자들이 실제적으로 다른 상담자들에 비해 치료동맹을 맺고 내담자 증상을 줄이고 내담자를 만족시키는 것의 척도에서 더 나은 결과를 얻을 것인가에 대해 연구하고 싶을 것이다.

마지막으로 이 연구에서 조명된 대가 특성의 대부분은 로저스(Rogers,

1961)의 '완전히 기능하는 사람', 매슬로(Maslow, 1970)의 '자기실현한 사람', 스콥홀트와 로네스테드(1995)의 상담자 발달과정에서 통합 단계에 있는 숙련된 상담자들, 에릭슨(Erikson, 1963)의 인간 발달과정에서 자아통합 단계와 같은 개념과 관련이 있다. 추후연구에서는 대가 상담자와 다양한 전문 분야에서 그들의 경험을 통해 획득한 높은 수준의 숙련과 지혜를 가진 사람들, 즉 높은 수준에서 기능하는 개인들 사이의 공통성을 연구할 수 있을 것이다. 우리의 연구는 직업 분야와 상관없이 최고의 인간 발달에서 야기되는 개인적 특성들에 대해서는 다루지 못했다.

이 연구의 결과는 여러 가지 한계를 갖고 있는 것으로 해석되어야 한다. 질적인 설계를 가지고 있으므로 연구 결과는 이 집단의 맥락 이상으로 일반화하기 어렵다. 그것은 표집의 방법이 풍부한 정보 대비 대표적인 피험자 집단에 초점을 두었기 때문이다(Patton, 1990). 그리고 표집방법에서 동료들에게 알려져 있지는 않지만 두드러진 능력을 가지고 있는 대가들이 배제되었을 수도 있을 것이다. 또한 연구방법은 연구자와 응답자들 사이에서 협동적인 자료분석을 이용하면서 연구자의 편견을 최소화하기 위해 만들어졌지만, 여전히 이 연구과정에서 주관성은 배제할 수 없다. 다른 한계는 연구 표본에서의 다양성 부족이다. 비록 표본을 구할 때 연구가 수행된 북쪽의 주를 대표하려고 노력하였지만, 후속연구에서의 도구는 풍부하고 다양한 표본을 통합하는 것이 좋을 것이다.

추후연구에서 우리의 발견들에 대해 반복 연구를 한다면, 대가 상담자들의 이러한 특성들은 상담자들과 최적의 발달을 촉진하려고 노력하는 상담자 훈련 프로그램들에 대해서 지침을 제공할 것이다. 상담자들에게 연구 결과는 개인적/전문적 발달의 여러 영역들에 집중할 것을 제안한다. 상담자들은 계속적인 학습, 피드백, 반추를 위한 기회를 가져야 한다. 상담자들은 그들의 상담에서 복잡성과 모호성을 다룰 때 개방적인 자세를 유지하는 것이 좋다. 더불어 그들 자신의 정서적 안녕에 힘쓰고 필요할 때는 스스로 상담을 받으며 관계기술을 계속 연마하는 것이 필요하다. 훈련 프로그램은 인지적 능력(예: GRE 점수, GPA)과 함께 학생들의 개인적 특성을 향상시키는 것을 고려할 것이다. 더 나아가 훈련 프로그램은 수련생들에게 이러한 바람직한 특성들을 더 깊게 발전시키기 위한 학습환경을 제공하려고 노력할 수 있다. 전반적으로 이 연구의 결과는 치료자의 인지적 영역뿐만 아니라 정서적/관계적 영역의 발달의 중요성을 강조한다.

제4장

대가 상담자의 치료관계 형성

Michael Sullivan
Thomas M. Skovholt
Len Jennings

상담과 심리치료의 이론적 지향 사이에 있던 오랜 전쟁은 잠시 중단되었다. 수많은 연구들은 모든 이론적 접근들이 긍정적인 변화를 일으킬 수 있다는 것을 발견했다. 하지만 어느 한 접근의 일관적 우수성은 발견하지 못하고 있다. 아세이와 램버트(Asay & Lambert, 1990)는 효과 연구의 검토를 통해 다음과 같이 진술한 바 있다.

> 이제까지 도달한 결론으로는 한 이론에 지향된 기법과 그 접근의 추구에 대해 강력하거나 폭넓은 지지를 제공하지 않는다. 반면에 심리치료에서 효과를 발휘하는 요인들의 많은 부분은 모든 이론에서의 공통 요인 때문인데, 공통 요인들은 많은 상담치료 이론에서 공유되고 있다.

모든 이론에서 공통적인 가장 중요한 변인은 내담자인 것 같다. “내담자의 자기치유 능력은 심리치료에서 가장 중요한 공통적인 잠재 요인이다.” (Tallman & Bohart, 1999, p. 91) 주요한 다른 변인은 상담자다. 내담자의 상담 결과에 미치는 상담자의 효과에 대한 강력한 증거들이 있다. 루보스키, 맥렐란, 우디, 오브라이언 및 아우어바흐(Luborsky, McLellan, Woody, O' Brien, & Auerbach, 1985)의 경우, 의미 있는 상담 성과는 대부분 ‘상담자와 내담자의 도움이 되는 관계’ 에 의해서 형성된다고 하였다. 연구조사들에서 살펴보면 상담 성과에 대한 상담자의 기여가 내담자의 기여보다 더 컸다(Teyber & McClure, 2000).

연구들을 면밀히 고찰하는 과정에서 웜폴드(Wampold, 2001)는 ‘상담자 효과: 중요한 요소이지만 무시되는 것’ 이라는 제목의 장(chapter)에서 중요한 상담자 효과가 경시되는 것을 언급하였다.

…상담자가 사용하는 특별한 치료기법은 결과에 영향을 주지 않는다. 게다가 치료과정에 대한 충실함 또한 치료효과의 다양함에 대해 설명하지 못한다. 하지만 치료과정에서 상담자들은 변화의 큰 비중을 설명한다. 명확히 말해서, 상담자들은 치료에서 성공하기 위한 결정적인 요소다(p. 202).

매우 효과적인 상담자는 변화를 이루어 내는 것처럼 보인다. 인간 혹은 고객으로서 우리가 적극적으로 정말 좋은 치료자(예: 의사, 치과의사, 변호사, 상담자)를 찾는다는 것은 우리가 이 말의 의미를 암묵적으로 알고 있다는 것을 시사한다. 우리는 어떤 사람이 다른 사람보다 더 뛰어나다는 것도 알고 있다. 그러나 상담자 변인을 연구한다는 이러한 생각들이 현대의 연구에서는 중요하게 다루어지지 않고 있다. 웜폴드(2001)는 "덜 유능한 상담자들 사이에서 더 유능한 상담자를 구분할 수 있는 유능한 상담자의 특징을 밝히는 것은 생산적인 일이다. 그러나 놀랍게도 이를 주제로 다루었던 연구는 거의 없다."(p. 186)라고 하였다.

상담자와 치료관계의 중요성을 지적한 연구를 살펴보면, 타이버와 맥클러(Teyber & McClure, 2000)는 "상담자-내담자 관계를 강화시키는 요소를 끌어내는 것이 앞으로 연구의 가장 중요한 핵심일지도 모른다."(p. 68)라고 하였다. 그들은 또한 "많은 연구들에서 상담시간에 좋은 작업동맹을 이루기 위해 상담자들이 하는 반응과 개입이 변화와 긍정적인 치료 결과의 가장 중요한 기여자라는 것이 증명되고 있다."(p. 70)라고 주장하였다.

이 연구는 최고 중에 최고인 대가 상담가 집단을 표본으로 구성하여 작업동맹을 연구하고 있다.

배 경

치료적 관계의 중요성에 대한 인식은 오래되고 다양한 역사를 가지고 있다. 치료적 관계는 정신분석(Freud, 1912; Greenson, 1967), 인본주의 상담(Rogers, 1957), 사회영향 이론(Social Influence theory; Strong, 1968)에 있어 중요한 이론적 역할을 해 왔다. 최근에 치료적 관계는 주로 작업동맹 형성을 통해 연구되고 있다(Bordin, 1979). 작업동맹의 형성은 다양한 척도들을 통해 이루어져 왔는데, 여기에는 작업동맹 척도(Horvath & Greenberg, 1994), 도움동맹 척도(Luborsky, Crits-Christoph, Alexander, Margolis, & Cohen, 1983), 벤디빌드 치료적 동맹 척도(Hartley & Strupp, 1983), 캘리포니아 심리치료동맹 척도(Marma, Horowitz, Weiss, & Mariaza, 1986)가 있다. 호바스와 루보스키(Horvath & Luborsky, 1993)는 일반적으로 사용되는 작업동맹 척도가 적어도 11개는 된다고 보고하였다. 넓은 의미에서 이 척도들은 정도에 따라 다양하게 초기 치료관계 형성의 측면들을 포함하고 있다.

치료관계에 대한 상담자의 어떤 기여가 최적의 치료관계와 관련이 있을까? 상담자, 내담자, 상담자가 제공하는 상담 상황 사이의 상호작용은 복잡하다. 이 부분을 요약하자면, 최적의 치료관계는 내담자의 관계 욕구에 대한 정확한 평가에 근거하여 상담자가 현명하게 상담 상황을 제공하는 것과 연관이 있다.

작업동맹에 대한 연구는 방대하다. 배출러와 호비스(Bachelor & Horvath, 1999)는 100개가 넘는 경험적 연구들이 수행되었다고 보고했다. 그러나 작업동맹에서 상담자 변인의 효과에 대한 연구는 상대적으로 거의 없었다(Al-Darmaki & Kivlighan, 1993). 그리고 상담자의 관점에서 판단한 작업동맹의 질을 탐색한 연구 또한 없었다.

치료관계를 포함하는 몇몇 상담자 변인들이 연구되어 왔다. 이들은 다음과 같다. (a) 상담자의 이론적 오리엔테이션(Krupnick et al., 1996; Luborsky et al., 1985), (b) 상담자 경험(Mallinckrodt & Nelson, 1991), (c) 상담자 개인 성격(Blatt, Sanislow, Zuroff, & Pilkonis, 1996; Dunkle & Friedlander, 1996; Kivlighan, Patton, & Foote, 1998), (d) 상담자 활동(Horowitz, Marmar, Wiess, DeWitt, & Rosenbaum, 1984; Kivlighan, 1990), (e) 부족한 치료관계에 대응하는 상담자의 행동(Foreman & Marmar, 1985; Kivlighan & Schmitz, 1992; Safran & Muran, 1996), (f) 치료관계에서 상담자의 기술을 향상시키는 훈련(Henry, Strupp, Butler, Strupp, & Binder, 1993)

긍정적인 치료 성과와 가장 관련이 큰 강력한 치료관계를 형성하는 상담자의 능력은 다양한 상담자 변인들 중에서도 주목할 만하다. 예를 들어, 상담자의 이론적 오리엔테이션은 성공적인 치료를 예측할 수 없다. 오히려 가장 성공적인 치료 성과를 보이는 것은 특정 이론적 지향을 가진 '훌륭한 상담자' 다. 루보스키와 동료들(1985)은 "개념적으로 다른 치료들 사이에 성과의 유의미한 차이가 없다는 발견이 지속되는 것으로 보아, 상담자의 다른 요인들보다 특정 유형의 치료가 변화에 영향을 준다고 할 수 있는 가능성은 부족하다고 볼 수 있다." (p. 609)고 하였다. 유사하게 크럽닉 등(Krupnick et al., 1996)은 "서로 다른 접근들 내에서조차 치료적 관계는 유사한 방법으로 형성된다." (p. 536)고 하였다.

강력한 치료관계를 수립하는 상담자의 자질이나 특성은 무엇일까? 연구조사는 몇 가지 지표들을 제공한다. 말린크로트와 넬슨(Mallinckrodt & Nelson, 1991)은 좋은 치료관계를 형성하는 상담자의 능력은 상담자의 경험이 증가할수록 증가한다는 것을 발견했다. 그러나 그들의 연구에서는 비교적 경험이 부족한 인턴과 학생들을 포함시켜 연구를 진행하였다. 던클과 프라이드랜더(Dunkle & Friedlander, 1996)는 상담자의 경험이 아닌 상담자 개인의 특성과 사회적 기술이 좋은 치료관계를 예측한다는 것을 발견했다. 과거 두 연구의 상이한 결과를 검증하기 위한 연구에서, 키블리건과 동료들(Kivlighan et al., 1998)은 내담자가 친밀감을 느끼는 정도를 뜻하는 내담자 변인이 상담자의 경력과 강력한 내담자-상담자 관계 형성 간의 상관관계에서 중재 역할을 한다는 것을 발견했다. 즉, 편안하지 못한 내담자일수록 더 경험이 많은 상담자와 관계 형성이 잘 된다고 하였다.

내담자의 관계 욕구에 맞춰 상담관계를 적절하게 유지하는 상담자가 강력한 상담관계를 형성하는 데 있어 더 유능하다는 것이 연구의 주된 주제다. 상호작용 요인—상담자의 효과적인 행동이 내담자 변인에 따라 달라진다—이 치료관계에 대한 상담자 기여도를 이해하는 데 있어 핵심적이라는 것은 놀랄 일이 아니다. 작업동맹은 상담자와 내담자 모두가 만들어 가는 과정 변인으로 개념화할 수 있다(Bordin, 1979). 관계에 대한 내담자의 기여가 중요하기에 내담자의 차이에 따라 유연성 있고 민감한 치료관계 환경을 만들어야 하는 것은 상담자의 몫이다.

검토된 연구들에서 살펴보면, 내담자 관계 욕구를 대하는 규격화된 상담자들의 접근은 일반적으로 효과적이지 않았다. 예를 들어, 헨리와 동료들(Henry et al., 1993)이 기술한 훈련 프로그램은 관계를 개선하는 데 도움이 되지 않았다고 하였다. 왜냐하면 상담자들이 그들의 훈련 내용에 대해서 너무 완고하게 충실하려 하고 내담자에 대해 더 직관적이고 유연적인 접근을 피했기 때문이었다. 키블리건과 동료들(1998)은 상담자의 경험에 영향을 주는 내담자 변인의 효과를 보고하였다. 그리고 효과적인 상담자 행동에 대한 호로위츠와 동료들(Horowits et al., 1984)의 연구에서는 다양한 차원에서 내담자의 수준에 맞게 구별하여 반응할 수 있는 상담자가 더 효과적이라는 것을 지지하였다. 이상의 연구 결과를 통해 내릴 수 있는 결론은 상담자가 제공하는 치료관계 모델은 복잡하고 변화 많은 내담자의 관계 욕구에 유연하고 적응적이어야 한다는 것이다.

그러나 검토된 연구들에서는 상담자가 제공하는 최적의 치료관계 조건에 대해서는 언급하지 않았다. 상담자가 제공하는 동맹 유형에 대한 내담자의 인식에 관한 배즐러(1995)의 질적 연구를 제외하고는 모든 연구들이 치료동맹의 측정을 동맹의 조작적 정의로 사용한다. 많은 연구에서 치료자 동맹 점수와 내담자가 평가한 치료동맹 점수 그리고 치료효과 사이의 낮은 상관 때문에 상담자가 평가한 치료동맹 점수는 통계분석에 사용되지 않는다(Bachelor, 1991; Horvath, 1994). 일반적으로 검토된 연구들은 상담자 변인(예: 특성이나 기술적인 활동)과 내담자가 평가하는 동맹의 관계를 본다. 이와 같은 연구 설계의 결과에는 상담자 훈련과정에서의 관계 형성이 어떤 것을 의미하는지와 상담자들이 어떻게 의도적으로 관계를 만들어 가는지에 대한 포괄적인 제시는 없는 것이다.

이와 달리 적절한 치료관계를 기술하는 접근에서는 새로운 연구방법을 제시하고 있다. 다양한 치료 접근들에서 뛰어난 상담자와 이론가들(Beutler & Consoli, 1993; Dolan, Arnkoff, & Glass; Lazarus, 1993; Mahony & Norcross, 1993; Mahrer, 1993; Norcross, 1993)이 내담자의 독특한 욕구에 맞추기 위한 상담자의 맞춤식 관계 형성 태도에 대해 학술지 『심리치료(Psychotherapy)』에서 특별 주제로 다룬 바 있다.

라자러스(Lazarus, 1993)는 상담자들이 다양한 기법을 가지는 것만큼이나 관계 양식에 대한 유연한 레퍼토리를 가지는 것도 중요하다고 주장한다. 상담자는 다른 방식으로 내담자와 관계를 맺으려는 욕구가 있음을 지적하면서, 그는 "대부분의 정신치료와 심리치료 훈련 프로그램에서 상담자는 그들의 대인관계 스타일을 어떤 경우에도 많은 관심을 받아 보지 못했던 내담자들에게 맞추는 것이 필수적이다."라고 하였다(Lazarus, 1993, p. 405).

위에서 언급한 학술지 『심리치료』에는 몇몇 이론적 접근—다중모델(Lazarus), 인지-행동(Dolam, Arnkoff, & Glass), 경험적(Mahrer), 절충적(Beutler & Consoli)—에서 말하는 상담 태도에 대해 기술한 논문이 실려 있다. 다양한 논문에서 나온 결론들은 이 연구와도 관련이 있다. (a) 서로 다른 이론적 입장을 지지하는 사람들 사이에서 관계를 맺는 태도에 대한 기술은 매우 다양하다. (b) 두드러진 관계 태도는 각 이론에서 측정하고자 하는 내담자 변인과 관련이 있다. (c) 두드러진 내담자 변인의 평가는 다양한 이론들 사이에서 다양하다.

내담자 변인이 상담관계를 맺는 데 있어서 결정적 역할을 한다는 것에 대해 이론가들 사이에 합의된 것이 거의 없다는 세 번째 결론은 놀라운 것이 아니다. 관계를 맺는 태도에 관한 이론가들의 논쟁에 대한 논평에서, 마호니와 노크로스(Mahoney & Norcross, 1993)는 광범위한 문헌조사에서 "200개가 넘는 내담자 변인이 잠재적인 맞춤 지표로 제시되고 있다."고 설명했다. 또 그들은 "내담자, 상담자, 치료 사이의 알고리즘을 맞출 때 가능한 모든 상호작용의 순열 수는 경험적/이론적으로 제시된 지침이 있어야만 끝이 생긴다."(p. 424)라고 말했다. 이 연구에서 상담자가 적응해야 하는 모든 내담자 변인을 밝혀 내는 것은 시기상조라는 것이 분명한 것 같다. 그러나 다양한 내담자 변인에 반응할 수 있는 유연성 있는 전략에 대한 필요성은 남아 있다.

유연성에 대한 상담자의 역량은 상담자의 전문성과 경험에 달려 있다. 마호니와 노크로스(1993)는 "다양한 내담자의 욕구와 환경에 효과적으로 반응할 수 있는 사람이 유능한(아마도 아주 드물겠지만) 상담자다."(p. 424)라고 밝혔다. 상담 전문가에 대한 논문에서 마호니와 노크로스(1993)에 따르면, 대가 상담자들은 초보 상담자들보다 즉각적인 기술을 가지고 있고 자기 조절에 능숙하며 더 유연한 기술들을 갖고 있다. 하지만 어떤 상담자든 유연성의 역량에는 한계가 있다. 따라서 이 한계에 대해 이해하게 되면 '치료자에 대한 과도한 기대나 치료자의 역할에 대한 변덕스러운 입장에서 치료자를 보호할 수 있다.'(p. 424). 유연성 있는 관계 맺기 기술을 사용하는 것을 보완하는 방법은 '적절한 의뢰'다. 자기 자신이 관계 맺을 수 있는 범위와 한계를 알고 있는 상담자들은 '내담자의 상담 비용 때문에 관계 맺는 능력을 넘어서는 일'을 해서는 안 된다(Mahony & Norcross, 1993, p. 425).

밀러, 던컨 및 허블(Miller, Duncan, & Hubble, 1997)은 치료관계에서 내담자 변인의 중요성을 이해하는 맥락을 제공하는 연구 성과에 대해 논의하였다. 저자들에 의하면, 내담자들의 '치료 외적 요인들'과 그들의 환경이 치료적 변화를 설명하는 데 약 40%를 차지한다. 이는 다른 어떤 요인보다 높은 비율이다. 두 번째로 높은 비율은 30%로 치료관계에 관한 것이다. 그들은 치료관계에 대한 내담자 특성의 중요성은 상담자들이 제공하는 관계가 아닌 내담자 스스로 그들 상황에 대해 지각하는 관계에 달려 있다고 한다. 그들은 "가장 도움이 되는 동맹은 상담자가 내담자의 관계 욕구에 맞는 치료동맹을 형성할 때 발전될 가능성이 크다."(Miller et al., 1997, p. 28)고 주장한다. 그러므로 효과적인 상담자들은 내담자의 특성을 이해하려고 노력할 것이며 상담을 내담자의 욕구에 맞추기 위해 노력할 것이다.

치료 초기와 중기에서 일어나는 작업동맹에 영향을 주는 상담자 요인에 대한 연구들을 보면, 작업동맹은 상담의 초기 3회기 동안의 치료 결과를 가장 잘 예측할 수 있는 것으로 나타났다(Horvath & Symonds, 1991). 이러한 연구 결과가 말해 주는 것은 강력한 동맹관계가 긍정적인 치료 결과를 보장하는 것은 아니지만 충분히 좋은 동맹관계는 꼭 필요하다는 것이다. 치료 중기의 동맹관계는 대부분 치료관계에 대한 이론에서 제시하고 있는 불화-회복 주기를 보이며 불안정하다(Horvath, 1994). 치료 중기가 필수적인 '긴장감' 중 하나라고 말한 보딘(Bordin, 1994)에 의해 불화-회복 주기의 중요성은 설명되었다. 보딘(1994)에 의하면, 긴장감은 다음 몇 가지 이유로 치료관계에서 중요하다. 만약에 치료관계가 긴장되지 않으면 내담자에게 지나치게 긍정적인 전이가 생기고 상담자가 내담자를 어려운 치료 작업에 참여시키기가 힘들다. 더 나아가 관계에 있어서 긴장감 주기가 없으면 내담자가 치료 변화에 대해 충분히 경험하지 못한다. 보딘(1994)은 치료동맹의 형성에 대한 어려움으로 인한 긴장감과 초기 동맹 후에 발생하는 긴장감 사이의 차이를 구별하였고 동맹의 긴장감 측면에 대한 연구가 거의 없다고 밝혔다.

이와 유사하게 동맹에 기여하는 상담자 특성과 상담자 행동에 대한 주제는 연구에서 거의 다루어진 적이 없었다. 호바스(1994)는 동맹에 대한 문헌 연구에서 "상담자의 치료 전 특성이 동맹에 영향을 미친다는 것이 이제 겨우 문헌에서 나타나기 시작했다."(pp. 275-276)고 보고했다. 상담자의 행동이 치료동맹에 미치는 부분에 대해 호바스(1994)는 여덟 개의 연구를 인용했다. 그중 네 개의 연구들은 동맹에 대한 상담자의 해석에 대한 것으로서 일괄적으로 무의미한 결과를 보이고 있다. 동맹에 영향을 주는 상담자 특성과 행동에 대한 연구들은 이 연구의 문헌 검토에 포함될 것이다. 그러나 호바스(1994)는 동맹에 대한 상담자 특성과 행동을 관련시키는 연구들이 부족하다고 한다. 나아가 호바스(1994)는 "관계에 대한 연구는 내담자를 위해 상담자가 이런 지식을 이용할 수 있도록 동맹을 진행하고 유지시켜 나가는 행동을 구체화시키는 것에 절대적으로 초점을 맞춰야 한다."(p. 278)고 언급하였다.

이 연구의 접근은 상담 참여자들 중 오직 1명의 참여자를 통해서만 치료관계—'서로 협력하여 만드는'(Sexton & Whiston, 1994) 상호작용 현상—를 연구하는 것이었다. 이 부분에 대해서는 개념적 명료화가 필요하다. 실제로 섹스톤과 휘스턴(Sexton & Whiston, 1994)은 겔소와 카터(Gelso & Carter, 1985)에 의한 패러다임 변화를 파악하고 겔소와 카터(1985)의 상담관련 정의를 토대로 한 조사연구를 재검토하여 결론지었다. 이러한 사회구성주의 학파의 시각을 가진 관계의 구성방법은 이론과 실습에서 초점이 될 수 있다(Sexton & Whiston, 1994, p. 63). 더욱이 "관심을 기울여야 할 초점은 상담관계의 구성 요소들이 무엇인가에서 상담관계가 관계 형성에 참여한 참여자들에게 어떤 의미가 있는가로 옮겨져야 한다."(Sexton & Whiston, 1994, p. 62)고 그들은 말했다.

그럼에도 불구하고 상담자들이 치료관계를 끌어내는 것에 대해 특히 전문 상담자들은 다음과 같은 논쟁을 지지한다. 동맹에 대해 상담자와 내담자의 평가가 상이하듯이, 치료 관계에 대해 상담자들은 내담자들과는 다른 시각을 가지고 있다(Horvath, 1994). 그것은 그들의 경험을 바탕으로 한 개인적 특성, 이론적 방향, 경험에 근거한 치료에 대한 기대치에 의해서 그들의 관점이 결정된다. 더 나아가 치료관계에 대한 이러한 관점과 기대들이 개별적으로 적용되는 것으로 보인다.

이 연구의 목적은 치료관계에 대한 중요한 관점을 이야기해 주는 정보가 풍부한 정보 제공자들에게서 많은 자료를 얻는 것이다. 이 연구는 탐색적 연구 및 질적 연구 방법론을 사용하였다. 상담자가 제안하는 효과적인 치료관계의 모델은 이 연구의 중요한 관점을 기술하는 정보 제공자들인 10명의 대가 상담자들의 진술에서 이끌어 냈다. 직접 상담을 하고 있는 대가 상담자들의 경험을 통해 얻어지는 모델은 상담자가 제안하는 상담관계에 대한 우리의 이해를 넓히는 데 도움을 줄 것이며, 이에 관련된 후속연구를 위한 새로운 변수들을 제공할 것이다. 연구 방법론의 자세한 내용은 '부록 A'에 제시되어 있다.

연구 결과

여기에서는 인터뷰에서 얻은 영역과 항목 그리고 그에 관한 설명이 제시될 것이다. 주제들은 본문에 구체적으로 나와 있다. 안전한 관계 영역과 도전적인 관계 영역은 각각 세 항목들을 포함한다.

1. 안전한 관계 영역

범주 A: 대가 상담자는 내담자에게 맞는 민감한 반응을 한다. 이 항목에는 내담자의 욕구에 맞춘 치료기법과 내담자의 불만을 들으면서 비방어적이 되는 것과 같이 치료 초기에 내담자에게 민감하게 반응하는 주제를 포함했다.

대가 상담자들은 초기에 그들이 갖게 되는 치료관계의 중요성을 설명했다. 연락이 전화로 이루어졌다고 해도 첫 만남에는 특별한 중요성을 부여해야 한다. 상담자들은 내담자가 표현하는 모든 신호에 경청하고 반응하는 것이 중요하다고 하였다. 예를 들어, 한 응답자는 초기 만남에서 내담자에게 힘을 주는 접근에 대해서 설명하였다.

> 처음에 이야기를 들을 때부터 진실하게 듣고 관심을 가지며 그들에게 피드백을 주어야 합니다. 많은 내담자들은 사람들이 그들에게 지나치게 무뚝뚝하고 마치 관심이 없는 것처럼 대할 때 마음이 상하거나 존중받지 못한다고 느낀다고 했지요. 그래서 나는 내담자가 여기에 왔을 때 물어봅니다. "당신은 관심받고 이해받았다고 느끼십니까?" 그것이 나에게는 매우 중요하기 때문이에요. 시작부터 그들을 동등한 고객으로 대하는 거지요. …당신이 그렇게 대하면 그들은 조금 힘을 갖게 됩니다.

한 대가 상담자는 내담자의 즉각적인 요구에 반응하는 접수면접에 대해 이야기하였다.

> 내가 접수면접을 할 때 처음으로 물어보는 것은 "상담실에 온 이유는 무엇입니까? 어떤 일로 상담실에 왔습니까?" 입니다. 때로는 내담자들이 혼란스러운 문제로 너무 압도당해 있어 접수면접을 두 번째 회기에 시작하기도 합니다.

대가 상담자의 높은 민감성에 대한 또 다른 표현은 그들이 개별 내담자의 요구에 대해 현명하고 적절한 치료기법을 사용할 수 있다는 것이다. 어떤 대가 상담자는 내담자에게 '함께 공동으로 하는 연구' 라고 비유를 들어 설명한다고 했다.

> 일반적인 계약으로 시작했지만, 우리는 진행하면서 서로를 체험할 수 있었습니다. 나는 평소에 "이것은 우리가 함께해야 하는 겁니다. 이것은 연구와 같은 것이고 우리는 같이 일에 착수해야 합니다." 라고 말하지요. 그들[내담자

들]은 최종 권한을 갖게 됩니다.

또 다른 대가 상담자는 내담자의 요구에 따라 제공하는 다양한 치료기법을 다룰 수 있는 그녀의 능력에 대해 이야기했다.

> 나는 한 가지 이상의 접근방법을 사용합니다. 그렇게 하면 정신역동과 비지시적인 [접근]을 여러 사람에게 다양하게 사용할 수 있으니까요. 하지만 내담자의 욕구가 명확하면—행동주의 상담이라고 예를 들어 봅시다—나는 그런 경우에도 매우 능숙하게 대처할 수 있어요.

대가 상담자의 높은 민감성은 내담자들의 호소 문제에 대해 경청하고 반응하는 능력을 말한다. 내담자의 문제에 반응하는 능력, 심지어 그러한 갈등을 내담자가 표현할 수 있도록 돕는 능력은 바로 치료자로서의 그들의 경험과 성숙을 의미하는 것 같다. 한 대가 상담자는 다음과 같이 말했다.

> 나는 그에 대해서 10년 전에 논문을 낸 적이 있어요. 그 논문에서 주장했고 지금도 믿고 있는 것은 솔직함이 좋은 도구 중 하나라는 것입니다. 그리고 나는 환경에 압도당하는 다수의 내담자들도 솔직함으로 인해 관계가 다시 회복된다고 생각합니다.

한 대가 상담자는 그녀가 자신의 내담자의 불만에 민감하게 반응하기 위해 훈련받은 방법에서 가장 기본적인 것은 다름 아닌 실수를 기꺼이 인정하는 것이라고 언급하였다. 그녀는 내담자의 불만은 근본적으로 결국 내담자에 대한 것이라고 배웠다.

> 가장 먼저 해야 할 일은 내담자가 지금의 나쁜 상황을 어떻게 느끼는지에 대해 당신에게 어떤 이야기를 하는지 신중히 듣는 일입니다. 때로는 당신의

행동 때문에 관계가 안 좋아지는 경우도 있지요. 관계 문제는 내담자에 대한 것이며 전이의 문제이기에 그것을 다시 내담자와 함께 다루어야 한다고 훈련 받아 왔습니다.

범주 B: 대가 상담자는 내담자와 적극적으로 협력한다. 이 항목의 주제는 문제에 대한 내담자의 이해에 맞춰 치료 계약을 조정하고 관계에 대한 어려움을 해결하여 의미 있는 상담 결과를 만들도록 내담자와 같이 노력하는 것이다.

한 대가 상담자는 상담자를 위한 직무분석을 하면서 치료 계약을 조정하는 절차를 다음과 같이 설명했다.

나는 내담자가 있는 곳에 머무르는 것을 좋아합니다. 나는 패턴을 지적하는 것을 주저하지 않고 내담자가 더 넓은 단계로 나아가도록 이끌겠지만, 그 이상으로 작업의 영역을 확대하지는 않아요. 누군가가 내게 다가와 "나와 상사의 관계를 도와주는 사람으로 당신을 고용하고 싶어요."라고 말한다면, 나는 "알겠습니다. 다른 일들도 다 하겠습니다."라고 말하고 싶지는 않거든요.

다른 대가 상담자는 치료 동의를 협조적인 절차로 확립하는 것을 설명한다.

치료 계약은 실제로 계약서가 필요한 다른 영역의 계약과는 달리 그렇게 형식적이지 않습니다. 나는 치료 계약을 그렇게 형식적으로는 하지 않아요. 나는 일반적으로 그들이 무엇을 찾는지, 기대하는 것을 물어본 후 내가 무엇을 도와줄 수 있는지에 대해 피드백을 줍니다. 치료 계약이란 근본적으로 협조적인 절차라고 말하고 싶네요.

어떤 응답자는 내담자의 치료에 대한 친숙함에 따라 계약이 달라진다고 설명한다.

> 치료를 많이 받아 본 내담자들은 공식적인 동의를 원하지 않아요. 그래서 나는 이 문제를 해결해야 합니다. 나는 동의서 없이 작업을 시작하지 않거든요.

반면 다른 응답자는 치료 동의를 맺는 것에 대해 다음과 같은 가치를 부여했다.

> 치료 동의는 즉시 관계를 만들어 줍니다.

상담이 잘 진행되지 않을 때, 대가 상담자들은 내담자에게 솔직하게 어려움을 토로하고 같이 해결책에 대해 논의한다. 대가 상담자들은 내담자가 치료 작업을 따라오지 못하는 것은 과정상 예정된 상황이라고 본다. 그들은 그러한 저항에 직접적으로 접근하여 저항을 보이는 내담자와 동맹관계를 맺으면서 필요한 변화를 이루어 내기 위해서 노력한다. 그것을 내담자에 대해 더 배울 수 있는 기회라고 생각한다. 한 대가 상담자는 말했다.

> 나는 저항을 상담의 정상적인 부분으로 봅니다. 이렇게 말하고 싶네요. "당신은 여기에 어떤 문제들을 다루려 왔어요. 그런데 내가 보기에 당신은 문제를 해결하기 위해 우리에게 도움이 되는 것은 하지 않고 스스로를 방어하거나 좌절시키는 것 같군요." 그리고 나는 저항이라고 생각되는 것들을 말해 주고, 내담자가 그에 대해서 어떻게 생각하는지, 왜 그들이 도움이 되는 행동들을 하지 않는지, 그리고 무엇이 필요한지를 알아봅니다. 하지만 나는 "당신이 이러이러한 것들을 해야 합니다. 이건 지금 해야만 하는 일이에요."와 같이 말하는 것은 좋아하지 않아요. 저항을 이해하는 것이 치료에 있어서 매우 큰 부분이라고 생각하기 때문이죠. 만약 이 부분을 통과했다면 당신은 터널의 끝에 와 있는 거라고 할 수 있어요.

치료의 '의미 있는' 종결은 치료 계약을 확대하고 완수하는 것처럼 보인다. 여기서 의미 있는 종결이란 (a) 서로 간의 결정에서 오는 종결과 (b) 치료관계의 본질과 단계에 민감한 종결의 과정이라 정의할 수 있다.

> 상담의 본질은 종결로 설명할 수 있습니다. 내담자와 3회기 정도 만났고 결론이 났다면 그 회기에서 멈출 수 있어요. 그러나 3년 동안 만났다면 그렇게 상담을 길게 한 부분에 대해서 내담자와 이야기를 나눌 겁니다. 우리는 아마 점차 종결에 대해서 말하게 될 거고, 그것은 배경이 되는 주제 중 하나가 되겠지요.

다른 대가 상담자는 직관적이며 상호적인 과정으로 치료 종결에 이른다고 설명했다.

> 대부분 이제 종결할 때가 되었다고 내가 생각할 때쯤이면 내담자도 그런 생각을 하고… 그들도 같은 느낌을 표현할 때, 나는 "처음으로 종결을 생각한 때가 언제인가요?"라고 물어봅니다. 그들은 거의 정확히 내가 생각했던 때와 비슷하다고 말하지요. 그런 의미에서 우리는 종결까지 서로 비슷하게 다다랐다고 생각합니다. 일반적으로 나는 우리가 몇 번을 더 만나야 할 것 같은지 물어봅니다. 그러면 그들은 자신의 생각을 말해 주지요.

범주 C: 대가 상담자는 강력하고 깊은 치료관계를 추구한다. 대가 상담자들은 강력한 치료관계가 상담의 성공을 위한 결정적 요소라고 말한다. 이 관점은 치료관계의 결렬을 견딜 수 있는 관계에 대한 높은 가치, 강력한 치료관계와 치료과정에서 얼마나 깊이 있는 치료가 일어나는지와 같은, 치료관계에서 중요한 세 가지 상호 관련된 주제들을 포함한다.

대가 상담자들은 관계를 상담 자체로 생각하는지, 치료를 위해 필요한 부분으로 생각하는지에 따라 관계의 중요성을 다양하게 설명한다. 한 대가 상담자는 다음과 같이 설명하였다.

> 내가 생각하기에 관계는 모든 것입니다. 관계 형성을 위한 한 사람의 관여는 어려운 작업을 수행하고 신뢰하게 되고 어려움에 직면하기 위한 가장 큰 동기 중 하나입니다.

유사하게 다른 응답자는 말했다.

> 나는 그것[관계]이 핵심적인 부분이라고 생각합니다. 내 생각에는 심리치료에서 제일 중요한 부분이에요. 나의 관계에서 다른 모든 것들이 시작되니까요. 관계가 나의 기술의 일부인지는 잘 모르겠지만, 그것[관계]이 나의 기술인 건 맞다고 생각해요.

또 다른 대가 상담자는 치료적 관계를 치료에서의 근원적인 도구라고 말했다.

> 나는 관계를 항상 유지해 왔고, 치료에서 내가 사용하는 가장 중요한 도구가 바로 관계라고 생각합니다. 나는 풍부한 전문 지식과 다양한 기술을 가지고 있어요. 하지만 내가 상담에서 관계 형성을 못한다면 그런 것들은 모두 소용없는 것이지요. 관계는 나에게 결정적인 원동력이고, 나는 관계를 통해 모든 것을 하고 있습니다.

대가 상담자들은 치료관계에서의 긴장과 불화가 예정된 일이라고 표현했다. 관계 불화를 통해 얻는 결과는 더욱 강렬하고 깊은 관계다. 관계를 치료하는 치료 내적인 경험은 내담자의 비치료적 관계를 치료하기 위한 청사진을 제공한다. 그 예로 한 대가 상담자는 내담자와 갈등을 경험하며 작업한 것이 얼마나 중요한지에 대해 설명한다.

나는 내담자들에게 치료관계는 모든 다른 관계와 같다고 말해 줍니다. 우리가 원하지 않아도 그렇게 됩니다. 따라서 어떻게 치료관계에서 일어나는 갈등을 치료하느냐에 따라 다른 관계에서 발생하는 불화를 도울 수 있게 됩니다. 상담은 다른 경험에서 일어날 수 있는 관계의 모델을 볼 수 있는 현장인 겁니다.

불화는 내담자가 부정적인 방식을 재현할 때 일어나는데, 대가 상담자들은 그것을 전형적인 전이 반응이라고 한다. 한 대가 상담자는 이전 치료관계에서 불화를 해결하지 못한 내담자와의 작업에 대해 말했다.

나는 기꺼이 그들의 인생에 들어가서 그들이 느꼈던 관계가 단절되는 느낌을 확인하고 그들의 삶의 맥락에서 그것이 어떤 의미인지를 이해하고 싶습니다. 내가 두려워하지 않는다면 아마 그들도 두려워하지 않을 겁니다. 그래서 우리는 함께 정리해 볼 수 있을 거예요. 누군가가 내게 와서 그동안 자신을 상담했던 6명의 상담자들이 자신을 얼마나 실망시켰는지 말하고, 내가 가장 유명하다는 얘기를 듣고 왔다고 한다면 나 또한 그를 실망시킬 수밖에 없다는 것을 뻔히 알고 있어요. 문제는 내가 그것을 해결할 수 있느냐는 거겠죠.

대가 상담자들의 경우 내담자의 치유는 안전한 환경을 제공하는 강력한 치료관계 때문에 일어난다고 본다. 건강과 치유는 충돌되는 환경이 감소되면서 일어나는 자연스러운 현상으로 보인다. 강하고 건강하며 '깊은' 관계는 치료가 자연스럽게 이루어지는 환경을 제공한다. 한 대가 상담자는 치료관계를 통해 어떻게 자신의 내담자들이 새로운 경험을 할 수 있었는지에 대해 다음과 같이 말했다.

당신을 찾아오는 사람들은 대개 관심을 받지 못했거나 자신의 의사결정에 의심을 가진 사람들입니다. 그러므로 그들의 이야기를 들어주고 관심을 가져

주는 것부터 그들을 존중하는 과정이 비롯된다고 할 수 있습니다. 그들이 당신을 믿고 마음을 열어 자신들의 과거를 되돌아보게 되면서, 과거에 자신들을 괴롭혔거나 이룹지 못했던 부분들을 찾아내게 될 것이고 점차 다른 방식으로 생각하는 법을 알게 되는 것이지요. 당신은 그들이 존중의 관계를 통해 스스로를 치료하는 법을 알려 주는 것입니다.

다른 대가 상담자는 심리치료가 신체를 치료하는 것과 아주 유사하다고 설명했다.

저는 예전에 의학수업 때 배운 바와 같이 상처를 꿰매어 덮는 것이 치료를 촉진시킨다고 알고 있습니다. 하지만 다른 방법으로 상처 안쪽에서 새 살이 돋게 하여 깊은 곳의 상처를 치료케 하는 것이 있는데, 바로 이 방법이 제가 권장하는 방법입니다. 만약 당신이 오랜 기간 벌어진 상처를 갖고 있다면, 안전하고 위험 요소가 없는 치료의 관계 범주 안쪽부터 치료되어 갈 것입니다.

또 다른 대가 상담자는 내담자들이 치료관계 경험의 상징화를 통해 자신들의 새로운 가치를 찾아내기 때문에 치료적 치유가 일어난다고 보았다.

심리치료는 어떻게 치유하는 것일까요? 저는 사람들이 이전에는 상징화되지 않았고 그에 대해 단지 이야기만 했던 것들을 상징적인 형태로 바꾸는 것이라고 생각합니다. 저는 그러한 상징화 과정이 내담자가 느낄 수 있는 격리감이나 정신적 충격을 극복할 수 있게 해 주는 다리 역할을 한다고 생각합니다. 그것을 사람의 몸에 비유한다면 다리와 같은 것으로 인간 사회에 속할 수 있게 하는 매개체입니다. 저는 이 모든 것들이 그러한 연계관계를 통해 이루어진다고 생각합니다. 상대방을 신뢰하고 자신감을 회복하고 관계에 속하는 것이 그런 과정의 일부분입니다.

2. 도전적 관계 영역

범주 D: 대가 상담자는 치료관계에서 '자기(self)'를 활용한다. 여기서 주제는 대가 상담자들이 관계의 변화에 있어 주체가 되는 '자신들'에 대한 자각을 어떻게 설명하는지에 관한 것이다. 그들은 자기 관리와 자신의 직업적 삶 및 개인적 삶에서의 일관성을 강조한다. 대가 상담자들의 두드러진 특징은 관계의 변화를 주도하는 주체로 자신들을 활용한다는 것이다. 한 대가 상담자는 관계에서 상담자 자신의 힘을 자각하는 것의 중요성에 대해 설명하였다.

> 생각만으로는 치료를 할 수 없습니다. 치료는 관계이고 감정이고 삶의 역사이며 그 과정에서 자신의 심리적 또는 정서적 힘을 인지하는 능력입니다. 우리는 그 힘을 찾아낼 수 있어야 합니다.

유사하게 다른 응답자는 한 인간으로서 상담자의 자질에 의해서 단련되는 치료자의 힘에 대해 언급하였다(유능한 상담자가 되는 법을 새로운 상담자가 학습하는 맥락에서).

> 치료기술을 연마해야 합니다. 그것은 화살통 속 화살과 같은 것이기 때문입니다. 필요할 때 꺼내어 사용할 수 있도록 그 화살들은 당신에게 힘을 실어줍니다. 물론 당신은 그러한 힘이 필요합니다. 그렇지만 먼저 인간성을 발전시켜야 합니다.

어떤 대가 상담자는 두려움과 같은 자신의 감정을 받아들이고 활용하는 것을 강조한다.

> 문제는 당신이 두렵거나 두렵지 않다는 것이 아니라 두려움을 자각하고 수

> 용하며 치료적으로 활용하는 것입니다. 기술은 바로 당신 자신을 치료적으로 활용하는 것입니다. 따라서 치료적 도구가 되도록 가능한 많은 당신의 모습을 활용하는 것이 좋습니다.

다른 대가 상담자는 치료자를 통해 내담자의 경험을 걸러 내는 것에 대해 설명했다.

> 상담자의 역할은 내담자에게 설명하는 것이 아니고 내담자의 경험에 관여하는 것입니다. 그들의 경험은 희망적이고 중요한 방식으로 그들 자신이 되는 것입니다. 그들의 경험은 당신을 통해 걸러지게 됩니다.

추가적으로 대가 상담자는 치료의 일부로서 은유를 사용하기도 한다. 대가 상담자는 그들의 중요한 활동에서 종종 은유를 사용한다고 한다. 여러 부류의 은유가 사용되는데 주로 '지침(guide)' 은유가 가장 많이 활용된다. 한 대가 상담자는 다음과 같이 말했다.

> 제가 주로 사용하는 은유 중 하나는 '황무지 속의 지침' 입니다. 이 방법에서 환자들은 저를 가이드로 생각하게 되는데 저 자신이 황무지에서 살아남는 법을 누구보다 잘 알기 때문입니다. 실제로 황무지에서 나침반에 의지하고 여행한 적도 많았습니다. 비가 쏟아질 때 불을 지피는 법도, 문제점들을 해결해 나가는 법도 알고 있습니다. 하지만 치료는 저에게 새로운 황무지입니다. 예전에는 이토록 특이한 황무지를 가본 적이 없었지요. 저는 우리가 이 황무지에서 어떤 일에 맞닥뜨릴지 예상할 수가 없습니다.

탐정형 은유를 사용한 대가 상담자의 다른 은유에는 '자상한 어머니' '자상한 부모님' '도우미' '예술가' 와 같은 형태가 있다.

두 가지 탐정형이 있듯이 두 부류의 치료자가 존재합니다. 하나는 셜록 홈즈이고 다른 하나는 콜롬보입니다. 셜록 홈즈는 날카롭고 예리한 직관력을 가지고 문제를 추적하여 행동으로 연결합니다. 반면 콜롬보는 많이 느껴 보고 신중하게 생각합니다. 저는 콜롬보형이지요. 저는 첫 인터뷰에서는 일단 서로를 많이 느껴 보고 생각하고 또 생각하도록 유도합니다. 서로에 대해 더 많이 알아보고 우리가 할 수 있는 것이 무엇인지를 알아내려고 하는 것이지요.

범주 E: 대가 상담자는 치료관계에서 내담자에게 강도 높게 관여한다. 이 주제에서 알 수 있듯이, 대가 상담자들은 내담자들이 상담에 대한 동기 부여를 하고 새로운 변화에 대한 환경을 조성하도록 하기 위해 내담자들을 느슨하게 놔두지 않는다.

대가 상담자들은 내담자들의 동기를 유발하기 위한 도구로 관계를 사용한다. 내담자들을 유도하는 방법에는 여러 가지가 있다. 예를 들어, 내담자가 의무적으로 치료에 임한다면 상담자들은 내담자들과의 유대관계를 통해 치료의 본질적인 의미를 내담자들에게 이해시키려 한다. 그런데 이러한 유대관계가 성립되지 못한다면 치료는 더 이상 진전이 없을 것이다. 한 대가 상담자는 내담자를 유도하기 위한 치료관계를 구축하는 것에 대해 설명하였다.

저는 지렛대를 이용하여 관계를 구축하는 법을 알아야 합니다. 또한 그 지렛대를 이용하여 일어나는 문제들을 해결하는 방법도 알아야 하지요. 그 지렛대는 가끔 누군가의 인생에 아주 중요한 역할을 하기도 합니다. 어떤 경우에는 나의 승인이 되거나 나의 돌봄이 될 수도 있습니다. 그것은 매우 다양한 형태로 나타날 수 있지요. 하지만 저는 지렛대를 형성하기 위해 관계를 유지하고 있다는 것을 충분히 자각하고 있습니다.

2명의 대가 상담자는 내담자의 불안에 초점을 맞추어 내담자에게 동기를 부여하는 방법에 대해 설명하였다.

> 저는 내담자에게 동기를 부여하는 것이 제 일이라고 생각합니다. 저는 내담자들이 자신의 성장(growth)에 투자하도록 돕습니다. 내담자들이 과거에 해 왔던 방법들은 효과가 없었음을 인식하게 하고, 이제 그 일은 과거에 묻어두게 합니다. 가끔은 불안 수준을 높여서 추구해야 하는 변화로 나아가도록 돕기도 하지요. 이런 방법으로 동기 수준을 높입니다.

> 프로이트는 "환자에게 일정 수준의 근심거리를 던져 주는 것은 상담에 대한 의지를 자극하는 동기가 된다."라고 말했습니다. 이는 프로이트가 아주 오래전에 발견한 흥미로운 사실이죠. 그가 말하려는 것은 내담자들이 무엇 때문에 힘들어하는지를 관찰하라는 것 같습니다. 제 생각에는 내담자 존재의 아주 작은 부분까지 어떻게 영향을 미칠지에 대해 이야기하는 것 같아요. 만약 당신이 그 작업을 하고 있고 또 내담자에게 그 작업을 하게 하고 있다면, 그들은 앞으로 작업을 계속해 나갈 동기를 가질 수 있을 겁니다.

대가 상담자는 치료의 속도를 능숙하게 조절한다. 그들은 내담자들이 새로운 변화에 적응하는 데 알맞은 속도를 조절하는 것이다. 실제로 한 상담자는 내담자의 요구 상황에 너무 급하게 맞추어 갔던 상황이 있었다고 말했다. 이러한 상황에서는 참을성이 요구되는데도 말이다. 다른 대가 상담자는 내담자에게 더 넓은 시각을 가지고 상담을 바라보게 하되, 이는 내담자가 준비되어 있을 때에만 해당된다고 하였다.

> 당신이 보는 것을 무조건 언급할 것이 아니라 내담자들로 하여금 어떤 고민을 하는지, 그리고 어떤 것을 탐색하기를 원하는지 생각하도록 해야 합니다. 모든 것을 재구성하는 작업은 내담자들이 받아들일 수 있는 속도로 해야 합니다. 그냥 그들에게 떠넘겨 버릴 수 없는 것이지요.

또 다른 응답자는 다른 상담자들이 대개 치료 초기에 설명하는 내용에 해 논의하였다.

> 다른 사람들은 대개 내담자들이 주제를 꺼내 놓기까지 오랜 시간을 기다려야 한다고 하지만, 저는 그렇게 오래 기다리는 편이 아닙니다. 제 생각에 내담자들이 상담에 왔을 때는 이야기하고 싶은 중요한 주제를 가지고 온다고 보기 때문입니다.

대가 상담자들은 치료가 앞으로 더 진척될 필요가 있을 때 더 적극적으로 치료에 임하게 되는 정확성과 우아함에 대해 말한다. 적극적이라는 것에는 상담자가 언어적으로 도전적이고 더욱 교육적인 접근을 하며 한계를 명확히 하는 것이 포함된다. 상담자들이 더욱 적극적이 될 수 있는 상황들 중에는 의문스러운 내담자의 행동이 있다거나 상담자의 조심스러운 '압력' 이 내담자에게 큰 도움이 될 수 있다고 판단되는 경우가 있다. 한 대가 상담자는 자신의 가치에 대해 갈등을 겪고 있는 여성 내담자에게 '교육적인' 방법으로 접근을 하였다.

> 저는 진심으로 젊은이들과 무기력한 사람들을 보호하길 원합니다. 그리고 어떤 것을 하고 있지 않은 내담자들을 볼 때 이렇게 말합니다. "어머니의 잔소리를 들어야겠군요. 제가 대신 잔소리를 좀 하지요. 어린아이처럼 이런 짓을 하면 안 됩니다." 저는 제 입장을 굽히지 않아요. 내담자들에게 변명의 여지를 남겨 두지 않습니다. 하지만 그것이 제 가치 판단 체제가 아니란 것을 확실히 해 두지요.

다른 대가 상담자는 부부를 대상으로 한 치료의 기본 규칙을 가지고 있다. 그 규칙은 치료를 위한 계약을 성립시키기도 한다.

서로에게 욕설을 퍼붓는 부부와 상담할 때는 주로 "그만하세요. 그만하셔야 합니다."라고 말합니다. 부인은 화를 참지 못하고 남편을 마구 깎아내리고 남편은 상처받아 시무룩해지고 눈물을 흘리기도 했던 사례가 생각나네요. 부인은 그런 남편의 모습을 보고 동정은커녕 더욱 무시하곤 했습니다. 저는 그녀에게 "이제 좀 그만하세요."라고 단호히 말했습니다. 치료를 막 시작했을 때로, 예전에 그들은 이미 다른 치료자들에게 상담을 많이 받아 본 상황이었습니다. 제가 "잘 들으세요. 당신이 이러시면 저는 상담을 하지 않겠습니다. 이건 치료의 전제 조건입니다." 라고 말하자, 그녀는 "저는 화가 나고 또 화를 표현할 권리가 있어요."라고 말했습니다. 저는 이렇게 대답했지요. "당신이 제 말에 동의하기 전까지는 상담을 할 마음이 없습니다. 저는 당신에게 완벽해지라고 하는 것이 아니에요. 단지 기본적인 것은 지켜달라는 소립니다. 지금 정도를 벗어나고 있어요. 선 밖으로 나가셨어요. 반칙을 하고 있는 겁니다. 당신에게는 그럴 권리가 없어요. 제 말에 동의하신다면 지금부터 상담을 시작할 수 있습니다."

또 다른 대가 상담자는 '치료적인 걷어차기(therapeutic kick)' 에 대해 언급하였다.

우리는 자기 암시나 명상에 대하여 이야기하고 있었습니다. 그는 제게 "여기에서 명상을 하면 정말 기분도 좋아지고 상쾌해지는데 집에서 하면 도무지 그런 기분을 느낄 수 없어요."라고 말했습니다. 저는 그때 이렇게 말했습니다. "이제 당신 엉덩이를 걷어차 줘야겠군요. 이 상담은 당신이 자신을 돌보기 위한 것인데 그렇게 하지 못하는 것 같네요. 그래서 당신의 엉덩이를 한 번 걷어차 주고 싶습니다." 이것이 제가 말하는 방식입니다. …저는 내담자와의 관계가 본질적으로 튼튼하다고 믿고, "저는 당신이 이렇게 해 주기를 바랍니다."라고 말했습니다.

범주 F : 대가 상담자는 관계에서 객관적인 입장을 유지한다. 이 주제는 대가 상담자들이 치료에 있어서 어떻게 객관적인 입장을 유지할 수 있는지를 알려 준다. 대가 상담자들은 폭넓은 경험을 바탕으로 하나의 관점을 가지고 있다. 그들은 치료관계에 있어서 더욱 객관적인 입장을 고수한다. 이는 내담자의 경험에 대한 더 넓은 안목을 가질 수 있게 해 준다. 대가 상담자들은 내담자들의 경험을 바탕으로 자신들의 목표를 본다. 대가 상담자들은 앞부분에서 내담자들과의 관계 내에 참여하는 것의 중요성을 이야기했었다. 이제 대가 상담자들은 내담자가 자신의 삶에서 나타나는 관계 패턴에 대해 자각할 수 있도록 상담자가 어느 정도 관계 밖에 있어야 하는 필요성에 대해 이야기한다. 한 대가 상담자는 이를 '치료자의 임무'라고 설명했다.

> 때때로 제 임무는 내담자의 이야기 내용이나 방법보다는 그들의 경험을 더 넓게 보는 것이라고 느낍니다. 무엇인가가 내담자에게 존재하고 있지만, 그들의 자기 체계 내에서는 우선시되지 않습니다. 저는 그것을 찾아내어 다시 체계 안으로 끌어들입니다. 그들의 경험에서 존재하고 있는 그 무엇인가를 찾아내는 편이고요. 저는 존재하지 않는 것을 그들의 경험에 짜맞추려고 하지 않습니다.

다른 대가 상담자는 내담자에게 '빠져 있는 부분'을 채우도록 하였다. 이는 상담자가 확연하게 보이는 넓은 시각을 지적하는 것이 아니라 내담자들이 그동안 발견해 왔던 것 이상을 인지하는 것을 의미한다.

> 저는 "당신이 이런이런 부분을 다음 시간에 말씀해 주셨으면 합니다. 우리가 짚지 못한 몇 가지 부분을 찾아내면 좀 더 큰 그림을 그릴 수 있을 것 같습니다."라고 말합니다. 저는 그런 말을 자주 하는데 이는 내담자들과의 진실한 관계 형성과 교감을 위해 필요하다고 믿습니다.

유사하게 또 다른 응답자는 내담자들이 말하는 것 이상의 것을 감지하는 것에 대해 설명했다.

> 내담자들이 가야 할 방향이나 길이 있지만, 그들은 잘 모르고 있을 때가 참 많습니다.

이 응답자는 한 내담자의 경우에 대해 다음과 같이 말했다.

> 저는 내담자가 처음 가려고 했던 목적지가 아닌 다른 방향으로 그녀와 함께 가고 있습니다. 또한 그녀가 하려고 했던 것들에 대해 짚어 보지 않으면 그녀의 목적지에 도달할 수 없다는 것을 잘 알고 있습니다. 저는 그 목적지에 도달하는 과정에서 그녀가 납득할 수 있고 무엇인가 진전되고 있음을 알리기 위해 그녀를 교육합니다.

대가 상담자들은 내담자의 관계 패턴에 대한 인식을 증대시키기 위한 방법으로 내담자의 외부 관계들을 치료관계로 끌어들인다. 한 대가 상담자는 다음과 같은 예를 들었다.

> 내담자들이 주위 사람들과의 관계에 대해 이야기하면, 저는 "그와 비슷한 일이 여기에서도 일어나나요?" 라고 물을 겁니다. 그러면 우리는 우리 사이의 관계에 대해 더 가깝게 다가갈 수 있게 됩니다.

대가 상담자들은 치료를 연속된 단계로 본다. 대부분의 대가 상담자들은 상담 단계를 초기와 중기 그리고 종결 단계로 나눈다. 이 같은 관계의 세 단계를 통해 대가 상담자들은 각 단계의 특성과 작업들을 다르게 생각한다. 그들은 이 단계에 따라 과업과 상담과정을 위한 기대를 가지고 내담자와 함께 작업틀을 만든다. 동시에 단계의 이동에서 개개인의 복잡성과 다양성을 고려한다.

몇몇 대가 상담자들은 치료 초기 단계의 독특한 부분을 언급한다.

> 초반에 든든하고 긍정적인 관계가 생기면 그들의 부모를 우상화하는 것과 같은 행동이 내담자들에게서 나타납니다. 초기 회기에서 나타나는 우상화 현상은 내담자가 당신을 신뢰하고 일을 순조롭게 진행하기 위해 바람직합니다.

다른 대가 상담자들은 시작 단계를 서론 이상의 의미로 이야기했다.

> 제 생각에는 모든 문제가 어떻게 생기게 됐는지, 혹은 그 사람이 어떻게 성장했는지를 알게 되는 것이 서론 단계인 것 같아요. 타고난 것이든, 방어 구조든, 강점이 무엇이든, 현재 그가 어떤 사람이든 말이에요. 이런 식으로 일반화될 수 있는 단계가 있는 것 같아요.

중기 단계의 치료는 대가 상담자들에게 작업 단계로 묘사된다. 이 단계의 특성(혹은 내용)은 그들의 이론적 오리엔테이션에 따라 다양하다. 전반적으로 대가 상담자들의 말에 따르면, 그들은 형식에 있어서는 덜 엄격하지만 성실함의 수준은 더 높다. 한 대가 상담자는 중기 단계에 대해 언급했다.

> 만약 그[초기] 단계가 성공적으로 진행된다면, 우리는 상담자와 내담자 사이에 더 신뢰감 있고 심리적 게임이 적은 다음 단계로 넘어간 거라 생각합니다. …내담자가 자유롭게 생각을 멈추거나 화를 내거나 당황해하도록 내버려 두고, 나도 그 과정에 함께합니다. 나는 좀 더 탐색적이고 즉흥적으로 상담할 수 있어요. 신중하지 못해서 실수를 할 수도 있고요. 그 단계에서 더 명확한 일들이 일어나지요. 그 단계에서는 우리 둘 사이에 일어나는 것이 제일 중요합니다.

다른 대가 상담자는 중기 단계에 대해 다음과 같이 말했다.

> 친밀함에는 다양한 수준이 있는데, 어느 지점에서는 우리의 차이를 더 잘 알 수 있는 갈등이 계속 일어납니다. 나는 그들이 기도를 드리는 신이 아니고, 그들도 내가 꿈꾸는 완벽한 내담자는 아니니까요. 우리는 우리의 차이에 대해서 작업하기 시작하여 서로에 대한 갈등과 경쟁, 이해와 같은 것을 경험하게 됩니다.

또 다른 대가 상담자는 개인 및 부부 상담에서의 치료의 중기 단계를 설명했다.

> 내 생각에 가장 긴 단계는 중기 단계입니다. 이 단계가 작업 단계니까요. 내담자가 자신의 감정과 스스로 부끄러워하는 감정에 대해서 더 알아가고, 자신의 인간관계에서의 역할 및 잘 풀리지 않거나 충돌하는 부분들을 보도록 도와주는 시기이지요. 중기 단계는 이런 것이라고 생각해요. 당신이 부부상담을 하고 있다면, 중기 단계에서는 그들에게 감정을 알아차리는 것, 자신이 느낀 감정을 서로 나누는 것, 자신이 원하는 것을 말할 수 있는 것들을 가르쳐야 하지요. 내가 생각하기에 이런 것들이 관계에 대한 작업과정에서 다루어지는 것 같아요.

대가 상담자들은 다양한 치료의 종결방법에 대해 논의했다. 그들은 상담을 종결할 때 내담자들의 요구에 민감하게 반응하는 것으로 보인다. 대가 상담자들은 종결 단계에서 내담자와 상담에서 무엇을 기대했는지를 구체적으로 표현한다. 어떤 대가 상담자는 종결에 대한 생각을 '미리' 얘기한다고 했다.

> 저는 종결에 대해 미리 생각하는 것이 옳다고 봅니다. 내담자들이 생각했던

대로 모든 게 항상 진행될 수는 없으니까요. 치료의 강도에 따라서 몇 주, 몇 달 등으로 미리 종결 날짜를 정하는 것이 옳습니다. 그러면 그때부터 종결 시간까지 여러 가지 중요한 대화들이 오고 갈 것입니다. 그동안에는 내담자들이 종결과 관련하여 자신의 감정과 소망과 꿈에 집중하는 것이 중요합니다.

다른 대가 상담자는 종결은 치료에서 작업을 해 나감에 따라 자연스럽게 따라온다고 했다.

당신은 일단 내담자가 종결 이후에 어떻게 하면 잘 생활할 수 있을지를 생각해 봐야 해요. 그 내담자가 돌아올 때를 위해 어떤 사람들이 하는 것처럼 점검할 수 있는 관계를 유지할 것인지, 아니면 관계를 완전히 정리할 것인지 등을 말이에요.

마지막으로 한 대가 상담자는 종결 단계가 다른 사람들과의 관계에서 얼마나 변화하는 경험을 하느냐에 따라서 온다고 했다.

그 시점이 되면 여기서 일어나고 있는 일들에 서로 차이가 있다는 것이 더욱 풍요로운 느낌이 들면서 함께 일하는 것에 더 깊이 참여하게 됩니다. 내담자들의 생각과 다른 내 생각이 그들에겐 좋은 자산이 되고, 그들이 다르게 생각했던 부분은 나 자신에게 즐거움이 됩니다.

논 의

인터뷰 과정에서 대가 상담자들은 치료관계의 중요성을 강조했다. 지금까지 설명했던 여섯 가지 항목들은 대가 상담자들이 말하는 관계 태도라고 볼 수 있다. 〈표 4-1〉은 제안된 관계 태도와 항목들을 보여 준다.

표 4-1 : 항목과 관계 태도 간의 비교

항목	관계 태도
안전한 관계 영역: 항목 A, B, C	
A: 대가 상담자는 내담자에게 맞는 민감한 반응을 한다.	반응적인 태도
B: 대가 상담자는 내담자와 적극적으로 협력한다.	협력적인 태도
C: 대가 상담자는 강력하고 깊은 치료관계를 추구한다.	참여적인 태도
도전적 관계 영역: 항목 D, E, F	
D: 대가 상담자는 치료관계에서 '자기'를 활용한다.	자기 활용 태도
E: 대가 상담자는 치료관계에서 내담자에게 강도 높게 관여한다.	관여적인 태도
F: 대가 상담자는 관계에서 객관적인 입장을 유지한다.	객관적인 태도

노크로스(1993)는 관계 태도란 내담자들의 개인적 욕구에 맞추기 위해 상담자들이 선택한 치료관계의 형태라고 정의한다. 노크로스는 내담자의 현재 문제에 어울리는 임상적 기법을 선택하는 것과 관계 태도를 선택하는 것을 비교한다. 그는 "보편적으로 심리치료자들은… 자신의 대인관계 양식과 자극 가치를 독특한 내담자의 욕구와 특정 환경에 맞추기 위해 노력한다."(p. 402)라고 언급했다.

다음에 제시한 모형에서 관계 태도들은 두 개의 하위 영역으로 분류할 수 있다. 안전한 관계 영역과 도전적 관계 영역의 각 영역은 치료적 관계의 보완적 측면을 설명하고 있다.

1. 안전한 관계 영역

안전한 관계 영역(A, B, C로 구성된)에서 대가 상담자들의 관계 태도들은 공통적인 요소를 가지고 있다. 즉, 내담자와 그(혹은 그녀)의 욕구가 주된 초점이 된다. 그리고 상담자는 내담자가 느낌을 표현하고 새로운 행동들을 탐색하며 신뢰할 만한 다른 사람으로부터 공감과 관심을 느낄 수 있도록 상담관계를 안전한 바탕이 되게끔 만들어야 한다. 많은 내담자들의 경우, 안전한 관계 영역에서의 관계 태도는 내담자가 필요한 변화를 이루도록 하는 데 있어서 가장 중요한 재료가 된다. 대가 상담자는 반응적인 태도로 따뜻하고 수용적이며 경청하고 무조건적인 긍정적 존중을 한다. 내담자중심 접근은 반응적인 태도를 가장 잘 설명하는 이론이다. 협력적인 태도를 사용하는 대가 상담자는 치료동맹에서 내담자와의 파트너십을 강조한다. 상담자는 치료에 대한 계획을 세우는 과정에서 내담자의 참여를 지지하고 격려한다. 참여적인 태도를 사용하는 대가 상담자는 관계를 내담자가 치유되도록 보호하는 안식처로 만들어 준다. 상담자는 내담자가 이러한 관계를 맺는 데 필수적인 신뢰성 있는 환경을 제공한다.

2. 도전적 관계 영역

반대로 도전적 관계 영역(D, E, F로 구성된)에서 대가 상담자들은 또 다른 종류의 관계 태도들을 설명한다. '도전' 은 개인이 자신의 능력, 힘, 자원을 최대로 사용하도록 요구하는 특성이다(*American Heritage Dictionary*, 1992). 대가 상담자는 도전적 관계 영역이란 보다 적극적인 관계 형성 태도로서 치료 목표에 접근하는 내담자들의 행동을 통해 만들어지는 것이라고 설명한다. 대가 상담자는 객관적인 태도로 해석과 정보를 제공하고 과정에 대해 평가한다. 골드프리이드와 사프란(Goldfried & Safran, 1986)은 내담자에게 그들 자신과 그들의 세계에 대한 객관적 관점을 제공하는 치료자의 역할이 모든 치료 방침에서 공통적이고 일반적인 임상적 전략이라고 설명하였다. 관여적인 태도는 대가 상담자가 치료를 진행해 나가는 책임과 치료에서 안내하고 지시하는 활동을 많이 할 것을 강조한다. 인지치료에서 '팀 접근' 은 다음과 같은 태도를 설명한다.

> 인지치료자들은 환자의 문제에 대한 해답을 얻기 위한 팀 접근을 제안한다. 그것은 환자가 들려주는 생생한 자료에서 오는 치료적 동맹이다. 치료자는 문제를 해결하기 위한 방법에 대해 구조와 필요성을 제공한다. 치료자는 개인의 문제에 접근하는 데 있어서 '두 개의 머리가 하나보다 낫다'는 태도를 지닌다. 환자가 자신의 문제에 너무 깊이 빠져서 문제 해결에 참여할 수 없을 때, 치료자는 인도자의 역할을 취해야 할 경우도 있다(Beck, Emery, & Greenberg, 1985, p. 175).

끝으로 자기 활용 태도(self stance)를 사용하는 대가 상담자는 신뢰관계에 있어서 상담자의 역할을 강조한다. 상담자는 내담자와의 관계에서 의도적으로 자신의 성격과 개인적 자원을 활용하지만 관계에서 자기 자신을 '잃어버리지는' 않는다.

대가 상담자들의 관계 태도 모델과의 이론적 상관관계

기술적 개입보다 치료적 관계가 치료효과 변인을 더 많이 설명한다는 일관된 연구 결과들(예: Krupnick, Sotsky, Simmens, Moyer, Elkin, Watkins, & Pilkonis, 1996)을 살펴보면 이제까지 치료관계에 대해 많은 연구가 이루어지지 않았다는 점이 놀랍다. 노크로스(1993)는 "숙련된 상담자들이 직관적으로 개별 내담자에 대해 관계 형성의 태도를 맞추려 노력하지만 그 과정을 체계화하려는 노력은 거의 없었다."(p. 402)라고 말했다. 다행히도 최근 다양한 연구자들에 의해 치료 결과에 대한 관계 태도의 효과를 설명하려는 노력들이 있었다. 경험적으로 지지된 치료관계에 대한 연구팀은 긍정적 치료 성과에 미치는 관계 태도의 영향을 이해하는 데 중요한 공헌을 했다(Norcross, 2002). 노크로스(2001)는 연구팀의 결과에 대해 "치료관계는 결과에 있어서 매우 중요하며 상담자의 특정한 노력에 의해 향상될 수 있다. 그리고 내담자 개개인에게 효과적으로 맞춰질 수 있다." (p. 354)고 설명하였다. 한 예로 뷰틀러, 로코, 몰레이로 및 탈레비(Beutler, Rocco, Moleiro, & Talebi, 2001)는 높은 수준의 저항을 보이는 내담자에게는 비지시적인 상담자가 적절하며, 낮은 수준의 저항을 보이는 내담자에게는 보다 지시적인 치료자의 태도가 효과적이라고 하였다. 또 다른 상담자 태도의 예로 프로체스카와 노크로스(Prochaska & Norcross, 2001)는 관계 태도를 내담자의 변화에 대한 준비도에 기초해 규정하였다. 저자들은 변화의 초기 단계에서는 '양육하는 부모' 역할이 적절하다고 제안하였다. 그리고 내담자가 보다 깊이 탐구하고 자기 문제에 대한 통찰을 얻기 위해 치료자가 '소크라테스식' 교사 역할을 하여야 한다고 설명하였다. 변화에 대한 준비는 다섯 단계가 있는데, 이는 내담자의 변화를 잘 촉진시키기 위해 상담자가 잘 조정하는 것이 필요하다.

이와 관련된 다른 모형은 내담자의 과제 준비도 수준에 따른 관계 유형을 설명하는 적응적인 상담과 치료(Adaptive Counseling Therapy: ACT; Howard, Nance, & Myers, 1986)다. ACT 모형은 인간중심주의, 인지행동주의, 정신역동적 심리치료에서 이용되고 있다. ACT 모형(Howard et al., 1986)은 이 연구에서 언급한 관계 태도의 결과들과 몇 가지 측면에서 비슷하다. ACT는 안전한 및 도전적 관계 영역과 동일한, 즉 치료활동에 대한 두 가지 측면(지지적 및 지시적)을 가정한다. ACT의 두 차원은 네 가지 치료자 유형으로 분화된다. 이 연구 결과에서는 두 영역으로부터 여섯 가지 관계 태도가 분류되었다. ACT 모형은 선호하는 치료자 유형을 설명하는 내담자 특성에 대한 평가도구를 개발하였다. 내담자 자료가 충분하지 않은 이 연구 결과에서는 내담자 특성과 관계 태도를 연결시키지 않았지만, 인터뷰 내용들을 보면 내담자의 욕구에 대한 대가 상담자의 평가에 따라 상담자의 태도가 정해지고 상담에 적용되는 것으로 생각된다. 이 관계 태도 모형은 ACT 모형에 대한 아무런 지식 없이 대가 상담자들과의 인터뷰를 통해 고안한 것이다. 이들 간의 많은 유사점들은 관계 태도 모형의 구성타당도를 입증해 준다.

또한 대가 상담자들의 관계 태도에 관한 이러한 발견들은 클락슨(Clarkson, 1994)의 치료관계 양식과 유사하다. 치료관계의 다섯 유형(혹은 양식)은 (a) 작업동맹, (b) 전이/역전이 관계, (c) 회복/발달적으로 필요한 관계, (d) 나/너 관계, (e) 초월적 관계다. 클락슨의 관계 양식에 대한 기술의 가장 큰 목적은 다양한 치료이론의 관계 양식들을 서로 연결시키는 것으로 보인다. 여기서 클락슨의 이론을 소개하는 이유는 그것이 이 연구에서 나타난 관계 태도들과 유사하기 때문이다. 치료관계는 내담자의 필요에 따른 반응으로 대가 상담자의 의도적인 구성에 따라 다른 형태를 취할 수 있다.

1. 제한점

이 연구의 목적은 대가 상담자들이 치료관계를 어떻게 형성하는가를 설명하기 위한 것이었다. 이 연구는 예비적이고 실험적인 것이었기에 제한점을 가지고 있다. 연구 표본은 일차적으로 백인, 중년층, 사설 상담실의 치료자들로 구성되었다. 그들은 일반 치료자들 혹은 다양한 조건에서 일하거나 다양한 배경을 가진 대가 상담자들이 아니다.

이 연구의 방법으로는 초기에 주제와 범주를 형성한 것을 반영하여 상담자들과의 두 번째 면접을 사용함으로써 '피드백 고리' 를 만들었다. 또한 결과의 구성과 재구성을 위해 감수자가 전반적으로 참여하였다. 이것은 질적 연구에 있어서 타당도를 높이기 위해 권장되는 삼각측량 방법(forms of triangulation)이다. 그러나 이 연구의 내적 타당도는 또 다른 삼각측량 방법으로 더 증가될 수도 있었다(Hill, Thompson, & Williams, 1997). 예를 들면, 상담자와 경험한 관계 태도에 대한 자료를 내담자로부터 수집할 때 이 구성에 대한 타당도를 높일 수 있다고 보여진다.

2. 함의와 제언

이 연구에서 밝힌 관계 태도의 중요성은 훈련에 대한 함의를 가지고 있다. 문헌연구에서 증명된 것처럼 일반적으로 치료관계에 적용할 수 있는 풍부한 정보가 있으며, 특히 상담자가 관계 형성에 기여한다는 증거가 많아지고 있다. 이론에 초점을 두되 성공적 치료 결과를 예측하는 데 있어서 치료관계의 효과를 강조하는 교육과정을 학생들에게 제공할 수 있을 것이다.

임상 훈련에서 학생들은 내담자의 특성에 따라 관계 형성을 하기 위한 유연한 전략들을 배울 수 있을 것이다. 이러한 학습에서의 중요한 부분이 관계 맺는 능력에 대한 학생의 자기 자각이다. 관계를 맺는 능력은 수리적인 합계가 아니다. 그럼에도 불구하고 학생들은 다음과 같은 질문들을 탐색하는 것을 시작할 수 있다. 나는 적대적인 내담자, 의존적인 내담자 혹은 비자발적인 내담자와 상담할 수 있을까? 특정한 성격 특성을 가진 내담자들에게 나는 어떤 관계 태도를 가져야 할까? 이러한 질문들은 자신의 강점과 약점에 대한 자기 탐색의 길을 열어 준다.

후속연구는 관계 태도를 연구하는 전략, 작업동맹 척도 및 치료 결과를 포함할 수 있을 것이다. 상담자의 관계기술에 대한 일반적 척도들—예를 들면, '관계를 위한 상담자 능력' (Luborsky et al., 1985)—과 상담자 사회적 적응 도구들(Dunkle & Friedlander, 1996)은 동맹 척도와 상관이 있는 것으로 나타났다. 그러나 이러한 척도들은 특수성이 결여되어 있고, 왜 어떤 상담자들은 다른 상담자들보다 치료관계를 형성하는 데 더 효과적인 것인지에 대한 이유를 설명하지 못한다. 치료관계 태도는 조작적으로 정의되어 내담자의 관계 기대와 같은 변인들과 관련하여 연구될 수 있다.

또한 우리는 후속연구에서도 계속해서 풍부한 정보를 가진 정보 제공자를 활용할 것을 권한다. 예비적, 질적 연구의 전략은 두드러지는 변인들을 조사하기에 가장 좋은 자원이라 할 수 있는 풍부한 정보를 가진 정보 제공자를 활용하여 새로운 변인들을 발견하는 것이다(Patton, 1990). 대가 상담자의 대인관계 개입을 비교한 한 연구에서는 풍부한 정보를 지닌 정보 제공자에 대해 이렇게 밝히고 있다. "심리학자로서 우리는 '예술적 상태'를 어떻게 정의하는가? 임상적 실험들을 포함하는 치료 매뉴얼로 가능한 것인가, 아니면 매뉴얼을 집필한 유명한 대가 상담자들이 실제로 임상 장면에서 하는 것인가?" (Goldfried, Raue, & Castonquay, 1998, p. 809) 골드프라이드와 동료들의 연구와 같이, 풍부한 정보를 지닌 정보 제공자를 연구하는 것은 풍부한 정보 제공자들이 다른 자료들과는 다른 정보를 제공한다는 주장을 뒷받침하고 있다. 또한 전문성이 더 높은 수준의 경우 이상적으로 가장 훌륭한 실전기술들을 얻을 수 있다.

이 연구는 타이버 및 맥클러(2000)와 유사한 관점에서 실행되었는데, 그들은 "많은 연구에서 치료하는 동안 긍정적인 치료동맹을 향상시키는 치료자의 말과 행동이 변화와 긍정적 치료 결과에 가장 중요한 공헌을 하는 것으로 나타났다."(p. 70)라고 주장하였다. 대가 상담자 표본을 사용하여 우리는 작업동맹을 구성하는 요소들에 대해 탐구하였다. 효과적인 치료는 안전함과 도전정신을 포함한다는 대가 상담자들의 신념(우리는 이를 안전한 관계 영역과 도전적 관계 영역으로 개념화하였다.)은 인간 발달의 이상적인 조건은 지지와 도전의 적절한 균형을 포함하는 것이어야 한다는 오래된 명언을 떠올리게 한다. 또한 우리는 각 영역 안에서 대가 상담자들이 사용하는 관계 태도를 살펴보았다. 안전한 관계 영역에서 상담자는 내담자의 욕구에 맞추어 조율하며(반응적인 태도), 내담자의 치료 참여에 초점을 맞추며(협력적인 태도), 내담자의 가장 깊은 문제에 대해 수용적이다(참여적인 태도). 그리고 도전적 관계 영역에서 관여적인 태도는 상담자로 하여금 보다 지시적 역할을 하도록 요구하고, 객관적인 태도는 상담자가 내담자의 경험에 대해 보다 넓은 맥락에서 재구성하도록 하며, 자기 활용 태도는 상담자가 내담자의 변화에 영향을 주는 데 있어서 자기의 성격을 활용하게 한다. 예술가처럼 자기의 재능을 활용하여 시기, 강도, 관계 태도와 같은 치료적 도구들을 최상의 창의적인 방법으로 적용하는 이들이 바로 대가 상담자들일 것이다.

제5장

대가 상담자의 정서적 안녕과 전문적 적응유연성

Mary A. Mullenbach
Thomas M. Skovholt

이 장에서는 정신건강 분야의 실무자들이 전문적인 생동감을 유지하기 위해 사용하고 있는 방법들에 초점을 둘 것이다. 제닝스와 스콥홀트(1999)는 정신건강 관련 실무자들 가운데 동료들에게서 추천받은 10명을 대상으로 연구를 시작하였다. 이 초기 연구의 목적은 전문 상담자들이 가지고 있는 전문성의 요소를 밝혀 내는 것이었다. 연구 결과를 바당으로 제닝스와 스콥홀트는 인지, 정서, 관계의 세 요소를 포함하는 전문성 모델을 개발하였다. 또한 저자들은 매우 효율적인 대가들의 특성을 보다 포괄적으로 이해하기 위해서는 추후에 상담자들의 정서적 영역 발달에 관한 연구가 이루어져야 함을 시사하였다. 정서적 영역에는 정서적 안녕감을 보존하고 전문적 생동감을 불러일으킬 수 있는 대처 전략 및 자기관리 연습들이 포함된다. 현재 정신건강 분야의 실무자들이 다양한 스트레스원에 직면하고 있다는 사실을 고려할 때 이러한 제언은 특히 중요한 것이다.

상담 실무자의 상담자 역할을 약화시키는 것들은 오랫동안 직업적인 위험 요소로 인식되어 왔다(Freudenberger & Robbins, 1979). 스트레스 영역에는 외적인 것과 내적인 것이 있는데, 전문적/개인적 경험, 내담자 이슈와 행동, 작업환경 등이 해당된다. 예를 들면, 상담 실무자들은 끊임없이 직업적으로 애착과 분리의 과정에 종사한다(Skovholt, 2002). 이러한 과정은 다음과 같은 요소들에 의해 더 어려워진다. 성공하지 못하는 내담자, 상호성이 결여된 상담관계, 과도한 업무, 어려운 내담자의 행동들, 더디고 일정하지 않은 상담 진행, 다른 사람의 고통에 대한 끊임없는 노출, 상담과정에 몰입하면서 직면하게 되는 상담자 자신의 개인적 이슈, 고립, 직장과 정신치료 기관에서 요구하는 행정 업무(Dupree & Day, 1995; Farber, 1990; Kassam-

Adams, 1995).

직업적 위험에 대해 언급하면서, 서스먼(Sussman, 1995)은 "문제가 두드러지게 나타나는 경우는 드물지만 심리치료 실무가 임상가들에게 엄청난 위험으로 작용하고 있다는 증거는 충분하다." (p. 1)고 이야기하였다. 서스먼은 그의 연구에서 심리치료 작업은 실무자들에게 '많은 대가(heavy toll)'를 요구한다고 주장했다. 다른 연구자들(Freudenberger, 1975; Neumann & Gamble, 1995) 또한 일과 관련된 스트레스가 실무자들에게 미치는 영향에 대해 연구하였다. 이러한 스트레스들은 전문적 소진 혹은 이차적 외상이라는 개념과 연관 지어 논의된다.

많은 저자들(Freudenberger & Robbins, 1979; Grosch & Olsen, 1994; Neumann & Gamble, 1995)에 따르면 실무자들이 경험하는 스트레스는 만성화되어, 우울증, 부정적인 자기 평가, 죄책감, 정서적 분리, 불안, 의미상실, 전능감, 냉담함, 진정성의 상실, 강박성과 다양한 신체화 증상을 동반할 수 있다고 한다. 가장 심각하게는 깊은 심리적, 신체적, 영적 고갈을 반영하는 정서적 소진으로 나타난다.

파버(Farber, 1983a)는 상담으로 인해 누적된 영향은 상담실 밖에서의 실무자의 자기정체감, 행동 및 태도에 상당한 정도의 부정적인 영향을 줄 수 있다고 하였다. 이러한 스트레스원들은 정신건강 관련 직종 내에서 최근에 일어나고 있는 변화들, 예를 들면 서비스 제공방식의 변화 및 공병률 진단과 같이 복잡한 진단을 필요로 하는 내담자들이 늘어남에 따라 보다 심각해지고 있다(Dupree & Day, 1995; Farber, 1990).

선행연구 개관

여기에서는 정신건강 실무자들의 직업적 소진과 대리적 외상 경험에 영향을 주는 요소들을 탐색한 연구들을 간단하게 살펴볼 것이다. 특히 전문적/개인적 경험들, 어려운 내담자들의 행동과 문제들, 작업환경, 대리적 외상에 관련된 스트레스원에 대해 논의할 것이다. 또한 전문적 적응유연성을 촉진하는 것으로 나타난 중요한 변인들도 강조될 것이다.

1. 초심자라는 사실(스트레스 요인)

많은 연구자들은 현장 실무 경험을 실무자들의 스트레스에 영향을 미치는 요소로 언급하고 있다. 파버와 하이페츠(Farber & Heifetz, 1981)는 숙련된 경험을 지닌 전문가들에 비해 1~3년 정도의 경험이 있는 실무자들이 개인적 고갈을 더 많이 경험한다고 하였다. 루돌파, 크래프트 및 라일리(Rodolfa, Kraft, & Reilley, 1988)도 보다 숙련된 전문가들과 수련생들을 비교한 연구에서 유사한 결과를 얻었다. 이 연구에서 수련생들은 어려운 내담자들의 행동, 상담 경험, 자신들의 신념과 기대에 관련하여 유의하게 높은 스트레스를 경험했다고 보고하였다. 애커리, 버넬, 홀더 및 커덱(Ackerly, Burnell, Holder, & Kurdek, 1988)은 전문 영역과 관련하여 높은 좌절을 보고한 초보 실무자들의 전문적 경험은 정서적 고갈, 비인간화와 상관이 있는 것을 발견하였다. 펄먼과 맥이안(Pearlman & MacIan, 1995)은 많은 경험을 쌓기 이전의 외상치료자들은 숙련된 실무자들에 비해 인지 도식의 손상이 더 많이 생긴다고 보고하였다.

이러한 발견들을 통해 내릴 수 있는 한 가지 결론은 실무자들의 전문성 발달에 있어서 조기 경력이 중요하다는 것이다. 이 시기는 초보 실무자들이 압도당하는 느낌을 자주 보고하는 시기로 상담과정에 지나치게 관여하게 될 위험을 소지하고 있다(Farber, 1990). 서스먼(1995)은 역사적으로 볼 때, 상담자 훈련 프로그램에서 미래의 직업에서 부딪히게 될 위험에 대비하여 학생들을 준비시키는 데 소홀했음을 지적한다. 보다 효율적인 교육 프로그램은 전문적 실무 첫해에 당면하게 될 어려움들을 정상적으로 극복하는 데 도움을 줄 수 있을 것이다. 코스터와 슈웨벨(Coster & Schwebel, 1997)은 직장에서 동료들의 지지가 중요하다는 것을 강조하였다. 초보 실무자들에게 있어서 동료들의 지지는 특히 중요한 변인이다.

2. 개인적인 외상 경험(스트레스 요인)

이 분야의 연구들은 개인적인 경험이 실무자들의 스트레스 지각에 미치는 영향에 대해 탐색하고 있다. 이 주제에 관한 연구들은 어린 시절의 외상 경험과 현재 삶의 사건들이라는 두 부문에 초점을 두고 있다. 연구자들(Racusin, Alramowitz, & Winter, 1981)은 어린 시절의 경험과 진로 선택의 관련성에 대해 연구하였는데, 사람들은 어린 시절의 고통을 치료하기 위해 조력 직종을 택한다고 하였다. 펄먼과 맥이안(1995)은 실무자들의 스트레스 요인으로 외상 경험에 대해 연구하였다. 연구 결과에 의하면, 외상 경험이 있고 실무 경력이 짧은 실무자일수록 스트레스 수준이 전반적으로, 그리고 각 특수 영역에서 모두 높게 나타났다. 외상 경험이 있고 실무 경력이 많은 실무자들은 전반적으로 유의하게 낮은 수준의 스트레스를 보고하였다. 연구자들은 경험과 유능감이 쌓여 감에 따라 증상이 약화될 수 있다고 설명하였다.

어린 시절의 높은 외상 수준을 고려할 때, 다른 직종에 있는 사람들에 비해 조력 직종에 종사하는 사람들이 성인기에는 낮은 수준의 스트레스를 나타낸다고 보고한 엘리어트와 가이(Elliott & Guy, 1993)의 연구는 주목할 가치가 있는 놀라운 결과다. 아마도 실무자들은 전문적인 훈련과 더불어 그들이 받았을 교육분석의 효과로 인해 대처능력이 향상되었을지도 모른다. 라드케와 마호니(Radke & Mahony, 2000)도 심리치료자들과 심리학 연구자들을 비교한 조사연구에서 비슷한 결론을 얻었다. 이러한 결과들은 실무자들의 일이 스트레스를 주기도 하지만 그들은 매우 풍요롭다는 것을 시사해 준다.

3. 지지적 관계(스트레스 감소 요인)

마호니(1997), 코스터와 슈웨벨(1997)은 실무자들이 자기 관리를 위해 어떤 것들을 실천하고 있는지에 대해 연구하였다. 그들의 연구에서 나타난 주요 주제는 실무자들이 직장 안팎에서 지지적인 관계를 유지하는 것을 중요하게 여긴다는 사실이다. 지지적 관계에는 동료들의 지지, 개인적인 관계, 슈퍼비전, 교육분석, 가족과의 지속적인 만남이 포함된다. 캐서럴(Catherall, 1995)은 직장 동료들의 지지는 상담자들에게 필수적이라고 하였다. 상담자와 내담자 간의 매우 주관적이고 개인적인 상호작용 특성을 고려할 때, 동료들의 전문적인 관점을 얻을 수 있다는 것은 매우 유용한 것이다. 이로 인해 상담자들은 상담관계 내에서 건강한 관점과 적절한 경계선을 유지할 수 있게 된다. 실무자들은 종종 자신의 일과 삶에서 균형 잡힌 관점을 유지하기 위해 직장 밖에서의 긍정적인 관계를 활용하기도 한다.

4. 내담자 행동(스트레스 요인)

내담자들의 행동이 상담자들의 스트레스 지각에 미치는 영향에 관한 연구들은 흥미로운 결과를 낳았다. 파버(1983a, 1983b)는 스트레스를 주는 내담자 행동의 두 차원을 밝혀 냈다. 하나는 정신병리적인 차원이고, 다른 하나는 저항의 차원이다. 파버는 이 두 차원과 관련된 스트레스가 상담자들의 배경 요인에 따라 그 영향력이 다르다는 것을 밝혔다. 예를 들면, 정신병리와 관련된 내담자의 행동에 대해 기관에서 일하는 상담자들이 개인상담실에서 일하는 상담자들에 비해 더 높은 스트레스를 보였다. 도이치(Deutsch, 1984)의 연구에서도 비슷한 결과가 나타났는데, 기관에서 일하는 상담자들이 개인 상담실에서 일하는 상담자들보다 상담 회기에서 보이는 내담자의 정서적인 특성으로 인한 스트레스를 높게 보고하였다. 이러한 결과들은 상담관계의 역동은 복잡하며 여러 요인에 의해 영향을 받을 수 있다는 것을 보여 준다. 파버(1983b)는 상담관계에서 가장 핵심적인 요소는 '상담자가 내담자를 어떻게 지각하느냐' 라고 하였다. 메데이로스와 프로체스카(Medeiros & Prochaska, 1988)는 어려운 내담자들에 대한 상담자의 반응 연구에서 상담자의 낙관적인 인내심이 성공적인 대처 전략임을 밝히고 있다. 여기서 '낙관적인 인내심(optimistic perseverance)' 이란 어려운 내담자를 견디어 낼 수 있는 상담자들의 특성을 나타내는 것이다.

5. 긍정적인 작업환경(스트레스 감소 요인)

작업환경이 상담자의 스트레스 지각에 영향을 미친다는 사실은 일관되게 나타나고 있는 결과다. 상담기관이나 보험회사와 연계된 상담실(managed health care sites)에서 일하는 상담자들은 개인 상담실에서 일하는 상담자들에 비해 더 높은 수준의 스트레스를 경험한다고 보고하였다. 사비키와 쿨리(Savicki & Cooley, 1987)는 그들의 연구 결과를 통해 상담자들이 기능을 잘할 수 있도록 도와주는 환경은 상담자들이 동료들의 격려와 슈퍼비전 관계를 통한 지지를 받을 수 있는 환경이라고 제안하였다. 라케포와 밀러(Raquepaw & Miller, 1989)는 상담자들의 스트레스를 낮추어 줄 수 있는 기관 차원의 개입은 서류와 행정 업무를 줄여 주는 것, 휴식할 수 있는 시간을 일과시간에 넣어 주는 것, 직원들 간의 작업관계를 증진시켜 주는 것 그리고 사회적 조력체제를 갖추는 것을 포함한다. 이러한 제안들은 상담자들이 효율적이 될 수 있도록 조력하는 데 있어서 작업환경의 역할을 강조한 다른 연구들(Rosenbloom, Pratt, & pearlman, 1995)과 맥을 같이 한다.

보험회사와 관련된 이슈가 정신건강 분야의 직종 안에서 변화되기 시작하면서 작업환경이 상담자들의 기능에 미치는 역할의 중요성이 더욱 강조되고 있다. 스니브, 래드클리프, 와이즈버거, 리처즈 및 켈리(Snibbe, Radcliffe, Weisberger, Richards, & Kelly, 1989)는 상담자들이 종종 내담자들의 치료적 요구와 HMO(health maintenance organization)와 같은 기관에서 기대하는 바를 동시에 충족시켜야 하는 어려움을 겪고 있음을 주목하였다. 듀프리와 데이(Dupree & Day, 1995)는 공공기관이나 보험회사와 연계된 상담소에서 일하는 상담자들보다 개인 상담실에서 일하는 상담자들이 보다 높은 수준의 직장 만족도를 보고하고 있다고 밝혔다.

6. 대리적 외상 경험(스트레스 요인)

이 차적 혹은 대리적 외상 경험은 상담자들에게 있어서 새롭게 등장하고 있는 영역이다. 이 차적 외상 경험은 상담자들이 타인의 고통을 반복하여 듣게 되면서 나타나는 증상으로, 힘들지만 예측이 가능한 증상을 지칭하는 용어다. 이 분야와 관련된 연구들은 외상후 스트레스 장애(PTSD)와 소진에 초점을 두는 연구에서 시작되었다. DSM-IV(1994)에 의하면, 외상후 스트레스 장애의 첫 번째 진단 기준은 다음과 같다.

> 외상후 스트레스 장애의 주된 특징은 극적인 외상 스트레스 사건에 노출된 후에 특정한 증상이 발전하게 되는 것이다. 여기서 외상 스트레스 사건이란 실제적 사망 혹은 사망의 위협, 심각한 상해, 신체적 통합성을 깨뜨릴 수 있는 다른 위협을 직접적으로 경험하는 경우; 타인의 죽음이나 상해, 신체적 통합성을 깨뜨릴 수 있는 위협을 목격한 경우; 가족이나 가까운 사람이 당한 예상치 못한 경험이나 폭력적인 죽음, 심각한 상처, 죽음의 위협, 상해에 대해 알게 되는 경우를 포함한다.

피글리(Figley, 1995)는 정신건강 분야 실무자와 같은 사람들은 실제 사건 현장에 없었더라도 상처를 받을 수 있다고 제안했다. 사크비트과 펄먼(Saakvitne & Pearlman, 1996)은 "대리적 외상 경험이란 살아남은 내담자와 그들의 외상 경험에 공감적으로 관여한 결과로서 상담자 혹은 조력자의 내부 경험이 변형되는 것이다. 이를 단순히 말하자면, 다른 사람의 참상이나 배신당한 경험을 듣기 위해 마음을 열 때 우리가 마음속에 간직했던 신념들은 도전받고 우리가 변화되는 것이다." (p. 25)라고 하였다. 이 변형과정은 특정한 환경적 요인들 그리고 환경적 요인이 상담자들의 성격적 특성과 상호작용하는 과정을 통해 영향을 받게 된다. 맥칸과 펄먼(McCann & Pearlman, 1990)은 소진의 증상들(예: 무감각해지고 회피하는 패턴)이 동화되거나 훈습되지 않은 외상적인 자료에 반복적으로 노출되는 최종 결과라고 주장하였다. 대리적 외상 경험은 외상 자료들에 반복적으로 노출됨으로써 자기 자신과 세상에 대한 상담자의 관점이 변화되어 가는 과정을 의미한다. 이것은 직업적인 위험이지만 어떤 상담자들은 자신이 상담을 하는 과정에 내재되어 있는 위험에 대해 논의하는 것을 꺼려한다(Sussman, 1995). 상담자들이 고통스러운 이슈를 호소하는 내담자와 작업을 해 나가는 과정에 따라올 수밖에 없는 잠재적인 대가에 대해 이해하는 것은 매우 중요하다. 이를 위해서는 미래의 상담자들이 전문적 훈련 프로그램을 통해 상담 실무에서 특별히 이러한 요소에 대해 준비할 수 있도록 하여 사례 수, 업무, 관계에 있어서 균형을 유지하는 것을 강조하는 것이 중요하다. 더불어 직장에서는 토론을 수용하는 개방적인 환경을 제공하고, 외상 내담자에 대한 정서적인 반응을 이해할 수 있도록 촉진하고, 상담자의 경험을 정상적인 발달 단계의 틀 안에서 발달할 수 있도록 도와주는 동료와 슈퍼바이저의 지지가 매우 중요하다(Pearlman & MacIan, 1995). 로젠블룸, 프레트 및 펄먼(Rosenbloom, Paratt, & Pearlman, 1995)은 지속적인 훈련과 슈퍼비전, 사례회의, 격주 세미나와 자문을 포함하는 기관의 종합적인 지지의 중요성을 강조했다.

7. 요약

정신건강 실무자들 가운데 일과 관련된 요소들을 탐색하는 대다수의 연구들은 스트레스로 인해 결과적으로 소진이나 대리적 외상 경험의 위험을 증가시키는 요소와 경험들을 밝혀 냈다. 이러한 연구들의 첫 번째 문제는 상담이라는 일의 본질과 관련하여 부정적인 측면과 그것이 상담자들에게 미치는 잠재적인 효과에 대해서만 유독 집중되어 있다는 점이다(Ackerly, Burnell, Holder, & Kurdek, 1988; Farber, 1990). 기존 연구들이 지니는 두 번째 문제점은 주로 질문지법만 사용했다는 점이다(Norcross, Prochaska, DiClemente, 1986; Pearlman & MacIan, 1995; Rodolfa, Kraft, & Reilly, 1988). 질문지를 사용하는 연구물들은 방대한 자료를 산출하기는 하지만, 제공되는 정보들이 종종 피상적이고 결과의 타당도에 의심을 가질 수 있다. 스트레스를 주는 요인들이 명확하게 밝혀져 있기는 하지만 상담자들이 전문적인 적응유연성과 정서적 안녕을 긍정적인 수준으로 유지하기 위해 어떠한 대처법을 사용하고 있는지에 대해서는 알려진 바가 별로 없다.

상담자들의 전문성 발달과정에는 다양한 변인들이 영향을 미친다. 방대한 연구물들은 스트레스를 일으키는 구체적인 요인들에 대해서는 명확히 밝히고 있지만, 그 요인들에 대한 보다 깊은 탐색과 전문적 생동감을 유지하기 위한 자기 돌봄의 실천들에 대해서는 거의 연구되어 있지 않다(Coster & Schwebel, 1997). 이 연구는 대가 상담자로 알려진 매우 숙련된 상담자 그룹을 통해 이러한 핵심 요인들을 탐색하려는 목적으로 이루어졌다. 구체적으로 대가 상담자들이 자신들의 전문성 발달의 전 과정을 통하여 경험한 극적인 사건과 주된 스트레스 요인들에 어떻게 대처해 왔는지를 밝히고자 하였다. 이 연구에서 사용된 자세한 방법론은 '부록 A'를 참고하기 바란다.

연구 결과

자료분석을 통해 다섯 범주 내에 있는 총 스물세 가지의 주제들을 확인했다. 다섯 가지 범주는 다음과 같다. 직업적인 스트레스 요인들, 대가 상담자의 탄생, 긍정적인 업무 구조의 창조, 보호 요소들, 고독과 관계를 통한 자기 양육(〈표 5-1〉 참조).

표 5-1 : 주제 요약(Summary of Themes)

범주 A: 직업적인 스트레스 요인들

1. 자신의 유능성에 도전하는 이슈들로 인해 스트레스를 받는다.
2. 얼어붙은 듯한 상담과정 때문에 스트레스를 받는다.
3. 동료들과의 관계가 깨질 때 스트레스를 받는다.
4. 개인 내적인 위기가 전문적 역할에 부정적인 영향을 준다.

범주 B: 대가 상담자의 탄생

1. 참여자들은 초기 경험을 통해 조력자 역할을 맡게 되었다.
2. 참여자들의 훈련 경험은 상담 실무의 정서적 요구의 준비 작업으로는 부적절했다.
3. 초심자로서 참여자들은 자신의 전문적 영역을 찾기 시작하게 되었다.
4. 참여자들은 한계와 경계선의 역할에 대해 배우게 되었다.
5. 시간이 흐름에 따라 참여자들은 수행불안을 덜 경험하게 된다.
6. 경험이 쌓이면서 참여자들은 이론에 의존하는 것에서 자신을 활용하는 방향으로 변화하게 된다.
7. 참여자들은 애착과 분리를 자연스러운 과정으로 보았다.
8. 참여자들은 인간의 고통을 매우 깊은 수준에서 이해한다.

범주 C: 긍정적인 업무 구조의 창조

1. 멘토와 동료의 지지는 초기 발달 단계에서 매우 중요했다.
2. 참여자들은 지속적이고 풍요로운 동료관계를 가지고 있었다.
3. 다양한 역할을 맡는 것은 긍정적인 요소다.
4. 참여자들은 건강을 향상시키는 업무환경을 창조한다.

범주 D: 보호 요소들

1. 참여자들은 높은 스트레스를 주는 전문적인 딜레마에 직접적으로 관여하고 있다.
2. 참여자들은 개인적인 주제를 직면하고 해결해 나간다.
3. 깊이 관여된 배움은 새롭게 하는 데 큰 자원이 된다.

범주 E: 고독과 관계를 통한 자기 양육
1. 참여자들은 개인적인 삶의 돌봄을 통해 전문적 안정성을 키워 나간다.
2. 참여자들은 다양한 회복활동에 투자한다.
3. 참여자들은 개인적인 관계들을 강화시키려고 한다.
4. 참여자들은 내적인 것에 큰 가치를 둔다.

1. 범주 A: 직업적인 스트레스 요인들

범주 A는 상담자들이 일하면서 부딪히게 되는 스트레스 요인을 보여 주는 네 가지 주제를 포함한다.

주제 1: 자신의 유능성에 도전하는 이슈들로 인해 스트레스를 받는다. 연구 참여자들은 자신들이 잘하고 있다는 느낌에 도전하는 일련의 이슈들과 사건들을 보고하였다. 자살 위험이 있는 내담자의 경우와 같이 예상치 못했던 극적인 사건들이 상담자들에게는 가끔씩 유능감에 도전하는 스트레스 요인이 되기도 한다. 다른 경우로는 심각성은 덜하지만 만성적인 특성을 가지고 지속적으로 일어나는 사건이나 이슈들이 유능감에 도전을 주기도 한다. 경험의 구체적인 내용과 상관없이, 그들의 보고에서 나타나는 공통점은 자신들의 유능성이나 편안함의 수준을 '넘어서는(tapped out)' 느낌을 경험하게 된다는 것이다. 내담자가 입원 중에 자살을 시도했을 때의 정서적인 영향력에 대하여 한 참여자는 다음과 같이 말하였다.

> 저는 그녀를 입원시켜야 한다는 것을 알았어요. 그래서 그렇게 조치를 했지요. …그러니까 저는 그녀의 안전을 보살펴 주었던 거예요. 전 그렇게 했다고 느꼈어요. 그런데 도대체 병원에서 무엇을 했는지 모르겠어요. 그녀가 자살 위험이 있었는데도 그들은 그녀를 주의해서 보지를 않았어요. 그리고 그녀는 목을 매달았지요. 그건… 그건 정말 힘든 일이었어요. 전 금방이라도 심장이 멈출 것 같았고 정신과의사들에게 너무 화가 났죠.

만성적인 어려움으로 인해 진전을 보이지 않는 내담자를 도우면서 경험하게 되는 지속적인 스트레스 요인에 대해 한 참여자는 다음과 같이 말하였다.

> 음, 쉽게 좋아지지 않던 한 우울증 내담자가 떠오르네요. 그러니까 어떤 개입을 해도 안 되는 거예요. 어떤 내담자들은 저를 만나기 전에 몇 년 동안 이미 심리치료를 받았던 사람들이에요. 어떤 사람들은 충격요법을 받았고, 어떤 사람들은 약도 먹어 보았지만 아무런 효과가 없었지요. 오랫동안 해결책을 찾아왔던 사람들에게 뭔가 효과가 생기도록 당신이 도울 수도 있겠지만, 그들이 필요로 하는 것을 저 또한 가지고 있지 않다는 느낌을 갖게 하는 내담자들도 있어요.

어떤 참여자들은 특정한 내담자들의 행동들을 다루면서 경험했던, 길을 잃은 느낌, 정서적 고갈에 대해 이야기하였다.

> 예를 들어, 저는 중독 성향이 있는 사람들, 중독자들과 상담하는 것이 어려워요. 저는 중독자들의 역동에 들어가면 꽉 막혀 버려요. 이런 사람들은 필요에 의해서 사람들을 속이기도 하기 때문에 그들을 쉽게 따라갈 수가 없어요. 저는 매우 학대적인 남자들을 상담한 적이 있어요. …그 사람들은 제게 와서 신체적이거나 성적인 학대에 관한 이슈를 강하게 내뿜어 그야말로 공기 중에 가득 찼다는 느낌마저 들었어요. 그런데 그들은 그 문제를 전혀 꺼내지 않았어요. 아니면 공중에 가득 찼다는 것은 저의 느낌일 뿐이었는지도 모르지요. 그런데 상담 회기가 끝날 때마다 왠지 화가 났어요. 그런 사람들과 상담을 하고 나면 전 100% 주었다는 느낌보다는 소모되었다는 느낌이 더 들어요. 뭔가 도둑맞은 것 같은 느낌, 뭔가 당한 느낌. 그들에게서 아무것도 돌려받지 못하는 것 같아 어떤 보람도 느끼지 못했지요.

상담자가 덫에 걸린 것 같은 느낌을 갖는 것은 때로 내담자가 표현하는 정서적 고통의 수준 때문일 수도 있다.

> 제 생각에는 최악의 것이 계속 밀려올 때 상담자가 어려움을 겪게 되는 것 같아요. 예를 들면, 당신이 생각할 수 있는 가장 최악의 것을 들었다고 몇 주 동안 생각하고 있었는데, 인간이 인간에게 줄 수 있는 고통과 괴로움에 대해 더 나쁜 이야기를 듣게 되는 상황이지요. …가끔씩 그것은 파도와 같이 몰려와요.

주제 2: 얼어붙은 듯한 상담과정 때문에 스트레스를 받는다. 연구 참여자들은 치료에 대해 동기가 없거나 저항적인 내담자들에 대해 '지루한 느낌'을 경험한 적이 있다고 보고하였다. 치료관계에서 지루하다는 느낌을 갖게 되는 경험은 상담자에게 주요한 스트레스 요인으로 보고되었다. 참여자들은 다음과 같이 이야기하였다.

> …저에게 있어서 문제는 무엇에 대해서도 성찰해 보려고 하지 않는 내담자들일 거예요. 그들은 자기 자신의 내적인 것과는 관련이 없는 것만 계속 이야기하지요. 그러면 대개 전 흥미를 잃어요.

> 제게 도전이 되는 것은 솔직히 말하면 지루한 내담자들이에요. 시간이 아무리 흘러도 변화는 거의 일어나지 않는 내담자이지요….

저항적인 내담자와 일했던 경험을 회고하면서 한 참여자는 자기 자신의 방어적인 반응에 대해서 이야기했다.

> 저는 내담자들의 저항 자체가 문제가 되지는 않아요. 내담자들의 저항을 대면하면서 저 자신이 저항적으로 될 때는 문제가 되겠지요. 전 내담자에게 권리가 있다는 것을 인정하고, 그들이 저항할 거라는 것도 생각하지요. 하지

만 내담자들이 나까지도 저항하도록 만드는 방식으로 저항을 하는 것은 좋아하지 않아요.

주제 3: 동료들과의 관계가 깨질 때 스트레스를 받는다. 연구 참여자들은 직장에서 그리고 보다 넓은 전문가 공동체에서 동료들에게 지지를 받는 것의 긍정적인 효과에 대해서 일관되게 보고하였다. 그러므로 동료관계가 깨지게 될 때 매우 스트레스를 받게 된다는 것은 놀라운 일이 아닐 것이다. 한 참여자는 다음과 같이 말했다.

내가 가장 스트레스를 받았던 때는 우연히 나와 잘 맞지 않는 동료들과 함께 일하게 되어, 매일 아침 만나 '당신을 만나 기분이 나쁘군요.' 하는 것 같은 얼굴로 인사를 하며 하루를 시작하던 때였지요. 내가 믿거나 존중하지 않는—그 사람들도 나를 믿거나 존중하지 않는—사람들과 일하는 것은 어렵지요. 하지만 그런 상황은 아니에요.

다른 참여자는 전문적인 실무와 통합에 관한 주제를 논의할 때 보다 넓은 범위의 동료들과 어울리기 위한 노력에 대해서 이야기하였다.

제게 스트레스가 되는 것은 동료들과의 관계에서 다양성의 이슈가 건드려질 때입니다. 저는 동료들과의 관계에서 움츠려들거나 분파를 만들지 않고 관계를 지속하며 관계에서 실재하고 싶습니다.

유사하게 다른 참여자도 심리학 공동체에서 나타나는 개별 분파들 간의 갈등에 대해 부정적인 반응을 보였다.

두 집단 모두 좋은 그룹이고 실무자와 전문가 공동체에 모두 좋은 기여를 합니다. 하지만 그들 간에는 경쟁, 분노, 정치 같은 것들이 있어요. 그런데 저는 그런 것이 정말 싫어요. 제가 그들 사이에 끼여 있다고 느낄 때 기분이 매우 나빠지죠.

주제 4: 개인 내적인 위기가 전문적 역할에 부정적인 영향을 준다. 참여자들은 개인적인 삶에서 부딪히는 위기와 거기서 파생된 문제들이 전문적인 역할을 수행하는 장면에서도 도전이 된다고 보고하였다. 비록 그들은 그와 관련된 문제에 대처할 적극적인 대처방안을 마련하고 있기는 하지만, 이러한 위기의 초기에는 강한 불편감을 느꼈다고 보고하였다. 한 참여자는 개인적인 이슈로 인해 자신을 솔직하게 지각하지 못하게 될 때의 불편함에 대해서 이야기하였다.

…오래전에 저는 가족들과의 관계에서 엄청 눈물 나는 경험을 했어요. 매우 힘들었지요. 제게 힘들었던 점은 실무를 계속할 때 저 자신에 대한 인식을 다시 해야만 한다는 점이었어요. 그런 상황에서 당신은 결코 빠져나가지 말고 자신에 대한 인식을 다시 한 후에 일로 돌아와야만 합니다. 왜냐하면 당신이 하는 모든 일들은 서로 긴밀히 연결되어 있기 때문입니다.

다른 참여자는 자기 자신의 위기를 해결해 나가는 과정에서 부딪히게 된 어려움에 대해 묘사하였다.

그때 저는 분리된 느낌이었어요. 한편으로는 내담자에게 주의를 기울일 필요가 있다는 것을 알고 있지만, 다른 한편으로는 제 삶에서 일어나고 있는 일들, 그러니까 한 번의 전화로 해결되지 되지 않을 일, 몇 주 안에 해결되지 않을 일, 삶에서 얼마 동안 지속될 일이 있다는 것을 알고 있다는 거지요. 솔직히 말해 그것은 고문을 받는 것이었어요. 내담자가 이야기하는 어떤 것이라도 제 문제와 아주 조금이라도 비슷하거나 동일시되거나 그 문제를 건드리면 불안이 치솟았어요. …어떻게 그렇게 높은 불안을 다루면서 동시에 내담자를 위해 그 순간에 존재할 수 있겠어요?

2. 범주 B: 대가 상담자의 탄생

이 범주는 참여자들의 전문적인 경험과 관련된 여덟 가지 주제로 구성되어 있다. 전문적인 경험은 조력자의 역할을 강화해 준 초기 경험에서 비롯하여 초심자의 과정을 거쳐 현재에 이르는 과정으로 이루어져 있다. 이 주제들은 참여자들이 실무자로서 발달해 나가는 과정에 관련된 정서적인 안녕과 적응유연성을 강조한다.

주제 1: 참여자들은 초기 경험을 통해 조력자 역할을 맡게 되었다. 참여자들은 복잡하고 때로는 힘들었던 어린 시절, 가족관계 그리고 사건들에 대한 이야기를 하였다. 그들의 어린 시절 경험들은 남을 도울 수 있는 내적인 기질, 기술, 개인적인 적응유연성을 키울 수 있는 환경을 충분히 제공하였고, 이런 특성들은 성인기까지 지속되었다. 참여자들은 이러한 어린 시절의 경험과 관련된 느낌, 통찰 그리고 그것들이 성인인 자신에게 미친 영향에 대해 다양하게 표현하였다. 한 참여자는 어린 시절에 당면했던 도전들이 자신이 커서 상담자가 되리라는 것을 어떻게 알도록 하고 확신하게 했는지에 대해 이야기하였다.

…지난 수년 동안 내가 만났던 내담자들 가운데서 나보다 더 엉망인 가정 출신인 사람은 몇 되지 않았어요. 끔찍했던 것은 내가 우리 가정에 대해 이해하고 어린 시절의 역동을 이해하며 그것을 지속적으로 어떻게 다루어야 하는지를 이해하는 데 엄청난 작업이 필요했다는 것입니다. 하지만 동시에 그것은 나를 확장시켜 주는 경험이기도 했어요. 그러니까 나는 가정적인 어려움 때문에 학교를 갈 수 있었어요. 거기서 무엇을 배울 것이라는 것을 기대하지는 않았지만 내가 앞으로 이런 일(상담)을 할 거라는 것을 알고 있었어요. 왜

냐하면 나는 이미 그런 종류의 환경에서 자라 왔고 이미 세상의 많은 부분과 관련이 있다는 것을 알았기 때문이에요. 어느 정도는 아주 쉽게 알았지요. 그리고 나의 많은 부분은 어린 시절 경험에 의해 형성되었다고 생각해요.

계속해서 이 참여자는 다음과 같은 이야기도 하였다.

내 인생에서 문제가 있을 때마다 내가 문제를 처리한 방식은 더 많은 자신감을 갖는 것이었어요. 누구에게도 말해 본 적은 없는데요. 자신감을 가짐으로써 나는 문제를 극복하고 또 극복할 수 있었어요.

한 참여자는 전쟁을 피해 나온 부모와 함께 이스라엘에서 어린 시절을 보냈던 경험이 자신에게 '커다란' 영향을 미쳤다고 느끼고 있었다.

[그것은]… 스트레스에 대처하고 살아남고 살아가는 일을 하기 위한 실제 삶의 실습소였어요. 왜냐하면 모든 사람들이 다 죽어 버렸기 때문이지요. 하지만 우리 가족과 그들의 친구들과 같이 끝내 살아남은 사람들은 실제로 잘 살아 냈어요. 아마 그들은 기회를 찾아낼 줄 알고 좁은 시야로 사물을 보지 않을 수 있는 강한 사람들이었을 거예요.

이 참여자는 그녀가 겪었던 어려웠던 초기 경험이 가지는 중요성을 계속 강조했다.

내가 끔찍하고 끔찍한 경험을 겪어 왔다는 것을 아는 것은… 그 만큼 스스로 힘든 일을 극복해 나가게 해 준다고 생각해요.

다른 참여자는 그들의 초기 경험과 직업 선택 간의 관계에 대해 언급했다.

> 내가 치료, 특히 가족치료에 관심을 가지게 된 이유는 청소년기에 내가 노력했던 것이 내 가족을 구원하려는 것이었기 때문이에요. 부모님은 너무나 비참한 사람들이었기에, 나는 내가 생각할 수 있는 모든 방법을 동원해서 우리 가족들을 더 낫게 만들려고 도왔어요.

> 그때 당시에 내가 이것을 알았던 것 같지는 않아요. 하지만 돌이켜 보면 나 자신과 내가 알고 있는 다른 상담자들도 부분적으로는 자기 자신을 이해하고자, 부분적으로는 가족이나 우리가 사랑하는 사람들을 이해하고 치료하고자 이 분야로 들어서게 된 거라고 말할 수 있을 것 같아요. 우리를 이 분야로 오게 한 것들이 있는 것 같아요. 내가 이 상황을 이해할 필요가 있고 다른 사람이 나에게 한 일들을 이해하고 알 필요가 있기 때문이지요.

한 참여자는 자신의 어린 시절이 가족 역동의 자각을 촉진시킬 만큼 충분히 괴로운 것이었으나 자신을 쇠약하게 만들 만큼 극단적이지는 않았다고 보고하였다.

> 나는 어린아이로서 내가 고통받았던 것들, 내가 원하는 것들을 충분히 얻지 못했던 것들, 아버지가 나를 충분히 사랑하지 않고 남동생만 사랑했다고 느껴지는 것들에 대해 생각해 보았어요. [그런데]…부모님이 어른이고 내가 어른 노릇을 해야 될 필요가 없다는 것은 언제나 알고 있었어요. 나는 기본적으로 공정하고 평등한 체제 속에서 살았다고 생각해요. 내가 그 체제를 바꾸기 위해서 그런 식으로 싸울 필요는 없었어요.

비슷한 방식으로 다른 참여자는 가족이 음악에 몰두했던 것이 자신이 상담자가 되도록 하는 역할을 했다고 이야기하였다.

> 당신 주변에서 일어나는 일들이 힘들어도 당신 곁에서 가장 절묘하고 아름다운 음악이 연주되고 있다면, 당신은 마음의 문을 꼭 닫거나 (당신 주위에)

요새를 만들어 아무 느낌도 갖지 않으려고 하는 일은 하지 않을 거예요. 당신은 인지적이지 않은 방식으로 느낌을 가질 수 있도록 초대받은 것이기 때문이지요.

주제 2: 참여자들의 훈련 경험은 상담 실무의 정서적 요구의 준비 작업으로는 부적절했다. 참여자들은 학생으로서 받았던 대학원 교육이나 인턴십 훈련과정이 상담 실무의 정서적인 요구에 대한 자각면에서 부족했다고 이야기하였다. 한 참여자는 자신의 훈련 경험을 회고하면서 다음과 같이 말하였다.

그래요, 그 당시 나는 교사로서 아이들과 그 가족들을 돕는 것을 배우기 위해 상담 훈련과정에 들어갔어요. 내가 생각하기에 그것이 내가 하고 있는 일이었지요. 그때 누군가가 나를 도와주려고 무언가를 주고는 있었지만 내가 그 사실을 알지는 못했던 것 같아요. 나는 사람들이 그 당시에 치료자들이 필요로 하는 것에 대해서는 그다지 잘 알고 있지 못했다고 생각해요.

특별히 그녀는 자신의 인턴십 경험에 초점을 맞추면서 다음과 같이 말했다.

인턴십에 대해서 생각해 보면요, 대부분의 사람들이 상담하는 것과 기술들을 가르쳐 주려고 했던 것 같아요. 당시에 자신의 개인적 삶에 대해 말해 주거나, 내가 앞으로 겪게 될 힘든 일들이 무엇인지 알아채거나, 지금 나에게 힘든 일이 무엇인지에 대해 물어봐 주는 슈퍼바이저는 없었던 것 같거든요.

다른 참여자 역시 훈련과정과 인턴십 경험이 달랐다고 말했다.

훈련과정은 이 특별한 차원(실무에서 경험하게 되는 정서적인 이슈)에 있어서 많은 영향을 주지 못했다고 생각해요. 하지만 인턴십은… 내가 만난 슈퍼바이저를 생각해 볼 때, 슈퍼바이저 자신이 이런 문제를 어떻게 다루어 가는지에 대해 자신의 방식을 보여 주었어요. 그로 인해 나도 이런 문제를 조금씩 다루어 나가게 되었지요.

마지막으로 한 참여자는 자신의 훈련과정을 돌이켜 보면서, 초심자들이 실무 현장에서 부딪히게 될 정서적인 요구에 대해 준비할 수 있도록 돕는 것은 불가능한 일일지도 모른다는 의견을 제시하였다.

제 생각에 초심자들은 자신들이 할 수 있는 만큼만 해낼 수 있는 것 같아요. 실무에서 부딪히게 될 정서적 요구에 준비되어 있을 방법은 없는 것 같거든요. 하지만 그 상황에서 훈련과정은 괜찮았다고 생각해요.

주제 3: 초심자로서, 참여자들은 자신의 전문적 영역을 찾기 시작하게 되었다. 참여자들은 초보 단계에서의 주된 과제는 개인적인 특성과 형성되기 시작한 전문적 자아를 연결 지을 수 있는 이론적 경향 및 접근을 찾는 것이었다고 보고하였다. 이 과정에서 참여자들은 개인적 자아와 일치되는 방식으로 이론과 훈련을 실무에서 자연스럽게 통합할 수 있게끔 해 주는 소명이나 적합한 전문 영역을 찾기까지 다양한 이론적 정향 및 접근에 이끌리게 되었다. 한 참여자는 자신의 초보 상담자 시절을 회고하였다.

내가 아주 어린, 막 알을 깨고 나온 상담자였을 때… 심리치료 영역에는 온갖 것들이 즐비했고, 난 그 모든 것에 흥미가 있어서 배워 보려고 노력했어요. 상상할 수 있는 모든 이론들을 조금씩 배우고 나서는 그 이론들이 실패하게 되는 것을 보게 되었지요.

이 참여자는 다른 인터뷰에서 자기 자신과 잘 어울리는 상담 접근법을 훈련받고자 했던 노력과 헌신에 대해 이야기하였다.

…이 정신병동에서는 행동적, 인지적, 각종 심리약리학, 유전학적 접근을 하였지만 정신역동적 접근은 하지 않았어요. 그런데 제 성격이나 가치관으로 볼 때 정신역동적 접근이 가장 흥미가 있었거든요. 그래서 이곳에서 정신역동적 상담을 하는 몇몇 개인 클리닉 그룹에 참여하게 되었어요. 결국은 정신역동협회까지 참여했어요. 시카고까지 운전하며 다녀야 할 만큼 엄청난 노력을 했던 거죠. 그랬기 때문에 제가 하고자 했던 일을 할 수 있게 되었던 거예요.

다른 참여자는 자신의 경험을 다음과 같은 방식으로 설명했다.

…가족체제와 정신역동적 전통을 통합하는 것이 제 출발점이었어요. 그러고 나서 1970년대 중반에 심리통합을 통해 초월심리학에 관여하게 되었고 게슈탈트를 그 훈련에 통합시켰어요. 1980년대 중반이 되어서야 그 과정들을 모두 거쳐 실존주의적 상담을 하게 되었고 더욱 편안한 느낌을 갖게 되었지요.

한 참여자는 이후 자신의 전문가로서의 삶에 큰 영향을 끼친 가족상담을 처음 소개받았을 때 자신이 느꼈던 흥분감과 기대감을 묘사하였다.

그것은 인생이 바뀌는 순간이었어요. …증상들을 긍정적 용어로 재개념화하여 바라본다는 전체적인 개념은 전혀 새로운 개념이었지요. 인간을 가족의 맥락에서 이해한다는 느낌도 새로웠고요. 다른 사람들은 이를 초보적인 학문이라고 생각했지만요. 저는 '이것이 핵심이다. 우리는 아직까지 아무도 보지 못한 진리를 바라본다.' 는 느낌이 들었어요.

한 참여자는 상담자로서 자신의 성향과 보다 일치하는 자리를 찾기 위해 안정된 대학의 자리를 떠나기로 결심했던 것에 대해 이야기했다.

내가 대학의 자리를 떠나게 된 이유 중 하나는 내가 사람들을 의뢰해야만

> 했던 개인상담 작업을 보다 많이 하고 싶었기 때문이었어요. 심리치료를 시작하면서 나에게 매우 큰 도전이 되었던 것은 나 자신을 이용해야 한다는 점이었지요. …처음 5년간은 그런 경험들이 각양각색의 경이로움으로 가득했기 때문에 정말 흥미로웠어요. 사람들과 일하는 것이 내가 알아야 할 것들, 내가 할 필요가 있는 것들이었어요.

주제 4: 참여자들은 한계와 경계선의 역할에 대해 배우게 되었다. 시간이 흐름에 따라 참여자들은 조력자로서의 역할, 자신들이 가지는 책임감의 수준, 상담 실무의 구조, 사례 수의 구성, 내담자와의 관계에서 명확한 한계와 경계선을 설정하는 것의 중요성을 배우게 되었다. 이러한 경계선과 한계를 설정하는 것은 상담자들의 보다 높은 정서적 안녕감과 적응유연성을 유지하고, 어려운 내담자의 행동이나 이슈에 보다 효과적으로 대처하고, 끊임없이 고통에 노출되는 것을 조절해 나가기 위해 필요한 것이다. 한 참여자는 책임감 있는 상담자로서의 자신의 역할에 대해 말하였다.

> 나는 내가 알 필요가 없고 고칠 필요가 없는 모든 일에 대해 보다 지혜로워졌어요. 내가 처음 시작했을 때는 시작하는 모든 이들이 그렇듯이 모든 것에 대해 해답을 가지고 있어야 한다고 생각했어요. 그 당시 나의 일은 (잘못된 것을) 고쳐 주는 것과 도움이 되려고 하는 것이었지요. 그런데 이 분야에서 경험과 시간이 쌓이면서 우리 일이란 것이 보다 많이 긴장을 풀고, 뒤로 물러나 내담자가 분류하고 발견하려 애쓰는 것이 무엇인지에 대해 보다 잘 듣는 것이라는 사실을 알게 되었어요.

다른 참여자들은 한계와 경계선을 설정하는 것이 통합성을 가지고 일하는 것과 정서적 안녕감 및 적응유연성을 키워 나가는 것에 있어서 필수적인 요소임을 설명하였다.

…나는 전문적인 적응유연성의 많은 부분은 자신의 한계를 알고 수용하는 것과 관련이 있다고 생각해요. 나는 내담자와 함께 있을 때 나의 모든 주의를 집중하고, 나의 가장 좋은 자원을 주고 싶고 또 주어야 한다고 느껴요. 그런데 이런 느낌들은 나를 지치게 하지요. 그래서 내가 지나치게 노력하거나 할 수 있는 최선보다 조금 덜 주려고 노력한다면, 그건 내담자에게 제대로 주는 것이 아닐 거예요. 나는 내가 통합성을 가지고 일해야 한다고 느끼는데, 그것은 내가 내담자가 해야 한다고 기대하는 것을 나 자신에게도 기꺼이 기대해야 한다는 것을 의미합니다.

나 자신의 정서적인 건강을 유지하기 위해 내담자를 필요로 하는 것이 아니라 내담자에게 실제적으로 유용할 수 있기 위해 해야 할 일은 전적으로 나에게 달려 있어요. 내가 생각하기에 상담이 잘못되어 가는 한 가지 길은 상담자가 자신의 정서적 안정감을 위해, 자신의 자존감을 조절하기 위해 내담자를 이용하는 것이에요. 좋은 상담자가 되기 위해서는 잘 먹어야 하고 충분한 사랑도 받아야 해요. 기본적으로 제대로 굴러가는 인생을 살아야 하지요.

참여자들은 한계와 경계선은 실제로 하루를 계획하는 데 중요한 역할을 한다는 데 주목했다. 참여자들은 그들의 하루 일과가 이루어지는 틀에 대해 다음과 같이 진술했다.

…저에게는 제가 얼마의 시간을 들이고 있는지를 잘 관찰하는 것이 중요해요. 그렇지 않으면 매우 쉽게 주당 40시간 이상을 일하게 되지요. 아침에 일어났을 때 피곤하고, 쉬지 못했다는 느낌이 들고, 하루에 대해 두려워지고, 지루한 일이 아닌데도 졸립거나 지루해지고, 실수를 하기 시작하여 약속을 겹쳐 헌다거나 제가 너무 열심히 일을 한다는 표시가 나타날 때는 뭔가 잘못되었다는 것을 알게 되지요.

음, 나는 하루 동안 매우 조심스럽게 한계선을 만듭니다. 상황에 따라 다르기는 하지만, 특정한 시간이 되기 전에는 일을 시작하지 않고 오후 5시 30분이후에는 일을 하지 않으려고 해요. 시간이나 도움이 더 필요한 사람은 다른 곳으로 의뢰하지요. 나는 이 정도까지만 하려고 해요. 그리고 일과 중에 꼭 휴식시간을 만들어요.

도전이 될 만한 내담자들의 어려운 행동과 치료 이슈를 다루는 데 있어 한계를 설정하는 과정을 생각하면서 참여자들은 다음과 같이 언급하였다.

나는 나 자신에 대해 보다 많이 확신하고 있어요. …나는 엄격하게 한계선을 그을 수 있고요. 그것은 양육적인 특징과 제지하는 특징을 교묘하게 모두 지니게 되었지요.

나는 경계선을 긋는 것에 대해 매우 분명해요. …그렇게 하지 않으면 정말 다루기 어려운 행동들을 보이게 되지요. 예를 들면, 내담자가 더 많은 것을 원하거나 요구하거나 내 개인적인 경계선을 무너뜨리려고 할 거예요. 이런 일들이 나에게는 거의 일어나지 않아요. …나는 어떤 것이 되고 되지 않는지에 대한 암시를 주고 너무 많은 것을 하지 않으려고 해요.

다른 참여자는 서비스 제공자로서 한계를 아는 것의 중요성에 대해 주목했다.

…특정 기관마다 특정한 서비스만을 제공할 수 있어요. 우리가 모든 사람을 위해 모든 것을 제공할 수는 없으니까요. 결국 한계를 받아들이는 거예요.

주제 5: 시간이 흐름에 따라 참여자들은 수행불안을 덜 경험하게 된다. 시간이 흐름에 따라 참여자들은 자신들의 전문적 역할에 대해 보다 편안함을 느끼게 되었다. 이런 변화와 더불어 그들은 스트레스가 감소하고 여러 어려운 치료적 이슈나 내담자 행동들을 다루는 데 있어서 자신감과 능력이 증가하는 것을 경험하게 되었다. 이런 변화로 인해 그들은 조력자로서의 자신의 역할에 대해 보다 개방적이고 솔직해진다. 참여자들은 다음과 같이 이야기했다.

…당신을 증명해 보여야 할 필요성이 줄어들고 어떤 것을 방어하거나 보호할 필요를 덜 느끼게 되면 보다 개방적이 될 수 있어요. 처음 시작했을 때는 너무나 애매한 느낌이 들지요. 아무도 당신을 모르고 당신이 무엇을 하는지 모르기 때문에 자기 주위에 보호벽을 쳐야 할 것 같은 느낌이 더 많이 들 거예요. 하지만 점점 경험이 쌓이고 나이가 들게 되면서, '우리가 모든 것을 다 알 필요는 없는 거야, 우리는 배우는 중이니까.' 와 같은 느낌이 생기게 되요. 그래서 당신은 피드백을 듣고 정보를 받아들이는 데 있어서 매우 개방적인 자세를 가질 수 있게 되지요

나는 정말 더 많이 웃게 되었어요. 나이가 들었지요. 그것은 도움이 되는 것들 중의 하나예요. '내가 충분하지 못한 것은 아닐까?' 하고 영원히 고민하고 있지는 않을 거예요.

…매일 일하러 오는 것이 편안하고 별일이 없을 것이라고 생각해요. 어쨌든 나는 제대로 해낼 것이고 그날 무슨 일이 생기든 처리할 수 있을 거예요. 그렇게 상상할 뿐이에요. 하지만 내가 상담을 해 왔던 약 10년간의 시간을 생각하면 평정심 같은 느낌을 갖게 되지요.

…보다 많은 경험이 쌓이면서 나를 받쳐 주는 것 같아요. 더 많은 것에 감사하게 되고, 무언가 걸린 것 같을 때 어떻게든 그것을 피할 수 있을 거라는 느낌을 더 많이 갖게 됩니다. 또 개인의 다양한 가치에 대해 더 많이 받아들이게 되지요. 그래서 모든 개인의 독특함에 대해 더 귀하게 받아들이고, 상담자로서 나 자신에 대해서는 더 많은 권위감을 가지게 됩니다.

내가 좀 더 소용해지고 보다 확신을 가지게 되었다고 생각해요. 내가 일을 할 때 나 자신에 대해 보다 확신을 갖게 되는 것 같아요.

주제 6: 경험이 쌓이면서 참여자들은 이론에 의존하는 것에서 자신을 활용하는 방향으로 변화하게 된다. 경험이 쌓이면서 참여자들은 특정한 기법이나 이론적 접근에 치중하기보다는 개방적이고 진실한 것을 보다 중요하게 생각하게 된다. 이러한 변화는 그들이 상담과정과 어떻게 자신을 상담관계 속에서 잘 활용할 수 있는지에 대한 자각이 높아지면서 일어나게 되는 변화다. 이 연구의 참여자들은 특정한 이론에 매여 있던 것에서 벗어나 자신을 활용하기 위해 위험을 감수하고 개방적인 모습을 보였다. 이러한 변화가 일단 이루어지고 나면 내담자와 친밀하고 심도 있는 상호작용을 만드는 데 있어서 전문적으로 자신이 편안하게 잘 들어맞는다는 느낌을 갖게 된다.

그것은 거의 진부한 이야기예요. 하지만 그건 정말 사실이죠. 당신이 보다 많은 것을 배울수록 당신이 모르는 것에 대해 더 많이 발견하게 돼요. …당신은 무슨 일이 일어날지 모른다는 개방성을 가지고 모든 상황에 다가갈 필요가 있어요.

그냥 자연스럽게 내버려 두는 것… 내가 최근 들어 더 많이 하게 되는 것이에요. …나 자신을 자연스러운 방향으로 향하도록 하는 거지요. 그 자체로 목적이 있는 것 같은 방향으로, 내담자가 움직여 가는 곳이나, 방향이 있는 것처럼 보이는 쪽으로, 내담자들이 나에게 말하는 것, 그들이 언어로, 신체로, 음색으로 말하는 것들, 내담자들이 보이는 모든 것들은 그들이 나아가는 방향인 거예요.

참여자들은 자기 자신을 상담관계에서 활용하는 것이 풍부한 상호작용을 촉진한다고 이야기하였다. 내담자와 만들어 내는 강렬하고 친밀한 치료관계에 초점을 두는 것에 대하여 그들은 다음과 같이 말하였다.

…비슷한 이야기를 이전에 들었을지도 몰라요. 하지만 당신은 그 내담자를 이전에 만난 적이 없거든요. 그래서 항상 새롭고, 새로운 경험이고, 새로운

관계이지요.

…어떤 의미에서 그것은 기쁨이에요. …사람들과 함께 일하고, 그들이 성장하는 것을 바라보고, 당신이 그 성장과정 속의 일부임을 느끼는 작업이지요. 그것은 재미있는 일이에요.

솔직히 하나님께 맹세컨대, 사람과 접촉하는 것은 정말 흥미로운 일입니다. 두 경계선이 서로 만날 때, 거기서 에너지가 생기게 되지요.

내가 소진되지 않도록 막아 주는 것은… 어떤 누구도 나에게는 같아 보이지 않는다는 사실이에요. 소진되는 사람들은 모든 사람들을 비슷하게 보기 시작하거든요. 사람들을 문제로 보고 그 문제를 그들이 작업해야 할 것으로 보는 것이지요.

주제 7: 참여자들은 애착과 분리를 자연스러운 과정으로 보았다. 참여자들은 다른 관계에서도 경험하는 것처럼 애착과 분리의 과정이 상담관계에서도 자연스럽게 나오게 된다는 것을 믿는다고 하였다. 이러한 믿음은 수년 동안 수많은 내담자들과 애착을 키워 가고 분리를 촉진해 가면서 강화된 것으로 보인다. 그들은 어려운 시간들을 겪어서라도 애착과 분리의 과정에 진심으로 참여하고 있었다. 또한 그들은 많은 애착이 지속된다는 것을 자각하게 되었다. 몇몇 참여자들은 애착과 분리의 치료과정이 삶과 비슷하다고 이야기하였다.

…나에게는 모든 삶이 애착과 분리로 보여요. 결혼관계에서도 애착이 매우 중요한 시기가 있지만, 분리가 매우 중요한 시기도 있어요. 당신이 개별적인 인간이기에 서로 다른 욕구와 능력이 나타나지요. 그래서 나는 이 문제에 대하여 삶의 과정에서도 그렇듯이 한 부부 그리고 한 꾸러미로 받아들임으로써 해결합니다. 사람들이 자신이 한 번도 경험해 보지 않은 어떤 일을 훈습해 가기 위해서는 애착을 할 수 있는 것이 전적으로 중요하다고 생각해요. 하지만

분리할 수 있고 그저 흘러가도록 내버려 두는 것도 중요하지요.

유사하게 다른 참여자는 다음과 같이 이야기하였다.

내가 생각하는 또 다른 것은 대부분의 사람들이 그들의 삶에서 활씬 좋아졌기 때문에, 매우 많이 변화했기 때문에 나를 떠난다고 생각해요. 거기에는 굉장한 만족감이 있지요. 마치 자녀들이 자라서 집을 떠나는 것을 보는 것과 같아요. 슬프지만 누가 불평할 수 있겠어요? 그것은 성공이에요.

참여자들은 관계가 분리를 넘어 지속되었던 경험에 대해서도 이야기하였다. 이 지속성은 내면적인 수준에서 이루어지기도 하고, 실제로 내담자가 치료과정에 되돌아오는 것을 포함하기도 한다. 어떤 경우에는 한 내담자와 시작했던 작업이 결국은 내담자의 자녀에게까지 확장되기도 한다. 전문적 관계를 지속해 나가는 풍부한 경험은 반복되는 애착과 분리의 경험에서 올지도 모르는 고통으로부터 참여자들을 지켜 주는 것 같았다.

수년에 걸쳐 많은 사람들이 되돌아왔어요. 그러한 경험은 나에게 더욱더 많은 자신감을 주었습니다. 적어도 내게는 대상 항상성과 같이 그 사람들이 내 심리세계에서 생생하게 살아 있는 거예요. 그들은 세상 밖에 있지만, 나는 그들과 연결되어 있다고 느끼고 상황이 되면 돌아올 거라고 믿어요.

핵심적으로 애착은 외적인 것이 아닌 내적인 현상이라고 생각해요. 수년 동안 당신은 매일 사람들을 볼 수 있지만 아마도 많은 애착을 갖지는 않을 거예요. 그래서 당신이 사람들을 더 이상 보지 못하게 되면 어떤 상실감이 생기겠지만, 그것은 그들을 마음속에서 완전히 빼 버리는 것을 의미하지는 않습니다.

…나는 정말 사람들에게 무언가를, 나 자신의 일부를 주었다고 느껴요. 그

들이 떠날 때 나는 정말 투자를 한 거예요. 그러나 요즘 들어서는 누구에게도 영원한 작별을 하지 않아요. 이전의 내담자들이 항상 되돌아오거든요. 심지어는 상담실 복도에서 놀고 있던 자녀들이 어른이 되어 배우자와 함께 상담실로 오기도 한답니다.

주제 8: 참여자들은 인간의 고통을 매우 깊은 수준에서 이해한다. 참여자들은 경험을 통하여 고통을 매우 깊은 수준에서 이해하였다. 이것은 고통의 과정에 내재된 아픔뿐만 아니라 성장을 위한 잠재성까지 자각하는 것을 포함한다. 참여자들의 응답에는 조력자 역할의 일부인 고통과 치료 과정에 대한 자각이 담겨 있었다. 고통이 어떻게 변화될 것인지에 대한 관점은 사람들의 삶을 고양시켰다. 한 참여자는 고통에 대한 자신의 이해와 상담자로서 자신의 역할을 어떻게 개념화하고 있는지를 이야기하였다.

…나는 고통을 가치로운 것으로 보는 것을 배웠어요. 고통의 가치를 말하자면, 인간의 인격의 일부로서 부인되거나 떼어낼 수 없는 것이지요. …여기에 두 가지 상반된 가치가 있어요. 한편으로는 누군가의 인생에서 고통을 줄여 줌으로써 그들의 인생이 달라질 수 있도록 자신을 내어 주기를 원하는 것이에요. 다른 한편으로는 그들 인격의 일부로서 그들의 고통이 절대적으로 존중되기를 원하는 것이고요. 나는 그들의 고통을 떨쳐 주기를 원하면서도 고통을 떨쳐 주는 것이 그들의 권리를 부인하도록 하는 것이라고 보는 나의 경향성을 보게 됩니다.

다른 참여자들은 고통에 끊임없이 노출되면서 어떻게 그들의 태도와 관심이 변화되었는지에 대해 이야기하였다.

대체로 사람들이 극도의 고통을 경험하고 또 정반대의 방향으로 빠져나가는 것을 보는 것은 어떤 희열을 줍니다. 그리고 그런 현상을 지켜보면서 나는 인내심을 기르게 되지요.

그것은 나에게 달려 있어요. 나는 고통을 매우 잘 이해한다고 느껴요. 나는 문제가 고통이나 아픔이 아니고 혼자서 그것을 해결해야 한다는 것도 아니라는 것을 알고 있다고 생각해요. 그것은 정말로 중심이 되는 곳에 당신이 혼자 있는 것이 아님을 알게 되는 것이지요.

…강렬한 감정이 담겨 있는 내담자들의 비밀스러운 세계를 방문하여 그들의 비참함을 공감하고 하루를 마칠 때, 나는 그 모든 비밀의 세계에서 누구도 나와 함께 있지 않았던 것처럼 너무 외로움을 느껴요. 아무에게도 내가 어떤 곳을 다녀왔는지에 대해 말할 수가 없어요. 그런 외로움이 큰 부담이에요. 하지만 그것은 하루를 마칠 때쯤 자동적으로 떠오르는 것들이에요. 나에게 남겨진 것은… 안정된 인간애입니다.

나는 그 때문에 보다 나은 사람이 되었다고 생각합니다. 내가 수학을 가르쳐 왔거나 경제계에서 일했을 때보다 나 자신을 위해 보다 많은 것을 했다고 생각합니다. 다른 일들을 했다면 이 일을 하게 된 결과로 얻게 된 것만큼 개인적으로 성장하지 못했을 거예요.

…우리는 많은 변화와 성장 그리고 흥미로운 여러 가지를 보는 것으로 마무리를 합니다. 그것들의 균형을 잡아 주는 부분도 있지요. 당신은 인생에 대해 진정한 낙관주의를 갖게 됩니다. 당신이 한 사람과 함께 일할 때 마치 파도와 같이 생기는 파장… 가령 당신의 내담자가 상담으로부터 얻는 것으로 인해 그들의 배우자도 무언가를 얻게 되어 마치 그 배우자도 상담을 받은 것처럼 느끼게 되었다거나 내담자들이 자녀들을 다르게 키우는 것이 가능하게 되었다는 얘기를 듣게 되었을 때, 나는 경외감에 휩싸이게 됩니다.

3. 범주 C: 긍정적인 업무 구조의 창조

이 범주는 시간이 지남에 따라 참여자들이 업무환경에서 정서적 안녕감을 향상시키기 위해 중요한 지지를 어떻게 만들었는지에 관한 네 가지 주제에 초점을 맞추고 있다. 긍정적인 업무 구조의 네 가지 요소는 멘터와 동료의 지지, 동료와의 관계 유지 및 향상, 다중 역할(상담 사례 수를 계획하고 상담료를 조정하는 것이 포함됨) 그리고 건강을 향상시키는 업무환경이다.

주제 1: 멘터와 동료의 지지는 초기 발달 단계에서 매우 중요했다. 참여자들은 긍정적인 멘터와 동료 관계가 그들의 초기 발달 단계에 매우 많은 영향을 주었다고 말했다. 이러한 관계는 종종 도전적이지만 압도적이지 않은 장기간의 첫 직장생활 동안에 이루어진다. 초기 직장은 배움의 기회와 자율에 대한 책임과 위험 감수에 대한 용기가 가득한 풍요로운 업무환경을 제공한다. 이러한 환경에서 앞으로의 상담 작업을 위한 참여자들의 기반이 형성되었다. 첫 직장을 회고하면서 한 참여자는 다음과 같이 말했다.

> 나는 그 시기가 정말 좋았다고 기억해요. 새로운 많은 것들로 스트레스를 받았지만 지지를 많이 받는다고 느꼈거든요. 나를 위한 자원들이 있었고, 존중받았고, 또 독립적으로 행동할 수 있는 기회가 많았어요.

다른 참여자는 말했다.

> [그것은] 많은 피드백을 받고 상대방의 업무 수행을 관찰하면서 동료와 함께 열정적으로 일하는 시간이었어요. 모든 것이 정말 좋았지요. 나는 결코 그 시간들을 다른 것과 바꾸지 않을 거예요.

한 참여자는 석사과정에서의 훈련을 마친 후 첫 직장에서 만난 슈퍼바이저에 대해 언급했다.

…첫 직장에서 나는 운 좋게도 정말로 좋은 슈퍼바이저를 만났어요. 내가 받은 교육과 경험의 많은 부분은 그의 덕택이지요. 그리고 그 덕분에 나는 적극적으로 정서적 자기자각을 하게 되었고, 매우 다양한 방법으로 자기(self)를 활용하게 되었지요. 하지만 여전히 정서적 자기자각은 무시하면 안되는 중요한 요소라는 것을 배웠습니다. 좋은 슈퍼바이저를 만남으로써 나에게 많은 기회들이 주어졌고 내가 하는 일들이 매우 중요하고 살아 있는 것이라고 느끼게 되었기에 나는 정말 감사하고 있어요.

다른 참여자는 후에 자신에게 중요한 멘터와 스승이 된 경험 많은 임상학자들의 그룹에 참가하게 된 결정에 대해 언급했다.

나보다 스무 살 이상 연상이고 매우 경험이 많은 숙련된 임상학자들의 그룹에 끼게 되어서 운이 좋았고 훌륭한 결단을 내렸다고 생각해요. 나는 정신과의사였기에 그들이 필요로 하는 것을 줄 수가 있었어요. 그들의 내담자에게 약을 처방해 주거나 내담자를 병원에 입원시킬 수 있었지요. 하지만 그들은 나에게 깊고 넓은 임상적 경험과 상담 실무가 어떻게 이루어지는지에 관하여 이해시켜 주었어요. 그것은 나에게 매우 중요한 것들이었지요.

멘터와의 강한 관계에 대한 욕구는 시간이 지남에 따라 많은 참여자들에게서 줄어들었지만, 초기 관계의 중요성은 한 참여자에 의해 다음과 같이 강조되었다.

…나를 믿어 준 사람들과 그들이 나를 믿어 주었기에 나와 함께했던 일들은 당시보다 지금 내게 더욱 크게 다가와요. 그리고 나는 정말 그때 내가 알았던 것보다 더 많이 발전하게 되었어요. 만일 내가 그런 관계를 갖지 않았다

면, 지금 나는 다른 길을 걷고 있을 겁니다.

주제 2: 참여자들은 지속적이고 풍요로운 동료관계를 가지고 있었다. 참여자들은 초보 상담자 시절에 다양한 동료들과의 관계를 시작하고 유지해 나갔다고 보고했다. 이러한 관계들은 참여자들을 지지하는 데 중요한 역할을 했다. 한 참여자는 특별히 업무환경에서의 동료관계에 대해 이야기했다.

> 치료자에게 지속적인 성장을 위해 지지를 제공하는 것은 특별하고도 흔치 않은 환경이라고 생각합니다. 비록 당신이 이 일을 수년 동안 해 왔더라도, 그런 환경에서는 여전히 모르고 여전히 어떤 일이 일어나는지에 대해 두려움을 느끼고, 여전히 실패자라고 느끼는 것이 허용될 수 있습니다.

동료들 간의 공식적이고 비공식적인 상호작용 모두 업무환경에서 동료와의 관계를 위해 중요한 요소로 강조되었다. 한 참여자는 그녀와 그녀의 동료가 어떻게 의도적으로 다양한 상호작용을 제공하는 업무환경을 창조하였는지를 언급했다.

> 우리는 의도적으로 만나기 위하여 커피룸을 만들고 일주일에 한 번 함께 점심을 먹었는데, 그것이 휴식과 사교 그리고 자문에 큰 도움이 되었어요. 그곳엔 항상 "이 상황을 들어보고 어떻게 생각하는지 말해 줘."라고 내가 이야기해 볼 사람이 있었고, 이름을 언급하지 않고도 문제를 설명하고 내가 존중하는 사람으로부터 피드백을 받을 수 있었지요.

동료와의 관계를 돌이켜 보면서, 한 참여자는 전문적인 관심사를 나누는 것과 더불어 일상사를 나누는 것 그리고 우정의 가치에 대한 중요성을 강조하였다.

> 우리가 직원모임을 가질 때에는 회의를 시작하기 전에 그냥 앉아서 몇 분간 우리의 삶에 대해 이야기해요. 내담자에 관한 이야기를 시작하기 전에 우리 애들 이야기, 주말에 했던 일, 근사한 영화를 본 이야기, 개인적 이야기들을 먼저 나누지요.

종종 동료관계의 친밀성은 자신에 대해 자각하는 능력을 깊게 해 주고 내담자와의 치료적 과정에도 더 열정적으로 참여하도록 해 주는 촉진제 역할을 한다. 두 명의 참여자들은 실제 업무환경에서 지속적으로 가까운 관계를 갖는 것의 중요성을 언급했다.

> 예를 들어, 우리가 여섯 사람으로 구성된 그룹이고, 우리 중 몇 명이 14년 동안 함께해 왔다고 생각해 보세요. 그건 곧 당신이 다른 사람과 더 깊은 관계를 가질 수 있는 기회를 가지게 된 겁니다. 더불어 그것이 내담자에 대한 당신의 치료도 더 심화시켜 줄 것이라고 생각해요. 왜냐하면 당신은 업무관계 속에서 자신을 보다 잘 이해하게 되고, 다른 동료들도 당신에게 격의 없는 피드백을 줄 수 있을 정도로 당신을 잘 알게 되기 때문이지요.
>
> 그래서 우리는 이 관계를 18년 동안 지속해 왔어요. 우리는 우리를 멈추게 할 수 있는 것들, 방해할 수 있는 것들 그리고 괴롭힐 수 있는 것들에 관하여 일주일에 한 번씩 자문해 주는 시간을 가집니다.

더 큰 범위의 전문적 공동체에서의 다양한 동료관계도 지지의 중요한 자원으로 강조된다. 참여자들은 수많은 전문적인 활동, 조직 그리고 공동체 집단에 적극적으로 참여하고 있었다. 한 참여자는 상담에 종사하는 사람들이 분야를 망라하여 구성된 공동체에 참여하는 것의 가치에 대해 언급했다.

우리가 하고 있는 일을 보다 낫게 하기 위해 모든 사람들이 시간과 노력을 투자하는 것은 생동감을 주지요. 저에게 이런 일들은 기분을 상쾌하게 해 주고 활기를 주기도 해요. 한마디로 도움이 된다는 거죠.

다른 참여자도 비슷한 내용을 이야기했다.

나에게는 아주 중요한 동료들이 있어요. 그들과 함께한 지 10년이 되었지요. 우리는 매년 서부 해안에서 만나 방을 빌려 일주일 동안 함께 지내요. 그들은 모두 실존주의자들로 모두 나의 가장 가까운 동료들이지요. 그리고 나는 그들을 집단으로 혹은 개인적으로 1년에 두세 차례 만납니다. 그들과의 만남은 수년 동안 나에게 정말 많은 도움이 되었어요.

주제3: 다양한 역할을 맡는 것은 긍정적인 요소다. 참여자들은 다양한 과업과 전문적 작업을 할 수 있도록 자신이 하는 일을 구조화시켜 나갔다고 했다. 그들은 또한 어떤 내담자를 선택할 것인가와 상담료 지불방식에 있어서 어느 정도의 자유를 가지고 있었다. 그들 자신이 업무를 조정할 수 있어서 당면한 스트레스 요소들을 줄일 수 있고 전문적인 책임과의 조화를 이루도록 자극받았다. 자신에게 주어진 다양한 업무를 수행하고 싶은 욕구와 오직 임상 업무만을 하고 싶은 욕구를 대비하여 한 참여자는 다음과 같이 말했다.

만일 내가 오직 이 일만 했다면 정말 지루했을 거예요. …그건 내가 만나는 사람들과 관계없이 이 일을 하기 위해 나 자신을 지속적이고 정기적으로 비우는 것과 관계가 있지요. 그리고 그것은 정말 건강에 안 좋아요. 정말 건강을 해치지요.

다른 참여자는 다양한 활동에 참여하는 것이 자신의 전문성과 임상 업무를 어떻게 향상시켰는지에 대해 이야기했다.

> 나는 슈퍼비전을 하고 가르치는 것에는 무언가 나를 풍요롭게 하는 것이 있다고 생각합니다. 그로 인해 나의 일에 지속적으로 관심을 갖게 되고, 살아 있다는 기분을 느끼게 되고, 단지 나의 머릿속만이 아닌 다른 관점에서도 읽고 생각하게끔 동기 부여를 시켜 줍니다.

참여자들은 또한 자유롭게 상담 사례 수와 상담료를 조정하는 것이 그들의 전문적 경험에 긍정적인 공헌을 한다고 언급했다. 한 참여자는 내담자와 관련된 스트레스 요소에 대해 말했다.

> 나는 내담자들이 나에게 스트레스 요소라고 생각하지 않아요. …많은 일들이 수년간 있었어요. …앞으로도 자살을 다루고 또 이런저런 일들을 다루게 되겠지요. 나는 오랫동안 그런 종류의 일들을 많이 다루지는 않았어요. 그런 일들은 작업의 일부일 뿐이에요. 그러니까 내가 위기 상황을 다루지 않아도 되는 구조거든요. 나는 사람들의 정서적 안녕감에 관련된 관점들을 다뤄요. 그래서 나 자신을 몰아붙이는 환경에 있지는 않아요.

한 참여자는 그녀의 상담 사례를 어떻게 조정하고 상담료를 설정했는지에 대해 언급했다.

> 나는 두 가지 이유에서 매우 운이 좋았어요. 하나는 내가 오랫동안 일을 해 왔기 때문에 잘 알려져 있어서, 나에게 직접 의뢰되는 사람들이 있었다는 거예요. 내 내담자들은 대부분 다른 내담자가 추천을 해서 찾아오지요. 가난한 사람들도 많았는데, 나는 기꺼이 상담료 조정을 해 주었어요. 상담료를 할인해 주어 그들에게 돈을 돌려주는 방법을 택했지요.

주제 4: 참여자들은 건강을 향상시키는 업무환경을 창조한다. 참여자들은 그들의 업무환경이 공간적, 미학적, 개인적 안락함의 욕구를 충족시킬 수 있도록 꾸며졌다고 말했다. 이러한 환경들은 성공적인 치료관계를 형성하는 데에도 도움이 되었다. 한 참여자는 그녀가 일하는 곳의 장점에 대해 설명했다.

> 나는 여기가 정말 좋아요. 제 공간을 좋아하지요. 비가 오거나 눈이 내릴 때 여기 있는 것을 좋아하는데, 그럴 때는 마치 번데기 껍질 안에 있는 듯한 느낌이 들거든요. 나는 포근하게 안아 주는 듯한 환경이 치료에 도움이 된다고 생각해요. 이 공간이 어느 정도 그렇기에 난 이곳을 정말 좋아해요. 그리고 내담자들이 여기에 있는 것이 좋다고 얘기하는 것을 들은 적이 있어요.

다른 참여자들은 편안하고 치료적인 공간을 창조하는 것의 필요성에 대해 언급했다.

> 공간은 나의 개인적인 공간뿐 아니라 다른 사람의 개인적인 공간 욕구를 충족시킬 수 있어야 합니다. 실제로 내담자들은 매우 다양하거든요. 나는 느낌에 따라 몸을 앞뒤로 움직이곤 해요. 그렇지만 방이 너무 크지 않아서 방에다 대고 이야기하는 것이 아니라 사람과 연결이 되었다는 느낌을 가져야지요. 사적이면서도 안전한 느낌을 주는 공간을 말하는 거예요. 나는 보호받지만 갇힌 것 같지 않은 공간을 구상합니다.

> 나는 친근한 느낌을 주는 재질과 색깔에 관심이 있어요. 조명도 중요하고 소음이 없는 것 또한 중요하지요. 우리는 모든 사무실에 방음장치를 하기 위해 많은 노력을 기울였습니다. 처음에 이 건물은 적절하게 방음이 되었다고 생각했어요. 하지만 나는 여전히 옆방에서 무슨 일이 일어나고 있는지 들을 수 있었어요. 그래서 우리는 완전하게 방음이 될 때까지 방음장치를 벽에 부착했지요. 나는 아마도 완벽하게 안전함을 느껴야 했던 것 같아요. 나는 병원

이나 도시의 위험한 지역에서 일하는 사람들을 알고 있는데, 소음은 상담자나 내담자에게 편안함을 주는 데 도움이 되지 않는다고 생각해요.

4. 범주 D: 보호 요소들

이 범주에는 참여자들이 스트레스 요소를 극복하기 위해 사용하고 있는 적극적인 전략에 관한 세 가지 주제가 포함되었다.

주제 1: 참여자들은 높은 스트레스를 주는 전문적인 딜레마에 직접적으로 관여하고 있다. 참여자들은 지속적으로 어려운 상황을 다루고 위기를 생산적인 태도로 대하여 향후에 있을 사건을 예방하도록 훈련받는다. 그들은 변화를 받아들이고 예상하지 못했던 상황이나 사건에 즉각적으로 대처할 수 있는 능력을 갖고 있다. 참여자들은 도전 과제들과 문제들을 희망적인 방향으로 인식하고 조직하며 적절한 자원들에 접근하려는 경향을 가진다. 참여자들은 도전 과제와 문제들을 직면하는 데 있어서 가능성과 내외적 수준의 접근에 대해 수용적이어야 할 필요성에 대해 이야기하였다.

나는 스트레스를 받을 수밖에 없어요. 이곳에는 내가 보고 싶지 않은 일들이 있고, 내가 가진 힘을 가지지 않았으면 하는 때가 있기 때문이지요. 내가 좀 덜 중요한 위치에서 책임감, 구체적으로 다른 사람의 경험을 좀 더 잘 도와주어야 한다는 책임감을 줄일 수 있으면 좋겠어요.

매우 비윤리적이고 자신의 내담자들에게 학대적인 2명의 치료자들과 함께 일하면서 나는 가장 중요한 것들을 배울 수 있었어요. 게다가 치료자에게 착취를 당한 친한 친구도 있었어요. 나는 생각했죠. '나는 이 상황을 이해해야만 해. 뭔가 정말 잘못되어 가고 있어.' 나는 나 자신이 경계선과 경계선 위반에 관한 전문가의 위치에 서 있음을 발견했어요. 그러한 경험은 나의 치료자로서의 자아에 전체적으로 도전을 주었으며, 치료 절차에 대한 전체적인 생각에 큰 도전을 안겨 주었기 때문이에요. 그래서 나는 그 문제에 집중하고 싶었어요.

참여자들이 중요한 논제와 사건을 탐색하는 과정에서 동료들에게 적절하게 자문을 구하는 것은 중요한 자원이었다.

…나는 많은 자문을 받는 편이에요. 그래서 어려운 상황에 직면했을 때 나 홀로 대처하지 않아요. 그것은 내게 매우 중요해요. 어떤 정말 중요한 것이 있다고 느낄 때, 나는 어려운 상황에 혼자 있는 게 아니라 동료와 함께 있는 거예요. 그래서 나는 문제를 직면하는 데 혼자가 아니라고 느낄 수 있어요. 이는 내가 문제를 명확히 파악하는 데 매우 중요합니다. 홀로 있게 되면 때때로 문제를 명확하게 파악하기가 어렵기 때문이지요. 어떤 것을 바라볼 때 다른 사람의 눈과 귀를 함께 나누는 거예요. 그것은 [나 자신을 보호하는 데] 가장 주요한 방법 중의 하나예요.

참여자들의 이야기에서 나타난 핵심적 특성은 개방성과 수용에 대한 자발적 자세였다. 한 참여자는 다음과 같이 말했다.

때때로 그것이 내가 그때 알고 있어야 하는 것을 마치 모르고 있는 것처럼 느끼게 하지만, 반대로 생각하면 그것은 또한 나를 생생하고 열려 있게 해 줍니다. 나는 거의 모든 것을 기꺼이 즐기려고 하고, 내가 알지 못하는 거의 모든 것에 대해 기꺼이 배우려고 합니다.

다른 참여자는 그녀의 일상적인 임상 업무를 설명하고 개별 내담자들에게 어떻게 적용해 나가는지에 대한 예시를 제공하였다.

나는 한 사람의 고통을 함께하고 그다음 상담시간에는 다른 사람과 즐겁게 웃거나 무언가를 축하할 수 있다는 점에서 정서적으로 유연하다고 생각해요. 이것이 내가 수용하고 앞으로 나아갈 수 있도록 하는 것이라고 생각합니다.

주제 2: 참여자들은 개인적인 주제를 직면하고 해결해 나간다. 참여자들은 그들 자신의 개인적인 삶의 위기와 문제들이 그들에게 도전 과제였다고 보고했다. 그들은 또한 이러한 문제를 직접적으로 인정하고 해결해 나감으로써 개인적인 자신과 전문가적인 자신 간에 일치를 이루게 된다고 믿었다. 한 참여자는 가족 성원의 예기치 않은 죽음이 개인적으로 얼마나 심각한 영향을 주었으며, 그럼에도 불구하고 어떻게 내담자에게 보다 주파수를 맞출 수 있게 되었는지를 설명했다.

음, 내 생각에 [가족의] 자살은 일하는 것을 매우 어렵게 했어요. 그때 내가 훌륭한 치료자를 가졌다는 것은 매우 운이 좋았다고 생각합니다. 그 치료자가 있었기에 나는 일하는 것이 힘든 와중에도 계속해서 정서적으로 도움을 받는다고 느꼈어요. 나는 내가 그 경험에서 벗어나 자동적으로 내담자를 대하는 것으로 옮겨 갔다는 것을 알게 되었어요. 그 치료자가 기꺼이 내가 가야 할 곳에 함께 갔으며 내가 미처 알지 못했던 내면의 부분을 열어 주었고 또 발전시켜 주었어요. 그런 다음에야 자동적으로 나는 내담자의 이야기를 들을 수 있었습니다. 그들이 내가 한때 가졌던 고통을 지닌 사람들이기에, 나는 그들에게 같은 질문을 던질 수 있었어요.

주제 3: 깊이 관여된 배움은 큰 자원이 된다. 참여자들은 그들이 새로운 경험에 개방적이고 배움의 다양한 방법을 모색하며, 다양한 원천들에서 배운 지식을 통합한 경험이 있다고 보고했다. 그들의 삶은 지칠 줄 모르는 호기심, 모호함에서 얻는 깊은 위안 그리고 지속적인 지식의 활용으로 이루어졌다. 이러한 지속적인 배움을 통해 그들은 지속적으로 상담자 역할을 유지하는 데 필요한 에너지 수준을 유지할 수 있었다. 배움에 끌리는 것과 그 영향에 대해 한 참여자는 다음과 같이 말했다.

> 그것은 한 가지 일을 해 나가는 데 지속적으로 활력을 제공했어요. 내 생각에 우리 분야에서 일어나는 일들은 우리를 지치고 피곤하게 만들 수 있지요. 하지만 그것은 나로 하여금 우리가 하는 일에 대한 활력과 흥미 그리고 사랑을 갖게 합니다. 더욱이 그것은 매우 재미있는 일이지요.

어떤 참여자들은 모호함을 견디는 힘과 배움에 대한 개방성이 왜 그들의 일에 핵심 요소가 되는지를 설명하였다.

> 당신이 다양한 직업과 흥미를 가진 사람들과 함께 일하기를 원하면서 내담자들이 하는 일에 대한 최소한의 개방성과 자각을 유지할 수 없다면, 그리고 그들과 함께하지 못한다면 어떤 도움을 줄 수 있겠습니까? 그래서 나는 내담자에 대해 호기심과 흥미를 가져야 하고, 어느 정도는 그들을 좋아해야 한다고 생각해요. 만일 당신이 내담자와 함께하는 것을 즐거워하지 않는다면, 어떻게 내담자들이 당신을 믿고 그들 자신을 열 수 있겠어요.
>
> 만일 당신이 모르는 사람 또는 확실치 않은 것과 함께 일하지 못한다면, 당신은 이 분야에서 오래 버티지 못할 것입니다.

다른 참여자는 새로운 정보를 자신의 일에 활용하는 데 쏟은 그녀의 노력에 대해 말했다.

> 나는 글을 읽을 때 언제나 내가 적극적 배움이라고 정의하고 있는 것을 잊지 않습니다. 그건 새로운 정보를 찾으려고 하고, 기존의 정보와 어떻게 결합시킬 수 있는지를 보는 것이지요. 나는 기존에 알고 있던 것을 언제나 수정한다는 말로 설명할 수도 있겠네요. 그리고 그것을 나의 필요에 맞게 수용하고

이미 알고 있는 것에 통합하는 거예요. 만일 당신이 이미 존재하는 고정된 틀에 모든 것이 맞아떨어져야 한다는 접근방식을 가졌다면, 이 방법은 부정적으로 작용하겠지요. 하지만 나는 나 자신이 그런 생각을 가졌다고 여기지 않아요. 오히려 나는 새로운 것들을 통합함으로써 매우 지속적으로 내 틀을 수정하고 있다고 생각하지요. 아마도 가장 중요한 건 통합과 협력일 거예요.

한 참여자는 그녀가 어떻게 동료를 통해 자신의 배움과정을 촉진했는지를 이야기했다.

나는 집단상담을 하는 것에 흥미를 느끼고 가능한 것에 대한 배고픔을 느끼며 자신을 개방하는 데 도움이 된다고 생각해요. 나는 동료 치료자들과 함께 집단상담을 수년 동안 해 오고 있어요. 나는 공동상담, 결혼상담을 하기도 했지요. 나는 그 또한 사람들을 개방적으로 유지시켜 준다고 생각해요. 당신은 다른 사람과 함께 일함으로써 지속적으로 새로운 지식을 얻고, 사고하는 새로운 방법을 알게 되기 때문이지요. 일하는 방법에 새로운 요소를 도입하는 것은 도움이 된다고 생각합니다.

5. 범주 E: 고독과 관계를 통한 자기 양육

참여자들은 강한 자아감(sense of self)을 유지하고자 하는 그들의 욕구를 명확히 인식하고 있었다. 이 범주는 이러한 욕구와 관련하여 참여자들의 주요한 요소들에 초점을 맞춘 네 가지 주제를 포함하고 있다. 이 주제들은 참여자들로 하여금 개인적인 삶과 전문가로서의 삶 사이의 일치성을 유지하게 하는 다양한 접근방식과 내외적으로 관여하는 네트워크를 유지해 나가는 것을 반영하고 있다.

주제 1: 참여자들은 개인적인 삶의 돌봄을 통해 전문적 안정성을 키워 나간다. 참여자들은 개인적인 삶과 전문가로서의 삶 간의 균형을 유지하는 것을 중요하게 생각한다. 그들은 상담가의 역할은 전문가로서의 삶과는 차별화된 다양한 일에 참여하고 관계 맺는 삶을 통해 촉진된다고 믿는다. 한 참여자는 이 부분을 언급하면서 다음과 같이 설명했다.

나에게 일을 훌륭히 수행한다는 것은 내가 하는 일에 의미를 부여하는 것이에요. 하지만… 나는 여기에서 벗어난 삶도 가져야만 하지요. 이 일이 나의 모든 것이 될 수는 없어요. 나는 여기에 지나치게 투자하면 안 된다고 생각해요. 나는 여기서 일어나는 일에 많은 관심을 가지고 적절한 종류의 그리고 내가 할 수 있는 최대한의 투자를 기꺼이 합니다. 그렇게 할 수 있는 이유는 내가 전문가로서만이 아니라 여러 방식으로 진정으로 존재할 수 있기 때문이에요.

다른 참여자는 명료하게 다음과 같이 언급했다.

…좀 더 큰 조화로움이 있어요. 나는 모든 사람들이 한 가지 일에만 몰두할 수 없고 다른 일에도 관여해야 한다고 생각해요. 중심에서 벗어나려는 성향은 매우 위대한 거예요.

이와 매우 유사한 관점으로 말하면서, 한 참여자는 전문적인 삶 이외의 삶을 살지 않는 것에 대한 위험성을 언급했다.

내가 내담자들을 필요로 하기 때문이 아니라 그들에게 실질적인 도움이 되도록 나 자신을 줄 수 있기 위해서 정서적인 건강을 유지하려고 모든 노력을 기울이는 것이 나 자신의 책임이라고 생각해요. 치료에 문제가 생기는 것은 치료자가 내담자를 자신의 정서를 지탱하고 자존심을 조절하는 데 이용하기 때문이라고 생각합니다. 훌륭한 치료자가 되기 위해서는 잘 먹고 또 사랑을 많이 받아야 해요. 기본적으로 전문가적인 삶 이외의 개인적인 삶을 가지는 것은 중요한 겁니다.

주제 2: 참여자들은 다양한 회복활동에 투자한다. 참여자들은 다양한 활동과 여가를 개발한다. 실질적인 참여가 다양해지면서 그들 사이에 통하는 공유된 주제들은 그들 자신을 업무와 관련된 스트레스 요소들에서 분리시키고 자신과 다른 사람들을 연결시켜 주는 것이다. 한 참여자는 이러한 활동들의 기능과 추구에 대해 말하였다.

신체적인 활동같이 개인적인 일을 하는 것은 도움이 되었어요. 우리가 이차적인 외상후 스트레스 장애(PTSD)에 대해 이야기했을 때, 나는 내가 나가서 무언가를 발로 차거나 자전거를 타고 매우 빨리 달리거나 매우 빨리 걷고 싶다는 느낌이 들었지요. 나는 이런 것들이 매우 도움이 된다고 생각해요. 나는 많이 놀러 다니고, 영화를 보고, 친구들과 함께 어울리고, 우리가 봤던 연극이나 읽었던 책에 대해 이야기를 나눕니다.

다양한 활동 참여에 이끌리는 것에 대해 다음 참여자도 비슷한 이야기를 하였다.

나는 추리소설과 역사적 일대기를 매우 좋아해요. 역사소설은 내가 역사를 배우는 곳이지요. 나는 영화를 좋아해요. 스포츠도 좋아하지요. 나는 열광적인 미식축구 팬이에요. 그리고 뜨개질을 해서 많은 작품을 만든답니다.

다른 참여자들은 자연과 다른 창조적인 활동에 대하여 느낀 매력을 얘기하기도 했다.

나는 꽃과 식물을 가꿀 때 나에게 어떤 영적인 일이 일어난다고 생각해요. 나는 집 전체에 식물을 가져다 놓았어요. 그것은 일종의 의식행위이지요. 이곳과 북쪽 별장에 정원이 있는데 그 또한 의식행위예요. 그곳이야말로 내가 진정으로 영양을 보충하고 나 자신을 전혀 다른 방법으로 몰입하게 해 주는 곳이라고 생각해요. 나는 창조적인 것을 좋아해서 그러한 노력으로 책도 쓰고 학교를 위한 일도 하고 논문도 쓰곤 하지요.

음악이야말로 내가 내 삶에서 더 큰 경험을 하게 해 준다고 생각해요. 이는 많은 사람들에게도 해당되는 사실일 거예요. 하지만 내게는 정말 확실한 사실이고 항상 그래 왔어요. 그중 한 방식으로, 내가 울고 싶어질 때 그것은 내게 더 큰 경험으로 다가오지요.

한 참여자는 여행의 중요한 기능에 대해 언급했다.

여행은 관점이라는 측면에서 매우 도움이 됩니다. 진짜 도움이 됩니다. 중요한 건 충분히 오랜 시간 떠나 있는 겁니다. 당신이 당신의 재충전 능력을 충분히 느낄 수 있도록 말입니다. 그때 당신은 진정으로 재충전이 됩니다. 그리고 그곳에서 당신은 자유와 안도감에 대해 이야기할 수 있습니다. 그곳에는 진정한 자유와 안도감이 존재합니다.

주제 3: 참여자들은 개인적인 관계들을 강화시키려고 한다. 참여자들은 관계를 맺는 데 있어서 매우 뛰어나다. 그들은 가족, 친구 그리고 친밀하고 풍부한 사회집단들과 양육적이면서도 도전적인 관계망을 형성한다. 무엇보다 그들이 맺고 있는 관계는 일관되고, 지속적인 지지를 제공하며, 자아에 대해 현실적인 관점을 가질 수 있게 해 준다. 이러한 관계들은 일상생활에서도 중요하지만, 특히 위기 순간에 중요하다. 몇몇 참여자들은 어떻게 지지적인 관계망이 그들의 삶을 강화하고 감정적으로 안정적인 그물망의 역할을 했는지 이야기했다.

만일 당신의 삶에 좋은 친구들이 있다면, 만일 당신이 훌륭한 지지체계를 가지고 있다면, 그들은 당신이 지치고 고갈되고 그와 같은 상황이라는 것을 알게 해 주며, 당신이 도움을 받을 수 있도록 지원해 줄 것입니다.

많은 친한 친구들과 자녀들은 나의 가장 좋은 친구들이에요. 그들은 내가 균형을 잘 잡을 수 있게 그리고 균형 잡힌 관점을 유지할 수 있게 도와줍니다. 그들은 매우 훌륭하고 지지적인 친구들입니다.

가족 간에 확고한 관계를 가지는 것은 적어도 나에게는 매우 중요해요. 나는 내 삶에 있는 다른 사람들이나 친구들 또는 나의 아내에게 많이 의지합니다. 그들은 나 자신조차 나를 잡을 수 없는 곳에서 나를 잡아 주곤 하지요.

어떤 참여자들은 배우자와의 관계에서 그들이 받은 격려와 위로에 대해 언급했다.

나는 나와 잘 맞는 여자와 결혼했어요. 아내는 아동발달 석사학위를 가지고 있거든요. 그래서 우리는 이야기를 할 수 있고, 그녀는 내가 하는 일을 이해할 수 있습니다. 그녀는 우리가 결혼한 후에 바로 아이를 갖게 되어 일을 하지 않아요. 그러나 우리는 여전히 대화를 나누고 서로 이해할 수 있습니다. 언제나 내 머리가 복잡할 때, 그녀는 균형을 유지해 줘요. 그녀에게는 반짝이는 것이 있지요. …그것은 매우 지지적이었고 또 지금도 그렇습니다.

사실 우리는 같은 과 친구로 만났어요. 나는 아마도 그것이 가장 중요한 개인적인 관계라고 생각하지만, 어떤 면에서는 전문가적인 관계라고 생각해요. 우리는 여러 해 동안 서로 심리학에 대해 이야기했어요. 나는 그것이 매우 중요하다고 확신합니다.

한 참여자는 아이와 가족의 중요한 기능을 강조하였다.

> 우리는 가족 간에 축하를 많이 해요. 사교적 모임과 저녁 초대 같은 것이에요. 아이들은 이제 독립했지만, 그들이 어렸을 때 우리는 매우 도움이 되는 것들을 했다고 생각해요. 우리는 시간을 할애해서 함께 게임을 했어요. 일과는 완전히 별개의 것들을 했지요.

다른 참여자는 그녀의 친구들이 담당했던 매우 중요한 역할에 대해 이야기하였다.

> 나에게는 몇몇 친한 친구들이 있어요. 내가 문제에 처해 있거나 그들이 어려움에 당면했을 때, 우리는 우리가 서로를 필요로 할 때마다 함께해 줍니다. 그리고 문제가 해결되었을 때는 각자의 생활로 돌아가지요. 그들은 나를 위해 있고, 나 또한 그들을 위해 있다고 생각해요.

참여자들은 또한 전체 세상과도 꼭 필요한 관계들을 형성했다. 그러면서 대개 영적인 자각이나 다른 사람들과의 더 큰 관계성을 찾는 것에 대한 중요성을 말했다.

> 나는 영성을 가지고 있습니다. 경외심이 있지요. 작은 얼룩에 지나지 않더라도 우주의 한 부분이라는 것에 대한 감각을 가지고 있어요. 그곳은 참여의 장소입니다. 나는 거기에 자비로움이 있다고 생각해요. 따뜻하고 부드러운 바람이 나에게서 차갑고 매서운 바람을 몰아내 줄 것이라고 믿고 있어요.

주제 4: 참여자들은 내적인 것에 큰 가치를 둔다. 참여자들은 그들의 내적 과정이 그들의 건강과 전문가로서 효율적으로 능력을 발휘하는 데 중요한 역할을 한다는 것을 인식한다. 그들은 개방적이고 기꺼이 그들의 개인치료를 내성적인 자기성찰 과정과 자기 실현의 수단으로 사용한다. 자신을 이해하고자 하는 이런 노력은 상담자로서의 적응유연성과 건강에 영향을 미치는 중요한 자기관리 방법으로 대표된다. 참여자들은 계속적으로 자기 인식을 하는 것의 중요성에 대해 언급했다. 어떤 참여자는 다음과 같은 과정이 참으로 중요하다고 말했다.

> 내게 어떤 일이 일어나고 있는지, 일을 할 때 내적으로 어떤 일이 일어나고 지속되며 무엇을 느끼는지에 대해 이해하는 것이 필요합니다. 그리고 내적으로 어느 정도 정리가 되면, 그것은 내가 가지고 있던 것들은 아니지만 그에 집착하지는 않습니다. 그것은 나로 하여금 지금 이렇게 있어야 할 필요를 인식하게 하고 나에게 다른 생각을 하지 않게 해 주지요.

다른 참여자는 다음과 같이 말했다.

> 자신의 취약점에 대해 배우기를 원하는 경우, 자신의 상처에 대해 자각하지 못한다면 취약성에 대해 알 때까지 치료를 정말 잘 받을 수 있는 사람이 있을까 싶네요. 자각을 할 수 있어야만 치료가 시작될 수 있어요.

한 참여자는 내적 과정에 머무르는 것이 부분적으로 윤리적인 책임이라고 말했다.

> 나는 자기 관찰과 자기 인식이 필요하다고 생각합니다. 만일 내가 정신병자가 된다면, 아마도 내 주변에서 그것을 알아차릴 것입니다. 그러나 극단적으로 나의 일이 일상적인 삶에서 또는 어떤 신체건강상의 이유로 지속적으로 변화된다면… 나는 지속적인 자기 반영과 자기 관찰 및 판단과 같은 태도를 견지하는 것이 어느 정도 윤리적으로 필요한 부분이라고 생각합니다.

다른 참여자들은 교육분석이 자기 자각을 이루는 과정에서 중요한 방법이라고 믿고 있었다. 한 참여자가 말했다.

내가 말하고 싶은 것은 모든 치료자들이 자기 자신을 치료하기 위해 돌아가야 할 때가 언제인지를 아는 것이 중요하다는 것입니다. 개인적인 걱정과 문제는 일 또는 외부 세계에서 섞여 들어오기 때문입니다.

논 의

이 연구를 통해 여러 적절한 영역들이 강조되었다. 참여자들은 스트레스 요인을 여러 치료적인 주제와 내담자 행동, 동료관계 그리고 그들 자신의 개인적인 위기 및 삶의 변화와 연결하여 이야기하였다. 참여자들의 응답에 반영된 스트레스 요인들은 조력 역할에서 요구되는 특성을 두드러지게 보여 주었고 보호 요소 및 자기보호 전략의 가치를 강조하였다.

참여자들은 중요한 보호 요소들을 확인해 주었다. 이런 요소들은 내적 대처 전략부터 외적 환경 변인까지 포함하는 것이었다. 참여자들은 공통적으로 자아를 관리하고 중요한 자원들에 접근하는 데 있어서 뛰어난 기술을 가지고 있었다.

이 실무가들은 정확하게 그들의 내적 상태를 인식하고 유심히 그들의 감정 상태를 지속적으로 관찰하고 있었다. 또한 자기 관찰을 하면서 자신의 일과 개인적 삶에서 나타나는 스트레스 요인에 직접적으로 직면하는 적극적인 행동들을 보였다. 자기 관찰과 더불어 적극적인 행동을 취함으로써, 참여자들은 개인적인 조화를 유지하고 전문적 건강과 심리적 소진을 방지하는 데 중요한 에너지 수준을 유지할 수 있었다.

이들 대가 상담자는 다양한 경로와 관계들에 의해 양육되었다. 동료들이 담당한 역할은 참여자들에게 현실적인 시각을 제공하고 지속적으로 전문적인 지지를 강조하는 것이었다. 동료 지지는 참여자들의 진로 전체를 통해 중요한 역할을 담당했는데, 특별히 참여자들의 발달 초기 단계와 예상하지 못했던 위기에서 중요한 역할을 담당했다. 마찬가지로 참여자들은 관계를 풍요롭게 하는 것과 일과는 분리된 개별적인 활동을 하는 것에 대한 중요성을 언급했다. 이렇게 다양한 참여는 균형 잡힌 건강을 유지하기 위한 자기관리 계획에서 효율적인 요소가 되었다.

제6장

대가 상담자의 윤리적 가치관

Len Jennings
Ashley Sovereign
Nancy Bottoref
Melissa Mussel

윤리적으로 행동하는 것은 유능한 상담자의 중요한 과업이다(http://www.APA.org/ethics, 2003년 1월). 많은 경우 윤리적 환경은 매우 복잡하므로 대부분의 상담자들에게 최선의 윤리적 결정을 내리는 것은 매우 큰 도전이 될 수 있다. 이 연구의 목적은 동료 전문가들이 '최고 중의 최고'라고 생각하는 대가 상담사의 윤리적 가치관들에 대해 살펴보는 것이다. 이러한 작업을 통해 대가 상담자들이 그들의 작업에서 사용하고 있는 윤리적 가치관에 대해 조명해 볼 수 있기를 희망한다.

윤리란 행동에 대한 믿음과 적절한 행동에 대한 규칙을 알려 주는 원칙이다(Corey, Corey, & Callanan, 1998; Knauss, 1997). 심리학에서의 윤리조항들은 '기대되는 전문적 행동과 책임감을 명시하기' 위한 목적을 가지고 있다. 그러나 윤리적 딜레마와 관련된 연구들은 의무사항에 대해 상담자가 알고 있는 것과 실제로 그들이 취하게 되는 행동 사이에는 괴리가 있음을 알려 주고 있다(Bernard & Jara, 1986; Bernard, Murphy, & Little, 1987; Smith, McGuire, Abbott, & Blau, 1991; Wilkins, McGuire, Abbott, & Blau, 1990).

왜 이러한 불일치가 생기는 것일까? 연구에 따르면, 상담자들은 윤리적 위반사항이 명백한 전문직 조항을 위배했다고 판단할 때는 그들이 스스로 느끼기에 옳다고 생각하는 방향으로 행동을 하는 경향이 있다. 이러한 현상은 특히 위반사항이 법적인 판례에 의해 지지될 때 발생한다(Bernard et al., 1987; Smith et al., 1991). 그러나 개인적으로 옳고 그름을 판단해야 하는 상황에서는 실무자들이 '옳은 일을 하는' 경향이 낮아진다. 명문화된 윤리적 지침이 불명확할 때, 심리학자들은 자신의 개인적 가치관과 윤리조항에 대해 스스로 이해한 바에 더 의존하게 된다(Bersoff & Koeppl, 1993;

Eberlein, 1987). 알고 있는 것과 옳은 행동을 하는 것 간의 차이에 대한 한 가지 가능한 설명은 어떤 실무자들은 통합성이나 정직함과 같은 원칙이 부족하여 어려움을 겪게 된다는 것이다(Smith et al., 1991). 레스트(Rest, 1984)는 윤리적 행동을 이해한 대로 따라가기를 주저하는 상담자는 행동하는 데 있어서 용기가 부족할 수 있다고 주장했다.

현재까지 상담자 가치관에 대한 연구들은 건전한 정신건강의 구성 요소에 대해 상담자가 어떻게 개념화하고 있는지에 초점을 맞추는 경향이 있었다(Consoli & Williams, 1999; Haugen, Tyler, & Clark, 1991; Jensen & Bergin, 1988; Kelly, 1995; Khan & Cross, 1983; Myers & Truluck, 1998).

키치너(Kitchener, 1984)는 공식적으로 구조화된 윤리조항의 어느 부분은 너무 광범위한 반면에 어떤 부분은 너무 지엽적이라고 주장했다. 키치너가 찾아낸 기본적인 윤리적 원칙들은 자율성, 선행, 무해성, 정의 및 성실성이다. 메라, 슈미트 및 데이(Meara, Schmidt, & Day, 1996)는 키치너의 작업을 확장시켜서 윤리적 원칙(공식적이고 의무적인 조항)을 도덕적 윤리(성격적 특징과 이상에 초점을 둠)와 구분하였다. 도덕적 윤리는 문화적 집단의 전통에 뿌리를 두고 있기 때문에, 규정된 규칙들에 기반을 둔 행동들보다는 보다 완전한 도덕적 생활에 대해 설명한다. 메라 등(1996)에 따르면, 도덕적 윤리는 전문가들이 능력 있는 사람으로서 공익을 위해 봉사하고 전문적 자율성을 유지한다는 목표를 달성하도록 도움으로써 윤리적 원칙을 보완한다. 연구자들이 전문적으로 판단하는 것이 '완전히 절대적이거나 상대적일 수 없기에 고결하고 능력 있는 개인이 신중하게 전문적 판단을 내려야 한다.' (p. 5)는 주장을 고려해 보면, 윤리라는 개념은 전문적 의무뿐만 아니라 품성의 문제까지를 포함해야 한다. 키치너, 메라 등의 연구는 심리학에서의 윤리적 판단은 복잡하고 절대적인 경우가 거의 없다는 주장을 뒷받침한다. 윤리적 판단을 이해하기 위해서는 각각의 독특한 환경에 영향을 미치는 상담자의 핵심 가치관을 이해하는 것이 중요해 보인다.

실무에서의 윤리적 판단에 대한 실증적 연구의 대부분은 특정한 윤리적 딜레마에 대한 상담자의 반응에 초점을 맞추어 왔다(Conte, Plutchik, Picard, & Karasu, 1989; Haas, Malouf, & Mayerson, 1988; Smith et al., 1991; Wilkins, et al., 1990). 이 연구들의 제한점은 내담자와의 성적 접촉과 같이 특정한 관심 영역에만 초점을 두었다는 것이다. 다른 연구방법으로는 실무자들에게 윤리적으로 도전이 되는 중요한 사건들에 대해 주관식으로 설문조사를 하는 방법이 있다. 이 방법은 포프와 베터(Pope & Vetter, 1992)에 의해 설명되었듯이, 미국심리학회(American Psychological Association: APA)에서 심리학자를 위한 첫 번째 윤리조항을 만들 때 이용했던 작업과 유사하다. 1952년 APA는 회원들을 대상으로 설문조사를 하여 실무자들의 어려움을 반영하는 윤리적 행동에 대한 지침을 개발하려고 했다. 비록 유용하기는 했지만, 설문조사 연구는 윤리적 판단을 내릴 때 포함되는 미묘한 사고의 복잡성을 반영하지 못했다.

설문조사 연구를 벗어나, 프리렐텐스키, 월시-바워스 및 로지터(Prilleltensky, Walsh-Bowers, & Rossiter, 1999)는 실무자들의 핵심 가치관을 탐색하는 질적 연구를 수행했다. 이 연구에서 실무자들의 전문적 윤리를 검토했을 때, 세 가지 일반적인 원칙들이 나타났다. 인간의 권리, 존귀함, 고결함, 사생활에 대한 존중; 동정심과 책임감 있는 보살핌; 사회에 대한 책임감이 그것이다. 그리고 실무자들은 그들이 일을 하는 데 기쁨이 되는 기타 가치관들을 설명하였다. 예를 들면, 내담자가 스스로 결정할 수 있도록 격려하기, 취약한 내담자에 대한 헌신, 비밀보장과 주지된 동의(informed consent), 힘 북돋아 주기, 특정 상황에서 내담자가 가장 많이 가지고 있는 관심에 집중하기와 같은 것들이다.

지금까지 경험 있는 상담자나 전문 상담자에게 초점을 맞춘 윤리 연구는 거의 이루어지지 않았나. 그러나 경력 있는 실무자들을 대상으로 한 연구들을 통해, 우리는 경력이 쌓이면서 전문적 윤리 판단이 어떻게 발전되어 가는지를 더 잘 이해할 수 있게 된다(Conte et al., 1989; Haas, Malouf, & Mayerson, 1998; Jensen & Bergin, 1988).

콘트 등(Conte et al., 1989)이 상담자들을 대상으로 한 설문조사에서는 윤리 기준에 대한 신념들이 매우 다양하다는 결과가 나타났다. 어떤 상담자들은 특정 행동을 절대적으로 비윤리적이지는 않지만 부적절하다고 생각하는 반면, 다른 상담자들은 유사한 행동에 대해 명확하게 비윤리적이거나 부정행위의 바탕이 된다고 생각하였다. 게다가 경력 있는 상담자들은 내담자의 증상을 고칠 수 있다고 장담하는 것을 비윤리적이라고 느끼고 있었고, 해를 입을 가능성이 있는 사람에게 위험 가능성을 경고하기 위해 비밀보장을 깨려 하지 않았다.

젠슨과 버진(Jensen & Bergin, 1988)은 수년에 걸친 전문적 경험이 정신건강에 대한 이상적 가치관을 예측할 수 없다고 주장했다. 또한 해스 등(Hass et al., 1998)은 심리학자가 전문적 학위를 취득한 후에 흐른 시간과 최상의 윤리적 행동을 하려는 의지는 부적 상관관계였다고 주장했다. 연구자들은 이와 같이 놀라운 결과는 소진 때문이거나 젊은 상담자들에게 주어지는 최고의 교육이 특정 윤리의무에만 초점이 맞추어져 있기 때문이라고 생각했다.

포프와 바지트(Pope & Bajt, 1988)는 윤리적 지식을 갖고 있는 선임 심리학자들(예: 윤리위원회 소속, 윤리 교과서 저자, 직업심리학자협회(ABPP) 소속)에게 설문조사를 실시하였다. 그 결과 다수가 윤리조항을 의식적으로 위반한 적이 있음을 인정했다는 사실을 발견했다. 게다가 응답자의 77%는 내담자의 복지나 '기타 심층적 가치관'을 위해서는 공식 윤리적 기준을 위반해야 한다고 느끼고 있었다. '교과서적 윤리' 대신에 이들 경력 실무자는 수년의 경험을 통해 형성된 맥락 중심의 윤리를 사용하고 있는 듯했다.

APA가 심리학자의 윤리적 작업에 대한 지침을 위해 윤리적 원칙들을 만들어 놓고 있지만, 설문조사나 딜레마 중심의 연구방법들은 일반적인 상담자들의 가치관에 대해 충분한 자료를 제공하지 못하고 있다. 게다가 경력 상담자들의 비윤리적 행동에 대한 결과들을 만들어 놓기도 한다. 이는 아마도 연구에서 상담자들의 윤리적 행동을 이끄는 더 깊은 가치들이라고 할 수 있는 실제 가치들의 검토가 부족하기 때문인 것 같다. 그러므로 경력 상담자나 대가 상담자들이 자신의 작업에서 사용하고 있는 윤리적 가치관을 검토하는 것이 더 효과적인 방법일 수 있다. 이 연구에서는 합의에 의한 질적 연구법(Consensual Qualitative Research: CQR; Hill, Thompson, & Williams, 1997)을 사용해서 대가 상담자의 윤리적 가치관에 대해 이해해 보려고 한다. 연구 방법론에 대한 설명은 '부록 A' 를 참고하기 바란다.

연구 결과

대가 상담자에게서 가장 두드러지게 나타난 다섯 가지 윤리적 가치관은 다음과 같다. 능력, 관계적 연계성, 무해성, 자율성, 선행. 각각의 윤리적 가치에 대해 몇 가지 인용문이 제시될 것이다. 이것이 각 윤리적 가치관을 구성하고 있는 대가 상담자들의 관점에 대해 독자들이 더 잘 이해할 수 있는 기회가 되기를 바란다.

1. 능력

2002년 APA의 윤리 기준에서 설명되었듯이, 상담자로서 자신이 하는 일에 대해 능력이 있다는 것은 윤리적 수행을 보증할 수 있다는 것이다. 이 연구에서의 대가 상담자들은 자신의 임상 작업에서 뛰어나게 숙련되어야 한다는 것에 대해 명확하게 가치를 두고 있었다. 사실 그들은 윤리적/실무적 기준에 의해 요구되는 최소한의 능력 수준을 넘어섰고 그들의 영역에서 전문가가 되는 것에 대해 동기 수준이 매우 높았다. 이 상담자들은 쉽게 자기만족이 될 수 있는 다년간의 경험과 교육 후에도 그들의 기술을 굳건히 하고 유지하는 데에 높은 가치를 두고 있었다. 인터뷰 자료를 보면, 실무자로서의 능력을 기르고 유지하는 것에 대한 언급이 이 분류에 대한 타당성을 제공한다. 한 대가 상담자는 경험의 축적이 실무자로서의 능력을 발달시키는 데 어떻게 도움이 되었는지를 회고한다.

> 경험은 내가 그것을 더 쌓아 갈수록 사물을 이해할 수 있는 범위를 더 확장시켜 준다는 점에서 정말 중요하다는 걸 알게 됐어요. 나는 젊었을 때 나이와 경험은 (상담자로서의 경험뿐만 아니라 인생 경험이라는 점에서도) 전혀 중요하지 않다고 믿었던 사람이거든요. 사실 학교를 졸업하고 나서도 나는 내가 많이 안다고 느끼지 못했지요. 그 기간 동안 내가 받은 훈련과 슈퍼비전 경험들은 엄청난 차이를 만들어 냈어요.

유사하게 다른 대가 상담자도 능력 발달에 있어서 경험의 중요한 역할을 거론했다.

> 물론 나는 지금 충분히 충격을 견뎌 낼 수 있어요. 이와 같이 내가 듣는 이야기에 방해받지 않기까지는 매우 오랜 시간이 걸렸지요. 전문가를 노련한 상담자로 단번에 바꾸는 대학원 프로그램은 상상할 수가 없어요. 그건 아주 긴 과정이니까요.

대가 상담자들은 지속적으로 자신의 임상적 능력들을 증진시키기 위해 공식적, 비공식적 훈련을 받고자 한다. 자신이 하는 일에 대한 교육과 발전의 기회에 지속적으로 개방적인 것은 이 대가 상담자들의 또 하나의 특성으로 보인다. 능력에 대한 욕구는 한계에 대한 인식과 더불어 대가 상담자들이 '평생 학생' 이 되도록 한다. 하는 일에서 최고의 발달 수준을 유지하고 자신이 하는 일을 노출시켜 타인의 피드백을 받는 태도는 비윤리적 행동이 일어날 가능성을 최소화한다. 대가 상담자들은 교육기관을 넘어서서 전문적 발달 경험을 갖고자 하는 것과 도전 및 영감을 얻을 수 있는 기타 영역들을 찾는 것의 중요성을 이야기했다. 자기 자신의 상담뿐 아니라 자문과 슈퍼비전을 통해서, 대가 상담자들은 지속적으로 다른 사람이 비판적으로 자신의 작업을 평가할 수 있는 기회를 얻는 듯이 보였다. 한 대가 상담자는 다음과 같이 이야기했다.

> 나는 내 작업에 대해 이야기해 주는 다른 사람들을 만나서 외부에서 나를 볼 수 있는 기회를 가지려고 합니다. 개인상담과 많은 슈퍼비전 그리고 지속적인 자문을 통해 이런 작업을 되풀이하지요. 그것은 놀라울 만큼 도움이 됩니다. 나는 그것이 매우 중요하다고 생각해요.

다년간의 임상적 작업을 축적하는 것은 전문적 발달을 하기 위한 한 가지 요소일 뿐이다. 대가 상담자들에게는 경험과 함께 임상적 자문, 지속적인 전통적 학문교육, 개인적 성찰과 같은 작업들이 더 심층적인 수준의 전문적 발달을 이루게 하는 것이다. 마찬가지로 전문적 발달에 대한 이와 같은 헌신은 한 사람의 능력을 강화시키고 윤리적 작업을 수행할 수 있는 중요한 요소가 된다. 오직 경험만이 전문적 지식을 의미한다는 생각에 도전하여, 대가 상담자들은 임상적 경험 축적을 강화하는 것과 함께 전문적으로 성장하기 위해 전문적 관계를 유지하는 것이 중요하다는 것을 공통적으로 말하고 있다.

> 나는 경험을 몇 년 했는가가 중요하다고 생각하지는 않아요. 나는 똑같은 경험을 20년 동안 했지만 그 경험을 훌륭한 자문과 좋은 동료 체계를 통해 통합할 필요가 있었거든요. 그러니까 우리는 실제 우리가 하는 일에서도 배우지만, 우리가 다른 사람에게 어떻게 영향을 미치는지에 대한 방법을 알게 되면 더 많이 배우게 됩니다.

점점 더 자신의 일에 있어서 능력을 쌓게 되는 대가 상담자들은 내담자의 현재 문제들에 대해 바로 답을 주는 경우가 점점 줄어들게 되는 듯하다. 그들은 모호함에 대한 인내심이 상담자 역할에서 중요한 부분이라고 믿기 때문이다. 대가 상담자들은 내담자와의 작업에서 쉬운 답을 찾으려 하지 않고 개방적인 상태의 과정을 개념화하는 것을 능력 있는 실무의 특징으로 개념화하는 경향이 있다. 그들은 끊임없이 상황의 특이성과 복잡성을 찾으려고 하는 듯하다. 이와 같은 복잡성에 대한 이해는 조급한 종결을 예방하도록 하는 윤리적 의미를 가지고 있다. 조급한 종결이란 가장 먼저 떠오른 문제 해결책을 바로 채택한다거나 모든 상황에 동일한 기법을 사용하여 불안을 감소시키려는 것과 같은 일부 상담자들의 경향을 말한다(Skovholt & Rønnestad, 1995). 모호함과 복잡성에 대해 불편함을 많이 느끼는 경우, 상담자들은 조급하게 결론에 도달해서 우선 불안 수준을 낮추려고 하지만, 이는 내담자에게 최선의 길은 아니다. 따라서 복잡성과 모호함에 개방적이지 않은 태도는 사례 개념화와 치료 개입을 지엽적으로 만들게 하고, 결국 능력이 부족한 작업을 하게 된다. 한 대가 상담자는 다음과 같이 이야기했다.

> 모든 사람은 다 다릅니다. 그러니까 어떤 기법이든지 똑같은 방법으로 매번 사용한다는 것은 결국 개인의 특이성과 각 상호작용의 특이성을 부정하는 것입니다.

다른 대가 상담자는 개방적이지 않은 상담자를 훈련한다는 것이 얼마나 어려운지를 언급했다.

> 심리학자를 교육시킬 때, 그들은 종종 해석을 이용해서 문제를 풀려고 하고, 그들이 옳다는 것을 증명하려고 합니다. 차라리 이렇게 말하는 게 낫다고 생각해요. "이건 내가 해석해 본 거에요. 어떻게 생각하세요?"

이어지는 예는 개방성에 대한 상담자의 깊은 헌신을 더 잘 보여 준다. 개방성은 더 많은 능력을 갖게 해 주고, 따라서 더욱 윤리적인 개입을 하게 해 준다. 예를 들어, 한 대가 상담자는 다음과 같이 말했다.

> 우리는 충분히 융통성을 가져야 한다고 생각합니다. 우리가 듣는 것들에 대해 조급한 판단을 내리고 그걸 밀고 나가지 않을 만큼 말이지요. 우리는 조각들이 맞춰질 때까지 좀 기다리면서 관찰할 줄 알아야 합니다.

유사하게 한 대가 상담자는 성급한 행동을 하지 않는 것의 중요함을 이야기했다.

> 그래서 나는 잘 모르는 것과 모호한 상황에 대해 개방적인 것이 중요하다고 생각합니다. 그렇게 함으로써 우리는 상황에 이름을 붙이기보다는 지금 어떤 일이 일어나고 있는지 들을 수 있기 때문이에요. 우리가 잘 알지 못할 때는 더 호기심을 갖고 들을 수 있고, 앞으로 다가올 일에 대해 좀 더 개방적인 태도를 가질 수 있습니다. 따라서 모호성은 이러한 작업의 한 부분이라고 생각해요. 그것은 우리가 호기심을 유지하면서 상황을 분류하고 이해하며 더 탐색할 수 있도록 도와줍니다.

2. 관계적 연계성

관계를 맺고 유지하고 존중하는 것은 대가 상담자들에게 매우 중요한 윤리적 가치다. 하지만 우리가 이 연구에서 분석했던 1992년의 APA 일반 원칙에는 윤리적 가치가 빠져 있었다. 대가 상담자들은 동료, 친구, 내담자 및 지역사회에서의 관계적 상호작용과 연계에 매우 높은 가치를 두고 있는 듯하다. 동료들과 건강한 전문적 관계를 발전시키는 것은 대가 상담자들의 핵심적 가치다. 능력을 유지하고 전문성을 발달시키기 위해서, 상담자들은 같은 분야의 사람들—슈퍼비전이나 자문 그리고 동료적 지원과 친구관계—과 반드시 관계를 맺어야 한다고 믿는다. 한 상담자는 다른 전문가들과의 지속적인 접촉을 통해 전문적인 고립을 피해야 한다는 필요성에 대해 언급했다.

> 나는 이곳에서 가까이 있는 동료들과 함께 작업을 해 왔던 것 같아요. 계약기간이 끝나서 일부 사람들이 떠나고 새로운 사람들이 들어옴에 따라, 우리는 일주일에 한 번 정도 긴 점심시간을 가지고 사례건 대기실의 화초건 그 어떤 것에 대해서도 이야기합니다. 이러한 동료적 연계—특히 매일 이루어지는—는 정말 매우 중요합니다.

유사하게 대가 상담자들은 소진과 상처에 대한 방어막이 되어 줄 수 있도록 개인적 삶에서 좋은 관계를 맺는 것이 필요하다는 것을 이야기했다.

> 알다시피, 인생에서 좋은 친구들과 좋은 지지체계를 가지고 있다면, 동료들은 당신이 지쳐 있거나 고갈되어 있다는 것을 알게 해 주고 도움을 받을 수 있도록 지지해 줄 겁니다.

예상할 수 있듯이, 모든 대가 상담자들은 내담자-상담자 관계가 내담자가 긍정적으로 변화하도록 하는 데 영향을 미치는 열쇠라고 믿고 있었다. 한 상담자는 이야기했다.

> …나에게 있어서 심리치료의 핵심은 관계와 연계성의 발달입니다. 관계를 발달시키는 것의 목적은 다른 사람을 치료하거나 돕기 위한 것입니다. 하지만 내게 있어서 심리치료는 내가 사용하는 어떤 기법이나 그 외의 것이 아닌 관계 그 자체입니다. 관계란 사람들 사이에 형성되어서 영향을 주는 것입니다.

다른 대가 상담자 역시 긍정적인 치료적 변화에 영향을 미치는 관계적 국면을 강조했다.

나는 심리치료란 두 사람의 작업이라고 진실로 믿습니다. 따라서 변화가 일어날지 안 일어날지는 둘에게 달린 것이지요. 그리고 뭔가 성공적인 결과가 일어났다고 해도 나 때문이라고는 생각하지 않아요. 그것은 둘이 함께 만든 결과이니까요. 반대로 제대로 작업이 안 되었다면 그것은 우리가 함께하지 않은 무엇 때문일 겁니다.

한 대가 상담자는 다음과 같은 이야기를 하였다.

심리치료는 인간성으로 돌아갈 수 있는 다리를 재건설하고 공동체에서 존재한다는 감각을 되살려 줍니다.

인터뷰를 했던 많은 대가 상담자들은 전문적/개인적 삶에서 다른 사람과 상호작용할 때 높은 윤리적 기준을 적용하는 듯했다. 대가 상담자들은 대부분의 관계에서, 넓게는 지역사회에 있는 사람들과도 그들의 가치관과 다른 사람들과 관계 맺는 방법 사이에서 적합점을 찾으려고 애쓰고 있었다. 한 상담자는 다양한 환경에서 긍정적인 관계들을 유지하기 위해 필요한 것은 헌신이라고 말했다.

헌신이란 관계의 고귀함을 존중하는 것입니다. 나의 어떤 관계에서든, 가령 내가 친구와 저녁식사를 하든, 자동차 중개인과 중고차 가격을 협상하든, 나의 아내와 휴가에 대해 계획하든, 내담자와 그의 인생에 대해 이야기하든, 나는 진실한 모습을 보일 것입니다.

3. 무해성

대가 상담자들은 다른 사람을 돕는 것에 대해 가치만을 부여하는 것이 아니라 치료적 관계의 맥락에서 해를 끼칠 수 있는 엄청난 가능성에 대해 인식하고 있었다. 그들은 내담자에게 해를 미칠 가능성이 있는 요소들에 대해 생각하고 있었고, 그 위험을 최소화하기 위한 방법들을 발전시키고 있었다. 그 예로 한 대가 상담자는 다음과 같이 말했다.

> 나는 상담자가 실패하는 이유는 상담자가 자기 자신의 정서적 유지나 자신감의 조절을 위해 내담자를 이용하는 것과 같은 일을 시작하기 때문이라고 생각합니다.

대가 상담자들은 내담자에게 해를 미칠 수 있는 자신의 개인적, 전문적 스트레스 요인들을 다루어야 한다고 강하게 믿고 있었다. 한 대가 상담자는 이야기했다.

> 나에게 자문을 받은 개인상담을 하고 싶지 않아 했던 상담자들은 정말 다루기 힘들었습니다. 어떤 시기에 고착될 때마다 그들은 자기 자신이나 자기 자신과 내담자를 함께 생각하기보다는 모두 내담자 탓으로 돌리더군요. 그렇게 되면 상담자는 자신의 내담자를 학대하게 됩니다.

대가 상담자들에게서 겸손은 내담자에게 해를 미칠 수 있는 특성들인 과장과 거만을 상쇄시키고 있었다. 이 대가 상담자들은 자신들이 '절대 진리'를 가지고 있지 않다는 사실을 인식하고 있기에, 실무자와 인간으로서 자신의 한계에 대해 건강한 관점을 가지고 있는 듯했다. 실상 이런 한계들에 대한 인식은 그들이 전문적으로나 개인적으로 계속 성장할 수 있도록 하는 자극제가 되는 것 같다. 이러한 태도는 자기 자신이 상담자의 위치에 도달해서 지속적인 훈련이나 발달이 필요치 않다고 생각하는 사람들과는 대조적이다. 덧붙여 어떤 대가 상담자들은 자기 자신의 약점에 대해 충분히 알지 못하는 상담자들에 대한 우려를 표시했다. 예를 들어, 한 대가 상담자는 이렇게 이야기했다.

> 사람들이 상담자를 찾을 때, 내가 그들에게 얘기해 주는 것들 중 하나는 정말 자신이 할 수 없는 일이 무엇인지를 스스로에게 물어보라는 것입니다. 만약 그 일에 대해 상담자가 해 줄 수 있는 게 없다면 상담을 받을 필요가 없는 겁니다.

다른 대가 상담자는 다음과 같이 말했다.

> 나쁜 상담자란 자신이 뭘 모르는지를 모르는 사람입니다. 그들은 스스로 모든 것을 다 안다고 생각하고 모든 일에는 '문제를 풀 수 있는' 관점이 있다고 생각하지요. 그들의 이론은 매우 건전하지만, 얼마나 자신들이 아는 것이 적은지에 대해서는 아직 알지 못하는 겁니다.

한 대가 상담자는 겸손한 태도로, 스스로를 전문가로 생각하는 데 있어 과장이 가져올 수 있는 위험에 대해 이야기했다.

> 만약 누군가 스스로를 대가 상담자로 생각하기 시작한다면, 그것은 곧 과장으로 이어질 수 있다고 생각합니다. 즉, 모든 종류의 권력 남용을 가능하게 하는 거예요. 이는 더 이상 규칙을 적용할 필요가 없을 정도로 자신감이 넘치는 노련한 상담자에게서 나타날 수 있는 하나의 증상입니다.

대가 상담자들은 그들 자신의 인생 문제를 사각하는 데 전념하였다. 그들의 자기 자각은 두 가지 주제로 모아지는 것 같았다. (a) 자기 자신의 개인적, 신체적 욕구를 이해하고 충족시키는 것과 (b) 그들 자신의 '해결되지 않은 문제들', 개인 갈등, 방어, 취약성에 대한 자각이다. 가장 중요한 것은 대가 상담자들은 이 문제들이 치료 회기를 방해하고 내담자에게 영향을 미칠 수 있다는 가능성에 대해 잘 알고 있었다는 것이다. 개인적인 정서적 욕구를 자각하고, 이러한 욕구들을 다양한 활동들—여행, 운동, 영적 수행, 심리치료, 동료/친구/가족과의 만남—을 통해 충족시키는 것은 상담자들에게 중요한 것 같았다.

> 어려움에 빠져 있는 상담자들에 대해 생각해 보면, 대개는 자기 관리가 없었거나, 내담자가 자신에게 무언가 제공해 주기를 바라거나, 내담자가 필요로 하고 원하는 것을 상담의 부분으로 놓지 않은 경우입니다.

상담자가 자기 자신의 욕구를 충족시킬 수 있는 적절한 자원을 갖지 못할 때, 내담자의 욕구를 충족시킬 수 있는 능력 또한 손상된다. 이러한 상담자는 내담자가 자신의 욕구를 충족시켜 주기를 바라지 않더라도 내담자를 상담하는 것이 어렵게 된다.

> 내가 생각하기에 자기 자각은 당신이 방해가 되는지 그렇지 않은지를 이해시켜 주고, 내담자와 함께하기를 촉진시키는 가장 중요한 요소라고 봅니다.

효과적인 치료를 위해서는 자기 자신의 문제들, 편견들, 갈등들에 대해 자각하는 것이 중요하다. 역전이 문제를 다루고 해결하는 것은 내담자들에게 수준 높은 상담을 제공하고 해를 미칠 가능성을 최소화한다는 점에서 상담자들에게 핵심적인 부분이다. 한 대가 상담자는 이야기했다.

> 만약 내가 여기 앉아 있고 당신이 내담자라면, 그리고 당신이 나를 좋아할지에 대해 내가 걱정하고 있다면(나의 능력에 대해 당신이 어떻게 생각할까 걱정

하고, 당신이 나에게 화내지 않기를 바라면서), 내 안에 있는 그런 미해결된 문제들은 내가 상담하는 것을 무기력하게 만들고 나를 자기중심적으로 만들겁니다. 결국은 당신에게 별 도움이 안 되겠지요.

이어서 이 대가 상담자는 '미해결 과제들' 을 논의하는 데 있어서 자기자각과 윤리적 행동 간의 관계를 설명해 주었다.

음, 내가 보기 시작해야 했던 것은 내가 알코올 문제가 있었던 가정에서 자라났고 그것을 인식하지 못했다는 것이었어요. 나를 방해해 왔던 것은 내 자신이라는 사실을 인식해야 한다는 것을 알게 되면서, 나의 역전이 문제는 명확해졌지요. 나는 음주 문제를 그다지 심각하게 생각하지 않았었거든요. 그것은 작업을 방해하고 내 내담자들에게 해를 미치고 있는 나 자신의 문제에 직면했던 첫 번째 경험이었습니다.

4. 자율성

대가 상담자들이 실무에서 윤리적 결정을 내릴 때, 개인이 자기 자신의 삶을 결정할 수 있는 권리는 또 하나의 중요한 가치관으로 보였다. 대가 상담자들은 그들의 내담자가 가지고 있는 현상학적 세계관을 매우 존중하고 있었고, 거의 모든 면에서 변화하기 위해서는 내담자가 스스로 상담의 진행 방향을 결정할 필요가 있다고 믿고 있었다. 한 상담자는 다음과 같이 요약했다.

나는 사람들에게 항상 선택권을 주어야 한다고 생각합니다. 우리의 기본적인 과업은 사람들이 자기 자신의 선택을 볼 수 있도록 돕는 것이니까요. 그래서 그들이 잘못된 선택을 하기를 원한다면… 가령 누군가가 술집에 가서 거기 있는 모든 사람들이 다 개자식이라고 소리 지르고 그들을 몹시 패기를 원

> 한다면, 그건 그 사람의 선택이에요. 내가 할 일은 그들이 원하는 것을 했을 때 어떤 결과가 일어나는지를 알도록 돕는 것이라고 할 수 있지요.

비슷하게 다른 대가 상담자는 자기 자신을 돕는 데 있어서 내담자가 책임감을 가질 필요성에 대해 강조했다.

> 만약 당신과 내가 같이 상담을 할 때 내가 "나는 정말 상처받았어요. 그걸 고치는 것은 당신 일이에요." 또는 "내가 고통을 느끼지 않도록 도와주세요."라고 말한다면, 우리는 아주 깊은 어려움에 빠질 겁니다. 심리치료란 아무도 대신 치료해 주지 않을 우리 자신의 상처를 지각하고, 그것을 어떻게 복구할 것이며 좌절을 어떻게 직면할 것인지에 대해 서로 돕는 것입니다.

인터뷰 자료들을 통해 알 수 있었던 것은 다음과 같다. 대가 상담자들은 '내담자들에게 최선의 것이 무엇인지 알고 있다.'는 식의 사고가 지니는 윤리적 위험성을 알고 있기에 자신들의 신념, 가치 그리고 이상을 내담자들에게 강요하는 것을 피하고자 했다. 자율성은 대가 상담자들의 개인적 발달의 가장 핵심적 영역이어서, 대가 상담자들은 내담자들이 자기 자신의 삶을 이끌어 나갈 수 있는 능력에 대해 강하게 믿고 있었다. 한 대가 상담자는 말했다.

> 우리는 우리에게 가장 좋은 것이 무엇인지, 우리 자신과 우리의 방향에 대한 진실이 무엇인지에 대해 정말 잘 알고 있습니다. 내담자들이 다른 사람의 목소리가 아닌 자기 자신의 목소리를 듣고 그에 대한 믿음을 가질 수 있도록 하는 것은 상담자가 해야 할 큰 과업이라고 생각합니다.

또한 대가 상담자들은 그들의 역할을 내담자의 개인적인 대처기술과 성장기술을 발전시키는 것을 돕는 것으로 정의했다. 한 대가 상담자는 작가

셸던 코프를 인용하면서 말했다.

…그가 내게 감동을 준 다른 말은 이런 거였어요. "내담자는 방에 들어와 당신의 발 밑에 몸을 내던지고, 발목에 매달리면서 당신이 그를 구해 주기를 바란다. 좋은 상담자는 한발 물러서서 그를 엎어지게 하고, 그가 자신을 스스로 일으켜 세우는 방법을 배울 때 그의 옆에 다가간다."

대가 상담자들은 내담자의 자율성을 북돋우는 것이 윤리적 실무에서의 중요한 부분이라고 믿는 것 같았다. 한 대가 상담자는 상담자의 경험과 유능함이 내담자가 자신만의 해결책을 찾는 것을 어떻게 잘 도울 수 있는지에 대해 말하였다.

당신이 더 많이 경험하고 능력을 더 많이 가질수록, 내담자 대신 당신이 일해 주는 것이 아니라 내담자가 작업하는 것을 돕는 방법을 더 잘 알게 됩니다.

5. 선행

대가 상담자들은 인간의 고통이 줄어들기를 원하며 타인의 복지를 위해 일하고 싶어 한다. 상담자라는 독특한 역할에서 그들은 개인의 고통스러운 경험들을 긍정적 자원으로 바꾸는 것을 도우면서 사람들을 돌볼 수 있는 기회를 가지고 있다. 한 대가 상담자는 상담자의 역할을 다음과 같이 설명했다.

가끔 나는 우리가 세례식의 두 번째 대모와 같다고 생각합니다. 내가 이전에 일어난 일을 바꿀 수는 없지만 내담자가 그것을 약화시키거나 보다 재미있는 방법으로 만드는 것을 도울 수는 있으니까요.

다른 대가 상담자는 자신이 특정한 내담자를 얼마나 많이 돌보았는지에 대해 이야기했다.

> 변화하는 데 정말 시간이 오래 걸리는 사람들이 있어요. 나는 그런 사람들에게 신경을 많이 쓰지요. 나는 한 내담자에게 이렇게 말하곤 했습니다. "당신도 알다시피, 나는 당신의 어깨를 잡고 흔들어 놓을 수 있어요. 당신은 자기 자신을 믿지 않고 있고, 그럴 만한 이유가 충분하기 때문이에요."

한 대가 상담자는 다른 사람을 돕는 것을 은유적으로 설명했다.

> 내가 내담자들에게 자주 사용하는 은유 중 하나는 '황야에서의 지침' 입니다. 그 지침을 주는 방법은 내담자들이 나를 안내자로 고용할 수 있다는 겁니다. 왜냐하면 나는 황야에서 생존하는 것에 대해 많은 것을 알고 있고, 많은 황야(나의 황야와 다른 사람들의 황야)들을 여행해 봤기 때문이에요. 나는 나침반을 가지고 있고, 비가 올 때 불을 피울 수 있어요. 나는 어떻게 일을 헤쳐 나가는지 그 방법을 알고 있지요.

다른 대가 상담자는 다음과 같은 이야기를 했다.

> 사람들은 자기 자신에게 그리고 대부분의 사람들에게 놀랍고 혐오스러운 문제를 가지고 옵니다. 나는 그 문제들을 접근 가능하고 논의 가능한 상황으로 만들려고 노력합니다. 다시 말해, 내담자의 당황스러움이나 수치감에 대항하여 문제가 무엇이든 이야기할 수 있는 것으로 만드는 것이지요. 나의 공감은 사람들이 자기 자신을 공감하도록 돕는 데 효과적인 것 같습니다.

연구 대상이 된 대가 상담자들은 타인을 돕는 데 있어서 매우 큰 만족감을 표현했다. 그러나 그들은 완전히 이타적인 동기에서 일하는 것이 아니라 쓸모 있고 싶은 개인적 욕구를 만족시키기 위해, 또는 그들의 전문적인 일을 통해 타인이 유익한 이득을 얻을 수 있도록 하기 위해 이 분야에 들어왔다는 것을 인식하고 있었다. 한 대가 상담자는 상담을 하는 것의 개인적 만족감에 대해 간결하게 설명했다.

> 내가 어디에서 이렇게 흥미로운 사람들과 친밀한 관계를 맺을 수 있겠어요. 나는 내가 정말 유용한 일을 하고 있다고 느끼고 있습니다.

다른 대가 상담자는 도움이 되는 심리치료의 잠재력에 대해 열정적으로 설명했다.

> 심리치료는 변화를 만듭니다. 정말 변화를 만들어 낸다니까요!

논 의

심층적인 질적 연구방법을 사용하여, 이 연구는 대가 상담자들의 치료적 작업 내용을 분석함으로써 그들의 윤리적 가치관을 조심스럽게 탐색하였다. 이 연구의 몇 가지 결과들은 가치 있어 보인다. 우선 가장 두드러진 다섯 가지 윤리적 가치들 중 세 가지(선행, 무해성, 자율성)는 키치너(1984)의 기본 원칙과 유사했다. 이 연구에서의 대가 상담자들은 메라 등(1996)이 설명했듯이 선행 윤리에 가장 높은 순위를 매기고 있는 듯 보였다. 다시 말해서, 선행 윤리는 어떤 행동이 비윤리적일 때 전문적 의무에 초점을 맞추는 '원칙적 윤리'가 아니라 상담자의 특성과 열망적 이상을 의미한다. 대가 상담자들은 '규칙에 얽매여 있거나' 비밀보장과 같은 특정 행동 규칙에 초점을 맞추고 있지 않았다. 그보다 그들은 윤리적 실무의 세부 사항을 다루면서 보다 세련되고 원칙적인 마음가짐으로 작업하고 있는 듯했다.

놀랍게도 키치너의 정의와 성실성 개념은 윤리적 가치관으로 떠오르지 않았다. 예를 들어 정의의 경우, 인터뷰 자료에서는 대가 상담자들이 무료 봉사 작업이나 내담자에게 상담료를 깎아 주는 등의 방법으로 사람들이 심리적 작업을 공평하게 받을 수 있도록 한다는 내용이 나타나 있지 않았다. 이것은 참가자의 인구학적, 문화적, 전문적 다양성이 제한적이었기에 나타난 결과일 수 있다.

프리렐텐스키 등(1999)이 연구한 아동복지센터 종사자들과 같이 선거권이 없는 집단을 주로 다루는 대가 상담자들에게는 공정성/평등성/정의의 문제가 더 두드러지게 드러났을 것이라는 가설을 세울 수 있다. 또한 이런 개념들이 부재하는 것은 다른 윤리적 가치가 드러날 수 있는 탐색 질문이나 추후작업을 하지 않았던 자료수집 방법 때문이라고 볼 수도 있다.

대가 상담자들은 능력에 관한 윤리적 가치를 매우 중요하게 보고 있었다. 이 윤리적 가치는 1992년의 APA 일반 원칙과 2002년의 윤리 기준에 명확하게 나타나 있다. 대가 상담자들은 상담자로서 높은 수준의 기술을 달성하기 위해 열심히 일했고, 동료 자문, 계속적 교육, 독서, 자기반성, 개인 심리치료를 통해 자신들의 기술을 지속적으로 연마했다. 높은 수준의 능력을 유지하려는 대가 상담자들의 동기는 인터뷰 자료에서 나타나는 전반적인 주제였다. 그들은 심리치료가 높은 수준의 기술과 자기 자신의 능력을 유지하기 위한 헌신을 요구하는 복잡하고 어려운 작업이라고 인식하고 있었다. 이 상담자들은 내담자에게 최고의 상담을 제공하고자 하는 강한 동기를 가지고 있었고, 자격증위원회에서 요구하는 최소한의 요구사항을 훨씬 넘는 배움의 기회를 찾고 있었다. 자신의 일에서 유능하고자 하는 높은 수준의 동기는 그들이 자신의 영역에서 전문성을 달성하고 유지할 수 있게 하는 중요한 특징으로 보였다. 대가 상담자들은 '모든 해답을 알지 못한다.' 는 태도를 갖는 것이 그들로 하여금 호기심을 갖게 만든다고 믿고 있었다. 호기심 어린 태도는 그들의 일에서 정체를 최소화하고 성장과 발달의 새로운 기회로 이끄는 듯했다.

이 연구에서 가장 중요한 발견은 대가 상담자들이 관계의 윤리적 가치관에 두고 있는 중요성 수준이다. 대가 상담자들은 그들의 삶의 모든 영역에서 대인간 관계에 높은 가치를 두고 있는 듯했다. 인터뷰 자료를 보면, 상담자들은 타인에게 그들이 미치는 영향을 매우 잘 알고 있었고, 전문적 관계뿐 아니라 일상의 자연스러운 만남에서도 존중하고 진정한 상호작용을 하기 위해 애를 쓴다는 것을 알 수 있다. 1992년의 APA 일반 원칙에서는 이 개념을 윤리적 가치로 강조하지 않았기에 이러한 발견은 매우 중요하다. 길리건(Gilligan, 1982)의 돌봄 개념의 윤리는 이 인터뷰에서 나타난 관계적 연계의 윤리적 가치와 밀접하게 관련되어 있는 듯하다. 길리건은 도덕적 판단을 내릴 때 여성들은 종종 그 결정이 자신의 관계의 질에 어떤 영향을 줄 것인지에 초점을 두어 판단한다는 것을 강조했다. 1992년의 APA 일반 원칙들은 콜버그(Kohlberg, 1984)의 도덕적 경향과 더 밀접한 관련이 있는 반면, 대가 상담자들은 그들의 행동이 내담자와 동료들과의 작업관계의 질에 어떤 영향을 미치는지에 더 큰 중요성을 부여하고 있는 듯했다.

무해성이라는 윤리적 가치는 대가 상담자들에게 매우 중요한 듯했는데, 그들은 내담자에 대해 그들 자신의 믿음과 가치를 부여하지 않기 위해 노력하고 있었다. 만약 상담자들이 자신의 세계관을 내담자에게 강요하게 되면 내담자들이 자기 자신의 길을 찾는 데 있어서 성장과 개인적 힘을 부인하게 되어 결국 내담자에게 큰 해를 끼치게 된다고 대가 상담자들은 믿고 있었다. 또한 상담자들이 자기 자신의 동기와 그들의 상담에 부정적인 영향을 끼칠 수 있는 문제들을 들여다보지 않으면 내담자에게 해를 미칠 위험이 있다고 생각하고 있었다. 대가 상담자들은 내담자에게 해로울 수도 있는 역전이 문제를 인식하고 다룰 수 있도록 끊임없이 자기 자신을 알고자 하는 것에 매우 전념하는 듯했다.

또 다른 중요한 발견은 자율성이라는 윤리적 가치다. 대가 상담자들은 자신의 신념과 가치를 내담자에게 강요하는 것을 피하면서 내담자의 결정을 촉진하는 데 전념하는 것으로 보였다. 내담자의 개인적 힘 안에 있는 신념은 상담자와의 긍정적인 관계를 이끌어 낸다. 내담자가 자기 자신의 힘을 인정받게 되면, 내담자는 상담자에게 더 강한 애착을 느끼게 된다. 내담자의 자기 결정성을 존중하는 태도를 가지는 것은 내담자에게 해를 미칠 위험을 최소화해 준다.

마지막으로 대가 상담자들의 존중적이며 양육적인 태도 또한 선행이라는 윤리적 가치에 관련되어 있었다. 대가 상담자들이 내담자의 복지에 깊이 관여하며, 이러한 돌보는 태도가 치료적 관계를 향상시킨다는 사실은 분명하다. 치료 결과에서 치료적 동맹의 효율성에 대한 기존 연구 결과(Lambert, 1992)와 일치하게, 대가 상담자들은 치료적 동맹 수립의 중요성을 인식하고 그것을 위해 노력하고 있었다.

1. 새로운 윤리지침들

최근 APA는 심리학자의 윤리적 원칙과 행동지침의 개정판을 발표했다(http://www. APA.org/ethics, 2003년 1월). 흥미롭게도 개정 내용은 심리학의 윤리적 실무에 관련된 성격 문제와 가치를 더 많이 이해하기 위한 움직임을 반영하는 듯했다. 새로운 원칙들은 선행과 무해성, 성실성과 책임감, 완전함, 정의, 인간의 권리 및 고결함에 대한 존중으로 분류되어 있다.

전반적으로 새로운 일반 윤리 원칙들은 심리학과 관련된 실무가 가치가 전제된 노력이라는 사실을 더 많이 반영하는 듯했고, 심리학자들에게 치료적 수행에 영향을 미친다고 생각하는 대인 내/대인간 문제들을 표현할 의무를 부가하였다. 예를 들어, 심리학자들은 편견들을 탐색하고 다루어야 하며, 기능하고 있는 그들 자신의 심리적 · 신체적 건강을 지키기 위한 책임감을 가져야 하며, 인간의 고통을 감소시키고자 하는 맥락 안에서 결정을 내려야 한다. 보다 지시적인 이러한 요구사항들은 최근 연구들에서 나타나는 무해성 가치의 자기보호/자기자각 요소들을 반영하는 듯하다. 실제로 새로운 APA 원칙들은 상담자의 권위 있는 역할과 내담자의 취약성으로 인해 상담자가 내담자에게 미칠 수 있는 해로움에 대해 더 많은 주의를 기울이고 있다.

관계성은 1992년 지침보다 새로운 지침에서 더 분명하게 나타나 있다. 이러한 변화가 나타난 것에는 많은 이유가 있다. 그중에는 심리학 분야에서 여성들의 참여가 늘어감으로써 길리건의 보호 결정 내리기 경향성의 윤리가 널리 퍼졌다는 것도 포함한다. 어떠한 이유에서건 윤리지침에서 관계성에 대한 관심이 늘어났다는 것은 반가운 변화이며, 이 연구의 결과와 일치한다.

현재 정의라고 이름 붙여진 윤리 원칙 분류는 1992년의 사회적 책임감과 타인의 복지에 대한 관심에서 발전된 형태로, 사회적 평등과 심리학 수혜에 대한 접근 평등성을 촉진하는 데 있어 심리학자들의 적절한 역할에 대한 덜 지시적인 표현으로 보인다. 정의가 심리학적 서비스와 과정에서의 동등한 기회를 포함하고 있지만, 이 지침은 더 이상 '심리학자들은 개인적 이익을 남기지 않고 전문적 시간의 일부를 희생하기 위해 노력해야 한다.' (APA, 1992, p. 4)는 뜻이 아니다. 이는 APA의 움직임이 이제 덜 주장적이라고 해석할 수도 있고, 지시적이고 규칙으로 이루어진 지침에서 벗어나 좀 더 전반적인 도덕적 개념으로 움직여 가는 것이라고 해석할 수도 있을 것이다.

2. 제한점들

이 연구의 제한점은 문화적으로 다양한 집단이 참가하지 못했다는 것이다. 표집은 미국의 북부, 중서부를 명확하게 대표하지만, 백인과 유럽 출신 미국인 상담자들의 윤리적 가치만을 조사함으로써 연구 결과의 유용성을 제한하게 되었다. 예를 들어, 자율성의 개념은 집단보다 개인에게 더 강조점을 둔 것인데, 이는 기본적으로 서구 세계관의 대표적인 것이다. 이 연구의 윤리적 가치들이 기타 문화적 배경에 있는 대가 상담자들과의 대화에서도 주요 주제로 나타날지는 불확실하며 추후연구가 요구된다.

이 연구의 또 다른 한계점은 10명의 대가 상담자들이 모두 개인 상담실에서 일하고 있었다는 것이다. 내담자가 개인 상담실에서 상담을 받는 경우는 심리치료 내담자들 중 일부이므로, 보다 다양한 환경에서 일하는 상담자들을 인터뷰한다면 다른 윤리적 가치들이 나타날 가능성이 있다. 예를 들어, 대가 상담자들이 내담자의 자율성을 강조하고 보다 지시적인 접근에 대해서는 별 관심을 보이지 않았던 것은 다른 내담자 집단(예: 입원한 내담자들)과 작업하는 상담자들에게는 수용되지 않을 수도 있다.

또 다른 한계점은 기존의 인터뷰 자료를 사용했다는 것이다. 이러한 접근을 택한 이유는 반응효과가 적은(unobtrusive) 연구방법이고(Webb, Campbell, Schwartz, & Sechrest, 1966), 참가자들의 가치들을 알아내는 데 유용하기 때문이었다(Marshall & Rossman, 1999). 하지만 연구자들이 윤리적 가치에 대해 이 대가 상담자들을 직접 인터뷰했다면 다른 문제들이 나타났을 수도 있다. 그렇게 함으로써 연구자들은 추가 질문을 통해 윤리적 가치에 대한 보다 세부적인 관점을 끌어낼 수 있을 것이다. 그러나 대가 상담자들의 윤리적 국면(민감할 수도 있는 주제)에 대해 직접적으로 질문하는 것은 사회적으로 바람직한 답변들이 나왔을 가능성이 있다. 이러한 제한점들에도 불구하고 우리는 대가 상담자들의 치료적 수행을 설명하는 다양한 윤리적 가치들을 찾아낼 수 있었다.

3. 추후연구에 대한 제안

기존의 연구 결과들은 대가 상담자들의 몇 가지 윤리적 가치들을 정리했다. 추후연구에서는 이 목록을 확장시키고 이 주제들을 지지하거나 반증할 수 있을 것이다. 현재까지 윤리적 가치들에 관련된 대부분의 연구는 가설적인 윤리적 딜레마에 대한 상담자들의 답변을 평가하는 설문조사 방법을 사용해 왔다. 논리적으로 발전된 추후연구는 상담자들에게 자신의 윤리적 가치관에 대해 명확하게 묻는 질적 연구방법이 될 것이다. 비록 이러한 직접적 접근방법이 반응효과가 생길 가능성은 있지만, 우리는 경력 상담자들과의 대화가 이 주제에 대해 풍부한 자료를 제공해 줄 것이라 생각한다. 이런 연구는 전문 상담자들의 윤리적 가치관들을 초심자나 '전형적' 상담자들의 가치관과 비교하는 데까지 확장될 수 있을 것이다. 자기보고식 연구 방법론으로부터 벗어나려는 노력으로써 모의 혹은 실제 상담회기를 통해 전문 상담자들의 윤리적 가치나 의사결정에 대해 조사하는 연구는 그들의 실무 행동에 대해 통찰을 제공해 줄 것이다. 상담자들의 보고를 통해 윤리적 상황을 다룰 때 어떻게 하는지를 아는 것도 유용하지만, 그들이 윤리적 딜레마들을 다루는 것을 관찰하는 것은 더 명확한 접근방법이 될 수 있을 듯하다. 마찬가지로 버나드 등(Bernard et al., 1987)과 윌킨스 등(Wilkins et al., 1990)은 상담자들이 선호되는 행동과정이 있다는 것을 알았을 때 윤리적 결정을 내리는 데 어려움을 가진다는 것을 찾아냈다. 이러한 어려움을 탐색하는 데 있어서는 내담자와의 모의 또는 실제 인터뷰도 사용될 수 있을 것이다. 마지막으로 추후 연구자들은 상담자들이 윤리적 신념을 실천하는 데 있어서 특정한 성격 특성이 부분적으로 부족하다는 스미스 등(Smith et al., 1991)의 가설을 검증할 필요가 있다. 도덕적/윤리적 행동의 주요 요소는 필요할 때 용감하게 행동하려는 의지라는 레스트(1984)의 도덕적 결정 모델을 검증하는 심리치료 연구는 문헌연구에 큰 기여를 하게 될 것이다.

4. 실무에 대한 함의

크나우스(Knauss, 1997)는 "윤리적 실무를 배우는 것은 윤리에 대해 가치를 두지 않고 존중하지 않는 분위기에서는 효과적일 수 없다."(p. 292)고 말한다. 훈련 프로그램들과 상담 현장은 윤리적 문제에 대해 개방적인 대화가 이루어지도록 촉진함으로써 윤리적 행동을 증진시킬 수 있다. 많은 대학원 프로그램들에서 윤리과정에 대한 평가는 윤리 원칙을 암기하는 학생의 능력에 기반하고 있고, 종종 윤리시험과 같은 필기검사를 성공적으로 통과하는 것으로 측정된다. 보다 경험에 기반한 훈련방법들(예: 역할연습, 토론을 위한 촉진 자료, 가치 명료화 연습, 비디오테이프)이 개발된다면 학생들의 자기 자각을 촉진시키고 윤리적 가치의 발달을 이루어 낼 것이다.

윤리수업들 또한 직업이나 각 학생들에게 특징적으로 나타나는 보다 전반적인 가치들을 인식하는 것보다는 편견들과 선입견들을 자각할 수 있도록 그들의 부족한 부분을 기반으로 한 훈련 전략들에 초점을 맞출 필요가 있다(Carson & Erickson, 1999). 이와 같이 개인적이고 모호한 문제들에 대해 이야기할 수 있는 안전한 공간을 제공하도록 가치 훈련의 목표를 재정비하는 것은 윤리적 성찰이라는 언어를 공유할 수 있도록 하는 데 도움이 될 것이다(Vachon & Agresti, 1992). 더불어 윤리적 결정들에서 특정 가치들의 역할에 대해 다른 사람들과 이야기 나누는 기회를 가지는 것은 학생들의 핵심적인 성찰의 중요성에 대한 인식을 증가시킬 수 있으며(Assouline, 1989), 궁극적으로는 그들의 의사결정을 도울 수 있을 것이다.

카슨과 에릭슨(1999)은 가치관이 상담자 훈련과정의 초기부터 강조되어야 하며 심리학적 변화의 통합에 대한 개인적 이론으로 정립되어야 한다고 말했다. '나는 믿는다.' 또는 '나는 가치 있게 여긴다.'와 같은 줄기를 중심으로 한 개인 이론들을 수립하는 것은 개인적/이론적 신념들을 통합하게 해 준다. 또한 그것은 상담과정에서 상담자들에게 투자하는 것이다. 이러한 연습은 학생들에게 이론들에 내재되어 있는 가치관들을 찾게 해주고 결정의 전면으로 가치관을 이끌어 내는 과정을 만든다. 궁극적으로 훈련 프로그램들에서 심리학자들의 윤리적 가치관들을 서서히 주입시키는 것은 가능하지도 않고 또 바람직하지도 않다(Mickleburgh, 1992). 그러나 상담에서 윤리적 결정을 내리는 데 자신감을 느끼는 상담자들을 키워 내려는 목표를 이루기 위해서는 상담자들에게 자기 자신에게 내재되어 있는 가치관이 무엇인지를 인식하는 방법을 가르치는 데 더 많은 시간을 할애하는 것이 중요하다(Assouline, 1989; Corey, 1989; Kovel, 1982).

수련생들과 현재 실무자들에게 도움이 될 만한 또 하나의 제안은 자신의 가치관이 자신의 일에 어떻게 영향을 미치는지를 더 깊이 탐색하기 위해서 자기 자신의 경험과 성격을 성찰하는 데 많은 시간을 들일 필요가 있다는 것이다. 개인과 이론을 통합하려는 전형적인 여성주의 접근에서, 보가트(Bogart, 1999)는 학생들이 이러한 질문에 대답해 보기를 제안했다. "사람과 변화과정에 대한 결론을 내리도록 하는 나의 특징과 개인사는 무엇인가?" (pp. 46–47). 상담자의 배경이 내담자를 평가하고 개념화하는 과정을 어떻게 형성하는지를 탐색하는 것은 이 연구에서 강조되었던 자기 자각, 능력의 정점, 무해한 윤리적 실무를 더 발달시킬 수 있는 기회를 제공할 것이다.

스콥홀트와 로네스테드(1995)는 슈퍼비전 내에서 상담자의 발달에 접근할 때 발달적 계약을 사용할 것을 주장했다. 윤리적 판단에서 특정 가치관과 역할에 대한 자각을 발달시킨다는 목표를 명시한 공식적 계약을 하는 것은 유용한 도구가 될 수 있는데, 그 이유는 가치관들이 치료적 작업에서 모호한 부분이기 때문이다. 예를 들어, 슈퍼바이저와 특정 시기나 특정 내담자 집단 간의 '관계적 연결' 에 관심을 기울이도록 계약하는 것은 권장할 만하다. 슈퍼비전에서 윤리적 문제가 나타남에 따라, 상담자와 슈퍼바이저는 관계에 관심을 두는 것이 어떻게 특정한 딜레마에서 윤리적 해답을 찾게 하는지에 대해 탐색할 책임감을 갖게 된다. 발달적 계약의 구조는 상담자와 슈퍼바이저의 편안함 수준과 보다 높은 수준의 성격 발달을 증가시킨다. 그것은 가치관 훈련을 더 명확한 슈퍼비전 과정으로 만들기 때문이다.

5. 결 론

이 연구 결과를 살펴볼 때, 상담자들은 자신들의 윤리적 지침을 알고, 계속해서 자신의 특성(예: 선행 윤리)을 발달시키고, 윤리적으로 도전받는 상황에 직면했을 때 자기 내부에서 용기 있게 행동할 수 있는 능력을 잘 찾을 수 있게 될 것이다. 전문 윤리지침은 불완전한 데다 계속 변하기 때문에, 상담자들은 도덕적으로 좋은 실무의 지침으로써 윤리적 지침만을 이용하는 것의 한계를 알고 있는 것이 중요하다(Grant, 1985).

전반적으로 이 연구는 좋은 일을 한다(선행), 해를 끼치지 않는다(무해성), 내담자의 자기 방향성을 존중한다(자율성)와 같은 1992년 및 2002년의 APA 일반 원칙들에서 발견된 몇 가지 기본적인 윤리 원칙들의 중요성을 강조하고 있다. 이에 더하여 대가 상담자들은 능력에 대한 욕구를 가지고 APA 지침의 수준을 넘어서서 능력을 갖추기 위한 요구사항을 초과 달성하는 것으로 나타났다. 이 연구에서 중요한 발견은 대가 상담자들이 관계를 만들고 형성하는 것을 강조한다는 것과 이것이 윤리적 실무를 하는 그들의 능력을 향상시킨다는 것이다. 이 연구에서 대가 상담자들은 다양한 형태의 관계에 참여하는 것이 그들의 전문적 역할이 가지는 윤리적 요구에 대한 그들의 이해를 어떻게 강화시키는지를 보여 주었다.

제7장

대가 상담자의 초상: 고기능 자아의 발달 모델

Thomas M. Skovholt
Len Jennings
Mary Mullenbach

치료와 상담이라는 숙련기술을 발휘하는 전문가들의 핵심 요소, 세부 내용 및 눈에 띄는 특징들을 어떻게 묘사할 수 있을까? 이것은 매우 중요한 문제다. 심리적 고민과 정서적 고통은 다양한 인간의 괴로움들 중 가장 어려운 것이다. 이러한 종류의 괴로움을 감소시키려는 직업은 매우 중요한 가치를 지닌다. 또한 심리적·정서적 괴로움을 감소시키는 작업이 인간의 복잡한 모호성 때문에 부분적으로는 매우 어려운 경우가 많지만, 이는 커다란 노력을 기울일 만한 가치가 있는 작업이다.

어떻게 하면 진실로 사람들을 도울 수 있을지, 잘 보이지 않는 숲이나 겹겹이 쌓인 덤불 같은 문제에서 우리를 구해 주는 것은 대가 실무자들에 의해 사용된 예술적인 방법들이다. 아마도 이러한 높은 수준의 성취자들은 우리에게 빛을 주고 그들의 방법, 사고, 스타일, 가치관들을 사용할 수 있도록 도와줄 것이다. 만약 우리가 그들을 따라할 수 있고 그들의 방법을 배울 수 있고 그들을 향해 자라 나갈 수 있다면, 우리 또한 높은 수준의 수행을 향해 나아갈 수 있을 것이다.

시작하기 전에 앞으로 만나게 될 대가 상담자의 초상은 어떤 개인이 필수적으로 갖추어야 할 요소라기보다는 노력해야 할 이상적 목표로 보아야 한다는 것을 강조하고 싶다. 앞으로 소개할 자료들에서 10명의 대가 상담자들이 가진 특성이 모두 높은 수준이라는 것은 아니다. 그보다 대가 상담자들은 이러한 특성들을 다양한 조합으로 가지고 있었다. 다음에서 묘사되는 것은 숙련의 원형적 초상인 것이다.

앞에서 소개한 부분들의 내용을 되돌아보고 정교화하기 위해, 먼저 숙련이란 무엇인지를 알아보기로 하겠다.

대가 상담자의 정의

대가 상담자를 어떻게 정의할 것인가? 우리는 전문가 집단에게 이 질문을 던져 보았다(Jennings, 1996, pp. 110-112). 전문가들은 중요한 경험들을 통해 만들어진 특징들을 이야기해 주었다. 전문가들이 말하는 대가 상담자가 되는 방법 또는 대가 상담자에 대한 정의는, 대가 상담자가 어떻게 발달해 가는지에 대한 다음의 글에서 발견할 수 있다.

> 많은 인생 경험, 굳건한 자기존중감, 성장에 대한 개방성, 개인적 성장에 대한 전념, 인류에 대한 존경. 자아가 너무 빡빡하게 묶여 있지 않기, 굳건한 외부 생활을 가지기, 내담자를 통해 자신의 욕구(경제적인 것 이외에)를 충족하려 하지 않기. 그리고 재미있고 즐거운 경험을 가지려는 욕구(Jennings, 1996, p. 111).

어떤 전문가는 다음과 같은 요소들을 제공했다.

> …직관, 위험을 감수하려는 능력, 희망적인 태도, 인생에 대해 긍정적인 감정 가지기. 자기 자신에 대해 알기… 자유롭게 사랑하기, 자기 자신에 대해 심하게 방어적이지 않기… 이런 일들을 이론이나 배경 없이 하는 것은 좋지 않아요. 이론적 공부가 필요하지요(Jennings, 1996, p. 111).

다른 전문가는 그 질문에 대해, 사람들이 어떤 상담자를 선택하는지에 관한 관점으로 생각하고 대답했다.

> 나는 수용적이고, 똑똑하고, 재미있고, 호기심이 많고, 정보를 가지고 있고, 자기 자신을 잘 돌보기 때문에 나누어 줄 수 있는 에너지가 있는 사람을 원합니다. 동정적이고 공감적인 데다가 도전적이었으면 좋겠네요. 접근 가능한

사람… 지혜로운 사람… 친절, 겸손은 좋은 단어잖아요. 기꺼이 들어주려 하고, 성장하려 하고… 내가 생각하기에 독특함을 볼 수 있는 능력이 중요한 것 같아요(Jennings, 1996, p. 111-112).

한 전문가는 대가 상담자를 다음과 같은 방식으로 묘사했다.

그들은 위험 감수를 두려워하지 않는 사람들입니다. 깊은 이해와 보다 전반적인 이해를 할 수 있는 사람들이죠. 고결함을 많이 가지고 있는 사람들이에요. 그리고 자기 자신의 힘에 대해 편안함을 느끼고 그것을 편안하게 사용하는 거죠. …내가 생각하기에 대가들은 자기 자신과 만나고 다른 사람들을 만나서 자신이 가능하다고 생각하는 수준을 넘어서는 사람들인 것 같습니다. 희망을 주는… 그것은 도전이기도 하고, 다른 사람이 혼자라고 느끼지 않고 행동이나 성취가 가능하다고 느낄 수 있도록 돕는 일이기도 합니다(Jennings, 1996, p. 111).

초기의 개인적 삶

초기 개인사는 어땠을까? 대가 상담자들의 인생 초기에는 어떤 중요한 요소들이 있었을까? 다음의 발달적 요소들이 전문가들의 초기 인생에서 중요했던 것 같다.

1. 자신과 타인에 대한 이해

대부분의 대가들은 어린 시절부터 조화로운 인간관계를 맺었으며, 자신과 타인을 심리적 감각으로 이해하는 것이 중요했던 것 같다. 이에 대해 한 대가 상담자는 아래와 같이 이야기했다.

> 내가 그 당시에 그것을 알고 있었던 것 같지는 않아요. 하지만 뒤돌아보면 이렇게 이야기할 수 있을 것 같네요. 우리는 어떤 부분에서는 우리 자신을 이해하려 애썼고, 어떤 부분에서는 가족이나 우리가 사랑하는 사람들을 이해하고 치유하려 애썼습니다. 우리를 이렇게 만든 것은 이런 생각이었어요. '나는 이 상황을 이해할 필요가 있다. 나는 이해할 필요가 있다. 나는 어떤 사람의 행동을 알 필요가 있다.' (Mullenbach, 2000, p. 71)

또 다른 대가는 말했다. "…내 가족을 이해하기 위해 그때 당시의 역동을 이해하는 데에는 많은 작업이 필요했습니다." (Mullen, 2000, p. 70) 그들은 자신의 삶이 가지는 심리학을 이해하기를 원했다.

2. 초기의 삶에 존재했던 중요하지만 압도적이지는 않은 스트레스

대가 상담자의 삶에는 가족이나 사회에서의 좌절(장애우, 낙인 찍힌 집단에의 소속, 좌절된 결혼, 중독, 죽음, 또래로부터의 사회적 소외)이 있었던 것 같다. 어떤 형태로든 많은 대가들은 초기의 삶에서 인간적 고통을 겪은 듯했다. 다음은 어느 정도 스트레스를 주긴 했지만 압도적이지는 않았던 초기 스트레스의 예다.

> 내가 아이로서 겪었던 것들에 대해 생각해 보면, 내가 원하는 만큼 갖지 못했다는 느낌이 듭니다. 하지만 난 부모들이 어른이라는 걸 확실히 알고 있었기에 나 자신이 어른이 될 필요는 없었지요. 나는 내가 기본적으로 괜찮고 공

정한 체계 안에서 살고 있다는 것을 알고 있었어요(Mullenbach, 2000, p. 71).

이 대가 상담자는 초기의 개인적 발달 단계에서 아주 크지 않은 고통을 경험하는 것은 이상적이라고 설명한다.

> 나는 상담자의 삶이 상실과 소외와 고통으로 가득 차 있다면 그 사람이 대가 상담자가 될 수 없을 거라 생각합니다. 하지만 나는 또한 상담자가 정서적 고통에 대해 개인적 수준에서 알지 못한다면 이 직업에 관심을 가질 수 없을 거라고 생각하지요(Jennings, 1996, p. 101)

발달사에서 경험한 스트레스는 다양한 형태를 갖고 있었다. 예를 들어, 어떤 대가는 무기를 소지한 폭력과 싸움이 항상 일어나며 갈등이 가득한 동네에서 살고 있었다. 이 대가 상담자는 다음과 같이 언급했다.

> 그곳은 정말 스트레스에 대처해야 하는 방법을 연구해야 하는 곳이었어요. 나의 가족이나 친구들과 같이 살아남은 사람들은 점차적으로 성장했는데, 그들은 기회를 잡는 방법과 사물을 제대로 보는 방법을 알고 있는 더 강한 사람들이 되었습니다(Mullenback, 2000, p. 70).

3. 초기 스트레스에 대해 차단하지 않고 진행시키는 반응

많은 대가 상담자들은 발달사에서 복잡하고 고통스러운 삶이 있었다고 보고했다. 하지만 그로 인한 스트레스는 그들을 긴밀한 인간관계에서 고립시키지 못했다. 한 대가는 과거를 돌아보면서 자신의 주위 환경이 가지고 있었던 긍정적인 측면들에 대해 이야기했다

> …주위 환경은 내가 폐쇄적으로 머물러 있지 못하게 했고, 내가 요새를 쌓아

서 주위 사람들을 느끼지 못하는 일을 막아 주었습니다(Mullenbach, 2000, p. 71).

심각한 스트레스에 직면했을 때의 또 다른 길은 그 과정을 멈추는 것이다. 이는 러너(Lerner, 1989)가 개념화한 것처럼 정서적 차단을 말한다. 대가 상담자들은 이러한 방법을 선택하지 않았다.

또한 직업심리학에 따르면 자료, 사람, 사물에 집중하는 데에는 전형적인 차이점이 있다. 공학과 같은 고기술 직업 분야에서는 사람들에게 사물이나 자료를 조작하는 데 초점을 맞추게 한다. 그리고 치료나 상담과 같은 하이터치 직업 분야에서는 사람들에게 인간관계에 초점을 맞출 수 있게 한다. 물론 대가 상담자는 후자의 길을 택해서 초기 스트레스에 대해 정서를 차단하는 접근을 사용하지 않도록 했다.

4. 도우미 역할의 선택

우리의 연구에 참여한 상담자들은 다른 사람을 돕는 가족의 역할을 취하고 있었다. 이는 그들이 다른 사람들을 대상으로 자기 자신을 조율할 필요가 있었다는 것이다. 예를 들어, 한 대가 상담자는 이렇게 이야기했다. "…내가 어린 시절에 하려고 애썼던 것 중의 하나는 가족을 구하는 것이었습니다. 나는 내 가족을 더 잘 도울 수 있는 모든 방법을 생각했지요."(Mullenbach, 2000, p. 71)

도우미 역할을 하는 것은 타인의 시각으로 세계를 보고 어떤 것을 더 낫게 만들기 위해 자기가 개발한 방법을 사용해 보려는 시도를 하도록 초기에 훈련되었다는 것을 의미한다. 연구에서 보면, 누군가를 돕고자 시도하는 경험에 있어 가장 어려웠을 때의 이야기는 다음과 같다.

…아버지가 돌아가시기 전에 내가 했던 일이 생각나네요. 나는 그때 네 살인가 다섯 살이었는데 하루는 아버지가 편찮으셔서 침대에 누워 계셨습니다.

햇살이 아버지 눈에 비치고 있어서 나는 아무 말 없이 커튼을 내려 드렸지요. 그때 나는 정서적 감수성을 갖고 있었던 것 같아요. 어디서 그런 걸 배웠는지는 잘 모르겠어요(Jennings, 1996, p. 100).

대가 상담자들은 그들이 공식적인 훈련을 시작하기 전에 이미 오랜 세월 동안의 경험을 갖고 있었다. 동료들과 비교되면서 첫 실습 과목에서 상담의 역할을 이제 막 시작한 한 대학원생이 앞으로 얼마나 먼 길을 가야 할지 상상해 보라. 한 대가 상담자는 이런 감정을 다음과 같이 표현했다.

…나는 학교에 가서 내가 여기서 배울 거라고 기대하는 건 아무것도 없다고 말할 수도 있었습니다. 나는 이미 그런 환경에서 길러졌기 때문에 이런 일을 할 수 있다는 것을 알고 있었지요. 나는 이미 알고 있었습니다. 내가 모든 세상과 관련될 수 있다는 것을 말이에요(Mullenbach, 2000, p. 70).

5. 심층적이고 의미 있는 삶의 긍정적 부분으로서의 인간적 고통

발달사에서 겪었던 개인적 고통 경험은 내담자의 고통스러운 세계와 관계를 맺는 것을 보다 쉽게 해 주었을 수 있다. 이 대가들은 다른 발달사를 가지고 있는 사람들보다 무서움이 덜했다. 한 대가 상담자는 말했다. "나는 고통을 가치 있게 보는 법을 배웠습니다."(Mullenbach, 2000, p. 81) 다른 대가는 고통에 대해 다음과 같이 이야기했다.

고통은 나를 깊이 생각하게 합니다. 나는 고통을 정말 잘 이해한다고 느껴요. 중요한 것은 고통이나 아픔 자체가 아니라 혼자 그것을 겪을 필요가 없다는 사실을 아는 거예요. 그건 정말… 당신이 중요한 장소에 혼자 있지 않다는 것을 아는 일입니다(Mullenbach, 2000, p. 81).

다른 대가는 내담자의 고통에 대해 이야기했다.

> …나는 무엇보다도 내담자의 고통이 내게 어떤 종류의 열정을 남긴다고 생각해요. 그것은 내가 사람들이 특별한 고통을 통해 나아가고 다른 쪽으로 빠져나오는 것을 보기 때문이지요(Mullenbach, 2000, p. 81).

전반적으로 초기 발달사는 인간의 삶과 초기 상담자 발달에 대해 집중적으로 배울 수 있는 실험실을 제공하는 듯했다. 그들의 삶에는 스트레스가 분명히 어떤 형태로든 존재했지만 감당하지 못할 정도는 아니었다. 대가들은 도우미의 역할이나 적어도 사람의 행동에 대해 예민한 관찰자의 역할을 맡았고, 인간의 감정을 소외시키거나 차단해 버리는 것이 아니라 감정에 더 열중하는 접근방법을 택했다. 이와 같은 초기 실험실은 다른 사람을 이해하고 돕는 영역 내에서 지지와 도전 사이의 균형감을 갖게 해 주었다. 지지와 도전 간의 좋은 균형은 성장에 필요한 최적의 환경을 만드는 방법 중 하나다(Skovholt & Rønnestad, 1995).

초기의 전문적 삶

대가들의 초기 전문적인 발달사를 특징짓는 것은 무엇일까? 인터뷰에서는 이 부분에 대해 초점을 맞추지 않았기에, 우리는 대가들의 초기 전문적 삶에 대해 많이 알지는 못한다. 하지만 우리의 느낌은 이런 것이었다. 그들은 초기의 전문적 도전들과 '초보 상담자의 높은 스트레스 요인들' 을 겪으면서 고전했다(Skovholt & Rønnestad, 2001). 초심자들이 항상 애를 먹는 주요 원인은 인간 환경이 지닌 복잡한 모호성이다. 이 대가 상담자들 또한 초기에는 실무 현실에 대해 그들 자신이 준비되어 있지 않다고 느꼈던 것 같았다. 이 기간에 대해 한 대가는 이야기했다.

> 당신이 실무를 하기 위해 필요한 정서적 요구에 대해 준비되어 있을 가능성은 없습니다. 하지만 나는 이러한 환경에서는 정서적으로 준비되어 있지 않아도 괜찮다고 생각합니다(Mullenbach, 2000, p. 72).

다른 대가는 초기의 전문적 시기에 대해 다음과 같이 이야기했다.

> 내가 안전감을 덜 느끼고 덜 숙달되고 덜 정통했을 때에는 나의 실수에 대해 사과하기가 더 힘들었지요(Sullivan, 2001, p. 93).

초심자가 흔히 겪는 어려움은 이론에서 배운 것이 실무에 맞지 않는다는 좌절스러운 경험이다. 물론 실무는 내담자의 어두운 세계에서 빛을 찾기 위한 노력이고, 불안이나 우울과 같은 내담자의 좌절을 감소시키기 위해 그 빛을 향해 나아가려는 노력이다. 종종 이론이 빛을 찾는 것을 도와주지 않는 것처럼 보이기에 초심자들은 자주 길을 잃는다. 한 대가는 이론에 대해 언급했다.

> 내가 아주 어리고 초보 상담자였을 때… 심리치료 세계에는 모든 종류의 이상한 것들이 있었고, 나는 그 모두에 관심이 있었습니다. 나는 모든 것들을 다 시도해 보고, 상상 가능한 모든 이론들을 조금씩이라도 다 배우려 애썼습니다. 그리고 그 시도들이 실패하는 장면을 지켜봤습니다(Jennings, 1996, p. 74).

초기에 초심자들은 그들의 실무를 도와줄 보다 경험 있는 사람들을 필요로 한다. 물론 우리는 그런 사람들을 멘터, 교사, 슈퍼바이저, 선배라고 부른다. 당신이 그런 사람들을 필요로 할 때, 당신의 필요에 딱 맞는 좋은 사람을 찾아내기란 어려운 일이다. 이런 사실에 대해 한 대가 상담자는 이야기했다.

나는 그때가 좋은 시절이었다고 기억합니다. 물론 너무나 새로운 것들이 많아서 힘들었지만, 나는 매우 지지받는다고 느꼈습니다(Mullenbach, 2000, p. 82).

다른 대가는 말했다.

…첫 직장에서 나는 운 좋게도 충분한 훈련과 경험이 있는 신뢰할 수 있는 좋은 슈퍼바이저를 만날 수 있었습니다. 그 만남은 정서적인 자기 자각을 가능하게 했고, 내가 성장해 온 방법으로 자신을 활용할 수 있도록 촉진시켰지요. …그 환경은 나에게 모든 가능성을 열어 주었고, 내가 매우 생동감 있고 생기 있게 행동하도록 만들어 주었습니다. 나는 정말 감사하고 있어요(Mullenbach, 2000, p. 83).

세 번째 대가는 초기의 멘터링에 대해 이야기했다.

나는 나이가 나보다 스무 살 연상인 매우 경험이 많은 선배 상담자들의 집단에 참석해야겠다는 훌륭한 판단을 내리고 그곳에 참석할 수 있는 행운을 가졌습니다. …그들은 나에게 깊고 넓은 임상적 경험을 제공해 주었고, 실무가 어떻게 이루어지는지를 이해할 수 있게 해 주었습니다. 그 경험은 나에게 매우 중요했습니다(Mullenbach, 2000, p. 83).

네 번째 대가는 말했다.

…그들은 나를 믿어 주었고, 그 믿음을 기반으로 나와 함께 일했습니다. 그리고 나는 당시에 내가 알았던 것보다 정말 더 많이 노력했습니다. 나는 거기서 정말 많은 것을 얻었어요. 그 사람들을 만나지 못했다면 내 인생은… 다른

방향으로 흘러갔을 겁니다(Mullenbach, 2000, p. 83).

이러한 인용문들에서 우리는 대가 상담자들의 초기 전문적 삶에서 겪게 되는 어려움에 대한 몇 가지 아이디어를 얻었다. 전반적으로 그들은 이론과 실무의 차이 그리고 슈퍼바이저의 지지를 얻고 싶은 욕구로 인해 어려움을 겪었다.

현재의 전문적 삶

대가 상담자의 초상: 고기능 자아

다음의 초상은 10명의 대가 상담자들의 특징들을 요약한 것이다. 이러한 초상을 만들기 위해 사용된 자료들은 7년(1995～2002) 동안 수집되었다. 렌 제닝스, 메리 뮬렌바흐, 마이클 설리번의 논문 프로젝트의 일환으로 인터뷰가 이루어졌다. 톰 스콥홀트는 각 프로젝트의 논문지도 교수였다. 이 시기에 세 개의 프로젝트를 진행하기 위해, 표집집단에 대해 100시간이 넘는 인터뷰를 했다. 10명의 대가 상담자들은 1명당 평균 6시간을 인터뷰했다. 세 개의 논문 프로젝트에 더하여 렌 제닝스에 의해 진행된 네 번째 윤리 프로젝트에서의 인터뷰를 분석하기 위해서 더욱더 많은 시간이 투자되었다. 전체적으로 우리는 이 연구 프로젝트를 위해 7,000시간 이상을 투자한 것 같다.

이렇게 긴 과정이 끝날 즈음, 톰 스콥홀트는 렌 제닝스, 메리 뮬렌바흐, 마이클 설리번과 90분 동안의 인터뷰를 녹음했다. 90분 인터뷰의 목적은 대가 상담자의 핵심적 특징을 정리하기 위한 것이었다. 녹음된 인터뷰는 축어록으로 작성되었고, 생생한 묘사와 특징을 만들어 내기 위해 축어록을 분석하였다. 초상의 초안을 톰 스콥홀트가 작성한 다음, 이 장의 저자들이 개인적/집단적 모임을 통해 그 초안을 다듬는 작업을 했다. 최종 분석의 결과는 앞으로 제시될 것이다. 대가의 초상의 특징들은 다음과 같다.

역설적 특징들(〈표 7-1〉 참조)

- 숙련을 향한 욕구를 지니지만 완전히 달성했다는 느낌은 아님. 즉, 끝이 없는 길을 달리는 여행과 같음.
- 타인의 내면세계로 깊이 들어갈 수 있는 능력이 있지만 종종 고독을 즐김.
- 내담자에게 정서적으로 안전한 환경을 제공하지만, 필요할 때는 강하게 도전할 수 있음.
- 타인을 돕는 치료의 힘을 활용하는 데 높은 수준의 기술을 가지고 있지만, 스스로에 대해 매우 겸손함.
- 개인적/전문적 자아들을 철저하게 통합시키지만, 두 가지 세계의 경계가 분명함.
- 광범위한 학습뿐 아니라 일에 관련된 세부적인 주제에 대해서 에너지를 자주 쓰는 열정적인 학생임.
- 타인을 위해 자신을 주는 데 탁월하지만, 개인적 자아를 돌보고 있음.
- 자기 자신에 대한 피드백에 매우 개방적이지만, 그로 인해 개인적으로 동요되지 않음.

확인된 특징들(〈표 7-2〉 참조)

- 자기 수용(어두움, 결점 그리고 모든 것)으로 증명되는 높은 정서적 건강을 지님.
- 인간 심리학의 한 가지 단면만을 집중적으로 받아들이지 않고 인간 본성의 모호한 복잡성을 이해함.
- 내담자에게 단순화된 이론과 모델을 사용하는 것을 분명하게 거부함.
- 자신을 발달시키기 위한 집중된 동기와 타인을 돕는 능력을 지님.

표 7-1 역설적 특징들

대가 상담자의 초상 역설적 특징들		
숙련에 대한 욕구	그리고	완전히 달성했다는 느낌을 절대 가지지 않음
타인의 세계에 깊이 들어갈 수 있는 능력	그리고	종종 고독을 즐김
내담자를 위해 매우 안전한 환경을 조성할 수 있는 능력	그리고	내담자를 위해 매우 도전적인 환경을 조성할 수 있는 능력
치료의 힘을 활용하는 데 매우 높은 수준의 기술을 가지고 있음	그리고	자신에 대해 매우 겸손함
전문적/개인적 자아의 통합	그리고	전문적/개인적 자아 간의 경계가 명확함
열정적이고 광범위한 지식 욕구가 있는 학생	그리고	초점화된 특징 영역에 관심이 있는 학생
자신을 주는 것을 매우 잘함	그리고	자신을 돌보는 것을 매우 잘함
자신에 대한 피드백에 매우 개방적임	그리고	자신에 대한 피드백에 의해 동요되지 않음

- 자신의 인생 경험을 성장을 위한 양식으로 최대한 활용함.
- 치료과정과 자신의 치료기술에 대해 높은 자신감을 가짐.
- 자신이 어떤 내담자에게는 최고의 치료자가 아닐 수 있다는 것을 인식하면서 자신의 제한점과 결점에 대해 비방어적으로 수용함.
- 내담자와의 직접적인 작업을 통해서 나오는 자료에 대해 높은 가치를 매김.
- 인간환경의 역설적이고 복잡하며 은유적이고 난해한 특성에 매력을 느낌.
- 떠벌리거나 거만하지 않고 겸손함.
- 자신의 반성적이고 통합된 인생 경험을 통해 얻은 광범위한 공감적 태도를 지님.
- 매우 많은 시간 동안의 작업을 통해 발달된 패턴, 실습, 과정들로 이루

어진 내부 도식(지혜, 지침)을 가짐.
- 개인 성격과 작업환경에서 요구하는 것 간에 밀접한 일치성, 즉 '적합성(goodness of fit)' 을 지님.
- 타인의 세계를 존중하며 거기 들어가 도울 수 있는 심층적인 능력을 가짐.
- 인간환경에 대해 외경심을 가짐.
- (개인적/전문적) 성장을 위해 오랫동안 성찰적, 개방적 태도로 생활하여 고기능 자아를 만들어 냄.

표 7-2 : 확인된 특징들

대가 상담자의 초상 확인된 특징들
• 튼튼한 정서적 건강을 가지고 있다. 이것은 자기 자신의 결함을 수용하는 것에 대한 지표다. • 인간 삶의 모호한 복잡성을 이해한다. • 단순한 이론들과 모델들을 거부한다. • 성장에 초점을 맞춘 동기를 가지고 있다. • 개인적 삶의 경험을 성장에 필요한 기반으로 최대한 활용한다. • 치료과정에 대한 자신감을 갖고 있다. • 자신이 전문적 한계가 있음을 인정한다. • 내담자와의 작업에서 얻는 자료에 대해 높은 가치를 부여한다. • 인간 본성에 대해 심층적인 시각을 가지고 있다. • 거만하지 않고 겸손하다. • 인생을 통해 얻은 광범위한 공감능력을 가지고 있다. • 패턴, 실습, 과정들로 복잡하게 얽혀진 내부 도식을 가지고 있다. • 개인 성격과 작업환경 사이에 '적합성' 을 지니고 있다. • 타인의 세계로 들어가 도울 수 있는 심층적인 능력을 가지고 있다. • 인간환경에 대해 외경심을 가지고 있다. • 반성적이고 성장적인 인생을 살아오면서 고기능 자아를 갖게 되었다.

특징 단어들([그림 7-1] 참조) 살아 있는, 일치하는, 전념하는, 단호한, 집중적인, 개방적인, 호기심 있는, 인내심 있는, 생생한, 성찰적인, 자기 자각적인, 관대한, 성숙한, 긍정적인, 분석적인, 재미있는, 통찰력 있는, 에너지가 넘치는, 강건한, 열정적인, 영감을 주는.

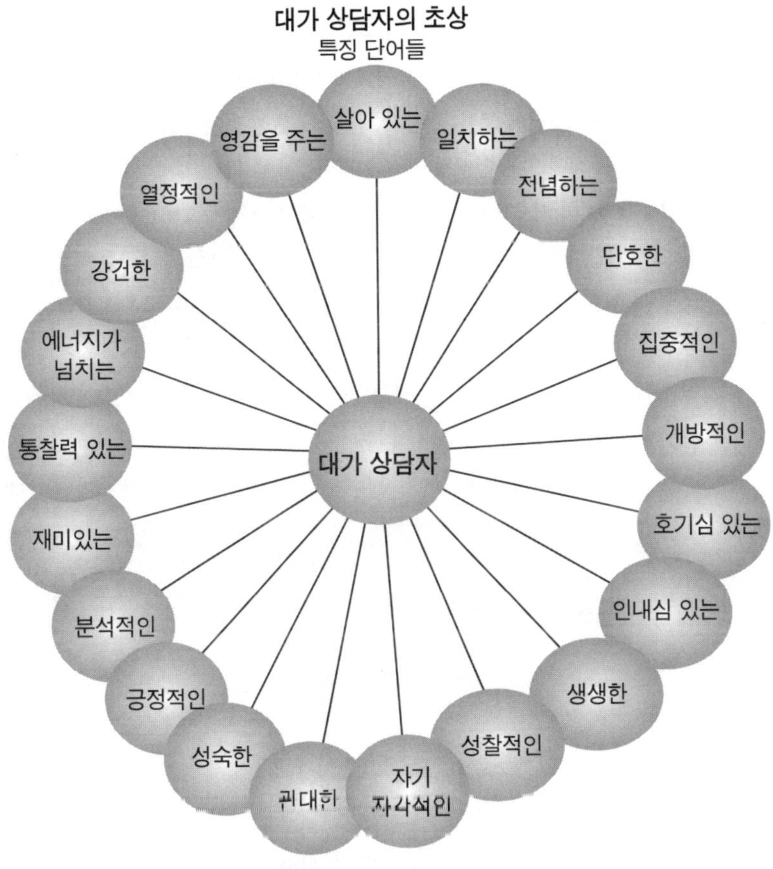

[그림 7-1] 특징 단어들

핵심 특징들 우리는 이 핵심 특징들을 인지적(C), 정서적(E), 관계적(R)의 세 가지 영역으로 나누었다([그림 7-2] 참조). 이러한 세 영역(CER) 모델은 3장에서 살펴볼 수 있다. 3장에서 이야기했듯이, 대가 상담자는 세 가지의 모든 영역에서 매우 높은 수준까지 발달하고 통합되어 있다.

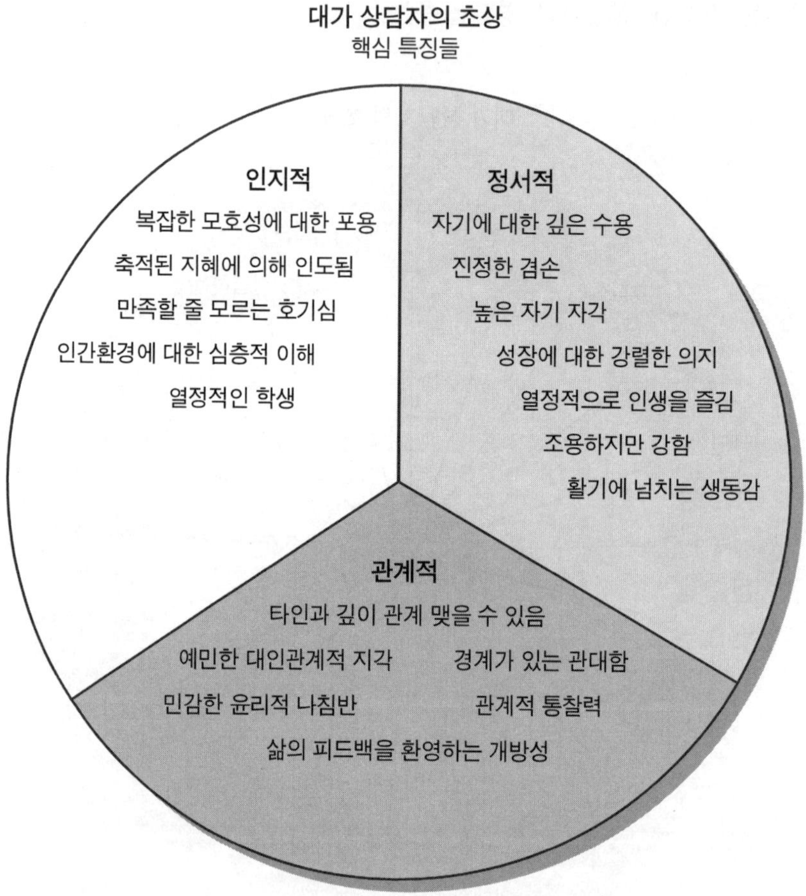

[그림 7-2] 핵심 특징들

1) 인지적 핵심 특징들

복잡한 모호성에 대한 포용 이미 알려진 세계와 아직 알려지지 않은 세계까지 범위를 확장한다. 해답들의 범위가 확장될 뿐 아니라, 질문들의 범위도 확장된다. 모든 것을 알지 못하지만 편안해하고, 모든 것에 답을 가지지 않을 수 있는 능력이 있다. 과자를 자르는 것과 같은 단순한 대답들은 심층적인 이해를 필요로 하지 않고 정확하지도 않기에 이미 오래전에 사라졌다. 대가 상담자들은 융통성이 있으며 내적 재구성 과정을 즐긴다. 이 재구성 과정 중에 혼란이 있다고 해도 말이다.

축적된 지혜에 의해 인도됨 여기에 맞는 지혜에 대한 생각은 베일스와 스타우딩거(Bales & Staudinger, 2000)가 말한 지혜의 정의와 잘 들어맞는다. 그들은 지혜를 "…인생의 기본적인 실제 삶에서의 전문성"(p. 124)으로 정의하고 있다. 회고적 자료들, 책에서 배운 것, 통합된 삶의 경험이 인간 삶에 대한 민감성과 더 심층적인 이해를 낳는다.

오랜 노력의 결과로 얻어진 지식은 지침이 될 수 있다는 믿음이 있다. 이야기들은 핵심을 묘사하는 하나의 방법으로 쓰일 수 있다. 다른 연구에서도 축적된 지혜는 경력 실무자들에게 중요한 나침반이었다는 것을 볼 수 있다(Skovholt & Rønnestad, 1995).

만족할 줄 모르는 호기심 탐색과 지식 그리고 다음 코너에 있는 것이 무엇일까에 대해 열정적인 욕구가 존재한다. 때때로 이것은 강렬한 호기심으로 분출되기도 한다. 이는 배우고자 하는 열정, 평생 배우는 태도, 적극적인 학생으로도 표현될 수 있겠다. 그들은 배울 수 있는 기회들을 놓치지 않고 잡는다.

그들은 많은 것들에 대해 많이 알고 있는 것처럼 보인다. 전문적으로 그들은 전통적인 이론적 사고를 포용하지만, 현실에 대한 기존 관점에 정체되어 있지 않는다. 그것은 광범위한 독서를 배경으로 하기 때문인 것 같다. 지식인이 되는 것은 이러한 태도의 결과다.

인간환경에 대한 심층적 이해 이 특징의 핵심은 지혜다. 대가 상담자들은 표집 당시 평균연령 59세의 경력자였으며 인생 경험이 풍부하였다. 그들은 아동, 청소년, 성인이 인간의 삶을 다루고 유지하고 해석하는 방법들의 넓은 범위에 대해 수용하고 이해하고 높이 평가하고 있었다.

종종 인간의 환경에 대해 더 심층적으로 예민하게 이해할 수 있게 하는 깊은 종교적/영적 영역이 있다. 이러한 보다 깊은 영역은 다수의 내담자들에 의해 표현된 인간의 고통에 대해 정통하게 되면서 더욱 촉진된다.

열정적인 학생 인생은 광범위한 교양교육을 제공하며, 대가 상담자들은 각자의 방법으로 그 과목을 수강한다. 학습은 강력한 재생력으로써 열정적으로 수용된다. 세계는—그 어디든지—아주 호기심이 많은 대가 상담자들을 열정적인 학생으로 받아들일 수 있는 학습장이다. 학습의 많은 부분이 전문적 영역에 관한 것이지만, 그 외의 학습도 전문적 영역에 적용될 수 있다.

2) 정서적 핵심 특징들

자기에 대한 깊은 수용 "구두장이에게 구두가 없다"는 속담과는 반대로, 여기서는 구두장이가 구두들을 가지고 있다. 그들이 사람들에게 제공하는 것(수용)을 그들 자신에게도 제공한다. 그들은 거기에 도달할 수 있는 작업을 끝마쳤다.

'자신의 결점' 을 수용하는 것은 개인의 중압감을 없애 준다. 대가 상담자들은 내담자와 자신의 실패 경험에 대해 불행하지만 그것이 실제로 일어났던 일이라며 이야기할 것이다. 예를 들어, 한 대가 상담자는 경험을 통해 자신은 중독자들과 작업하기가 힘들다는 것을 알았다. 그녀는 계속해서 시도하려고 하기보다는 그들을 다른 상담자에게 의뢰했다. 약점을 알고 수용하는 것은 중요한 부분으로 보인다.

진정한 겸손 다른 사람들이 자신을 '대가 상담자' 라고 묘사하는 것에 대해 알고 있는 것은 겸손함과 인간성에 대한 자기 자각을 가리킨다. 거만함 그리고 그것과 가장 가까운 사촌인 나르시시즘은 상담자들에게 위험한 태도로서 적극적으로 피해야 한다.

높은 자기 자각 여기에는 자기 자신에 대해 관찰을 잘하는 사람의 모습이 있다. 이 특성은 자기 몰입적이고 자기애적인 특징이나 '주제넘게 참견하는 정신과의사' 의 태도가 아니다. 자기 자신을 안다는 것은 윤리적인 의무로 생각된다.

매우 내성적 태도가 정확한 묘사라 하겠다. 자기 자신에 대한 자각은 다면적 특성으로 신체적, 행동적, 언어적 표현과 같은 다양한 면들을 가지고 있다. '타인에 대한 관찰' 이라는 측면은 타인을 긍정적으로 수용하는 것과 다양한 주파수를 사용하는 것 그리고 '제3의 귀로 듣는 것' 을 포함한다.

성장에 대한 강렬한 의지 유능한 삶을 살고자 하는 강한 동기는 숙련에 이르는 핵심적인 촉매가 된다. 그들은 오랫동안 성장하려는 집중적 의지를 가져왔다. 동기와 비슷한 수준에서 논의된 용어로는 영재 연구에서 나온 '대가에 대한 열망' 이 있다(Winner, 2000).

개인적/전문적 발달에 대한 적극적 작업은 주목할 만한 성장과 자기 자신에 대한 심층적인 통합을 가져온다. 수년간의 실무를 통해 선호되어 온 성장방법으로는 자문, 슈퍼비전, 개인상담을 들 수 있다. 이러한 방법을 사용하는 것은 대규모로 이루어진 상담자들의 국제적인 연구에서도 비슷하게 나타났다(Orlinsky et al, 2001, 2003).

높은 수준의 기능은 오랫동안 유지되어 온 성장에 대한 강한 의지의 결과다. 넓게 보았을 때, 고기능 자아는 결과물인 것이다.

열정적으로 인생을 즐김 여기서 즐거움은 매우 의미 있는 단어다. 열정, 기쁨, 유머는 즐거움의 또 다른 표현들이다. 새로운 경험이 추구된다. 가끔은 흥미로운 일을 찾는 태도를 보인다. 대가 상담자들은 건강하고 행복한 사람들처럼 보인다.

조용하지만 강함 대가 상담자들은 정신병리에서 나타나는 분노하는 힘과 효과적으로 싸운다. 정신병리는 치료 도움을 구하는 많은 사람들 중 변화하기 힘든 대처기술을 가지고 있는 사람들의 문제다. 그들은 필요할 때, 그 시간 동안 고통을 지속적으로 찾아내는 강인함을 가지고 있다. 설리번, 스콥홀트 및 제닝스가 4장에서 말했듯이, 이러한 강인함은 도전적인 관계 영역에서 설명되었다.

활기에 넘치는 생동감 에너지가 가득하고 삶에 대한 열망이 가득하다는 것이 이 특성을 묘사하는 한 가지 방식이다. 그들은 인간의 모든 경험을 깊게 이해한다. 그들은 살아 있다는 것을 진심으로 즐긴다. 이는 '순간을 사는' 삶이다. 그들은 원숙하고 예민하며 생동감 있다. 인터뷰에서 대가들은 어떤 것에 대해서도 바로 대답할 수 있었다.

3) 관계적 핵심 특징들

타인과 깊이 관계 맺을 수 있음 그들은 타인과 어울리는 것을 좋아하는 특징이 있다. 그것은 대인관계에서 존재한다는 것을 말한다. 종종 이 특징은 타인의 삶에 '들어가고' 싶은 개방적 의지로 기능한다. 인간의 삶에서 상호적인 특성을 좋아하는 것이 대가 상담자들의 삶을 특징짓는다.

전문적으로 그들은 치료적 관계가 형성되고 유지되고 종료됨에 따라 숙련되고 통찰력을 갖게 된다. 그들은 내담자가 정말 편안함을 느끼고 스스로가 중요한 존재임을 느끼도록 할 수 있다.

예민한 대인관계적 지각 위에서 설명한, 타인과 관계를 맺는 능력뿐만 아니라 대인관계적 지각은 이 직업의 상징이다. 대가 상담자들은 정서적 분위기와 대인간 역동을 재빠르게 구분할 수 있다. 그들이 보통 이상의 높은 수준으로 연마한 이러한 인간적 특징이 바로 그들로 하여금 숙련된 태도로 작업할 수 있게 하는 것이다.

민감한 윤리적 나침반 윤리적 태도는 정직하다. 도덕적 나침반은 콜버그(1969)나 선행 윤리(Jordan & Mears, 1990)에 의해 설명된 것과 같은 보다 높은 수준의 도덕 원칙에 내재되어 있고 깊게 새겨져 있다. 대가들은 내담자의 복지에 관심을 가지며, 무엇이 내담자의 복지를 돕고 보호할 수 있는지를 신중하게 생각하고 있는 듯했다.

이는 평범한 규칙이나 다른 사람이 생각할 것에 대해 즉각적으로 반응하는 것이 아니다. 만약 이것이 위험 부담이 있다면, 대가들은 매우 심각하게 그 위험성을 고려할 것이다. 그들의 윤리적 신념은 인터뷰 내용에 가득 차 있었다.

경계가 있는 관대함 그들은 마음이 따뜻하고 열정적인 사람들이다. 동정은 진정한 감정을 표현할 수 있다고 스스로 설정한 한계 내에서 표현된다. 이는 '보상적' 산물이 아니다.

전문적 치료관계 내에는 내담자에 대한 헌신, 관대함 및 에너지가 있다. 하지만 역시 누가 어떤 역할을 하는가는 명확하다. 즉, 치료자의 역할이 있고 내담자의 역할이 있다.

관계적 통찰력 내담자에게 꼭 맞도록 매우 다양한 스타일을 사용하면서 내담자와 춤을 출 수 있는 능력은 대가 상담자의 특징이다. 치료적 언어로, 이것은 적절한 분량과 시기를 사용하는 것으로 종종 표현된다. 그들은 내담자와 관계적 태도를 정하는 것에 숙련되어 보인다. 순간의 선택—그 상황에서 정확한—이 또 다른 표현이 되겠다.

삶의 피드백을 환영하는 개방성 피드백을 받는 목적은 단지 정확한 확인을 위한 피드백을 수용하는 것만은 아니다(Rønnestad & Skovholt, 1993). 대가들은 비록 힘든 상황에서라도 성장하고자 하는 동기가 있다. 모호함에 대한 편안함은 자기에 대한 외부의 정보를 수집할 수 있는 넓은 연결망을 가지게 한다. 경직된 인지 구조를 고집하는 것이 아니라 새로운 정보를 흡수하여 지속적으로 인지틀을 재구성할 수 있는 능력을 지니고 있는 것이다.

전문적으로 대가들은 내담자와 동료들로부터 배우는 능력이 있다. 그들은 긍정적, 부정적 피드백을 모두 통합하여 자기에 대한 이해를 넓힐 수 있다.

대가 상담자 초상의 의미는 무엇인가

주제 1: 고기능 자아는 완전한 인간 발달이다. 질적 연구에서 나타나는 결과를 보고 연구자는 놀랄 수 있다. 연구자는 긴 연구과정이 끝나갈 때까지 어떤 결과가 나올지 알지 못한다. 전체적으로 결과를 요약해 볼 때, 우리가 놀란 것은 상담자들이 직업적 기술과 밀접하게 관련된 세부적인 주제들보다는 인간 발달에 매우 많은 초점을 두고 있다는 것이었다. 우리는 3장에서 설명한 CER 모델을 가지고 보다 광범위한 인간 발달에 초점을 맞추는 경향을 살펴보았다. 하지만 이렇게 폭넓은 인간 발달에 대한 초점이 연구 결과에서 매우 뚜렷하게 나타난 것은 놀라운 사실이었다.

여기서 묘사된 초상은 인간 기능의 최적 모델과 잘 들어맞는다. 학술지 『미국 심리학자(American Psychologist)』의 2000년 10월호는 '행복, 수월성 그리고 최적의 인간 기능'을 주제로 삼고 있다. 이 특별호에는 우리의 대가 상담자 표본을 묘사하는 듯한 논문들이 있다. 대가 상담자들에게 가장 잘 적용되는 듯한 논문들은 이런 것들이다. '행복한 사람들의 자원, 친구, 신념' (Myers, 2000), '자기결정 이론과 내적 동기의 활성화, 사회적 발달 그리고 웰빙' (Ryan & Deci, 2000), '지혜: 수월성을 향한 정신과 덕행을 통합하는 초발견적(실용적) 교수법' (Bales & Staudinger, 2000), '수월성의 상태' (Lubinski & Benbow, 2000), '창의성: 인지적, 성격과 사회적 국면' (Simonton, 2000), '재능의 시작과 끝' (Winner, 2000).

영재에 대한 논문에서 위너(Winner, 2000)는 이렇게 서술한다. "영재들은 그들이 높은 능력을 가지고 있는 영역에 숙달하고자 하는 깊은 내적 동기가 있으며 열정적인 에너지 수준을 가지고 있다. …이 숙련에 대한 열정은 우리가 전통적으로 영재라고 부르는 아이들의 특징이다." (p. 163) 우리는 우리의 표본집단에서 유사하게 강한 동기를 발견했다. 우리 표본집단에서 나타난 대가들의 '성장에 대한 강렬한 의지' 는 숙련성에 이르는 주요 촉진제로 작용하고 있었다.

위너(2000) 또한 재능 있는 사람들에게 공통적으로 나타나는 수월성의 초기 신호들에 대해 논의하며 그 뿌리가 아동기에 있음을 밝히고 있다. 이 장의 앞부분에서 우리도 우리의 표본들이 성장해 나간 초기 발달 상황을 논의했다. 아마 "아이는 어른의 부모"라는 속담이 우리 표본집단의 경우에도 사실인 것 같다. 경력 상담자 집단을 대상으로 한 또 다른 연구에서도, 평균연령이 74세인 이 상담자들에게도 초기 발달 사건들이 여전히 영향을 미치고 있었다는 것이 연구자들에게 놀라운 일이었다(Rønnestad & Skovholt, 2001).

베일스와 스타우딩거(2000)가 지혜롭고 현명한 사람들에 대해 묘사했던 것은 마치 우리의 표본집단을 묘사한 것 같다. 그들은 이렇게 이야기했다. "…우리는 지혜란 인생의 행동과 의미에 대한 전문성이라고 정의한다. 이러한 의미에서 지혜란 '훌륭한 인생' 을 구성하는 핵심 요소다." (p. 124) 그들은 지혜가 어떻게 인생의 핵심 부분이 되는지를 논의하면서, "…인간의 핵심적 환경에 대한 지식과 판단 그리고 훌륭한 인생을 계획하고 유지하고 이해하는 방법들이다." (p. 124)라고 언급하였다. 지혜에 대한 이러한 설명은 대가 상담자들에 대한 우리의 시각과 정확히 일치한다.

라이언과 데시(Ryan & Deci, 2000)는 최적의 인간 발달에 대한 논의에서, "…세 가지 내부 심리적 욕구, 즉 유능감, 자율성 및 관계성을 가정한다. 이 욕구가 만족될 때, 높은 수준의 자기 동기가 나타나며 정신적으로 건강해진다." (p. 68)라고 논하였다. 유능감, 자율성 및 관계성의 분류는 질적 연구에서 나타난 결과였기에, 우리의 표본집단은 다시 한 번 대표성이 검증되었다.

전반적으로 여기에서의 요점은 고기능 자아로 묘사된 최적 인간 발달에 대한 우리의 결과가 긍정적 심리학에서의 최신 연구와 유사하다는 것이다.

주제 2: 연구 결과는 이상적인 인간 특성에 대한 인본주의 심리학의 초기 논의들과 일치한다. 주라드와 랜즈먼(Jourard & Landsman, 1980)은 그들의 저서 『건강한 성격(Healthy Personality)』에서 건강한 성격의 세 가지 모델을 제시했다. 가장 잘 알려진 모델은 매슬로가 주장한 자기실현인(self-actualized person)이다. 주라드와 랜즈먼(1980, pp. 6-7)은 매슬로의 자기실현인의 열다섯 가지 특성들을 나열했다.

> 현실을 인식할 때의 낮은 방어성; 자기, 타인, 인간 본성의 현실에 대한 높은 수용; 자발성과 자연스러움; 자기 외부에서 일어나는 문제들에 대한 관심; 개인적 삶에 대한 욕구; 높은 수준의 자율성; 지속적이고 신선한 이해력; 잦은 절정 경험; 전체 인간에 대한 소속감과 연결성; 친밀하고 사랑하는 몇몇 관계들; 민주적인 성격 구조; 강한 윤리적 감각; 비적대적인 유머 감각; 창의성/독창성; 문화 적응에 대한 저항.

이 목록을 보면 대가 상담자들의 핵심적 특징들과 매우 유사하다는 사실이 분명하게 드러난다.

주라드와 랜즈먼(1980)의 저서에서 묘사된 두 가지 다른 모델들이 있다. 하나는 콘(coan)의 최적자아 개념이다. 코앤은 높은 수준의 자아기능은 유능함, 창의성, 내적 조화, 관계성 그리고 탁월성의 다섯 가지 특성을 포함하고 있다고 제안했다. 또 다른 모델은 랜즈먼의 아름답고 고귀한 사람(beautiful and noble person)이다. 랜즈먼은 아름답고 고귀한 사람(BNP)의 발달상 마지막 단계는 인정 많은 자기—타인을 사랑하고 돌보고 싶어 하는 경향—라고 했다.

랜즈먼의 BNP에서 나타난 두 가지 핵심 경험은 아동기의 긍정적 경험이 충분했던 것과 부정적이고 고통스러운 경험을 중요한 배움과 성장 경험으로 바꿀 수 있는 능력이다. 우리의 대가 상담자 초상은 위의 두 모델들과 모두 일치한다.

우리는 로저스(1961)가 그의 저서 『온전한 인간됨에 대하여(On Becoming a Person)』에서 묘사한 완전히 기능하는 사람에 대한 모델을 살펴볼 것이다. 개인적 성장과 창의성에 대한 이 고전적 지침서에서 로저스는 완전히 기능하는 사람은 인생을 최종 목표가 아닌 과정으로 접근한다고 설명했다. 그는 세부적으로 세 가지 특성을 설명하고 있다. 즉, 경험에 대한 높은 개방성, 순간을 충만하게 살기(로저스가 실존적 삶이라고 부른 것), 그리고 자기 자신에 대한 높은 신뢰다. 로저스가 말한 완전히 기능하는 사람에게는 이 세 가지 특징이 통합되어 나타난다.

주제 3: 연구 결과는 다른 장소에서의 고기능 특질과 관련되었다: 상담자, 정치적 성격에 대한 연구 그리고 멘터링 들루고스와 프라이드랜더(Dlugos & Friedlander, 2001)는 적어도 동료 3명에게서 '열정적으로 헌신' 한다고 평가받는 12명의 상담자들에 대해 연구했다. 연구는 다음과 같은 주제와 항목으로 정리되었다. (a) 균형: 일과 개인적 삶 사이의 신체적 · 심리적 경계를 유지하고 개인과 개인적 발달의 상보성에 대해 인식함, (b) 적응성/개방성: 장애물을 도전으로 여기고 피드백 받기를 원함(개방성 척도에서 참가자들은 규준 모집단의 평균에서 3표준편차 위에 있었다.), (c) 탁월성/겸손: 작업의 영적 특성에 대한 수월성, (d) 의도적 학습: 개인적 · 전문적 발달은 자신에 대한 보상의 한 종류이며, 지속적으로 성장하려는 경향 또한 강한 것으로 보임.

역사가 바버(Barber, 1977)는 그의 저서 『대통령의 특성(The Presidential Character)』에서 미국 대통령들의 특성에 대해 논의했다. 그는 대통령들이 과제, 웅변술 그리고 대인관계의 세 가지 분야 중 하나에서 뛰어난 경향을 보였다고 말했다. 과제는 정책이나 이론적 문제에 대한 세부적 학습과 이해에 초점을 맞춘 것이고, 웅변술은 집중시키고 영감을 주는 방법으로 대규모 청중에게 말할 수 있는 능력이며, 대인관계는 다양한 사람들과 매우 뛰어나게 관계를 맺을 수 있는 능력이다. 바버는 위대한 인물들은 모든 영역에서 뛰어났지만 대부분의 대통령들은 세 가지 분야 중 하나에서 뛰어났다고 말했다. 또 그는 위대한 인물들은 필요할 때마다 각 분야들을 유연하게 넘나들었다고 말했다. 세 가지 분야에서 모두 뛰어났던 대통령의 예는 프랭클린 루스벨트였다. 여기에서 수월성은 모든 분야에 걸쳐 고기능을 요구한다는 우리의 주장과 유사한 사실을 찾을 수 있다.

존슨(Johnson, 2002)은 멘터의 발달을 묘사하면서 "핵심적으로 뛰어난 멘터들은 친절하고 건강하며 유능하다."(p. 89)고 묘사했다. 여기서 우리는 우리의 대가 상담자 표본의 관계적, 정서적, 인지적 영역과의 유사성을 다시 한 번 발견할 수 있다.

주제 4: 대가 상담자가 된다는 것은 기술적인 마술사가 되는 것이 아니다. 전문성이란 편협한 기술 발달에 대한 것이 아니다. 그것은 긴 시간에 걸쳐 완전한 인간이 되는 과정을 말한다. 보통 다이아몬드가 생겨나기까지는 시간이 걸리고, 그것이 빛나기 위해서는 더 많은 시간이 걸린다. 아마도 이것은 대가들의 초상에 대한 가장 놀라운 발견일 것이다. 여기에 강하고 광범위하고 심층적인 긍정적 인간 발달과 관련된 내용은 매우 많이 있지만, 특정한 세부 치료기술과 관련된 내용은 매우 적다. 이는 무엇을 의미하는가?

그것은 치료자들을 훈련시킬 때 궁극적인 목표가 전문성이라면 편협하고 엄격한 학파나 이론으로 교육하는 것이 치료자나 상담자 발달의 주요 국면이라고 생각하는 것은 잘못된 방향이라는 것이다. 하지만 대가 상담자들은 종종 그들의 석사과정 때 행동과학의 테두리 안에서 이론과 연구방법을 훈련받았던 것을 긍정적으로 이야기한 것을 우리는 강조하고 싶다. 훈련의 범위와 엄격함이 중요한 핵심으로 보인다.

편협하고 규정된 훈련을 현대적 용어로 표현하면 지침서(manual) 만들기와 치료에서 지침서를 사용하는 것이다. 스카튜라(Scatura, 2001)는 지침서 만들기를 수정하고 확장하고 세부화해서 그것이 높은 수준에서 치료자 기능의 중요한 부분으로 유지될 수 있도록 했다.

지침서 만들기와 밀접하게 관련된 것은 경험적으로 확인된 치료법에 의해 작업하는 것이다. 비록 그런 작업들이 정확해 보이긴 하지만, 연구에서는 대가 상담자들이 언급한 유의점을 환기시켜 준다. 대가 화가들은 처음에 기계적으로 그림을 그리기 시작하지만, 시간이 지날수록 안전하면서도 제한된 판단 범위를 벗어나서 그림을 그린다. 리히텐버그와 웜폴드(Lichtenberg & Wampold, 2002)는 유의점에 대해 "… '공통 요인들' 과 치료자의 인간적 측면은 특정 치료법보다 치료 결과에 더 많은 영향을 끼친다." (p. 310) 라고 주장했다.

초심자가 특정 구조를 필요로 하는 것은 사실이다(Rønnestad & Skovholt, 1993). 따라서 전문적 발달의 불확실성/확실성 원칙(Skovholt & Rønnestad, 2001)과 같이 인간 삶의 모호한 복잡함의 열기와 마주한 초심자들이 상담을 하는 데 있어서 도움을 원할 때 확실성을 주기 위한 공간이 있다. 그러나 우리의 연구 결과들에서는 편협한 기술 훈련이란 대가 실무자가 되기 위한 부분일 뿐 필요한 하나의 핵심은 아니라고 분명하게 보여 주고 있다.

주제 5: 숙련의 길은 멀고 힘들며 평탄치 않은 발달과정이다. 우리의 표본집단은 이 연구의 대상으로 지명되었을 때 평균연령이 59세였다. 아마도 이러한 사실은 많은 경험을 쌓는 것이 이 직업 분야에서 최고의 실력자로 오르는 것과 병행한다는 것을 나타내는 듯하다.

골드프라이드(Goldfried, 2001)가 15명의 노련한 상담자들에게 직접 이야기를 듣고 편집한 『상담자들은 어떻게 변화하는가: 개인적, 전문적 성찰(How Therapists Change: Personal and Professional Reflections)』에 그 머나먼 여정이 묘사되어 있다. 이 책에서 15명의 저자들은 그들의 발달을 위한 경로로 개인적, 전문적 사건들이 다양하고 심층적으로 개입했음을 말하고 있다. 이러한 매력적인 설명은 우리의 대가 상담자 표본을 통해 나온 교훈을 극적으로 나타내 준다. 즉, 상담자 전문성을 위해서는 긴 발달과정이 필요하다는 것이다.

한 상담자가 전문적 기술을 쌓기 위해서는 왜 시간이 걸리는 것일까? 아마도 이것은 다양한 요인 때문일 것이다. 첫째, 상담의 자료가 인간환경의 복잡한 모호성이기 때문이다. 상담자가 하는 일은 한 사람의 삶을 통해 한 번에 표현된 복잡한 모호성의 몇 백 가지 긴장들 중 하나를 이해하고 나서 그 사람을 돕는 것이다. 이런 작업을 잘하기 위해서는 많은 시간이 필요하다.

그리고 거기에는 발달하려는 동기가 반드시 있다. 연구 결과에서 우리는 이를 '성장하려는 의지' 라고 명명했고, 그것은 숙련성을 위한 촉매라고 말했다. 우리는 유명한 토머스 에디슨이 천재가 되기 위해서는 1%의 영감과 99%의 노력이 필요하다고 말한 것을 기억한다.

치료자/상담자 발달의 한 가지 모델(Skovholt & Rønnestad, 1995, 2001)은 이러한 발전을 8단계의 전문적 발달 모델로 설명한다. 이 단계들은 인습기, 전문적 훈련으로의 전환기, 전문가 모방, 조건적 자율성, 탐색기, 통합기(integration), 개인화 그리고 통합기(integrify)다. 이 모델에서 유능함을 갖추기 위한 부단한 노력에 대해 묘사한 주제들은 다음과 같다.

- 전문적 발달은 전문적 개인화를 향한 성장이다.

- 발달은 공통적이면서도 독특한 방법으로 경험되는 다양한 자원의 영향을 받는다.
- 최적의 전문성 발달은 길고 느리고 예측하기 어려운 과정이다.
- 훈련을 받은 후의 시기는 최적의 발달에 있어 결정적이다.
- 전문적 발달을 함에 따라 전반적인 불안감은 감소한다.
- 경계의 명확성과 반응 차별화를 증가시키기 위한 움직임이 있다.

주제 6: 상담자로서의 성장에는 세 가지 핵심 요소가 있다: 성장에 대한 의지, 그 분야에서의 광범위한 경험 그리고 성찰. 앞서 설명했듯이, 발달에 대한 동기는 핵심 요소다. 두 번째로, 광범위한 경험은 중요하다. 차이, 글레이저 및 파(Chi, Glaser, & Farr, 1988)가 '전문성의 특성' 에서 정리했듯이, 전문성 연구는 한 분야에서의 경험이 그 분야의 전문성에 필수적이라는 생각을 강하게 지지하고 있다.

학술적인 연구자들이 종종 이야기하는 것과는 달리, 상담자들의 성장에 가장 많은 영향을 주는 자원은 학술 연구가 아니라 내담자와의 경험이었다. 7개국의 상담자들에 대한 연구에서 연구자들은 "직업 발달에 가장 큰 긍정적 영향을 주는 것은 상담자들의 직접적인 임상적 경험, 즉 '내담자와의 상담 경험' 이었다. 4,516개의 반응 중 거의 2/3가 이 문항에 가장 높은 점수를 주었다." (Orlinsky, Botermans, & Rønnestad, 2001, p. 4)고 보고하였다.

그러나 경험이 있는 사람들도 상담 수행이 좋지 못한 경우가 있다. 예를 들어, 바코치와 스트럽(Vakoch & Strupp, 2000)은 많은 훈련을 받고 경험이 많은 실무자들도 부정적인 내담자에 대해 반응할 때 얼마나 좋지 못한 행동을 하는지를 논의하면서 당황해했다. 또 다른 실례는 많은 경험을 가진 두 명의 상담자를 비교한 릭스(Ricks)의 연구에서 나타난다(Teyber & McClure, 2000에서 인용). 그들은 "릭스는 2명의 상담사의 장기적 결과에서 '깜짝 놀랄 만한' 차이를 발견했다." (p. 77)고 기술했다.

경험만으로는 충분치 않다. 경험은 성장하기 위해 사용되어야 한다. 어떻게 해야 하는가? 경험을 전문적 기술로 전환하는 데 사용되는 현재의 도구들 중 하나는 성찰을 이용하는 것이다(Neufeldt, Karno, & Nelson, 1996).

발달과 침체의 요소들에 대한 일반적 모델은 로네스테드와 스콥홀트(1991), 스콥홀트와 로네스테드(2001)의 연구에서 찾아볼 수 있다.

주제 7: 긍정적 치료관계는 성공의 핵심 요소다. 마이클 설리번은 인터뷰에서 대가 상담자들이 어떻게 치료관계를 만들어 나가는지에 초점을 맞추었다. 그는 치료관계가 성공의 매우 많은 부분을 설명한다는 연구에 대한 반응으로 이 작업을 착수하였다(Horvath & Luborsky, 1993; Sexton & Whiston, 1994).

대가 상담자들은 이러한 관점에 동의하면서 이러한 이야기를 해 주었다. "…관계가 모든 것이지요."(Sullivan, 2001, p. 96), "내가 생각하기에 [관계]는… 심리치료에서 가장 중요한 요소입니다."(Sullivan, 2001, p. 96), "내가 항상 사용하는 가장 첫 번째 도구는 관계입니다. 나는 많은 지식과 기술을 가지고 있지만, 관계가 잘 형성되지 않으면 그것들은 쓸모없게 되니까요."(Sullivan, 2001, p. 97)

아마도 치료관계의 중요성은 인지적, 정서적, 관계적 영역에서 묘사된 고기능 자아와 핵심 특성들이 왜 그렇게 중요한지를 이해하도록 도와주는 것 같다. 이 대가 상담자들은 신뢰하거나 대화하는 능력이 없어서 괴로워하고 있는 사람들을 포함하여 많은 사람들과 좋은 관계를 맺는 능력이 있는 것으로 보인다.

주제 8: 대가 상담자들 또한 보통 사람들이다. 대가 상담자들의 탁월한 특성들을 묘사하기 위해 이 책을 보는 동안, 우리 역시 또 다른 방향으로 이끌리게 되었다. 원래 우리는 그 방향을 향해 출발하지 않았다. 그 방향을 추구하는 것은 바람직하지 않은 것 같았기 때문이다. 하지만 여기서 다루는 내용들은 영감과 열망하는 특성에 대한 이상을 설명하는 것이 아니다. 그것은 대가들의 평범함에 대한 설명이다.

우리는 몇몇 대가들의 사무실이 평범하다는 사실을 발견했을 때 이런 감정을 느꼈다. 종종 특별한 사무실은 특별한 전문적 기술을 나타내는 것과 같이, 사무실은 뭔가 특별한 것이 있음을 말하는 권위 있는 상징적 방법으로 사용된다. 우리는 이 연구과정을 위해 그들을 인터뷰하기 위한 여행을 떠났다. 우리는 자신들의 동료로부터 최고의 심리치료자라고 추천받는 사람들을 만나는 것에 대해 흥분하고 긴장했다. '최고의 심리치료자', 이러한 명칭은 얼마나 많은 희망과 기대를 가져오는가. 알지 못하는 사이에 우리는 이런 생각을 하고 있었을지도 모른다. 그들은 보통 인간 이상일 것이다. 그들은 인생의 비밀을 밝혀 주거나 적어도 이 직업의 비밀 정도는 알려 줄 것이다. 우리는 그들 또한 보통 사람(평범하고 일반적이고 일상적인)이라는 것을 발견했을 때 적잖이 실망했다. 그리고 곧 우리의 잘못을 깨달았다.

우리의 이상화가 실망을 가져온 것인가? 우리의 역전이가 우리에게 충격을 준 것인가? 질적 연구자의 관점에서 보았을 때, 그런 정보가 우리의 심리학적 고찰을 멈추게 해서는 안 된다. 그것은 대화하기 위한 자료일 뿐이다.

사무실의 평범함 이상으로, 평범함에 대한 실망은 다른 방식으로 나타났다. 몇몇 대가 상담자들은 특정 내담자들에게는 효율적이지 못한 것으로 보였던 것이다. 그들이 이 이야기를 했지만, 우리는 '대가 상담자가 모든 사람을 도울 수 없단 말인가?' 라고 생각했다. 몇몇 사람들은 인터뷰에서 너무 많이 이야기를 했는데, 치료와 상담은 말을 적게 하고 많이 듣는 것이라는 핵심 규칙—우리가 생각하는 핵심 규칙—을 깼다. 어떤 대가들은 우리가 좋아하지 않는 성격 특성, 이를테면 편향적이고 거만하고 매우 불안하고 까다로운 특성을 가지고 있기도 했다. 관계에서의 어려움에 대한 보고들도 있었다. 이것은 친밀성이 불가능함을 보여 주는 신호인가? 정말 많이 존경하고 배우기를 원할 때 이러한 실망감을 맛보게 되는 것을 우리는 얼마나 싫어했던가. 하지만 우리는 그들로부터 배웠다.

우리는 평범한 요소들에 다양한 의미를 부여했다. 인간의 삶은 매우 복잡하다. 더 복잡한 형태를 이해하기 위해 종종 역설을 고려한다. 이것은 더 정확한 형태의 이해를 의미한다. 따라서 그 역설은 이 대가들 역시 보통 사람이라는 것이다. 아마 평범함은 가장 가치로울 것이다. 그것은 전문적인 실무자들을 더 정확하게 보는 관점이기 때문이다.

평범함 요소에 대한 두 번째 사고방식은 『당신이 길에서 부처를 만난다면 그를 죽여라(If You Meet the Buddha on the Road, Kill Him)』(Knopp, 1976)라는 책에서 착안되었다. 물론 그 요점은 불교를 비판하기 위한 것이 아니다. 자기 외부에서 전문적 기술을 찾는 것은 위험하다는 것이다. 인간의 인생은 전문적 기술에 있어서 외부와 내부가 모순적이고, 진전과 퇴보를 반복하는 탐색의 혼란이 있다. 예언자만을 찾는 것은 위험할 수 있다. 평범함의 요소는 독자들에게(그리고 우리에게) 주는 경고다. 인간 행동에 있어 인정받는 대가들(이 대가 상담자들)도 오류에 빠질 수 있다.

세 번째 생각은 다음과 같다. 만약 어떤 분야에서 평범한 사람이 높은 수준까지 올라가서 대가가 될 수 있다면 우리에게도 희망은 있다는 것이다. 아마도 우리 또한 대가가 될 수 있을지도 모른다.

상징으로서의 사무실로 되돌아가 보자. 단순한 작업 공간은 어떤 실무자들에게는 안전감을 반영한다. 그들은 안전감을 느끼고, 성공적이며 고도의 유능함을 맛보기 위해 전문적 기술의 덫에 빠질 필요가 없다. 이는 몇몇 대가들의 사무실이 가지는 평범함에 대한 또 다른 해석이다.

덧붙이자면, 이 장의 다른 곳에서도 이야기했듯이, 이 대가들의 인터뷰에서는 겸손, 보살핌, 존중과 같은 많은 멋진 특성들이 이야기되었다. 겸손에 대한 많은 언급들 중 한 예를 들어 보면, 상담자는 반드시 충분히 긴 휴가를 가야 하고 돌아온 후에는 자신이 없이도 세상이 잘 돌아가고 있다는 것을 분명하게 알아야 한다.

> …속임수는 이미 없어진 지 오래입니다. 따라서 당신은 당신의 자리가 다른 사람으로도 채워질 수 있다는 것을 알아야 합니다. 당신 자리에 다른 사람이 앉을 수도 있으니까요(Mullenbach, 2000, p. 100).

우리가 여기서 얻을 수 있는 교훈은 '대가 실무자들은 복잡하다.'는 간단하고도 어려운 사고다. 그들은 많은 멋진 특성들을 가지고 있지만, 어떤 것들은 그다지 좋은 특성이 아니다. 또한 다른 사람도 때때로 우리를 가르쳐 줄 수 있다. 아마 그들이 평범하기도 하고 탁월하기도 하다는 것을 아는 것은 보다 숙련된 실무자가 되고 싶은 우리의 욕구를 계속 추구하게 하며 포기하지 않도록 도와줄 수 있을 것이다.

주제 9: 주의점—서구 심리학의 편견은 유럽-미국의 세계관이다. 세계 60억 인구 중 대부분은 유럽이나 북미 대륙에 살고 있지 않다. 그렇기에 최적의 인간 삶을 묘사하기 위해 주제 1과 2에서 설명한 모델들을 사용할 때에는 유의해야만 한다. 유럽 중심의 관점은 제한적이다. 미네소타 대학원 교수인 길버트 렌(Gilbert Wrenn)은 이제 고전이 된 「문화적인 캡슐에 싸인 상담자(The Culturally Encapsulated Counselor)」라는 1962년 논문에서 처음으로 이 편견에 대해 경고했다.

이 주의점은 우리의 대가 상담자들 연구에도 적용되어야 한다. 우리는 대부분의 경력 실무자들이 백인인 북미 대륙의 대도시에서 전문적 기술을 연구했다. 그 결과, 동료들이 추천한 우리의 대가 상담자 10명은 모두 백인이었다. 그러나 우리는 다수(10명 중 7명)가 여성이라는 사실에 주목해야 한다. 여전히 문화, 계급, 민족, 국적의 편견들은 연구자들을 둘러싸고 있다. 따라서 우리의 연구 결과를 일반적인 원칙으로 적용할 때는 유의해야 한다.

논 의

이 장과 이 책에서 우리가 가진 희망은 실체가 없지만 중요한 치료 및 상담 기술에서 탁월한 실무자들 집단의 높은 기능을 설명하는 것이었다. 이 대가들의 핵심 특성을 배우고 권위자에 대한 미화를 방지하기 위해, 우리는 그들의 실명을 밝히지 않았다. 이 질적 연구의 요점은 일반적인 원칙들을 보다 심층적으로 이해하는 것이다.

타인이 인생의 도전에 대처하는 것을 돕는 예술과 과학을 배우는 것은 중요한 직업이다. 최근 연구가 주장했듯이, 높은 수준의 기술을 가진 상담자는 결과에서 큰 차이를 만들어 낼 수 있다(Teyber & McClure, 2000; Wampold, 2001). 아주 작은 부분에서라도 인간의 고통을 감소시키는 방법과 능력을 증가시키는 방법을 배우는 것은 많은 노력을 기울일 만한 가치가 있다. 우리는 이 책을 읽는 독자들이 이러한 탐색을 위해 유용한 정보들을 계속해서 모을 수 있기를 바란다.

너무 이른 죽음 때문에 우리의 대가 상담자 연구과정에서 제외된 한 대가 상담자의 말을 인용하면서 마무리하려고 한다. 다른 장면에서 그녀는 68세에 대가 수준의 작업이 가지는 즐거움과 효율성을 설명했다. 인용된 부분은 스콥홀트와 로네스테드(2001, p. 96)의 내용이다.

> 점점 불안감이 줄어들면서 나는 내담자들에 대한 두려움이 없어져 갔고, 나 자신의 기술과 과정에 대한 넓은 레퍼토리를 사용하는 것에 편안함을 느끼게 되었습니다. 내가 필요로 할 때, 내담자들은 점점 더 효율적으로 되어 갔지요. 그리고 그 순간 동안 내게 명확해진 사실은 누군가는 나와 자신의 사적인 세계를 나눌 의지를 가지고 있고, 그들과 내가 함께 작업하는 것은 그들에게 매우 긍정적인 결과를 가져다준다는 것이었어요. 이것은 내게 엄청나게 큰 즐거움을 가져다주었지요.

우리는 대가 상담자들에 대한 이 연구로 인해 더 많은 실무자들이 그와 같은 긍정적인 태도를 갖기를 희망한다.

부록 A. 방법론

도입: 질적 연구 방법론의 근거

상담심리학 분야의 연구자들은 미국 심리학에서 사용한 연구 방법론은 물론, 인접 분야인 인류학, 교육학, 사회학 그리고 유럽 심리학에서 사용하는 방법론의 중요성을 인정하기 시작하였다(Hoshmand, 1989; Patton, 1990). 최근 들어 이러한 질적 방법론들이 미국 심리학에서 매우 보편화되기 시작하였는데, 패튼(Patton)이 그의 저서에서 1990년 이후 발표된 14개의 논문을 검토하면서 이러한 경향성을 입증하였다. 호쉬맨드(Hoshmand, 1989)는 질적 연구에서는 강조점이 의미를 이해하고 그것을 밝히는 것이라고 하였다. 가설 검증과 경험적 반증을 강조하는 전통적인 실험 연구와는 반대로, 질적 연구는 기술, 발견 및 이론 구성을 허용한다. 휘트(Whitt, 1991)에 따르면 양적 연구의 목적은 일반화인 반면, 질적 연구의 목적은 이해다. 모로우와 스미스(Morrow & Smith, 2000)는 연구자들이 대안적인 방법론을 원하는 이유에 대해, 그들이 '상담심리학의 이론과 실제에서 전체적으로 다원성이 증가하고 있음' (p. 199)을 이해하고 있기 때문이라고 설명하였다.

연구 패러다임에 있어서 다른 차이점 또한 존재한다. 예를 들면, 전통적인 실험 연구에서는 복잡한 현상을 단순화하고 하나의 점수 혹은 점수 세트로 감환시키는 방법론을 사용하고자 하는 반면, 질적 연구에서는 복잡하고 살아 있는 체계와 상호 관계성을 환원의 형태가 아닌 전체적인 형태로 연구함으로써 이해하고 지식을 발달시키고자 한다(Hoshmand, 1989). 전통적인 양적 연구방법들은 미리 정해진 가설에 의해 결정되는 방법론에 따라 표집된 많은 사람들의 보고를 몇 개의 한정된 반응에 맞추게 되는 표준화된 측정방법을 사용한다(Patton, 1990). 반면 질적 접근을 하는 연구자들은 작은 수의 사례 및 응답자들로부터 풍요한 자료 모음을 이끌어 내는 깊이 있는 연구를 할 수 있다(Patton, 1990). 질적인 방법이 인간들의 복잡한 현상을 이해하는 데 있어서는 양적인 방법보다 우수하다는 것은 논증할 수 있다. 예를 들어, 버톡스(Bertaux, 1981)는 질적 인터뷰을 통하여 응답자의 지혜를 건드릴 수 있는 가치를 서술하고 있다.

> …연구자들을 교육하는 사람들에게 자연과학을 모방해야 한다고 주장하는 사람들은 자연과학의 탐구 대상과 사회과학의 탐구 대상의 기본적인 차이를 무시하는 것 같다. 사회과학의 탐구 대상들은 말할 수 있고 생각할 수 있다. 별, 화학 성분, 지렛대와는 달리, 사람들은 자유롭게 말할 수 있는 기회가 주어진다면 무슨 일들이 일어나고 있는지에 대해 많이 알고 있는 것처럼 보인다(Seidman, 1991, p. 2에서 인용).

질적 연구는 양적 연구와 또 다른 중요한 측면에서 차이점을 가지고 있다. 발견과 이론 구축을 강조하면서 질적인 연구가 등장했는데, 이는 미리 계획하고 직선적인 특성을 지닌 양적인 방법과는 대조적으로 '미리 계획하지 않고 나중에 자료를 묶는 것, 연구 경로를 바꾸는 결정' 을 허용한다(Hoshmand, 1989, p. 14). 질적 분석은 '가설이 아닌 질문, 이슈, 패턴을 추구하는 것' (Patton, 1990, p. 5)으로 알려져 있다. 더불어 피험자들(질적 연구에서는 응답자, 참여자 혹은 정보 제공자로 불림)은 의미를 이끌어 내고 이해하는 데 있어 착취적이지 않은 관계를 맺고 연구자를 지원하는 협력자 혹은 공동 탐구자로 여겨진다. 마지막으로 질적 연구는 많은 방법론자들에 따르면 연구의 탐색적 단계에서 가장 효과적인 방법으로 알려져 있다(Hoshmand, 1989; Patton, 1990). 이 연구는 연구 주제의 탐색적 특성 때문에,

그리고 복잡한 인간에 관한 구인을 보다 잘 이해하고자 하는 바람으로 질적 연구방법을 선택하였다.

응답자들: 표집 선정

이 책에서 제시하고 있는 10명의 대가 상담자들을 연구한 네 개의 질적 연구에서 대가들을 선정하기 위해 목적적 표집방법들이 결합된 방식을 사용하였다. 목적적 표집에서는 연구되고 있는 개념을 보여 주는 사례를 선정한다(Patton, 1990). 무선적, 대표적 표집을 활용하여 얻은 결과를 일반화하는 실험적 방법론과는 달리, "목적적 표집의 힘과 논리는 심도 있는 연구를 하는 데 도움이 되는 정보를 풍부히 제공할 수 있는 사례를 선정하는 데 있다. 정보를 풍부히 제공할 수 있는 사례는 연구 목적에 비추어 핵심적 중요성을 지닌 이슈에 관하여 많은 것을 배울 수 있는 사람들 중에 선발된다."고 패튼(1990, p. 169)은 말한다.

이 연구들에서는 주요 미중서부 지역에서 잘 알려진 심리치료자들에게 그들이 생각하기에 대가 상담자라고 여겨지는 동료들을 추천해 달라고 요청하였다. 이런 종류의 목적적 표집을 '눈덩이 표집' 이라고 부른다. 눈덩이 표집으로 '적절한 위치에 있는' 사람들에게 풍부한 정보를 제공해 줄 수 있는 사람들을 추천하도록 하였다(Patton, 1990, p. 176). 이러한 방법을 사용할 경우 전형적으로 어느 정도 시간이 지나면 주요 이름들이 반복 추천된다. 많은 정보 제공자들에게서 반복적으로 추천되는 사람들이 주요 참여자 집단을 구성하게 된다(Patton, 1990).

눈덩이 표집방법은 동료, 또래들이 연구되고 있는 구인에 대해 판단을 내리는 것에 달려 있다. 동료 추천법은 심리치료자들을 포함하여 연구되는 다양한 집단의 개인적, 대인관계적 특성들을 정확하게 평가하는 것으로 알려져 왔다(Cole & White, 1993; Hillerbrand & Claiborn, 1990; Luborsky et al,

1985; Serbin et al., 1987). 치료자의 성공 요인에 초점을 두었던 연구들에 기초하여 루보스키와 동료들(Luborsky et al., 1985)은 "치료자들은 뛰어난 치료자들을 식별할 수 있고, 뛰어나지 않은 치료자들과 그들을 구별할 수 있다." (p. 609)고 하였다. 동료 추천 절차에 대해 아나스타시와 어비나(Anastasi & Urbina, 1997)는 심리측정 측면에서 지지하였다. 그들은 동료 추천이 다양한 상황과 상태에서 사용되어 온 신뢰성 있는 방법이라고 결론지으면서, "대인관계와 관련된 다양한 실제적인 준거들에 비추어 평가할 때, 동료 추천법이 대체로 괜찮은 공인타당도와 예언타당도를 지닌 것으로 나타났다." (p. 468)고 밝혔다.

이 연구에서는 눈덩이 표집 동료 추천법이 확장되고 심화되어 사용되었다. 인터뷰 대상자로 최종적으로 선발된 심리치료자들은 몇 번 이름이 추천된 여러 명의 심리치료자들과는 차별화가 되었다. 이러한 수정 절차는 패튼이 '극단의 사례 표집' (Patton, 1990, p. 169)이라고 부른 방법에 이르게 되었다. 이 방법은 어떤 분야에서 특출하거나 뛰어나기 때문에 풍부한 정보를 제공할 수 있는 사람들에게 초점을 둔다.

이러한 방법(눈덩이 표집, 극단 사례 표집, 동료 추천법의 통합)이 사용된 예로 『수월성에 대한 탐색(In Search of Excellence)』에 제시된 피터스와 워터먼(Peters & Waterman, 1982)의 고전적 연구를 들 수 있다. 연구자들은 미국 내 사업체를 관찰하여 잘 알고 있는 집단의 사람들에게 혁신적이고 탁월한 기업들을 식별해 달라고 부탁하였다(Peters & Waterman, 1982). 마찬가지로 이 연구에서도 실무를 하면서 잘 알려진 심리치료자들에게 그들이 생각하기에 대가 상담자라고 여겨지는 동료들을 추천해 달라고 요청하였다.

추천을 시작하기 위해 실제 치료를 하고 있고 평균 31년의 치료 경력이 있는 저명한 3명의 심리치료자들(남자 2명, 여자 1명)을 핵심 정보 제공자로 선정하였다. 이 3명의 첫 정보 제공자들이 선정된 기준은 다음과 같다. (a) 치료자 훈련에 관여하고 있다. (b) 정신건강 분야에 오랫동안 관여하였다. (c) 잘 알려진 치료자로서의 명성이 있다. 주요 정보 제공자들 가운데

2명은 주요 대학 상담센터에서 일하고 있었고, 나머지 1명은 사설 상담센터에서 일하고 있었다.

모든 주요 정보 제공자들은 표집이 이루어진 큰 도심 지역에서 3명의 대가 상담자를 지명해 달라고 요청받았다. 대가 상담자를 지명하는 것은 다음의 기준을 따랐다. (a) 이 사람은 '대가 상담자' 라고 볼 수 있다. (b) 이 사람은 '최고 중에 최고' 로 볼 수 있기 때문에 가까운 친척이나 친구를 치료자에게 의뢰할 때 가장 자주 생각나는 사람이다. (c) 자기 자신이 치료를 받아야 할 때 이 사람을 만나는 것에 확신을 가질 것이다. 그러므로 이 치료자는 '치료자 중의 치료자' 라고 볼 수 있다.

렌 제닝스는 정보 제공자가 주요 대가 상담자로 추천한 사람들 모두에게 전화를 걸었다. 표집 선정의 다음 단계로, 선정된 대가 상담자들에게 위와 같은 기준을 가지고 3명의 대가 상담자들을 선정해 달라고 하였다. 대가 상담자들은 자기 자신을 추천할 수 없다.

패튼(1990)은 자료수집에서 반복과 포화가 될 때, 다시 말해 특정한 사람이 반복적으로 추천되고 더 이상 새로운 사람이 추천되지 않는 시점에서 연구자가 결정을 해야 한다고 했다. 이 연구에서는 현재의 대가 상담자 집단을 얻기 위해 추천과정을 8번 거치고 나서 반복과 포화 시점에 이르렀다. 추천과정을 종료할 때, 총 103명의 다른 치료자들이 대가 상담자로 추천되었다. 총 103가운데 66명은 1번, 12명은 2번, 15명은 3번, 3명은 4번, 2명은 6번, 2명은 7번, 나머지 3명은 10번, 12번, 17번의 추천을 받았다.

최소한 4번 추천받는 것을 표집 선정의 최소 기준으로 삼았다. 이러한 기준은 인터뷰 대상이 너무 많거나 너무 적지 않게 하였다. 넓이(많은 대상을 짧게 인터뷰하는 것)와 깊이(적은 대상을 깊이 인터뷰하는 것) 사이에서 저자들은 이 둘을 적절하게 충족할 수 있는 만큼의 대상자를 선택하였다. 10명의 표집집단의 평균 추천 횟수는 8번이고, 횟수 범위는 4~17번이다. 전체적으로 총 103명 중에서 선정된 10명의 대가 상담자들이 추천된 횟수는 총 추천 횟수의 36%(총 212번 가운데 77번)를 차지한다.

4번 이상 추천된 10명의 상담자들에게 연구에 참여하라는 초청을 하였다. 10명의 상담자(여자 7명, 남자 3명) 가운데 6명은 심리학 박사학위 소지자, 3명은 사회복지 석사학위 소지자, 1명은 정신과의사였다. 표집 당시(1995년 가을) 대가 상담자들의 연령대는 50~72세(평균 59.00, 표준편차 7.89)였고, 상담 경력은 21~41년(평균 29.50, 표준편차 6.62)이었다. 이론적 오리엔테이션은 네 개의 주요 이론군으로 나뉘었는데 4명은 정신역동, 2명은 가족체계 이론, 2명은 통합적 접근, 2명은 경험적-인간중심적 접근을 지향하고 있었다. 10명은 모두 유럽계 미국인이었고, 모두 전임 상담자였다. 전반적으로 그들이 하는 상담은 단기, 장기 치료였고, 보험사와 연계하거나 내담자들이 그 지역에서 책정한 수준의 상담료를 직접 내는 형태로 상담을 하고 있었다.

상담자들이 자신의 내담자들을 기술한 바에 분명하게 드러난 특성은 그들이 내담자군을 선택할 수 있다는 것이었다. 그러나 초보 상담자 시절에는 다양한 내담자들을 만났다. 몇몇 내담자들은 상담을 하는 사람들이기도 했다. 선발된 상담자들이 만나는 내담자들은 삶의 어떤 영역에서는 기능을 잘하고 있었지만 어떤 영역에서는 제대로 하고 있지 못하는 사람들이었다. 진단적으로 보면 우울증과 불안증을 앓는 내담자들이 가장 많았다. 이 상담자들은 일반적으로 정신병이 있거나 심한 중독 증상이 있는 내담자들은 만나지 않았다.

제닝스와 스코홀트 연구의 방법론

과 정

인터뷰-추후 인터뷰 설계(첫 번째 인터뷰와 추후 인터뷰)는 대화를 통한 타당화 작업을 위해 선택되었다(Skovholt & Rønnestad, 1995, p. 147). 구바(Guba, 1978)는 이러한 방법론적인 접근이 타당성을 높여 준다고 말한다.

"유목이 적절하게 그들의 문제나 관심을 반영하고 있는지에 대해 자기 자신보다 더 잘 판단할 수 있는 사람이 누가 있겠는가?" (pp. 56-57)

원칙적인 조사방법은 인터뷰에서 사용된 16개의 개방질문들로 구성된 반구조화 질문지였다. 융통성 있는 대화방식의 인터뷰 방법이었으며 연구질문의 핵심을 포착하려고 노력하는 연구방법이었다(Patton, 1990). 패튼은 인터뷰 동안 탐색되는 '질문이나 문제 목록' 으로 인터뷰지침을 정하였다(p. 283). 인터뷰의 초점을 어떻게 맞출지는 미리 결정되었지만, 인터뷰자는 '특별한 주제 영역' 내에서 자유롭게 대화했으며, 자연스럽게 질문을 만들 수 있었고, 자유롭게 대화 형태를 만들 수 있었다(p. 283). 패튼은 계속해서 인터뷰지침 접근의 장점을 강조한다.

> 전체적인 개요는 자료의 포괄성을 높여 주고, 각 참여자들을 위해 자료수집을 체계적으로 만든다. 자료에서 논리적인 차이들이 예상될 수 있고 좁혀질 수 있다. 인터뷰은 상당히 대화적이고 상황적이다(p. 288).

처음에 질문 목록의 일부는 첫 번째 연구자가 치료자 효과성에 관한 문헌 검토를 하면서 얻어진 주제들로부터 나왔다. 그리고 첫 번째 연구자의 상담심리학 프로그램에 참가한 집단을 대상으로 한 설문지에서 일부 문항들이 얻어졌다. 질문지는 대가 상담자의 특성에 관한 정보를 얻고자 만들어졌다. 상담심리학과 학생들은 그들이 대가 상담자에게 답을 얻고 싶은 질문들을 생각하도록 지시받았다. 상담심리학을 전공하는 3명의 박사과정 인턴생들에 의해서 명료성과 중요성에 대한 초기 평정과정 후에 질문이 수정되었다. 다음에 첫 번째 연구자는 질문지를 사용하여 숙련된 치료자들과 두 번의 예비 인터뷰를 실시하였다. 그러고 나서 인터뷰 질문지는 연구자들에 의해 한 번 더 수정되었다(〈표 A-1〉 참조).

첫 인터뷰는 대가들의 실무 현장에서 이루어졌고 녹음되었다. 각각의 인터뷰 전에 첫 번째 연구자는 연구의 목적을 설명하였고 상담자들은 동의

표 A-1 : 대가 상담자와의 인터뷰 질문(제닝스와 스콥홀트)

1. 당신이 상담자로서의 직업을 처음 가졌을 때와 지금은 어떻게 달라졌습니까?
2. 좋은 상담자와 대가 상담자는 어떻게 구별할까요?
3. 대가 상담자의 특성은 무엇이라고 생각하십니까?
4. 대가 상담자가 되기 위해서는 수년의 경험이 필요할까요? 설명해 주십시오.
5. 동일한 경험을 가진 치료자들 중에서, 왜 한 사람은 전문가가 되는 반면 다른 사람들은 평범한 치료자가 되는 걸까요?
6. 당신에게 있어 특히 '치료적인' 것은 무엇입니까?
7. 당신의 전문성에는 독특한 특성이 있습니까?
8. 당신의 정서적 건강이 당신의 상담에 어떻게 영향을 주고 있습니까?
9. 당신의 존재 자체가 당신의 상담에 어떻게 영향을 주고 있습니까?
10. 당신은 내담자와 함께 좋은 상담을 하고 있을 때를 어떻게 압니까?
11. 당신은 어떤 내담자들에게는 도움이 되고 어떤 이들에게는 그렇지 못합니까? 설명해 주십시오.
12. 당신의 내담자 중 몇 퍼센트 정도가 도움을 받고 있다고 추측할 수 있습니까?
13. 심리치료란 무엇인가요?
14. 심리치료는 (내담자를) 어떻게 치료하나요?
15. 치료에 있어서 어느 정도가 예술이고 어느 정도가 과학입니까?
16. 당신에게 대가 상담자 교육법이 있다면 어떤 요소를 포함하고 있습니까?

서에 서명하였다. 인터뷰은 대략 90분 정도 진행되었다.

자료분석 전에 필요했던 단계는 녹음된 인터뷰의 축어록을 작성하는 것이었다. 장비의 문제로, 첫 번째 인터뷰에서 녹음된 것 중 하나는 들을 수 없었다. 응답자는 재인터뷰에 동의해 주었다. 그래서 같은 질문들로 구성된 인터뷰가 재실시되었다. 축어록이 완성된 후에 첫 번째 연구자는 정확성을 위해 축어록을 읽으면서 각각의 인터뷰 내용을 들었다.

자료분석은 귀납적 방법에 근거하였다(Patton, 1990). 귀납적 분석은 가설과 연역적 구성들을 통해 사전에 정해지기보다 직접적 경험에 근거한다. 패튼(1990)은 다음과 같이 서술했다.

귀납적 설계의 전략은 중요한 차원이 무엇인지 미리 추정되는 것이 아니고

> 연구 진행 중 사례에서 발견되는 형태로부터 나타난다는 것이다. 질적인 방법론자들은 정밀하게 정의되고 조작된 변인들 간의 선형적 또는 상관적 관계에 대한 사전 가정이나 구체적인 가설들 없이 자료로부터 나타나는 차원들 간의 다양한 상호관계를 이해하기 위해 노력한다(p. 44).

귀납적 분석은 구체적인 관찰로 시작되며 일반적인 패턴들을 형성한다. 자료분석은 자료의 가장 작은 단위(개념)를 의미 있고 더 점진적으로 넓은 주제들, 항목들, 영역들로 조직화하는 것이다. 이 연구의 분석과정은 연구자, 연구 보조자, 대가 상담자들이 자료의 분석에 기여하는 협동적인 과정이었다. 분석의 초기 단계에서 연구자들과 보조자들은 개념과 주제를 확인하였다. 분석의 후반 단계에서는 대가 상담자들과 연구자들이 주제와 유목을 확인하였다.

자료분석을 시작하기 위해 첫 번째 연구자와 연구 보조자는 각각의 문장을 분석하였고 그 문장에 대한 개념을 잘 대표하는 한두 개의 단어를 기록하였다. 스트로스와 코빈(Strauss & Corbin, 1990)은 개념에 대해 이와 같이 정의하였다. "개념이란 별개의 우연한 사건들, 중요한 사건들 그리고 다른 현상의 실례에 붙인 개념적 명명이다."(p. 61) 기초가 되는 이론으로부터 분석적 과정을 도입하면서(Strauss & Corbin, 1990, p. 63), 연구자들은 "이것은 무엇인가? 그것은 무엇을 대표하는가? 이 문장/구절에서 나타나는 주요 생각들은 무엇인가?"와 같이 자료에 대해 질문해 보면서 개념명들을 만들었다.

그 다음으로 각 개념은 뒷받침되는 자료와 함께 카드의 한쪽 면에 기록되었고, 카드 뒷면에는 응답자들의 이야기를 인용한 구절이 기록되었다. 10개의 축어록을 문장 분석하여 전체 1,043개의 개념이 나왔다. 이 단계의 분석에서 패튼(1990)은 자료 내에서 중요한 예, 주제, 패턴, 사연적인 변화에 대한 확인을 강조하였다. 1,043개의 개념은 첫 번째 저자와 연구 보조자에 의해서 주제와 항목이 나타날 때까지 분류되었다. 이 과정에서 40개의 임시적 주제들이 연구자들에 의해서 확인되었고 네 개의 주요 분류 아래로 묶여졌다.

대략적으로 첫 인터뷰 후 약 두 달 동안 분석이 진행되었고, 60분의 추후 인터뷰가 각 대가들을 대상으로 진행되었다. 추후 인터뷰는 처음 인터뷰 자료의 분석에서 도출된 우선적인 결과들을 타당화하고 명확히하는 것에 초점을 두었다. 추후 인터뷰 또한 녹음되었다. 인터뷰 동안에는 응답자들에게 주제와 항목이 그들의 개인적인 경험에 비추어 적절해 보이는지, 예비 자료의 정확성은 어떤지를 평가하도록 요청하였다. 대가 상담자들에게 그 결과가 그들의 경험을 잘 반영하고 있는지 그렇지 못한지에 대한 평가를 요청한 것이다. 마지막으로 대가 상담자라는 용어를 정의 내리는 데 관련된다고 생각되지만 아직 이야기되지 않은 정보를 덧붙여 줄 것도 요청하였다. 각각의 주제를 잘 대표하는 인용문들이 나중에 기록되었다.

추후 인터뷰 동안 대가 상담자들로부터 얻은 피드백에 기초하여 주제와 항목들이 재수정되었다. 반응자의 대다수(10명 중 8명)가 그들의 경험들, 인식들, 신념들을 정확하게 대표한다고 동의하였던 주제들만 결과에 포함시켰다. 주요 영역들은 주제와 항목에 근거해서 선택되었다. 8개 항목 내에 26개 주제들이 세 가지 넓은 영역(인지적, 정서적, 관계적 영역의) 아래에 조직되었다. 이러한 영역들은 대가의 주요 특성 영역을 대표한다. 연구자들의 마지막 자료분석에서는 영역을 설명하기 위해 주제들이 통합되었고 다른 영역이 발견되기도 했다. 제닝스와 스콥홀트의 연구 결과는 세 영역에 속한 9개의 항목들을 보여 준다.

설리번, 스콥홀트 및 제닝스 연구의 방법론

질적 인터뷰 연구는 상담관계에 대한 상담자의 기여를 연구하는 데 적절한 방법이다. 실제 상담을 하고 있는 상담자들과의 깊이 있는 인터뷰는 연구 문헌에서 아직 확인되지 않은 변인들에 대한 자료를 제공해 줄 수 있기 때문이다. 연구의 목적이 임상적으로 적절한 상담자의 인식, 행동 모드를 설명하려는 것이므로 발견 지향적인 접근이 가장 적당하다고 생각되었다 (Marshall & Rossman, 1999). 연구자들은 대가 상담자들이 그들의 (내면) 구성과 상담관계의 활용에 대해 말해 줄 수 있는 것에 흥미를 가지고 있다. 이러한 연구 문제를 탐구하는 과정에서 정보가 풍부한 응답자들이 이 연구가 추구하는 자료들을 제공한다.

도 구

질문지 개발 첫 번째 연구자는 상담관계들에 관한 연구 문헌, 특히 치료동맹(Bachelor, 1991; Bordin, 1979, 1994; Gaston & Marmar, 1994; Henry & Strupp, 1994; Horvath, 1994; Horvath & Greenberg, 1994; Luborsky, 1994; Marziali, 1984)에 관한 연구들을 검토한 다음 초기 질문지를 개발하였다. 질문의 초기 형태는 두 번째 연구자에 의해서 검토되고 수정되었다. 그러고 나서 첫 번째 연구자는 두 개의 예비 연구들을 수행하여 그 질문들을 더 명료하게 하였다. 예비 연구의 첫 번째 단계는 전문 상담자들의 초점집단과 질문들을 논의하는 2회기로 구성되었다. 그리고 두 번째 단계에서는 상담을 실제로 수행하는 상담자들과 깊이 있는 인터뷰을 하였다. 질문의 문항과 순서를 두 번째 연구자가 검토함으로써 질문지의 최종본이 완성되었다.

질문의 내용은 동맹이론의 부분들을 통합하고 임상적으로 관련이 있는 관심을 반영한다. 〈표 A-2〉에서는 동맹 개념이 적용된 인터뷰 질문들을 볼 수 있다.

표 A-2 : 동맹 개념이 적용된 인터뷰 질문(설리번, 스콥홀트 및 제닝스)

동맹 개념	인터뷰 질문
상담 과제에 관한 상담자/내담자의 동의 (Bordin, 1979, 1994; Horvath & Greenberg, 1994)	• 치료 과제들에 관해 내담자와 어떻게 합의합니까? • 내담자들이 치료 과제를 잘 따라오지 않을 때 어떻게 작업합니까? • 상담자와 내담자 각각의 역할을 확립하는 방법을 가지고 있습니까? 그 방법은 어떤 것입니까?
상담의 목표에 관한 상담자의 동의 (Bordin, 1979, 1994; Horvath & Greenberg, 1994).	• 상담의 목표가 내담자가 갖고 있는 듯한 욕구와 맞지 않을 때, 내담자와의 작업을 어떻게 해 나갑니까? • 목표에 도달하는 데 있어서 내담자가 성공했음을 인정하는 방법들을 이야기해 주십시오. • 제3의 관련자가 있을 때, 상담 목표에 관해 내담자와 동맹을 어떻게 확립합니까?
상담자와 내담자의 정서적 관계 (Bordin, 1979, 1994; Horvarth & Greenberg, 1994)	• 내담자와의 긍정적인 상담관계를 확립하는 작업의 중요성을 이야기해 주십시오. • 초심자들이 좋은 상담관계를 확립하는 데 필요한 기술을 얻으려면 어떻게 해야 하는지에 대해 이야기해 주십시오. • 문제가 있는 상담관계를 회복하기 위해 어떤 일을 하는지 이야기해 주십시오.

과정 및 자료분석

인터뷰는 두 달 이상에 걸쳐 이루어졌다. 녹음된 인터뷰의 길이는 평균 1시간에서 1시간 반 정도였다. 인터뷰 초기에 연구의 목적이 설명되었고 각각의 대가 상담자들로부터 동의서를 받았다. 대가 상담자들 중 1명은 녹음기의 문제로 인해 다시 인터뷰를 하였다. 완전 축어록은 정확성을 위해 인터뷰자에 의해서 점검되었다.

귀납적 분석 패튼(1990), 제닝스와 스콥홀트(1999)에 의해서 기술된 귀납적 분석과정이 이 연구에서 사용되었다. 자료분석은 귀납적으로 가장 작은 단위, 개념들로부터 주제들, 항목들 그리고 가장 큰 단위인 영역 순서로 진행되었다. 개념은 대가 상담자에 의해서 제공된 문장이나 구절의 대답과 같은, 축어록의 작은 부분을 분석함으로써 만들어졌다. 모든 개념들은 주제를 정하기 위해 검토되고 순서대로 배열되었다. 그런 다음 다양한 개념들이 일관성 있는 덩어리로 조직되면서 주제가 나타났다. 다음에는 유목을 정하기 위해 주제들을 검토하였다. 유목들은 다양한 주제들로 이루어져 있다. 마지막으로 영역을 정하기 위해 유목들이 검토되었다. 영역, 즉 가장 큰 조직 단위는 유사한 유목들로 이루어졌다. 분석은 시간과 노력이 많이 드는 작업이었으며 집중적으로 되풀이되는 과정이었다.

> …본문의 부분적인 의미와 전체적인 의미는 계속적인 분석을 통해 수정되었다. 전반적인 의미의 분석을 통해 부분들을 더 깊게 이해할 수 있으며, 부분에 대한 분석을 통해 전반적인 의미를 더 잘 이해할 수 있다(Skovholt & Rønnestad, 1995, p. 148).

질적 연구의 경험을 가진 세 번째 연구자는 감사자로서의 역할을 하였다. 타당도 점검으로서, 세 번째 연구자와 첫 번째 연구자는 개별적으로 연구로부터 나온 세 개의 축어록의 일부 내용들을 코드화하여 개념을 뽑아냈다. 두 개의 분석을 통해 정해진 개념들은 중요한 합의가 얻어질 때까지 비교되고 논의되었다. 그리고 첫 번째 저자는 개념들을 검토하여 최종 567개의 개념을 얻었다. 카드의 한쪽 면에는 개념 이름을, 다른 면에는 개념에 상응하는 인용문을 기록하였다.

위에서 기술한 것과 같은 과정을 사용한 또 다른 자료 출처로서, 대가 상담자들을 연구한 제닝스와 스콥홀트(1999)의 축어록을 분석하여 개념을 얻었다. 제닝스와 스콥홀트(1999)의 연구에서는 대가 상담자들이 특별히 치료관계의 측면에서 논의된 부분만이 분석되었다. 이 분석에서는 185개의 개념이 나타났다. 이렇게 두 개의 분석에서 나온 전체 개념 수는 752개였다.

그러고 나서 개념들은 주제(themes)로 구분되었다. 패튼(1990)에 의해서 강조되고 제닝스와 스콥홀트(1999)가 설명했듯이, '분석의 이 단계에서는⋯ 중요한 실례들, 주제들, 패턴들 그리고 자료의 자연스러운 변화' (p. 5)를 탐색하고 확인하여 주제들과 유목들(주제의 구성체들)을 밝혀냈다. 개념들의 첫 번째 분류에서는 네 개의 일반적인 유목과 44개의 주제들이 나타났다.

추수 인터뷰는 대략적으로 초기 인터뷰의 마지막 건이 완료된 후 6주 동안 수행되었다. 추후 인터뷰는 주제들의 초기 형성에 대한 대가 상담자들의 반응에 초점을 두었다. 대가 상담자들 10명 중 9명이 추후 인터뷰에 응하였다. 슬프게도 1명의 대가 상담자는 추후 인터뷰 전에 세상을 떠났다. 초기 분석을 통해 얻어진 주제와 항목들이 60분의 인터뷰 동안 대가 상담자들에게 제시되었다. 이 인터뷰는 또한 녹음되었으며 이미 형성된 주제들과 유목들에 대한 대가 상담자들의 합의와 불일치에 초점을 두었다. 또한 그들의 치료 경험의 반영으로 나온 결과에 대한 대가 상담자들의 평가, 그리고 결과에 반영되지 않은 치료관계의 측면에 대한 대가 상담자의 설명에 초점을 두었다.

대가 상담자의 피드백과 감사자와의 자문에 대한 두 번째 자료분석이 있은 후, 주제들은 44개에서 18개로 축소되었다. 이 축소는 대가 상담자들에 의해 뒷받침된 것으로, 가장 강력한 주제들을 보유하고 그것들을 공고히 하는 것에 초점을 두었다. 9명의 대가 상담자들 중 7명이 합의한(78%) 주제들이 얻어졌다. 주제들은 유목(categories)들을 얻기 위해 조직화되었다. 유목들이 만들어지면서 주제들은 더 이상 분리된 조직 구조가 아니게 되었다. 최종적으로는 두 개의 영역(domains)과 그 내부에 있는 6개의 유목들로 정리가 되었다.

뮬렌바흐와 스콥홀트 연구의 방법론

자료의 질적 분석은 미리 예상되는 기대에 제한받지 않고 심층적인 탐색이 가능한 귀납적 접근에 의지한다. 패튼(1990)은 다음과 같이 설명한다.

> 귀납적 설계 전략은 어떤 것이 중요한 차원인지에 대해 미리 예상하지 않고, 연구되는 사례들에서 발견되는 패턴에서 생겨나는 차원에 대해 분석하는 것이다. 질적 연구자들은 정밀하게 정의되고 조작된 변인들 사이에서의 선형적 또는 상관적 관계에 대한 이전 가정이나 특정 가설을 만들지 않은 상태에서, 자료에서 파생하는 차원 사이의 다양한 상호관계들을 이해하려고 노력한다(p. 44).

이러한 과정은 특정 관찰을 확인하는 것에서 시작한다. 거기서부터 보다 일반적인 주제와 패턴들을 강조하고 세워 가는 작업을 한다(Patton, 1990).

자료분석의 신빙성과 엄격함을 보증하는 접근들은 질적 패러다임으로부터 나온 것이다(Morrow & Smith, 2000). 연구자들은(Creswell, 1994; Hill, Thompson, & Williams, 1997; Patton, 1990) 교차타당화(triangulation) 전략이 견고한 질적 연구 설계를 하는 데 있어서 중요한 요소라고 주장한다. 이 연구는 내적 타당도를 강화하기 위해 세 가지 교차타당화를 사용했다. (a) 질적 자료원들 간의 교차타당화(Patton, 1990, p. 467), (b) 감수자(auditor)를 이용한 교차타당화(Creswell, 1994), (c) 다양한 분석을 통한 교차타당화(Patton, 1990, p. 467).

패튼(1990)은 '질적 자료원들 간의 교차타당화' (p. 467)는 연구자의 2차 자료원에 의해 이루어진다고 주장한다. 이 연구에서는 두 가지 종류의 자료가 분석되었다. 가장 최근에 이루어진 인터뷰를 통해 얻은 자료에 추가하여, 제닝스와 스콥홀트(1999)가 이전에 수행한 인터뷰에서 관련 문장들을 이 대가 상담사 집단을 위해 재분석하였다.

크레스웰(Creswell, 1994)은 내적 타당도에 대한 논의에서 감수자를 이용한 교차타당화에 대해 말했다. 이것은 자료분석 접근에 또 다른 연구자가 참석하여 감수자로서의 역할을 하는 것을 말한다. 크레스웰은 이 감수자 역할을 하는 사람은 "연구과정에서 이루어진 중요한 판단에 대해 감수하여 그것이 좋은 판단들인지를 타당화한다."(p. 158)고 했다. 이 연구에서 연구 감수자는 코딩되지 않은 원고와 무작위로 코딩된 개별 문단들을 검토하였다. 그러고 나서 코딩 자료를 비교하였다. 감수자는 질적 연구의 경험이 있는 석사 수준의 실무자였다.

패튼은 '다양한 분석을 통한 교차타당화' (p. 468)는 한 사람이 자료분석을 하는 데 전적인 책임을 지고 있을 때 발생할 수 있는 편견을 막는 데 도움이 된다고 하였다. 이러한 종류의 교차타당화에 있어 중요한 접근방법은 응답자가 연구 결과를 개관하도록 하는 것이다.

> 평정자들은 응답자들에게 기술된 자료에 대해 반응하도록 함으로써 자료분석의 정확성, 공정성, 타당성에 대해 많은 것을 알 수 있다. 연구 참가자들이 질적 평가 보고서에서 설명되고 분석된 것에 대해 관련성을 짓지 못하는 만큼, 보고서의 신뢰도에 의문을 제기하는 것이 마땅하다(Patton, 1990, pp. 468–469).

모로우와 스미스(2000)에 따르면, 이러한 방법으로 응답자들을 개입시키는 것은 '질적 연구의 엄격함을 높이는 힘 있는 도구' (p. 220)다. 유사하게 타당성에 대한 논의에서 크레스웰(1994)은 탐색을 통해 응답자와 협동적으로 일하는 것의 중요성을 강조한다. 그는 특히 연구자가 '정보원의 분류나 주제를 수용하고 연구 결론이 정확한지에 대해 묻는 것' (p. 158)을 추천했다. 힐, 톰슨 및 윌리엄스(Hill, Thompson, & Williams, 1997)는 추천타당도(testimonical validity)라는 용어를 사용해서 이 과정을 설명했다. 이 연구는 응답자들과의 2차 인터뷰를 포함시켰다. 이 인터뷰들의 주된 목적은 자료분석의 결과에 대한 피드백과 합의를 구하기 위한 것이었다.

용 어

이 연구에서 '전문적 적응유연성(professional resiliency)' 이라는 용어는 역동적 패턴으로, 장기간 정상적인 스트레스 요인들뿐 아니라 기타 비정상적인 사건들 혹은 격렬한 특성을 지닌 경험들에 대한 긍정적 적응이라는 특징을 가진다. '정서적 안녕(emotional wellness)' 이라는 용어는 실무자의 내면 상황과 정서적 건강을 유지하는 것에 특히 초점을 맞춘 것이다. 이것은 정서적인 균형이라는 안정적 상태를 유지하기 위한 매일의 과정이다.

자료수집

도구 22개의 개방질문들로 이루어진 반구조화된 인터뷰가 이루어졌다(〈표 A-3〉 참조). 이 질문들은 기존 연구에 기초하여 개발되었는데(Coster & Schwebel, 1997; Farber, 1990; Jennings & Skovholt, 1999; Savicki & Cooley, 1987), 이 연구들은 정신건강 실무자들의 업무 관련 스트레스 요인들에 초점을 맞춘 것과 실무자들 간의 전문적 기술을 관찰한 연구였다. 질문들을 더욱 세련화하기 위해 예비 연구가 수행되었다. 예비 연구는 표본과 동일한 특성을 많이 보였던 2명의 실무자들을 대상으로 실시되었다. 인터뷰는 각각 1시간 반 동안 이루어졌다. 인터뷰 후에 실무자들에게 질문들의 순서와 내용에 대한 자신의 느낌을 피드백 달라고 요청하였다. 그들의 피드백을 기반으로 하여 인터뷰 질문들을 추가적으로 세련화시켜 나갔다.

표 A-3 대가 상담자와의 인터뷰 질문(뮬렌바흐와 스콥홀트)

인구학적 정보
• 연령 • 학위 • 자격증 • 경력 연수 • 이론적 오리엔테이션

전문성 발달
• 정서적 안녕을 어떻게 정의하십니까? • 전문적 적응유연성을 어떻게 정의하십니까? • 대학원 훈련과정과 인턴 경험이 실무에서의 정서적 요구에 얼마나 도움이 되었습니까? • 조력자의 진로 발달 분야에 대한 연구에서는 실무의 초보 단계(예: 처음 5년)가 특히 어렵다고 합니다. 자신의 경험을 회고해 보고 그에 대한 느낌을 이야기해 주십시오. • 자기 자신의 전문적 직업에 대해 회고해 보고, 자신의 정서적 안녕과 전문적 적응유연성의 가장 도전적인 단계에 대해 이야기해 주십시오. • 자신의 전문적 직업에 대해 회고해 보고, 가장 도전적이었던 이슈들에 대해 이야기해 주십시오. • 아동기 경험이 자신의 전문적 발달에 어떻게 영향을 주었는지 이야기해 주십시오.
작업환경
• 작업환경의 어떤 요소들이 정서적 안녕과 전문적 적응유연성을 증진시킵니까?
어려운 문제들과 내담자 행동들
• 어떤 치료적 문제가 자신의 정서적 안녕과 전문적 적응유연성에 가장 큰 도전입니까? • 어떤 내담자 행동들이 자신의 정서적 안녕과 전문적 적응유연성에 가장 큰 도전입니까?
전문적 경험
• 당신의 전문적 직업에서 일어났던 중요한 사건과 그것이 당신에게 어떤 영향을 주었는지 이야기해 주십시오. • 어떤 요소가 상담자로서의 당신을 장시간 많은 내담자와의 애착과 분리의 과정에 지속적으로 머물게 합니까? • 타인의 고통에 대해 지속적으로 노출되는 것이 당신에게 어떤 영향을 줍니까? • 장기간 일했음에도 당신이 이 직업 분야에서 생동감을 유지할 수 있는 이유는 무엇입니까?
사회적 지원
• 슈퍼바이저와 멘터들은 당신의 정서적 안녕과 전문적 적응유연성에서 어떤 역할을 했습니까? • 슈퍼바이저와 멘터가 아닌 다른 전문가들과의 관계는 당신의 정서적 안녕과 전문적 적응유연성에서 어떤 역할을 했습니까? • 가족과 친구와의 관계는 당신의 정서적 안녕과 전문적 적응유연성에서 어떤 역할을 했습니까?
개인 경험/자기 돌봄
• 정서적 안녕과 전문적 적응유연성을 증진시키는 요소들은 어떤 것입니까? • 자기 자신의 정서적 안녕과 전문적 적응유연성을 유지하기 위해 사용하는 방법은 어떤 것입니까? • 특히 자신에게 유연적인 특성은 어떤 것입니까? • 당신이 도움을 청하는 사람이나 대상은 어디입니까?

개인 경험/자기 돌봄
• 정서적 안녕과 전문적 적응유연성을 증진시키는 요소들은 어떤 것입니까?
• 자기 자신의 정서적 안녕과 전문적 적응유연성을 유지하기 위해 사용하는 방법은 어떤 것입니까?
• 특히 자신에게 유연적인 특성은 어떤 것입니까?
• 당신이 도움을 청하는 사람이나 대상은 어디입니까?
결 론
• 당신이 중요하다고 생각하는데 우리가 다루지 못했던 것이 있습니까?

과정 대가 상담자 응답자 집단에 편지를 보내 접촉하였고, 정서적 안녕과 전문적 적응유연성을 탐색할 추후 질적 연구에 참가하기를 권유하였다. 편지와 함께 스콥홀트, 로네스테드 및 제닝스(1997)의 논문을 동봉하여 전문적 숙련성에 대해 보다 명확한 설명을 제공하고 상담자들에게 연구자들이 검토한 최근 문헌도 제공하였다. 편지에는 각 상담자당 약 2시간 정도 인터뷰 시간을 요청하였다.

또한 각 상담자들은 연구자로부터 2주 이내에 참가 여부를 확정하기 위한 추후 전화를 받을 것이며, 어떤 질문이나 걱정거리에 대해서도 대답해 줄 것이라는 내용도 언급되었다. 각 응답자들은 전화로 접촉되었고 참가 동의를 한 9명과 인터뷰 날짜를 잡았다.

각 인터뷰의 초기에 연구 내용이 설명되었으며 연구 동의서가 검토되었다. 응답자들은 각각의 사무실에서 인터뷰하였다. 인터뷰는 반구조화되고 인터뷰지침이 사용되었다(Patton, 1990). 인터뷰지침이 정서적 안녕과 전문적 적응유연성에 관련된 정보에 접근할 수 있도록 설계된 22개의 개방질문으로 구성되었고, 전반적 문헌 검토를 통해 알아낸 6개 분야로 나누어졌다(Ackerly, Burnell, Holder, & Kurdek, 1988; Rodolfa, Kraft, & Reilley, 1988; Savicki & Cooley, 1987). (a) 전문적 발달, (b) 작업환경, (c) 어려운 문제들과 내담자 행동들, (d) 전문적 경험, (e) 사회적 지원, (f) 개인 경험. 마지막 질문은 응답자가 원하는 기타 관련된 이야기들을 이끌어 냈다.

초기 인터뷰는 평균 1시간 반 정도 걸렸다. 모든 인터뷰 내용은 녹음되었다. 2차 인터뷰의 목적은 응답자들에게 1차 인터뷰의 자료분석에서 나온 주제와 제닝스와 스콥홀트(1999)의 초기 연구에서 얻어진 2차 자료에 대해 피드백을 받는 것이었다. 이 과정에서 응답자들은 각 주제의 요약 내용에 대해 들었고, 자기 자신의 경험과 관련 지어 이 주제가 적절한지에 대해 피드백 제공을 요청받았다.

자료분석

각 초기 인터뷰에서 녹음된 내용은 전문비서가 축어록으로 풀어 정리했다. 축어록 중 하나는 녹음환경에서의 주위 소음 때문에 소리가 들리지 않았다.

응답자는 재인터뷰에 동의했고, 2차 인터뷰가 이루어지고 축어록이 쓰여졌다. 축어록이 완성된 후, 연구자는 각 응답자의 녹음된 인터뷰를 들으면서 축어록의 정확성을 점검했다. 2차 자료원으로 사용된 축어록은 동일한 과정을 거친 제닝스와 스콥홀트(1999)에 의해 사전에 정확성 점검을 받았다. 이러한 절차를 따라서 최근 이루어진 두 개의 인터뷰와 2차 자료원으로 사용되었던 것들까지 4부가 만들어졌다. 이 축어록들 중 하나는 원본으로 간주되었고, 안전 보관을 위해 다른 장소에 보관되었다. 나머지 축어록들은 자료분석 과정에 사용되었다.

모든 개방질문으로부터 얻어진 자료는 패튼(1990)의 내용분석 과정을 따라 귀납적으로 분석되었다. "귀납적 분석이란 분석의 패턴, 주제, 범주들이 자료로부터 나오는 것이다. 그것들은 자료수집과 분석 이전에 성립되어 있는 것이 아니라 자료로부터 생겨난다."(p. 390) 초기 인터뷰의 축어록은 연구자에 의해 각각 읽혔고, 각 문단은 내용을 가장 잘 나타낼 수 있는 한두 단어로 코딩되었다. 2차 자료원에서 나온 관계된 문단들 또한 각각 읽히고, 문단의 내용을 가장 잘 나타낼 수 있는 한두 단어로 코딩되었다. 이 소단위의 정보는 개념으로 간주되었다(Patton, 1990). 연구자는 각 문단을 최소 세 번씩 읽어서 결과의 신뢰도를 증진시켰다. 내적 타당도를 보장하기 위한 노력으로, 연구 감수자 또한 세 개의 코딩되지 않은 축어록을 검토하고 한 인터뷰당 최소 6개의 문단을 무작위로 코딩하였다. 그리고 차이점을 발견하기 위해 코딩의 비교가 이루어졌다. 차이점이 발견되면 논의와 무작위 코딩이 이루어졌다.

제닝스와 스콥홀트(1999)에 의해 구축된 과정을 따라, 각 개념은 카드의 한쪽 면에, 반대 면에는 적절한 인용구를 적었다. 이를 따라 개념들은 분석되고 패턴들, 주제들, 범주들로 발전되었다(Whitt, 1991). 분석의 두 번째 단계는 결과를 명확하게 해 주는 주제를 찾아내는 것이었다(Patton, 1990). 세 번째 단계에서 이 주제들은 보다 일반적인 범주들로 모여졌다. 분석의 이 시점에서 연구자는 연구 감수자에게 매주 자문을 받았다. 감수자는 주제들과 일반적 주제 분류들을 검토하고 연구자와 함께 합의가 이루어질 때까지 논의했다.

추후 인터뷰는 응답자 9명 중 8명에 대해 이루어졌고, 이 주제들의 정확성을 위해 피드백을 받았다. 한 응답자는 건강 문제 때문에 2차 인터뷰를 할 수 없었다. 추후 인터뷰의 목적은 주제를 검토하고 정확성에 대한 피드백을 받아서 자료분석의 타당도를 점검하는 것이었다. 주제들의 정확성에 대해서는 응답자 간 합의가 이루어졌다.

최종 분석 결과 5개 분류와 23개 주제를 얻었다. 5개의 분류는 (a) 전문 상담자의 탄생, (b) 긍정적 작업 구조 만들기, (c) 직업적 스트레스 요인들, (d) 보호 요소들, (e) 고독과 관계 간의 균형을 통해 자기를 돌보기다. 이 연구 결과는 녹음된 인터뷰로부터 나온 묘사와 직접적 인용을 통해 소개되었다.

제닝스, 소버린, 버토프 및 뮤셀 연구의 방법론

과 정

이 연구는 대가 상담자들에게 그들의 개인적 특성과 상담 실무에 대해 질문한 제닝스와 스콥홀트(1999) 연구의 축어록에서 나온 자료를 사용했다(〈표 A-1〉 참조). 문서 자료를 사용하는 것은 현재 연구자들에게 대가 상담자들의 윤리적 가치들에 대해 비반응적으로 접근할 수 있도록 해 주었다. 사회적으로 바람직한 응답을 할 가능성은 대가 상담자들이 자신의 윤리적 가치에 대해 직접 질문을 받았을 때 더 강해진다. 이 연구의 목적을 위해 윤리적 가치관이란 도덕적 판단과 전문적 행동이 무엇인지를 알게 하는 강한 신념들이라고 정의되었다. 자료분석을 위해 축어록을 코딩하는 데 있어서 우리는 CQR 방법을 선택했다(Hill et al., 1997). 질적 연구를 위한 엄격한 과학적 과정들의 사용을 요구하는 CQR 방법의 단계들은 힐 등(1997)이 설명하였다. CQR의 큰 장점은 여러 연구자들의 참여, 합의에 의한 판단 그리고 사례 전반의 자료에 대해 체계적으로 검토하는 것이 연구자 혼자 하는 경우의 편견들을 크게 감소시킬 수 있다는 것이다.

초기 연구팀은 1명의 심리학자와 2명의 박사 수준 대학원생들로 구성되었다. 또 다른 심리학자가 감수자의 역할을 하여, 힐 등이 결과의 신뢰성을 상승시키기 위해 필요하다고 추천한 역할을 맡았다. 감수자는 연구과정을 검토하고 연구팀에게 분석에 대한 피드백을 제공하였다. 예를 들어, 우리는 학생들과 심리학자들 간의 불평등한 권력 역동이 연구팀에게 어떠한 영향을 미칠 것인가를 토의했다. 우리는 이러한 염려를 드러내어 언급하고, 코딩 과정을 통해 재언급함으로써 코딩과 평정 과정에서 학생들이 심리학자들의 의견을 무조건 따르게 될 가능성을 최소화하였다.

자료분석은 축어록의 분석을 위해 우선적인 윤리적 틀을 선택하는 것으로 시작되었다. 우리 연구팀은 질적 자료를 명명하고 분류하고 범주화하기 위해 여러 민감한 개념들을 '시작 목록(start list)' (Hill et al., 1997, p. 543)으로 선택했다. 이 민감한 개념들은 관련된 기존 연구나 이론적 문헌으로부터 나온 선행 사고들로서 초기 분석을 구조화하는 데 사용되었다. 우리는 처음에 키치너(Kitchener, 1984)와 메라, 슈미트 및 데이(Meara, Schmidt, & Day, 1996), 코리, 코리 및 캘러던(Corey, Corey, & Callanan, 1998)이 "전문가로서 가장 높은 윤리적 수준의 기능을 위한 기반을 구성하는 것: 자율성, 선의, 선행, 성실성 그리고 진실성"(p. 12)이라고 묘사했던 기본적인 도덕 원칙들을 고려했다. 그러나 연구팀의 논의 후 이 원칙들이 너무 범위가 넓다는 결론을 내리고, 우리는 초기 민감한 개념들로 심리학자들의 윤리적 원칙들에 있어서 6개의 일반 원칙들과 행동규칙(APA, 1992)을 선택했다. 그것은 유능감, 통합, 전문적/과학적 책임감, 사람의 권리와 고귀함에 대한 존경, 타인의 복지에 대한 염려와 사회적 책임감이다.

우리는 이 6개의 APA 일반 원칙들의 설명 내용을 한 줄 한 줄 합의적으로 분석함으로써 내면에 기반한 윤리적 가치관들을 코딩하기 시작했다. 원래의 6개 APA 일반 원칙들로부터 우리는 24개의 윤리적 가치들을 찾아냈다. 그런 다음 예비 분석에서 각 연구자들은 개인적으로 24개의 윤리적 가치들의 목록을 사용한 동일한 축어록을 코딩했다. 첫 번째 축어록을 코딩한 후, 연구팀은 만나서 같이 내용을 자세히 검토하여, 어떤 윤리적 가치가 각 인용구나 의미 단위를 가장 잘 대표하는 것처럼 보이는지 합의적으로 결정했다.

연구자들 간의 코딩 차이는 합의가 이루어질 때까지 논의와 논쟁 과정을 거쳐서 해결되었다. 3명의 대가 상담자들의 축어록을 사용한 이 과정 후, 연구팀은 예비 분석에 대한 피드백을 받기 위해 감수자와 만났다.

감수자의 제안에 기초하여, 우리는 기타 중요한 윤리적 개념들을 간과하지 않기 위해 길리건(Gilligan, 1982), 키치너(1984), 콜버그(Kohlberg, 1984)와 메라 등(1996)의 저서들을 다시 읽었다. 이 검토에서 두 개의 윤리적 가치관이(길리건의 작업에서 관계적 연결, 키치너의 연구에서 성실성)이 우리의 윤리적 가치 목록에 추가되었다. 그리고 6개의 새로운 윤리적 가치들(믿음, 용기, 개방성, 유연성, 자기 활성화 그리고 문화적 유능감)이 우리의 예비 분석을 통해 발견된 윤리적 가치들에 추가되었다. 다음 단계로 모든 축어록들이 32개의 최종 윤리적 가치들로 분석되었다. 각 연구자는 처음에 개별적으로 축어록의 각 인용구에 윤리적 가치를 명명하면서 축어록을 분석했다. 그러고 나서 연구자들은 팀으로 만나서 이 축어록의 각 인용문에 어떻게 최선의 윤리적 가치를 코딩할 것인가를 합의적으로 결정했다. 이 과정을 통해 모두 10개의 축어록이 분석되었고, 1,300개 이상의 인용문이 32개의 윤리적 가치들 중 하나로 코딩되었다. 그 후 1,300개의 각 인용문이 적힌 종이를 자르고 카드에 붙여서 자료의 조직과 구조화를 촉진하였다.

32개의 윤리적 가치를 이루는 1,300개의 인용문들은 연구자에 의해 재검토되었다. 이 시점에서 윤리적 문제들과 최소한으로만 관련되었다고 합의된 인용문들은 분석에서 제외되었다. 다음으로 연구자들은 각 윤리적 가치를 대표하는 인용문들의 수와 특정한 윤리적 가치를 가지고 있는 상담자의 수를 세었다. 32개의 윤리적 가치 중 9개(비밀보장, 전문적 책임감, 평등성, 정의, 진실, 성실성, 박애, 유연성, 충실함)는 제외되었다. 그것은 소수의 상담자들에 의한 소수의 인용문들과만 관련되고 그 밖의 윤리적 가치와 논리적으로 통합되지 않았기 때문이다. 남아 있는 23개의 윤리적 가치들과 그에 대응하는 지지 자료들은 내적 신뢰도를 위해 합의적으로 재검토되었다. 이 시점에서 일부 자료들은 연구팀에 의해 더 적절한 코딩이 이루어졌다. 이 분석 단계를 통해 우리는 남아 있는 23개의 윤리적 가치들이 논리적으로 9개 주제의 윤리적 가치들로 통합될 수 있다고 판단했다. 주제가 겹치는 것에 대해서는 감수자로부터 추가적 피드백을 얻어서, 다시 한 번 가치들을 통합하여 윤리적 가치들을 대표하는 최종 5개의 주요 주제들을 얻을 수 있었다.

그 후 인용문들은 각 5개의 가치 내에서 분석되었다. 윤리적 가치들을 가장 잘 대표한다고 보이는 인용문들이 찾아졌다. 그 일부는 6장의 결과 부분에 소개되어 있다.

특별 주석

이 모든 연구들에서 사소한 문법적 교정과 편집은 인용문의 명확성을 더하기 위해 사용되었음을 알린다. 더불어 심리치료자, 치료자, 상담자 및 실무자라는 용어는 책 전반에 걸쳐 교환적으로 사용되었다.

부록 B.
대가 상담자들과의 인터뷰

소 개

다음은 3명의 대가 상담자들과 진행된 인터뷰의 완전 축어록 내용이다. 축어록은 정확성을 살리면서 비밀보장에 중점을 두었으며, 연구자와 참여한 대가 상담자들에 의해 공동으로 편집되었다. 'R' 은 연구자인 면접자를 지칭하고, 'P' 는 참여한 대가 상담자를 지칭한다.

대가 상담자 #1 (렌 제닝스, 면접자)

다음은 대가 상담자 중 1명과 렌 제닝스 인터뷰의 완전 축어록이다.

R: '대가 상담자' 라 불리는 것에 대해 어떻게 생각하나요?

P: 나는 미국 중서부 지방의 여성으로 겸손해야 한다고 배웠어요. …내가 내 아이들에게 말했더니 아들이 가장 훌륭한 대답을 해 주었지요. 아들은 "…그건 되돌아가서 자신의 발달 단계를 살펴보는 여행이 될 것 같네요."라고 말하더군요.

R: 처음 시작했을 때와 지금 선생님은 어떻게 달라졌나요?

P: 더 많이 웃죠. 그리고… 나이가 들었어요. 그것은 나에게 도움이 되지요. 그리고 내가 충분한지에 대해서 항상 의문을 갖지는 않아요.

R: 어떻게 그 경지에 이르게 되었나요?

P: 잘 모르겠네요. 나는 여전히 자주 질문을 해요. '내가 한 상담에서 실수를 했나?' 물론 나는 실수를 하지요. 하지만 그것을 되돌아보는 것을 두려워하지 않아요. …이건 좀 이상한 겸손이죠. "나는 그렇게 대단하지 않다."라고 말하는 것이지요. …상담에서 진행되는 것은 중요해요. 하지만 우리 둘 다 전문가예요. 만약 내가 실수를 했다면, 내담자는 그것이 잘 되도록 하기 위해 어떤 것을 할 수 있어요. 난 그것에 대해 책임을 지지 않아요. 최종 결과에 대해 전적으로 내가 책임을 지진 않는다는 거예요.

R: 선생님이 처음 시작했을 때도 그런 방식을 취했나요?

P: 그랬던 것 같아요. 나는 간호사로 시작했고 내 직업은 사람들을 치료하거나 고통을 완화시켜 주는 것이었어요. 나는 그것을 통해 더 나아간 거죠.

R: 선생님이 그것을 통해 나아갔을 때, 철학적으로 무엇이 다른 것을 발견했나요?

P: 내가 근무하는 상담실에는 멘터들이 계셨고, 나는 그들이 나의 수행을 평가해 주기를 기대했어요. 내가 칼 로저스를 방문하여 만났을 때, 나는 "칼! 유감이지만 나는 인내심이 많지 않아요." 하고 말했죠.

R: 칼과 함께 일했나요?

P: 그래요, 난 진심으로 감동받았어요. 하지만 나는 인내심이 많지 않았어요. 여전히 나는 나 자신과 나의 멘터들을 비교하지만 그들을 따라잡지는 못해요.

R: 이전과 비교했을 때, 선생님은 선생님 자신만의 스타일을 더 수용하고 있나요?

P: 물론이에요. 나는 아이들이 옷을 입는 것처럼 나 자신의 스타일을 시험하죠. 나는 역할들을 시도했어요. 어떤 것들은 실제 사용했고 다른 것들은 거의 사용하지 않아요.

R: 지금은 선생님에게 적합한 어떤 것을 발견했나요?

P: 아주 잘 맞는 것을요. 만약 사람들이 그것을 좋아하지 않으면 그냥 가버려요. 그들은 자신에게 적합한 상담자를 찾아가죠.

R: 그것은 복잡한 상호작용이군요. …우리는 상담자와 내담자 간의 변인들과 내담자의 준비성의 관계에 대해 얘기하고 있어요. …나는 상담자에게 초점을 맞추려고 해요. 선생님에게 치료를 촉진하게 하는 것은 무엇인가요?

P: 많죠. …내 간호사 경험. 나는 신체를 돌봤어요. 나는 우울증을 가진 내담자를 만날 때 우선 병원에 가서 진찰을 받아 보라고 권해요. 나는 내 나이를 이용해요. 이번 주면 71세가 되죠. 나는 많은 일이 일어나는 것을 보았고 그것이 사람들에게 일종의 선물이라고 생각해요. 나는 상이한 심리상담을 많이 경험했어요. 그래서 다양한 치료기술을 가졌죠. "한 남자가 파란 정장을 원한다, 파란 불을 켜라."라는 오래된 농담과 함께 해요. 프로체스카(Prochaska)를 읽어 봤나요? 이 남자는 내담자의 다른 삶의 시기에 효과적인 다양한 치료법들에 관해 이야기하고 있어요. …나는 이것이 사실이라고 생각해요. 그들이 문서로 증명하기 시작하는 것에 대해 기쁘게 생각해요.

R: 선생님은 그 스펙트럼에서 어디에 잘 맞나요? 어디에서 선생님은 가장 능률적인가요?

P: 나는 개인상담을 하고 주로 상담자들을 만나요. 변화에 관해 단지 생각만 많은 사람들은 잘 만나지 않아요. 나는 고통에 빠져 있거나 변화를 원하는 사람들과 주로 상담을 해요. 그들과 함께 변화를 위한 계획을 논의하지요. 그들의 패턴에 대한 자각을 높여 주기 위해 상담을 하는 겁니다. 그들에게 다른 길을 찾는 여러 방법을 알게 해요. 나는 내가 그 방법을 안다고 생각할 때, 그리고 종종 그 방법을 직접 실행할 때 어려움에 빠지곤 하지요. 오늘 어린아이들을 데리고 이혼 수속을 밟고 있는 한 여성을 만났어요. …그녀에게 "우리는 신중해야 해요. 나는 예전에 어린아이들이 있었고, 실제로 그 상황에서 이혼을 한 경험이 있어요. 만약 내가 선생님에게 40년 전에 나에게 적합했던 해결방법을 듣고 싶다면 말해 줄 수 있어요."라고 말했어요. 나는 경험을 나누고는 내담자에게 투사되지

않도록 상담했지요.

R: 선생님은 선생님 자신의 역전이 감정에 대해 인식하고 있나요?

P: 네, 그리고 내 내담자가 역전이가 위험하다는 것을 알 수 있도록 강조하죠.

R: 주로 상담자들과 작업하는 것이 더 어렵나요?

P: 그것에 관한 재미있는 일들이 있어요. 나는 대학원 신입생들과 상담을 하는데 그들은 언제나 내 스타일을 분석하지요. …경력 상담자들은 바로 행동하기보다는 생각을 많이 합니다. 그래서 이렇게 질문을 하지요. "어떤 계획을 가지고 계신가요? 그 중에서 다음 주까지 해 보려고 하는 것은 어떤 것이지요?"

R: 선생님은 그들이 머릿 속으로 생각만 하고 적용하지는 않는다는 건가요?

P: 그렇지요. 이따금 나는 냉소적이 되어 말하곤 해요. "여기서 우리가 가지고 있는 것은 고통에 대한 아카데미상이네요." …사람들은 자신의 고통을 일종의 보물단지로 보는 것 같아요. 자신의 고통이 다른 사람들의 고통보다 격렬하다고 생각하죠. 나는 내담자들이 그 고통에 감명을 받을 것이 아니라 고통을 인정하고 그에 주목하도록 하기 위해 상담을 하지요. 그리곤 물어요. "다음은 뭐지요?"

R: …선생님의 경험을 통해 다양한 방법으로 고통을 보기에 이르렀군요. 그리고…

P: …그것에 현혹되지 않았죠. 처음에 당신은 어떤 해로움도 주지 않아요. 그러나 그 다음에 당신은 당신이 아무것도 하지 않는 그들의 고통에 대해 깊이 감명하지 않게 되죠. …그것은 내가 많이 저질렀던 실수예요. 나는 어떤 사람의 끔찍한 이야기에 깊은 인상을 받죠. 내 내담자 중에 홀로코스트 그림을 가져온 사람이 있었어요. 나는 그녀에게 "당신은 차라리 이런 고통을 느끼지 않았던 사람이길 원하나요?" 하고 물었어요. 그녀는 돌아갔고 그 질문이 그녀를 깊이 있는 사람으로 만들었다는 것을 깨달았지요.

R: 선생님은 그녀에게 그러한 고통을 겪는 것이 인간의 경험이라는 것을 수용할 수 있도록 했네요.

P: 그래요.

R: 선생님은 대가 상담가가 되기 위해서는 수년간의 경험이 필요하다고 생각하나요?

P: 아니요. 나는 대부분의 상담자들이 두 살경부터 상담자 역할을 시작한다고 봐요. …우리는 참견 잘하는 아이로 불려지죠. 나는 줄곧 무엇 때문에 사람들이 우울하고 또 무엇이 기분을 나아지게 하는지 호기심이 많았어요. 나는 그들의 기분을 더 나아지게 만들었어요. 나는 매우 젊은 시기에 상담을 시작하는 사람들에 대해 생각해 봐요. …그들은 그들의 가족들에 의해 훈련되지요.

R: 유사한 경험을 가진 두 치료자가 있다고 해 봅시다. 한 사람은 대가 상담자가 되지만 다른 한 사람은 상담자로 성장하지 않아요. 왜 어떤 사람은 그 경험을 통해서 이익을 얻고 다른 어떤 사람은 그렇지 못할까요?

P: 나에게 있어서의 이유는 내가 호기심을 해결하는 것에 대단한 욕구를 가졌다는 거예요. 나는 내가 아는 것에 만족할 수 없었어요. 얼마나 많은 학습 경험을 하려고 하는지 나 자신이 당황스러울 정도예요. 내 가족들은 항상 그에 대해 나를 놀리곤 해요.

R: 배움에 대해 지칠 줄 모르는 나이 많은 학생…! 선생님은 심리학 외에 다른 영역의 지식에 대해서도 그렇게 관심이 큰가요?

P: 그 만큼은 아니에요. 그리고 나는 그것에 대해 실수를 했어요. 마가렛 미드(Margaret Mead)는 우리가 우리 아이들로부터 배우는 첫 세대라고 했어요. 나는 그에 동의합니다. 나는 대학에서 공부를 하고 있는 딸이 있어요. …그것은 상담의 시각적 방법이지요. 나는 그에 대해 더 많은 걸 했으면 했어요. 그래서 하프 레슨을 받았지요. …그건 아주 재미있었고 진짜 내 전통적 정서를 깊게 만들었죠. 또 나는 내 무릎이 아플 때까지 복음성가를 불렀어요. …그것을 통해 소수민족을 느낄 수 있게 되었고, 그

문화와 진심으로 만날 수 있었어요.

R: 새 경험을 추구하는 것이 도움이 된다….

P: …나쁘게 말하면 내가 쉽게 싫증을 낸다고 할 수 있어요.

R: 다시 심리학자들의 정서적 건강으로 돌아가 보죠. 훌륭한 심리학자들은 어떻게 그들의 소소한 일들을 해결하고 내담자와의 일에 자신의 문제를 연루시키지 않게 되는 거죠?

P: 우리 모두는 그것을 훈련 초기에 겪어요. …우리는 언제나 우리의 친구와 친척들을 진단해요. …우리는 그것을 통해 성장한다고 생각해요. 우리 중 몇몇은 우리가 그들에게 화가 날 때마다 심각한 정신의학 진단으로 그들을 분류해요. 우리 모두를 위해서 그렇게 하지요.

R: 선생님의 정신건강이 어떻게 선생님이 하는 치료에 영향을 주나요?

P: 좋은 질문이군요. 나는 힘든 시간을 5년간 경험했죠. 내 집을 팔았을 때, 다른 곳으로 이사 갔을 때, 마지막 살아 있던 형제가 죽었을 때, 엄마 그리고 숙모가 돌아가셨을 때. 나는 나 자신을 추스르고 잠시 동안 스스로에게 의지했어요. 흥미로운 건 내가 최악의 고통 상태에 있었을 때 아주 훌륭한 상담자였다는 거예요. 그건 은행털이들이 그들이 열려고 하는 기계의 움직임에 민감하기 위해 그들의 피부로 기계를 문지르는 것과 같은 거죠. 어떤 의미에서 보면, 상담실에 나와서 상담을 하고 나의 고통에서 잠시 벗어나지만 그 고통과 상실에 예민해진 마음을 가지고 있다는 것이 다행인지도 몰라요. 나는 그것으로부터 벗어나도록 노력했고, 더욱더 내담자가 무엇을 하는가에 민감해졌어요.

R: 그것이 놀라웠나요?

P: 그렇죠. 나는 내가 더 무능력하게 될 거라고 예상했거든요. …해리 스텍 설리번(Harry Stack Sullivan)을 아시나요? 그는 여러 번 우울증을 겪은 굉장한 흑인 아일랜드 남자인데, 그러한 고통이 그의 환자들과의 치료에서 그를 더욱 민감하게 만들었어요. 고통을 갖는 것은 나를 그 고통에 더욱 예민하게 만들어 주고, 나에게 나 자신의 것들로부터 벗어나게끔 만들어

주며, 결국 나는 기꺼이 바깥으로 나 자신을 바치게 되지요.

R: 아이들의 성장에서…고통이 사람에 대한 연민을 갖는 데 중요한 요소라는 점에 대해 어떻게 생각하십니까?

P: 잘 모르겠군요. 나는 인구가 3천 명인 아주 작은 마을에서 성장했고, 내 아버지가 학교 교장이었기 때문에 대중의 주목을 받았어요. 아버지는 내가 여섯 살 때 돌아가셨기에, 나는 상실의 슬픔을 가지고 있지요. 하지만 아버지가 돌아가시기 전, 그러니까 내가 네다섯 살 때, 아버지는 아파서 병상에 계셨어요. 나는 아버지의 방으로 갔지요. 그러고는 아버지 눈에 햇빛이 비춰서 아무 말 없이 블라인드를 내려드렸지요. 나는 사람에 대한 연민을 가지고 있어요. 하지만 그것이 어디에서 왔는지는 잘 모르겠네요.

R: 바로 그러한 선생님이 선생님 자신의 치료에 어떻게 영향을 주었나요?

P: 나는 정말로 기초를 튼튼하게 해요. 나는 신체적 · 심리적으로 기초를 튼튼하게 하기 위해 열심히 노력했어요. 그것은 사람들에게 영향을 주었죠. …말 그대로 나의 체중은 내 몸에 고르게 배분되어 있어요. …나는 또한 훌륭한 여성이 되는 것이 필요하다고 생각해요. 왜냐하면 사람들은 내게 통제력이 있다고 투사하거든요.

R: 그러한 힘에 대해, 그리고 그것이 어떻게 현재에 영향을 미치는지에 대해 좀 더 얘기해 주세요.

P: 힘은 매력적으로 보이는 것이 아니라 에너지가 혼동되지 않도록 충분히 점점 성숙되는 것입니다.

R: 선생님은 예전에 그 혼란스러움을 어떻게 이용했나요?

P: 나는 주로 그것을 나 자신을 혼란시키는 데 이용했어요. 늙어갈수록 그것은 안정되는 거 같아요. 나는 나와 함께할 때 편안해하는 많은 중년의 내담자들을 만나는데 그것이 바로 힘이라고 생각해요.

R: 대가 상담자들은 이러한 정보를 가지고 상담을 하고 그것들을 더 효율적으로 다루는 전문가인가요?

P: 내가 나를 대가 상담자로 생각하고 답변을 하려니 좀 재밌네요. 그러나 나는 당신의 편지를 받기 전까지 나 스스로를 대가 상담자로 생각하지 않았어요. 내가 훌륭하거나 그렇지 않다 또는 나는 훌륭하지만 이 분야에서는 그렇지 않다고 얘기하는 건 우스운 겸손인 거죠.

R: 그러한 태도가 선생님에게 영향을 주나요?

P: 물론이에요. 내가 내담자들과 상담이 잘 되지 않을 경우 그들을 다른 곳으로 의뢰할 수 있기 때문이에요.

R: 어떤 내담자와 함께할 때 최상의 상담을 하죠?

P: 모든 사람은 글을 읽고 말로 분명히 표현하고, 치료에서는 변화를 원하고 치료자를 꿈꾸지요. 나는 이런 상담을 맡아 온 게 매우 운이 좋았다고 생각해요. 내가 이러한 것을 해 왔다는 것을 깨달았을 때, 나는 그들을 더 많이 상담할 수 있도록 그것을 알리기 시작했어요. 나는 지금 종교 지도자와 심리학자가 아닌 내담자를 상담하는 것은 그만두었어요.

R: 성공을 위해 선생님과 작업하는 최고의 사람을 알아낸다는 중요한 점을 알고 있는 건가요?

P: 그래요. …나는 나랑 잘 맞는 사람을 바로 알 수는 없어요. 내가 잘 맞지 않는다고 느껴지기까지는 두세 회기가 필요하죠. 경험하는 것은 바로 신체적 감각이에요. 만약 불안한 기운이 느껴지기 시작한다면 뇌가 마침내 신호를 받은 거죠.

R: …선생님은 그 신호에 대해 예민한 감각을 개발시켰네요.

P: 우리는 왕복으로 움직이는 관점을 가르치도록 노력해요. 내담자에게 주목하고, 여기서 무엇이 일어났는지에 대해 주목하고… 앞뒤로… 우리 자신이 우리의 최고의 도구인 셈이죠.

R: 선생님이 더 많은 경험을 얻으면서 더 세련되어지는 건가요?

P: 그렇죠. 아직 최고는 아니지만.

R: 지금은 두세 회기가 필요하다고 하셨는데, 선생님이 처음 시작할 때는 어땠나요?

P: 아! 10회, 12회까지도 갈 수 있지요. …그리고 내담자가 내가 좋아하지 않는 나의 부분과 유사하다면, 나는 그곳으로 들어가서 빠르게 그것을 해결하기를 원하지요.

R: 정말 열심이시네요.

P: 예, 난 그래요. 나는 가끔 나 자신을 보고 웃곤 해요.

R: 다시 되돌아가지요. …많은 상담자들이 너무 압도되어서 유머, 혹은 그들의 역할과 내담자의 역할이나 그 관계를 보지 못하지요. 이러한 요소들을 구별해 내는 능력은 어떻게 얻을 수 있을까요?

P: 나는 배우려고 노력했어요.…나는 그에 관해 잘 기억은 나지 않아요. 하지만 나는 그것을 가르쳐 왔지요. 내가 그걸 전혀 하지 않았던 때가 언제인지 기억이 나지 않네요.

R: …전문가에 대한 연구조사는 체스 대가들에 대해 말하고 있어요. 그들은 패턴을 보기는 하는데, 어떻게 어디서 그것이 발전되었는지 그 이상을 말할 수는 없죠. 위대한 체스 선수나 상담자는 초심자에게 그것을 가르치는 데 능숙하지 않아요. 그들 자신이 초보로부터 많이 멀어졌으니까요. 한 상담자는 그가 최초의 5년 동안 본 모든 내담자들을 기억하기를 원했지요. 그러곤 말했죠. "봐요, 나는 지금 더 많이 알아요. 그러니 잠시 휴식과 자유로운 시간을 줄게요."

P: 나는 내가 가르친 초기 수업에 대해 그렇게 느껴요. 나는 돌아가서 이렇게 말하고 싶어요. "나는 우리가 그때 그것을 믿었다는 것을 알아요. 하지만…" …내가 형편없는 상담을 했다고 생각하지는 않아요. 단지 아주 훌륭한 상담을 하지는 못했죠.

R: …선생님은 기초를 다지려고 열심히 노력했군요. 그것을 촉진하기 위해 어떻게 했나요?

P: 나 자신만의 치료법을 수행해 온 거죠. 나는 내가 중심에 있는지 아닌지 생각할 수 있도록 나 자신과 다른 사람들의 신체언어에 주목하는 데 많은 시간을 투자했어요.

R: 내담자와 상담할 때 그것을 하나의 척도로 사용하나요?

P: 만약 중심에서 벗어나면, 나는 체크리스트를 사용해요. 거기에는 이렇게 쓰여 있죠. "이게 나의 몫인가, 내담자의 몫인가, 혹은 우리 모두의 몫인가." 그건 이 셋 중 하나일 거예요. 내가 될 수도 있고요. …나는 심리학자 포럼의 구성원인데, 지난주에 한 상담자가 자신은 내담자를 좋아하지만 치료를 하는 데 피곤하다고 말했어요. 그녀는 그것을 그녀의 신체로 느낀 거지요. 나 또한 그런 내담자가 있어요. 그가 떠나고 나면 불쾌함을 느껴요. 이를 알게 되었을 때, 그는 내 생각 안에서 정말 악마였어요. 최종적으로 그것을 깨닫게 되었을 때, 나는 다른 이에게 그를 의뢰했어요. 때때로 내담자가 내 문제의 조금 다른 방식으로 다가온다면, 나는 좀 더 신중해질 필요가 있어요. 만약 내담자가 내가 좋아하는 나의 일부분처럼 된다면, 나는 상담을 해야 할 필요가 있는 것들을 보지 못하게 될 수도 있지요.

R: …대가 상담자는 상담자에게 치료법을 제공하는 사람으로 정의될 수 있겠군요. 선생님이 그 과정을 알고 있기 때문에요.

P: 위험한 것은 바로 내가 그 영역을 안다고 생각하는 것이라고 봐요. 내가 알지 못하는 장소도 있을 수 있고 내가 관심이 없는 영역도 있을 수 있습니다.

R: 계속 공부하고 능력을 개발하는 상담자들의 경우는 인생의 경험에 대해서도 개방적일 것 같아요.

P: 나도 그렇게 생각해요. …오랫동안 나의 딸은 도서관 사서였어요. 나는 연설을 하게 되죠. 어디든지 가서 어떤 것이든 얘기해요. 그럴 때 나는 과제를 가지고 딸에게 가서 얘기합니다. "에이미, (편의상 내가 X에 관해 강의할 거라고 한다면) X에 대해 자료를 좀 찾아 줄 수 있겠니?" 라고 묻죠. 나는 내가 강의하는 주제가 무엇이든지 어느 정도의 전문가가 되기 위해 열심히 공부를 해요. 그것은 세계가 나를 배워야 하는 새로운 영역으로 이끈 것과 같아요.

R: 선생님은 그것을 해낼 수 있다는 것을 알고 있군요. …자기효능감.

P: 예, 나는 그것을 해낼 수 있고, 그 작업은 배우는 것으로 가지요.

R: 그것이 선생님을 자극하나요?

P: 예, 내가 개방적이라는 면에서는요.

R: 모험을 추구하는 사람인가요?

P: 아, 예!

R: 선생님은 선생님이 내담자와 좋은 상담을 하고 있다는 것을 어떻게 아나요?

P: …『몰입(Flow)』이라는 책에 대해 알고 있나요? …충분한 도전이 있을 때, 하지만 그것이 지나치게 압도적이지는 않을 때, 사람들은 몰입을 하게 되지요. 사람들은 일을 하고 또 어려움도 겪지만 그것이 사람들을 압도하지는 않습니다. 그것이 사람들이 여기 상담에서 보내는 시간이 유용하다는 것을 내가 알고 있는 때입니다.

R: 선생님이 그것을 신뢰하는 것을 배운 것처럼 들리는데요.

P: 그래요. 그건 우리가 함께 상담을 하고 있고 내가 지나치게 열심히 하지 않는다는 것 모두를 알고 있는 것이지요. 내가 일을 지나치게 열심히 하고 있다는 것을 인식할 때, 나는 한 발짝 뒤로 물러서서 말해요. '지금 뭘 하고 있는 거지?'

R: 나는 일어나도록 내버려 두는 것을 생각하고 있었습니다. 그 말은 그렇게 되어야 하는 것을 그냥 이루어지도록 둔다는 것처럼 들리네요.

P: 아마도 기꺼이 놀라겠죠. …내가 통제 욕구를 가지고 있기 때문에 그것을 그냥 일어나게 놔둘 건지는 모르겠네요. 그건 이 컨테이너 안에 있고, 무엇이 일어나는지 보는 거지요.

R: …거기 있는 요소들과 함께 말이지요. 선생님, 내담자 그리고 그 관계.

P: 오늘 아침 만난 엄청난 고통을 지녔으나 더 나은 세상을 만들 수 없는 예전 내담자처럼요. 나는 그녀를 잘 알기에 이렇게 말했죠. "지금 당신은 그 고통을 느끼지 않은 사람이 되고 싶나요?" 이 질문은 그녀를 동요시

켰고, 그녀는 얼굴에 미소를 띠었어요. …그래서 그건 컨테이너 안에서 이루어지는 것에 집중하는 것과 같지요.

R: 선생님은 그렇게 말하는 게 올바른 것인 줄 어떻게 알았죠?

P: 아니, 몰랐어요. …나는 당신이 무엇을 말할 것인지에 대해 수많은 대안을 가지고 있다고 생각해요. 그리고 그 대부분의 것들이 틀리지 않았다고 생각해요. 당신은 제안을 하는 거죠. 만약 그녀가 나에게 화를 냈다면, 나는 그 말을 취소하고 다른 말을 하겠지요. 그것은 게슈탈트적 개념이에요. 당신은 올바른 수준에 맞춰야 해요. 만약 그게 충분치 못하다면 아드레날린을 만들어 낼 수 없게 되고, 너무 과하다면 그들이 압도당하게 되지요. 이것은 일종의 시행착오의 문제예요.

R: 대가 상담자들은 기꺼이 그런 위험을 감수하고 실수를 범하나요?

P: 그렇죠. 그들은 완벽하게 맞는 것은 없다는 것을 알기 때문에 완벽하게 맞추는 것에 집중하진 않아요.

R: 그렇다면 전부 실험이군요….

P: 예. 그리고 당신이 좋은 동기에서 그렇게 한다면 그들에게 상처를 주진 않을 겁니다.

R: 치료적 의도… 그것은 복잡한 기술 같군요. 그와 같은 결정을 내리는 때를 안다는 것은 도전적인 것 같습니다. …제가 묻고 싶은 건 실수를 다루는 내담자의 인내와 능력에 관한 인간 본성의 견해입니다.

P: 그들은 모두 어른이에요. …그들은 여기에 한 시간 정도 와 있어요. 그들은 유능하고, 그들이 원하는 것은 고통을 더는 거죠. …내가 할 수 있는 아주 작은 것은 그들을 돕는 거예요. 나는 그들에게 상처를 주지 않는 나 자신의 동기를 신뢰해요. 나는 그것에 관해 확신해요. 때때로 내가 때려눕히고 싶은 누군가와 함께 있더라도, 나는 그들에게 좋은 마음을 갖고 보내죠.

R: 그런 안정감을 어떻게 개발시켰나요?

P: 칼 로저스는 나의 절친한 친구 중 한 명의 치료를 중단했는데, 난 그 말

이 너무 인상적이었어요. 칼은 "나는 당신이 싸우는 걸 지켜보고 있어요. 하지만 당신이 나와 함께 더 정직해지지 않는다면 당신을 도와줄 수 없을 것 같네요." 이말은 내담자에게 커다란 충격이었죠. 그리고 효과가 있었어요. 나의 가족의 좌우명 중 하나는 '사랑 안에서 진실을 말하자' 입니다. 그 방식이 문제가 생기긴 어렵죠. 칼 로저스가 했던 것도 그런 게 아닐까 생각해요.

R: '진실' 이라고 했나요…?

P: 진실 그 자체는 무시무시한 무기가 될 수도 있지만, 그는 문자 그대로 사랑 안에서의 진실을 얘기했다고 생각해요.

R: 선생님의 상담과정에서 사랑이 어떤 작용을 하는지 말해 주세요.

P: 그건 개방된 마음과 관련이 있어요. 사람에게 일어나는 것에 관심을 갖는 것이지 그들에게 야단법석을 떠는 게 아니에요. 수련된 지적인 사랑… 그것은 지나친 감정 표현이 아니라 적절한 감정이 느껴질 때 따뜻하게 공감하는 겁니다. 어떤 때 그것은 냉정함이 될 수도 있어요. 그건 내담자 마음에서 가장 큰 관심사와 상호작용하는 거예요. 나는 내가 어디서 그걸 얻었는지 확신할 순 없지만, 상담자들이나 선생님들, 친구들, 가족들에게서 그것을 받아 왔던 것 같아요.

R: 선생님이 하는 것에 영적인 요소도 포함됩니까?

P: 그럼요, 물론이죠. 그것이 상담자들이 인정하는 어려움이죠. 우리 대부분은 상담이 도움이 되기를 원합니다. 우리 중 어떤 사람들은 영적인 것을 사람에게서 신을 찾는 것이나 신의 사랑을 보여 주는 것으로 해석하기도 해요. 나는 매일 자신의 내담자를 위해 기도하는 어떤 여성 상담자를 알고 있어요. 지금 나는 그 정도까지 할 수는 없지만, 나 역시도 사람들이 상처받길 원하진 않아요. 또한 나는 영적 집단에 관여하고 있으며 영적 발달에 관한 수업도 들었어요.…그러는 가운데 나에게 일어난 한 가지 재미있는 것은 내가 그런 관점을 밀어내지 않으면서 그 근거를 진심으로 믿고 있기에 몇몇 영매들이 나에게 내담자를 의뢰한다는 거예

요. 나는 그것을 완전히 받아들이진 않지만 무시하지도 않아요.

R: 개방성에 대해 말하는 거군요. …선생님은 가능한 한 편협한 쪽으로 빠져드는 걸 하지 않는 것 같네요.

P: 그래요. 내 내담자는 나를 20회 만나고 떠나지요. 그리고 나는 우리의 상호작용이 어떠했는지 알지 못할 겁니다. 그것은 별 것 아닌 것 같지만 즐겁지요.

R: 그러면 알고 싶은 욕구가 있는 사람은 아마도 이 분야가 매우 좌절스러운 것이란 생각을 하겠군요?

P: 나도 그렇게 생각해요. 가끔 나는 내담자를 서너 번 만난 후 조기 종결을 맞기도 해요. 그럼 나의 관심사는 '내가 최소한의 도움도 되지 못했나?' 하는 것이죠. 그리고 1~2년 후에 그들이 나에게 내담자를 추천해 주기 시작하는 거예요.

R: 선생님이 생각하기에 선생님은 내담자의 몇 퍼센트 정도에게 도움을 준 것 같나요?

P: 확실히 말할 수 없네요. …나는 어떤 면에서 모든 사람이라고 생각하고 싶어요. 하지만 아마도 그건 그들이 원하지 않았던 것이거나 혹은 내가 주려고 의도하지 않았던 어떤 것일 수도 있어요. 내 생각에 나는 사람들이 좀 더 밝게 인생을 사는 것을 돕고 있는 것 같아요. 그것이 나의 목표 중 하나예요.

R: 그럼 선생님은 인생의 '밝은 면' 을 보는 것을 어떻게 개발시켰나요?

P: 지난 10년 동안 나는 더 많이 굉장히 멋진 농담을 하게 됐어요. 그것은 삶의 다른 종교를 경험하면서, 그리고 반드시 만족하지는 않지만 다른 것만큼 만족하는 하나에 정착하면서 나 자신의 영적인 발달을 통해 나온 것입니다. 그것이 세상을 더 밝게 만들고 있지요.

R: 어떤 사람들은 선생님이 얘기했던 상실이라는 것에서 더 냉소적인 입장일 수 있어요. 왜 어떤 사람은 그 작은 길을 선택하고 다른 사람은 그곳에서 막히게 되는 거지요?

P: 나는 많은 지지를 얻었어요. 가족들의 지지, 공동체에서의 지지… 그러한 지지들이 나를 냉소적이지 않게 도와줬어요. …어쩌면 나의 냉소주의가 굉장한 농담을 찾으면서 사라졌을 수도 있겠네요.

R: …굉장한 농담, 선생님은 그것에 어떤 의미를 두나요?

P: …선생님과 나는 세상이 어떤지 알고 있지만, 갑자기 우리는 신의 뜻으로 누군가의 한계에 맞지 않은 정말 이상한 현상이 벌어지는 곳으로 보내질지도 몰라요. 그럼 어떻게 하시겠어요? …내가 굉장한 농담 하나를 해 볼게요. 우리 교회는 교회 쥐만큼 가난하거든요. … 진실하고 대단한 농담이라는 건 우리가 방금 백만 달러를 얻었다는 거예요. 이 사건은 그 교회에 대한 세기의 시험 중 하나일 거예요. 이때까지 그렇게 돈을 가질 수 있기를 갈망했는데, 갑자기 돈이 '펑' 떨어지게 되면 어떨까요?

R: …다시 돌아가도록 하죠. …어떤 일이 일어날지라도 그에 대한 개방성…

P: 예, 나는 농담을 하기도 해요. 내가 죽으면 나의 비문에 이렇게 써 있을 거예요. "여기 그녀의 질문이 해결되다." …호기심은 내 인생에서 큰 부분이에요.

R: 그것은 전염되는 게 분명해요. …사람들이 선생님을 찾는 이유 중 하나죠.

P: 난 드라마에서 쫓아가기 위해서가 아니라 무엇이 진행되는지 알아보기 위해 그들을 초대해요.

R: 내가 상상하기엔 그것을 진정시키는 어떤 것이 있을 것 같네요.

P: 그건 어떤 사람에게는 화나게 하는 일이죠.

R: 선생님은 상담이 뭐라고 생각하나요?

P: 주의를 기울일 수 있는 좋은 기회라고 봐요. …그것은 내 인생에서 내가 어디에 있는지를 볼 수 있는 은총 혹은 선물이죠. 내가 여기에 있는데 어떤 것이 도움이 될까? 지금 나에게는 어떤 선택사항들이 있니? …상담은 잠시 현재를 벗어나서, 내가 현재 가지고 있는 문제들을 안전하게 내려놓고 볼 수 있는 장소로 들어갈 수 있는 기회지요.

R: 굉장한 선물이네요..

P: 내 생각도 그래요. 사람들이 들어와서 흰색 탁자 위에 문제를 올려놓고 농담들을 나누고 그것을 해결하는 거지요. …가끔 나는 그들에게 "오늘 어떤 것을 해결하고 싶어요?" 라고 물어봐요 그리고 목록표를 작성하죠. 어떤 것이 가장 중요할까요?

R: 상담은 어떻게 치유를 하나요?

P: 나도 어떻게 되는지는 잘 모르겠어요. 나의 멘터 중 한 분이 새 책을 출간하셨어요. 지금 난 처음 열 페이지 정도 읽고 있어요. 근데 내가 좋아하는 것은 그가 그의 가치관을 처음으로 보여 준 것이에요. 그는 상담자가 하는 일은 사람들이 어떻게 자신의 삶을 아름답게 사는지 가르치는 것이라고 말해요. 나는 '치료' 를 어떻게 하는지보다 그것이 더 적당하다고 생각해요. 우리는 사람들을 가르쳐요, 어떻게 아름답게 살지… 그건 우리의 인생을 어떻게 더 예술적으로 만드느냐 하는 거예요.

R: 사람에게서 예술가를 보는 건가요?

P: 그렇다고 볼 수 있죠.

R: 선생님은 그걸 어떻게 얻을 수 있지요?

P: 마가렛 미드의 딸은 우리의 인생을 창조하는 것에 관한 책을 썼어요. 때로 나는 그 책으로 사람들을 초대하죠. …초점 혹은 비전을 가지는 것. 당신은 2~3년 후에 어떤 사람이 되어 있으면 좋겠어요?

R: 과거에 비해서 그것을 작업하려 하고 있군요?

P: 예, 그래요. …나는 과거를 둘러싼 많은 것들을 상담하고 있어요. 하지만 주어진 것… 디즈니 버전의 〈잠자는 숲 속의 공주〉를 보면 실수투성이인 요정 대모가 나와요. 대모가 세례식에 제시간에 도착하지 못해서 공주는 죽음의 저주에 걸리게 됩니다. 이 요정 대모는 그 저주를 거둘 수는 없으나 공주가 죽지 않도록 약하게 만들 수 있었어요. 그래서 공주는 죽지 않고 잠에 빠져들게 됩니다. 상담자로서 나는 세례식에서의 두 번째 요정 대모와 같아요. 이전에 벌어진 것들을 변화시킬 수는 없지만, 그것에 주의를 기울일 수는 있지요. 나는 사람들이 좀 더 회복될 수 있도록

도와주거나 더 흥미로운 방향으로 가도록 만드는 것을 도울 수 있어요.

R: 그건 프랭클(Frankl)의 말처럼 들리는군요. 우리는 우리의 조건들을 선택할 수 없지만, 그에 어떻게 반응하는지는 선택할 수 있다. …그리고 그 조건들이 고통스럽다는 것을 알지요.

P: 그래요. 유년기에 고통스러운 경험들이 있고 당신은 부정적인 패턴을 배우는 거예요. …얼 폴스터(Earl Polster)가 얘기하는 것 중 하나가 '다음' 인데, 그것은 주어진 것에서 그것과 함께하기를 원하는 것이지요. 당신은 그에 감명을 받지만 당신이 살기에 지옥이 될 수도 있어요.

R: 한 상담자는 사람들이 변화하고 싶어서 찾아오지만, 그들은 아직 변화를 원하지 않는다고 하더군요. 상담자라는 직업은 어려운 질문을 하고 그들을 움직이게 하는 거잖아요. 이에 대해 어떻게 생각하나요?

P: 내가 하고 싶은 말은 "물론 변화하고 싶지 않은 부분이 있을 수 있어요. 그렇다면 우리 그 부분을 존중해 주도록 하죠. 그 부분 빼고 나에게 얘기하면 되겠네요. 자, 변화하고 싶은 당신의 일부분도 있네요. 그 부분이 하려고 하는 말을 우리 한번 들어보죠." 입니다. 이건 대답을 듣기 위한 질문은 아니에요. 단지 '여기서 무엇이 일어나고 있는지 같이 보자.' 는 거지요.

R: 선생님이 어떤 갈등을 가지고 있는지 이해하는 것이군요.

P: 그래요. …그럼 이제 이런 두 부분 사이의 논쟁을 한번 가져볼까요? 이 대화를 한번 들어보죠. …그것은 자각하는 것이 치유적이라는 게슈탈트(gestalt)의 개념에서 벗어나 있어요.

R: 그것을 선생님의 이론적 오리엔테이션이라 할 수 있나요?

P: 게슈탈트 말이에요? 나는 참을성 없는 내담자중심 게슈탈트 상담자이지요. 나의 가치관은 내담자중심 치료에 근거해요.

R: 왜 그것이 선생님에게 영향을 준 건가요?

P: 중서부 지역이라는 점이지요. …로저스의 아버지는 농사고문이었고, 나는 한때 공중보건 간호사였어요. 내가 알기에 그건 과학적이며 도움이

되고 사람들을 돌보는 것을 의미한다고 할 수 있어요. 하지만 그것은 나에게 충분한 활동이 되지는 못했죠. 나는 최고의 기술로서 게슈탈트를 추가했던 거예요.

R: 내담자중심 접근이 치료적 동맹을 형성하기 위한 근간이 되는 것 같네요. …그러나 그것은 선생님에게 게슈탈트에서처럼 활동 단계로 접어들게 하지는 못한 것 같네요.

P: 그것은 나의 경험이에요.

R: …게슈탈트는 빠르게 문제를 여는 데 좋은 역할을 하는군요.

P: 그래요, 보통 그렇죠. 예를 들어, 당신이 이런 변화를 원하고 노력했다고 말했어요. 이 말이 당신에겐 어때요? 적응이 되려면 무엇이 필요할까요? 많은 문제는 없어요. 그리고 그것은 영원히 관심거리예요. 사람들이 어떤 것을 어떻게 시도해야 하고 어떻게 해결해야 하는지 알기란 매우 어렵기에, 당신은 그것을 내담자에게 줘야 해요.

R: 선생님은 심리치료에서 예술과 과학을 어느 정도의 비율이라고 보나요?

P: 음, 약 95퍼센트까지는 예술이라고 봐요. 과학에 더 비중을 두려는 사람들도 있지만 내가 좋아하는 방식은 아닙니다. 그렇다고 당신에게 이론과 기술을 배울 필요가 없다고 말하는 건 아니에요. 많은 이론과 기술… 그렇지만 이후에는 예술이 되는 거죠. 내 생각엔 그래요.

R: 그럼 선생님은 기술을 습득하고 수련받는 그 규칙들을 예술적인 방식으로 사용한다는 거군요.

P: 그래요. 내 생각에 당신은 당신 자신의 것을 익혀야만 해요.

R: 이제 선생님이 왜 많은 책을 보는지 알겠어요. 그것으로 활동들을 유지하는 건가요?

P: 뉴올리언스에서 제1회 국제 게슈탈트 학회가 있었어요. 나는 거기에 투사와 연령에 관한 연구 계획서를 제출했죠. 그곳에 있는 동안 나는 게슈탈트 출판물을 샀어요. 40퍼센트나 할인을 받았기 때문이죠. 그래서 나는 내년에 읽을 책까지 준비가 돼 있어요. 멋진 일이에요. 왜냐면 많은

저자들이 나의 이전 멘터들이라, 난 그들이 요즘 뭘 하고 있는지도 알 수 있거든요. 재밌어요.

R: 많은 독서와 경험 그리고 실습 단계에서 배우는 것이 있었네요.

P: 내 상태가 정말 나쁘지는 않지만, 그렇다고 내가 정말 잘 균형을 이룬 사람이라고도 느끼지는 않아요. 나는 소설은 거의 읽지 않거든요. 하지만 나는 이런 다른 종류의 책을 읽는 것을 정말 좋아해요.

R: 선생님이 하는 일을 사랑하나요?

P: 오, 그럼요.

R: 훌륭한 상담자가 되는 데는 얼마나 많은 요소가 있나요?

P: 글쎄요… 나는 나의 재정 상담자를 찾아갔어요. 그건 내가 나 자신에게 생계 유지를 위해 일하러 가야 한다고 말할 수 없기 때문에 매우 이상했죠. 나는 좀 더 정직해야 했어요. 그리고 그것을 즐기고, 함께 일하는 사람들을 좋아하고, 내가 주로 만나는 사람들을 좋아한다고 말했어요. 나는 더 멋있어지고 있지만 그 만큼 많이 일하지는 않아요. 어디서 내가 이렇게 재밌는 사람들과 이런 친밀한 접촉을 가질 수 있겠어요? 나는 내가 좋은 직업을 가지고 있다고 생각해요.

R: 전염되는 거군요. …긍정적인 에너지는 우리가 사랑하는 것을 하면서 생기는 거 같아요.

P: 그래요. 그건 매우 경이로운 선물이에요.

R: 개방적이기 위해 용기를 내야 한다는 것을 알았나요? 아니면 선생님에게는 그것이 자연스러운 것이었나요?

P: 용기가 요구되지는 않았어요. 이 직업을 돌이켜 봤죠. 나는 의도적으로 상담자가 되려고 한 게 아니었어요. 나에게 주어진 것과 나에게 흥미 있던 것을 이용한 거죠. 그건 새롭고 흥미 있는 장소로의 끌림 같은 거예요. 그래서 "신에 의해서 난 이것을 배운다."라는 것과는 다른 문제예요. 용기를 내는 것으로 그것을 경험하지 않았어요.

R: 초기에 흥미를 느끼게 한 것은 무엇이었나요?

P: 잘 모르겠어요. 로저스는 내가 친밀한 관계를 가진 최초의 상담자였죠. 그에게 나는 중요하지 않았지만, 그는 나에게 아주 중요한 사람이에요. 이러한 존재방법은 매력적이에요. 있는 그대로 살아가고 진실하고 효과적이 되는 걸요.

R: 사명인가요?

P: 그렇게 생각하진 않았어요. 그 시점에서 사명은 생존을 위한 거였어요. 내 아이들을 먹여 살리기 위해, 그리고 살아가기 위해.

R: 선생님 자신을 위해 만들어진 사명은 무엇인가요?

P: 나는 매년 그에 대해 생각해요. 다음 해 나의 사명은 내가 이미 가지고 있지만 형식적인 영적 삶을 보다 깊게 하고 나의 관계를 강화하는 것입니다. 나는 많은 상실을 경험했기에 의도적으로 내가 가진 인간관계를 강화하진 않아요. 매년 실제로 나는 사명의 내용을 쓰고 무엇이 일어났는지 되돌아봅니다.

R: 선생님은 자기반성적이고 선생님이 나아가는 곳이 어디인지 알기 위해 노력하는군요.

P: 그런 셈이죠. 물론 내가 피하기 꺼려하는 것은 은퇴하는 거예요. 나는 이제 막 그것이 어떤 거라는 것을 알면서 즐기고 있거든요.

R: 두세 가지 질문이 더 있는데요. 대가 상담가가 되기 위한 비법이 있다면 무엇일까요?

P: 어떤 이론이든 기초에 충실하기, 연습하기 그리고 그 주위를 둘러싸고 있는 장식에 대해 개방하는 것.

R: 예술이요?

P: 그렇죠.

R: 대가 상담자에게 어떤 질문을 하고 싶나요?

P: 나는 그들이 무엇을 배웠고 그들의 멘터로부터 얻은 것들이 무엇인지 궁금하군요.

R: 멘터들, 그들이 선생님에게 중요한 것 같군요.

P: 물론이에요. 우리는 다른 사람에게서 다른 것들을 배웁니다. 그들이 가진 것 때문에 우리는 사람에게 매료되고 그것을 더 구체화시키죠.

R: 선생님은 지금 멘터가 있나요?

P: 조셉 징커(Joseph Zinker)가 내가 추종하는 사고 유형을 가진 사람이에요. 그러나 그는 멘터는 아니에요. 실제로는 내가 더 늙었다고 생각하거든요. 하지만 그의 사고 유형은 환상적이죠.

대가 상담자 #2 (마이클 설리번, 면접자)

다음은 한 대가 상담자와 마이클 설리번 인터뷰의 완전 축어록이다.

R: 선생님은 내담자들을 어떻게 상담 경험으로 안내하십니까?

P: 나는 내담자들이 원하는 것을 물어보기 위해 전화하는 것에서부터 그들을 상담으로 안내합니다. 내가 상담자를 선택하는 것에 대해 내담자에게 이야기할 때는 비록 전화상으로 말하더라도 최소한 그들이 이해받고 있다고 느껴야 합니다. 그리고 그들이 이야기하고 있는 사람과 조금이라도 관계를 맺고 있다고 느껴야 하지요. 사람들에게 전화로 이야기할 때 나의 목표는 그들이 찾고 있는 것을 이해하고 내가 그들의 이야기를 경청하고 있다는 것을 그들이 알도록 하는 것입니다. 그런 다음 나는 내가 받게 될 상담료와 내가 그들을 상담하는 시간에 대해 이야기해 줍니다. 나는 내담자들이 이야기하는 것의 특징을 말해 주고, 하고 싶은 질문이 있는지 물어봅니다. 이는 처음부터 바로 내담자를 이해하는 것이고, 그들이 나에게 말하고 있는 무엇이든지 최소한 이해받았다고 느끼도록 도우며, 그들이 걸어 들어오는 것을 스스로 알도록 하는 것입니다. 나는 (내담자를) 매우 존중하는 태도로 이 과정을 진행합니다.

R: 그 후에도 다른 절차가 있나요?

P: 네. 나는 내담자들이 첫 회기에서 기대할 수 있는 것을 전화로 알려 줍니다. 그리고 내가 그들에게 도움을 줄 수 있는지에 대해 생각해 볼 것이라는 것도 말해 주지요. 내담자들은 그들이 이해받았다고 느끼는지, 자신이 나와 상담을 할 수 있을지에 대해 생각해 보아야 합니다. 우리가 첫 회기에 대면하게 될 것이기 때문에, 내담자들은 최소한 내가 그들을 도울 수 있다고 생각하는지, 내가 그들의 문제를 뭐라고 생각하고 있는지에 대해 들을 필요가 있습니다. 내담자들과 전화로 약속을 정하면서부터 상담은 시작되는 것이지요. 그리고 내담자들이 여기에 왔을 때는 무슨 일이 일어날지에 대해 이미 이야기를 했기에 첫 상담 회기를 충분히 활용할 수 있습니다. 첫 회기가 끝났을 때, 우리가 모든 것을 합의하고, 내가 그들을 도울 수 있다고 느끼고, 그들이 이해받았으며 희망적이라고 느끼게 되면, 네 번의 회기를 더 진행합니다. 각 회기가 끝날 때마다 평가가 이루어지지요. 첫 회기와 네 번째 회기 끝에 평가를 합니다. 이것은 매우 구체적인 과정입니다. 내담자들은 이로 인해 확신을 얻는다고 피드백을 주더군요. 내담자들은 끝없이 상담을 할 거라고 계약하지는 않습니다. 그들은 자신이 나와 함께하기를 원하는지에 대해 재협상할 기회를 갖게 되지요.

R: 선생님은 내담자와 치료 과제에 대해 어떻게 합의를 하시는지 궁금합니다.

P: 중요한 것은 당신이 묻는 것입니다. …사람들은 종종 자신이 정말로 요청하고 있는 것과 처음에 말하는 것이 다릅니다. 그런 점들을 환기시키고 어떻게 내가 현실적인 방법으로 도울 수 있을지를 결정해야 하지요. 우리는 이 부분에 대해 합의하게 됩니다. …나는 많은 부부들을 상담합니다. 그들이 서로 어떤 목표를 가지고 있는지를 이해하고, 나 나름대로 가정을 하지 않는 것이 중요하지요. 어떤 부부를 상담한다고 가정해 보죠. 남편은 이미 다른 사람을 사랑하고 있는 거예요. 그는 자신이 결혼을 유지하고 싶은지를 알아보기 위한 마지막 노력으로 상담에 옵니다. 이

는 "나는 진실로 결혼생활을 망치고 싶지 않아요." 라고 말하는 부인과는 매우 다른 상황이지요. 이 경우 우리는 우리가 어떤 것에 합의하기 전에 그들의 매우 다른 차이점에 대해 작업을 해야만 합니다.

R: 상담에서 상담자와 내담자가 각각의 역할을 맡는 데에 특별한 방법을 가지고 있습니까? 그렇다면 어떻게 하십니까?

P: 그럼요, 물론이죠. 내 역할 중 하나는 조력자가 되는 것이고 어떤 면에서 책임을 지는 것이지만, 내담자에게는 스스로의 책임을 지도록 합니다. 나는 대개 경험적으로 이 일을 하는데요, 약간의 교육도 포함되지요. 사람들이 상담에 올 때, 나는 그들이 상담에서 기대하는 것과 나에게 기대하는 것은 무엇인지를 확실히 묻습니다. 내가 항상 묻는 질문들 중의 하나는 그들이 나에 대해서 어디서 들었는지에 대한 것입니다. 나에 대해서 어떻게 알게 되었는지에 따라 그들이 어떤 기대를 가지게 되었을 테니까요. 내담자들이 가지고 있는 기대들을 들어보면, 때때로 나를 조언 제공자로 보거나 내가 그들이 가지지 못한 해답을 가지고 있다는 생각들입니다. 나는 그러한 기대가 무엇인지를 발견하고 나서, 내가 그들이 자신의 길을 발견하도록 돕기 위해 여기 있다는 것을 명확히 합니다. 나는 내담자들이 자신을 위해 옳은 것을 발견할 수 있도록 돕습니다. 그리고 내담자들이 위기에 처해 있는 경우가 아니라면 그들에게 충고를 많이 하지는 않습니다. 이런 방법들이죠.

R: 내담자들이 그들의 상담 과제에 순응하지 않을 때, 선생님은 내담자와 어떻게 작업하시나요?

P: 예를 하나 들어 보죠. 사실 나는 커플이나 개인 모두에게 같은 일을 합니다. 내가 때때로 사람들에게 해 보도록 요청하는 것들 중 하나는 생각하는 것이 아니라 감정에 빠져 보도록 하기 위해 왼손으로 글을 쓰라고 합니다. 내담자들이 집에서 과제를 하지 않고 상담에 와서 하지 못했다고 말한다면, 나는 과제를 하지 못한 일에 대해 살펴볼 것을 제안합니다. 내담자를 존중하고 저항을 탐색하면 됩니다. 그들에게 창피를 주어서는

안 되지요. …어떤 것에 대해 작업하기로 한 커플들에게도 마찬가지입니다. 나는 내담자들이 왜 상담 과제를 하지 않았는지에 대해 알기를 원합니다. 수치를 주는 방식이 아니라 내담자를 사랑하고 관심을 갖는 방식으로 말이지요. 선생님은 과제하기를 원하지 않는군요. 하고 싶지 않은 데에는 충분한 이유가 있겠지요. 그러면 그 이유들을 이해해 봅시다. 이런 의미입니다.

R: 내담자와의 긍정적인 상담관계를 수립하기 위한 작업이 얼마나 중요한지에 대해 이야기해 주십시오.

P: 만약 당신에게 작업동맹이 없다면, 당신은 가지고 있는 것이 별로 없는 겁니다. 작업동맹이 항상 긍정적인 것은 아니지만 있어야 할 필요는 있습니다. 그것은 바로 내담자들이 당신과 상담을 할 수 있을 것 같은 느낌과 당신과 어디든 갈 수 있을 것 같은 느낌을 가지는 것이지요. 만약 당신이 작업동맹을 가지고 있지 못하다면 그들은 당신을 신뢰하지 못할 것입니다. 당신은 내담자들이 당신을 신뢰하지 못하는 것이나 저항하고 있는 것을 극복하도록 돕는 상담자로서의 자신의 과업을 해내지 못한 것입니다. 하나의 예를 들어 보지요. 한 내담자는 진심으로 그의 삶에 대해서 보기를 원합니다. 하지만 그는 상담에 와서 자기 자신을 보기 시작하게 되면, 내가 그에게 자신의 파트너를 떠나라고 권고할까 봐 두려워합니다. 내가 해야 하는 것은 그에게 자신이 모든 책임을 지고 있다는 것을 알게 해 주는 일입니다. 나는 그가 결혼생활에서 하고자 하는 것에 대해 어떤 식으로든 영향을 주지 않을 것입니다. 다만 그가 자신을 위해 옳은 것을 발견하도록 하기 위해 여기에 있는 겁니다. 할 수 있는 만큼 충분히 훈습하지 않으면, (내담자와의) 힘 겨루기를 하게 됩니다. 이러한 힘 겨루기가 길어진다면 혼란을 겪게 될 것입니다. 이것이 작업동맹의 또 다른 부분이지요. 당신은 결코 긍정적인 관계를 가질 수 없습니다. 내가 나의 내담자에게 학대하는 어머니의 모습을 상기시키게 되면, 그들은 화를 많이 내고 나에게 불안정한 전이 감정을 쏟아낼 것입니다. 이렇게 긍정적

인 동맹이 없는 시기에도 내담자들과 함께 작업을 하는 것이 나의 일입니다. 언제나 긍정적인 동맹이 필요한 것은 아니라는 사실을 아는 것은 중요합니다. 만약 그렇지 않으면 당신은 결코 분노나 실망, 부정적인 전이 감정을 다룰 수가 없을 겁니다.

R: 초심자들은 좋은 상담관계를 맺고 유지하기 위해서 필요한 기술들이나 능력을 어떻게 얻을 수 있을까요?

P: 처음에는 경험적인 시간들이 많이 필요합니다. 그러고는 그것을 어떻게 풀어 내는지 알고 있는 사람들로부터 도움을 구하는 것이 좋지요. 많은 초보 상담자들은 그들이 옳게 하고 있는 것인지에 대해, 그리고 자신의 일을 확실하게 방해하는 것에 대해 약간의 두려움을 가지고 있거든요. 그럴 때에는 슈퍼바이지에게 자문을 구해야 합니다. 혼자서 마음대로 해서는 안 되지요. 초기 단계에서 작업동맹을 맺는 것을 도와주는 아주 기본적인 질문들은 이런 것들입니다. '당신은 여기에 있는 것에 대해 어떻게 느끼는가? 당신이 여기서 일어나지 말았으면 하는 것은 무엇인가? 당신이 일어났으면 하고 바라는 것은 무엇인가? 당신이 두려워하고 있는 것은 무엇인가? 첫 회기가 끝날 때쯤 "나와 함께했던 시간이 어땠나요? 바라는 것이 있나요? 특별히 당신에게 도움이 되었던 것은 무엇인가요?"라고 물어보는 것은 매우 중요합니다. 내담자들은 자신이 좋아하는 것과 싫어하는 것에 대해 당신과 이야기할 자유를 가지고 있다는 것을 알게 되지요. 그것은 곧 내담자들이 당신과 있는 것을 매우 안전하게 느끼는 것을 의미합니다. 이것이 내가 동맹에 대해서 상담자들과 작업하는 것들입니다.

R: 선생님께서는 긍정적이지만 문제가 되는 상담관계를 어떻게 회복하시는지 궁금합니다. …상담관계에서의 불화를 해결하는 것 말입니다.

P: 불화(rupture)라는 단어로 표현하는 것이 참 좋군요. 예를 한번 들어 보죠. 회기가 끝날 즈음 한 내담자는 당신이 굉장히 중요한 어떤 것을 잘못 해석하였기 때문에 이해받지 못한 기분을 느꼈을 겁니다. 그녀는 매우

달라진 모습으로 다시 상담에 오지요. 그녀는 더 경직된 표정으로 침묵하게 될 거예요. 당신은 그런 점들에 집중하게 될 거고요. 하지만 보이는 것이 다는 아닙니다. 어떤 경우에는 상담에 다시 와서 이렇게 말을 할 수도 있지요. "난 정말 선생님에게 엄청나게 화가 납니다." 그러면 이 사실에 대해 논의해 보는 겁니다. 내담자에게 자신의 불화에 대해 이야기하도록 해 주십시오. 당신이 내담자들을 어떻게 실망시켰는지, 그리고 그들이 무엇에 대해 화가 났는지에 대해서요. 많은 사람들이 자신이 실망한 점에 대해 솔직하게 이야기하는 경험을 집에서는 하지 못하는데, 당신은 그 경험을 하도록 해 줄 수 있습니다. 공감해 줄 수도 있지요. 이러한 과정은 대개 내담자를 치유하는 데 도움이 됩니다.

R: 선생님은 종결에 대해 계획하고 내담자와 논의를 하시나요? 그렇다면 대개 어떤 식으로 하시는지 설명해 주시겠습니까?

P: 나는 종결에 대해 계획을 짜고 내담자와 함께 논의합니다. 내가 종결해야 하는 때를 어떻게 아는지에 대해서는 질문하지 않았군요. 당신은 그저 우리가 어떻게 종결에 다가가는지에 대해서만 질문했어요.

R: 둘 다 흥미로운 부분입니다. 선생님께서는 종결 작업을 어떻게 하시는지, 그리고 종결의 시기를 어떻게 알게 되는지 궁금합니다.

P: 나는 상담에서 일어나고 있는 일을 점검하면서 내담자와 종결에 대해 이야기를 합니다. 내담자들은 처음에 왔을 때 모든 것에 대해 무력감을 느끼거나 위기에 놓여 있고, 무엇을 해야 하고 그들 스스로를 어떻게 다루어야 하는지 잘 모릅니다. 중기 단계에는 무슨 문제든 그들이 역할을 하는 부분에 대해 어떤 통찰을 얻기 시작하지요. 마지막 단계에서는 내담자들이 대부분의 일들을 다룰 수 있게 되고 자신이 얼마나 대단한 일을 했는지에 대해 말하게 됩니다. 내가 이런 진행 상황에 대해 인식하기 시작할 때, 나는 그들에게 요약을 해 줍니다. 그리고 상담에서 아직 할 일이 있는지를 내담자와 함께 결정하게 되지요. 이렇게 하면서 나는 종결에 다가가게 되고, 사람들은 이제 종결할 시기라는 것을 알게 됩니다. 그

런 다음 나는 내담자와 함께 그 시기에 대해 논의할 것입니다. 우리가 이전에 해 왔던 것에 따라 두어 달 정도. 나는 내담자가 나와 함께 긍정적인 방식으로 종결을 다루는 시간을 갖기를 원합니다. 일반적으로 내담자들은 이 시기에 많은 퇴행을 경험합니다. 나는 때때로 종결을 하는 데 여섯 달 정도 걸리기도 합니다. 내담자들은 종결하는 문제를 다루어야 한다는 압력을 받게 됩니다. 그래서 그들이 연관시킬 수 있는 특별한 시간을 갖게 하기 위해, 나는 이를테면 1월 12일과 같이 시기를 정합니다. 내담자의 대부분은 자신에게 좋았던 것에 대해 점검하는 기회를 갖기 전에는 긍정적인 종결을 하기가 힘듭니다. 내담자들은 그들이 바라는 것이 나와 다른지 점검해 볼 수 있는 기회를 가질 것입니다. 더불어 내담자들은 우리가 초기에 다루었던 오래된 문제로 돌아가는 퇴행을 경험할 기회를 가지게 됩니다. 즉, 그들은 안녕이라고 말할 기회를 갖게 될 것입니다.

R: 대개 날짜를 정하게 되나요? 그렇다면 타협이 가능합니까?

P: 물론입니다. 만약 선생님이 날짜를 정하지 않고 그저 "우리는 곧 상담을 종결할 겁니다."라고만 말한다면, 내담자에게는 또 다른 영향을 주게 됩니다. 정말 종결 시기가 적절하지 않다면 둘이 합의해서 다시 정할 수 있지요. 하지만 명확한 날짜를 정하는 것은 매우 도움이 됩니다. 그렇게 하면 내담자는 종결을 향해 작업할 기회를 가지게 되니까요. 마무리를 흐리는 것이 아닙니다.

R: 상담에 대한 내담자의 동기 수준이 상담관계에 영향을 줍니까? 그렇다면 어떻게 영향을 주나요?

P: 물론 상담에 영향을 줍니다. 당신이 동기가 높은 내담자를 만난다면 상담을 하기가 매우 쉬워집니다. 내담자가 자기 자신과 과거를 볼 때, 그리고 과거가 어떻게 현재에 영향을 주었는지를 볼 때 별로 저항이 없으니까요. 문제는 매우 저항적인 내담자의 경우입니다. 예를 들어 보지요. 한 내담자가 두 번째 회기에 상담실을 방문했습니다. 처음에 왔던 이유는 자기 부인을 기쁘게 하기 위함이었습니다. 정말 피상적인 이유였지

요. 상담자는 내담자의 내부에서 무엇이 일어나고 있는지에 대해 작업하도록 할 수가 없었습니다. 그는 자신과 부인 사이에 무엇이 진행되고 있는지, 그리고 자기 자신을 보는 것보다는 자신이 어떻게 압력을 받고 있는지에 대해 다루기를 바랐지요. 이제 그는 자신의 내부에서 무엇인가가 진행되고 있다는 것을 이해하면서 돌아왔습니다. 그는 그 자신을 바로 보려고 하고 있습니다. 그의 부모가 그에게 미쳤던 영향을 보고 있고요. 그리고 그는 아내와의 관계에서 아내의 행동보다는 자신의 행동을 보려고 합니다. 믿을 수 없는 차이이지요. 이와 같이 동기화된 내담자와의 상담은 훨씬 더 쉽고 심층적이면서 더 효과적입니다.

R: 내담자들이 스스로의 욕구에 맞지 않는 상담 목표를 세울 때는 어떻게 작업을 진행하시나요?

P: …나는 내담자들의 목표에 대해 그들과 함께 탐색합니다. 나는 그들의 목표에 이름을 붙이지요. 우선 내담자와 함께 그들의 욕구가 무엇인지에 대해 이야기하고 이렇게 말합니다. "나는 정말 혼란스럽습니다. 당신에게 무엇이 일어나는지에 대해 생각해 봅시다. 목표들은 당신이 바라는 것과 맞지 않는 것 같거든요. 거기서부터 시작해 봅시다." 그러고는 그들에게 그에 대해 작업해 보도록 합니다.

R: 아마 그런 불일치를 지적하기 위해 내담자들이 가져온 자료를 활용하시겠지요?

P: 그것은 종결 작업의 한 부분입니다. 그 자체가 종결은 아니지요. 나는 내담자들이 이제까지 진행해 온 과정을 점검하도록 돕습니다. 내담자들의 시작과정과 현재의 위치 그리고 그들이 변화된 부분에 대해 어떻게 느끼고 있는지를 보도록 돕고, 그들이 숙달(mastery)을 느낄 수 있도록 돕습니다. 나는 내담자가 나와 함께 종결 작업을 하도록 합니다. 그리고 내담자의 변화를 가장 잘 보여 줄 수 있으려면 어떤 일을 할 수 있을지에 대해 이야기를 나누지요. 내담자가 해야 할 일은 집에 가서 자신이 상담실에 처음 왔을 때의 상태, 변화해 온 모든 것들, 현재의 상태를 기록하는 것

입니다. 그런 다음 상담에 와서 그것을 읽습니다. 우리는 그 내용에 대해서 이야기를 나누지요. 나는 다양한 방법으로 이 작업을 하는데, 내담자들은 자신이 해 왔던 것을 알고 있다고 확신합니다. …그들은 자신의 작업에 대해 돌아볼 수 있고 자신의 노력을 인정합니다.

R: 선생님은 내담자들이 자신의 발전과정을 돌아보는 작업을 강조하시는 것 같습니다.

P: 그렇죠. 내담자들이 숙달의 감정을 가질 수 있도록 자신의 작업을 돌아보는 것은 중요하지요.

R: 내담자들이 작업에 관여하지 않는 상담에서 제3자(예: 부모, 배우자, 법정, 아마도 HMO 요구사항)가 상담 목표를 제시하면, 선생님은 상담 목표에 대해 내담자와 어떻게 동맹을 맺어 가시나요?

P: 나는 예전과 마찬가지로 법원의 명령으로 온 내담자는 받지 않습니다. 내가 보게 되는 사례는, 예를 들어 부부를 상담할 때 남편이나 부인이 자신의 배우자에 대해 문제(agenda)를 가지고 있는 경우이지요. 나는 숙고해 보는 작업을 많이 합니다. …그런 다음 그녀에게 가서 그녀가 원하는 것이 무엇인지, 그리고 다른 사람이 그녀와 일치하지 않는 것을 원하는 것이 어떤지에 대해 이야기합니다. 나는 그 문제를 풀어 내고 그녀가 원하는 것에 책임감을 갖도록 돕습니다. 그리고 배우자에게는 누군가 변화시킬 수 있는 사람이 있다면 그건 자신뿐이라는 점을 다룰 수 있도록 돕습니다. 내가 법원체계에서 상담을 하고 집행유예 중인 내담자를 만났을 때에는 기본적으로 내가 알고 있는 사실을 이야기해 주었습니다. 내담자들은 명령이 없었다면 결코 상담에 오지 않았을 거라는 사실을요. 또 그들이 여기에 왔다는 것 이상으로 더 행복한 것은 없다는 것과 우리가 현재를 어떻게 최대한 이용할 것인지에 대해 이야기했겠지요. 다시 말해, 내가 그들과 작업동맹을 맺을 수 있는지를 보는 것입니다. 그렇지 않으면 방 한가운데 코끼리가 앉아 있는 것과 마찬가지입니다. 나와 마주 앉고 싶지 않은 누군가와 함께 있다는 것은 별로 재미가 없거든요.

R: 상담의 어딘가 깊은 곳에는 어떤 형태로든 제3자가 존재한다는 것을 발견한 적이 있습니까? 그러니까 얼마 동안 한 사람과 작업을 하고 나면 그 사람이 이렇게 말하는 거죠. "사실 나를 여기에 보낸 사람은 내 아내예요."

P: 네. 그때 내가 해야 할 일이란 "당신이 상담을 받으러 가야 한다고 부인이 이야기해서 당신이 여기에 있는 것인지에 대해 이제부터 알아보려고 합니다."라고 말하는 거죠. 이어서 이렇게 말하는 겁니다. "당신도 알다시피, 당신만큼 당신의 감정에 대해 존경하지 않는 사람은 없을 겁니다. 당신은 누군가를 만족시키기 위해 지금의 행동을 하고 있기 때문에, 나는 당신이 하는 식대로 당신의 감정을 무시하지는 않을 거예요. 나는 당신을 그런 식으로 다루지 않을 겁니다." 이 방법은 매우 효과적입니다. 나는 내담자들이 스스로 여기에 있기를 원하는 이유를 발견하지 못한다면 작업을 하지 않습니다. 대부분의 사람들에게 이렇게 말하는 것은 정말 멋진 일입니다. "나는 당신이 당신 자신에게 하고 있는 일은 하지 않을 겁니다. 그건 정말 자신을 존중하지 않는 행동이거든요. 나는 당신이 이 일에 대해 생각해 봤으면 좋겠어요. 그리고 우리가 이 일에 대해 이야기할 수 있게 한 번 더 만나고 싶네요. 하지만 당신이 지금 상태를 유지한다면 나는 당신과 작업을 하지 않을 겁니다. 당신은 그 이상의 가치가 있는 사람이에요."

R: 선생님께서는 내담자-상담자 관계를 상담기법으로 어떻게 활용하십니까?

P: 많이 사용하지요. 전이를 통해서 다루기도 하고, 현재를 통해 작업을 하기도 합니다. 그들이 나에 대해 좋아하지 않는 것들이 있다면 우리는 그에 대해 이야기합니다. 나는 나 자신을 많이 활용합니다. 내가 아주 직면적인 말을 했다면, 내담자에게 내 이야기가 어떻게 느껴졌는지 물어보겠지요. 내담자들이 상처를 받았거나 반감을 가졌다면 우리는 그에 대해 작업을 할 것입니다. 현재 수준을 많이 다루고 전이의 수준을 다루지요. 예를 들어, 선생님이 나에게서 자신의 어머니를 연상하고 어떤 반응을

보였다면, 나는 전이에 대한 작업을 할 겁니다. "어떤 점에서 내가 당신의 어머니와 비슷한가요?" 내담자들은 이렇게 대답하겠지요. "선생님은 우리 엄마 같이 나를 판단하고 있어요." 그러면 나는 "내가 당신을 어떻게 판단하는 것 같나요? 어떤 종류의 판단인데요?"와 같이 물을 거예요. 그런 다음 내담자들은 자신의 어머니에 대해 어떻게 느껴 왔는지에 대해 이야기를 시작할 겁니다. 나는 현재 수준과 모든 전이관계에서 나 자신을 활용합니다.

R: 관계에는 어떤 단계들이 있을까요?

P: 초기 단계에서 긍정적인 관계가 성립된다면, 내담자는 종종 자신의 부모에게 했듯이 그 관계를 이상화시키곤 합니다. 초기 단계의 긍정적인 이상화는 상담자에게 현재의 진행 상황을 알 수 있게 해 주고, 내담자로 하여금 상담자를 더 많이 신뢰할 수 있도록 하니까 좋습니다. 하지만 상담자는 내담자들로 하여금 자신의 이상화 그리고 그들의 삶에서 이상화시킨 사람들을 볼 수 있도록 도와줄 준비가 되어 있어야 합니다. 내담자들은 종종 자기 자신을 돌봐 줄 사람을 찾고 있기에 이상화를 통해 그들이 원하는 것이 무엇인지를 볼 수 있도록 해야 합니다. 상담자는 상담을 진행하면서 더욱 동등한 위치로 움직여 나가게 되지요. 상담을 종결할 즈음 내담자들은 선생님을 더 동등하게 보게 됩니다. 그리고 상담자는 전이에 대해 지속적으로 이야기하고요.

R: 전이에 대해 이야기하는 목적은…

P: 전이를 사용하는 목적은 내담자가 그들 자신에게 가지고 있지만 거의 혹은 전혀 자각 없이 살고 있는 믿음을 이해하도록 돕기 위한 것입니다. 전이에 대한 자각을 하지 못하면, 내담자들이 무의식적으로 투사했거나 과거로부터(내담자 부모로부터) 만들어진 투사나 신념에 의해 결정을 내리게 됩니다. 전이를 다룸으로써 내담자가 과거를 되돌아보고 통합하도록 도울 수 있고, 과거에 머무르지 않고 과거를 이용할 수 있도록 돕게 되지요. 전이를 통해 상담자는 내담자가 자신의 가족에서 보아 왔던 것으로

부터 분리해서 그들 자신을 볼 수 있도록 합니다. 내담자들은 자신의 가족과 가졌던 갈등을 재현하는 방법으로 어떻게 행동하고 있는지를 볼 수 있게 되지요. 과거에 창조적인 방어기제들로 기능했던 행동과 감정의 패턴은 현재를 살아가는 데 장벽일 뿐입니다. 내담자들이 부모 및 상담자로부터 분리되고 그들과 동등하다고 느낄 때, 치료는 거의 종결된다고 할 수 있습니다.

R: 선생님이 보시는 내담자의 범위를 간단히 설명해 주시겠어요? …현재 보시는 내담자들에 대해서만 이야기한 건가요?

P: 내가 현재 기본적으로 보고 있는 내담자들은 똑똑하고 대부분 동기가 높고 이전에 상담 경험이 있는 사람들입니다.

R: 이전의 내담자들에 대해서 이야기한다면 선생님의 반응이 어떻게 달라질까요?

P: 만약 내가 매우 다른 상황의 위기에 빠진 사람들을 다루고 있다면, 그러니까 이혼이나 죽음, 자살 혹은 다른 삶의 위기 같은 문제들을 가진 이들을 다룬다면, 나는 지시적이고 구조화되어야 하고 그들이 안정감과 소속감을 느낄 수 있도록 필요한 모든 것을 해 주어야 합니다. 내담자들이 위기의 순간에 기능할 수 있도록 돕는 것은 매우 중요합니다. 일단 내담자들이 안정감과 소속감을 느낄 수 있게 한 다음, 상담자는 내담자들이 자신의 감정과 자신에게 위기가 의미하는 것이 무엇인지 느낄 수 있도록 도와야 합니다. 명확한 구조, 경계 그리고 예언성은 모든 치료에서 중요한 요소입니다.

R: 계층, 성별, 종교, 나이 그리고 문화에 있어서 선생님과 내담자 사이에 차이가 있다면 그것이 상담관계를 이루는 데에 어떻게 영향을 줍니까?

P: 정말 그런 차이가 있고 내가 그 차이를 인식하는 것에 대해 내담자가 걱정할 때가 있지요. 내가 내담자를 제대로 이해하지 못했고 그들에게는 내가 이해할 수 없는 양식이 있지만, 나는 최선을 다할 겁니다. 나는 내가 알지 못할 때를 인정합니다. 나는 그러한 차이를 인정합니다. 예를 들

어 보죠. 나의 한 내담자는 20세입니다. 내 나이는 그녀의 어머니와 비슷하지요. 그래서 그녀는 내가 그녀를 이해할 수 있을지에 대해 걱정했습니다. 나는 그녀에게 이런 말을 합니다. "나를 한번 시험해 보세요. 그리고 이해받지 못한다고 느꼈을 때는 바로 그것에 대해 이야기해 봅시다." 걱정되는 차이가 무엇이든지 논의될 필요가 있습니다.

R: 그런 질문을 하는 데에는 숨겨진 의미가 있는 건가요? 그러니까 문제가 있을 거라는 것을 미리 가정하는 것인가요?

P: "내가 질문하는 것에 대해 어떻게 느끼시나요?" 라고 물어보는 동안은 그 반응에 대해 다루고 있는 것입니다. 내담자의 이야기를 가볍게 다루게 되면, 이야기가 자연스럽게 흐르도록 하지 않고 너무 많이 질문하는 실수를 저지를 수 있습니다. 반대로 지나치게 신중하게 되면 상담이 진행되지 않습니다. 관찰하고 토론하고 또 질문하십시오. 그리고 내담자들의 반응과 활용방법을 상담자가 알 수 있도록 내담자의 느낌을 물어보십시오. 지나치게 신중할 필요는 없습니다.

R: 선생님이 다른 대가 상담자와 이야기를 하게 될 때, 상담관계에 대해서는 어떤 것을 질문하고 싶으십니까?

P: 아마도 이런 것들을 물어보겠지요. 상담자가 전화를 통해 내담자와 동맹을 잘 맺기 위해 해야 할 중요한 접근이나 개입은 어떤 것이라고 생각합니까? 그것은 진정으로 경청하고, 관심을 가지고, 초반에 들었던 것에 대해 피드백을 주는 것입니다. 점점 더 많은 내담자들은 자신이 상처받았고 존중받지 못했으며 사람들이 자신에게 무뚝뚝했다는 이야기를 하기든요. 이런 질문들도 할 겁니다. 상담자가 상담 전반을 통해 내담자와 치료동맹을 맺기 위해 해야 할 중요한 접근이나 개입은 어떤 것이라고 생각합니까? 당신은 관계에서 자기 자신을 어떻게 활용합니까? 관계를 어떻게 진행해 나가십니까?

R: 대개 시간이 지나면 관계가 발전이 되지요. 그런데 선생님은 시작부터 공감을 하시는군요. 어떻게 이 작업을 하실 수 있나요?

P: 관계는 존중받아야 하고 경계를 가지고 있어야 하며 초반부터 논의되어야 합니다. 이것은 내담자와 상담자가 서로에게 기대할 수 있는 것입니다. 첫 회기가 끝날 때, 상담자는 내담자가 자신과 함께한 시간을 어떻게 경험했는지 질문합니다. 그리고 내담자가 어떻게 느꼈는지, 질문할 것이 있는지를 물어봅니다. 우리는 내담자의 자기 지각과 자신에 대한 역량 강화(empowerment)의 느낌을 발전시킬 수 있도록 합니다. 내담자는 상담이란 우리가 무엇을 해 주는 것이 아니며 그들이 그들 자신에 대한 전문가라는 사실을 알 필요가 있습니다. 우리는 그저 내담자들이 자기 자신을 발견할 수 있도록 도울 뿐이지요.

대가 상담자 #3 (메리 뮬렌바흐, 면접자)

다음은 한 대가 상담자를 메리 뮬렌바흐가 인터뷰한 완전 축어록이다.

R: …정서적 건강에 대한 선생님의 정의는 무엇인가요?

P: …내가 생각하기에는 자기 자신을 돌볼 수 있기에 상담 경험으로 자신의 개인적 자원을 모두 혹은 많이 가져올 수 있는 능력인 것 같습니다. 나는 종종 상담에서 우리 자신이 도구라고 생각합니다. 그래서 나에게 그것은 스스로 민감하고 살아 있고 행복하고 완전히 존재하도록 돕는 방법이지요.

R: 활용할 수 있는 자원의 창고를 유지할 수 있는 것인가요?

P: 나 스스로를 채울 수 있는 것이지요.

R: 선생님은 전문적 적응유연성을 어떻게 정의하세요?

P: 그것을 내 전문 용어로 생각해 본 적은 없어요. 내담자들이 자신의 친척들이 입원하거나 누군가 자살했을 때 어떻게 자신들이 극복했는지 이야기하는 경우, 나는 그런 관점에서 적응유연성을 이야기합니다. …하지

만 선생님이 말하는 것이 옳습니다. 우리는 유연해야 합니다. 특히 우리를 소진시키는 많은 이야기들을 들을 때는 말이에요. 가끔 우리는 너무나 많은 학대 이야기를 들어서 우리가 간접적인 외상 후 증상을 느끼곤 합니다. 이런 일은 다시 못하겠다는 감정으로 나아가는 대신에 어떻게 우리는 그 경험으로부터 되돌아 나올 수 있는 것일까요? 이 작업을 도와주는 것은 어떤 것일까요? 우리는 어떻게 소진되지 않는 것일까요? …적응유연성은 다시 돌아올 수 없을 정도로 소진되기보다는 되돌아 나올 수 있는 그런 것입니다. 당신의 정의를 다시 한 번 이야기해 주시면 좋겠네요.

R: 네. 전문적 적응유연성에 대한 제 정의는 우리가 전문가로서 직면하게 되는 정상적 · 비정상적 스트레스 요인에 긍정적으로 적응하는 것입니다. 정서적 안녕에 대한 제 정의는 선생님의 정의와 매우 유사했습니다. 그건 우리가 누군가를 도와줄 수 있을 만한 수준으로 우리의 자원들을 유지하는 것입니다.

P: 적응유연성은 도움이 되는 방식으로 적응하는 능력 이상이지요.

R: 특히 우리가 위기 상황에 처해 있을 때 스트레스 요인들을 마주할 수 있는 방식입니다. 선생님의 석사과정 훈련이나 인턴 경험을 생각해 볼 때, 실무에서의 정서적 요구에 대해 그 과정이 얼마나 선생님을 잘 준비시켰던 것 같으신가요?

P: 전혀 아니죠. 그 시절에 받았던 훈련의 효과인지 잘 모르겠어요. 몇몇 인턴들과 일을 해 보니까 우리 시절의 훈련과는 정말 다르게 느껴지더라고요. 그리고 그 시절에 나는 전혀 다른 상황에 있었어요. 상담이 어떤 것인지도 전혀 몰랐고 상담을 해 본 적도 없었지요. 상담을 하는 사람 중 아는 사람도 없었고요.

R: 다른 일을 하셨나요?

P: 네. 나는 그때 학교 교사로 아농과 그들의 가족들을 돕는 것을 배우기 위해 대학원을 다니고 있었어요. …만약 누가 내가 필요로 하는 것을 주었다 해도 알아채지 못했을 거예요. 돌이켜 생각해 보고 다른 사람들과 이

야기해 보면, 그들도 상담자가 무엇을 필요로 하는지 잘 몰랐던 것 같아요. 그때가 1971년이었으니까요.

R: 대학원이나 훈련과정에서 제공된 커리큘럼에 대해 특별히 이야기하시는 건가요?

P: …교육 자료에 대해 이야기하는 거예요. 예를 들면, 나를 대학으로 이끈 이유 중 하나는 내가 석사수업을 들을 때 썼던 돈 B.(Don B.)의 발달상담 교과서였어요. 나는 그 책의 모든 면에 흥미를 느꼈지만 상담자 발달의 모델에 대해 이야기해 주는 사람은 아무도 없었지요. 하지만 지금은 톰 스콥홀트(Tom Skovholt)가 상담자로서의 발달에 대해 많이 생각하고 많이 언급하고 있더군요. …현재의 석사과정이 우리에게 이 개념들이 어떻게 적용되는지를 생각하고 있는 듯한 실례일 겁니다.

R: 석사과정 학생의 현재 상태와 미래를 특히 생각해 보신다면요?

P: 이미 이야기했듯이, 내가 기억하는 한 나는 알아차리지도 못했고 개방적이지도 못했어요. 인턴 과정에 대해 생각해 볼 때 가장 많이 생각나는 것은 슈퍼바이저들이 우리가 일하는 것과 기법을 배우는 것을 도우려고 애썼다는 것이에요. 그때 당시 개인적 삶에 대해 이야기해 주거나, 나 자신의 갈등이 어떤 것인지 알아채 주거나, 내 갈등에 대해 물어봐 준 슈퍼바이저는 기억나지 않아요. 졸업을 한 다음에 슈퍼바이저를 찾아가서 내가 경험하게 된 일들에 대해 도움을 구했던 때가 시작이었어요. …정말 그때부터 내 배움이 시작되었다고 느껴요.

R: 선생님은 숙련된 상담자들을 많이 만나 보셨나요?

P: 누군가 나가서 일을 시작하게 되면 몇몇 함정이 있는 것을 알게 되고 스스로의 소망을 알게 되기 때문에 그 사람들을 만나게 되지요.

R: …제가 드릴 다음 질문이 바로 관련되네요. 선생님의 실무에서 초보 단계를 생각해 보면, 초기의 5년 동안은 선생님에게 어땠나요?

P: 당신은 대답할 수 있나요? 다시 물어보고 싶네요. 석사학위를 받은 후 6년 동안 나는 전문대 상담센터에서 일했어요. 그건 박사학위를 딴 후의 5년

과 너무나 다른 경험이었습니다. 그다음에는 개인 상담실을 열었지요.

R: …그 양쪽 경험들에 대해 조금 더 이야기해 주실 수 있을까요?

P: 물론이죠. 석사 졸업 후 가졌던 상담은 상담을 하는 데 있어서 덜 도전적이었어요. 우리에게 기대되었던 많은 부분이 직업상담과 자문이었거든요. 개인상담을 할 수 있는 기회들도 좀 있었지만 대부분 학기제였어요. 학생들은 졸업하게 되고, 우리는 시간 내에 적절한 시점에 사람들을 의뢰하라고 요청받았지요. 따라서 나에게는 개인적으로 덜 도전적이었어요. 내가 떠났던 이유 중 하나는 내가 다른 이에게 의뢰해야만 했던 개인 상담을 더 하고 싶었기 때문이에요. 상담만 하게 되면서 나에게 더 도전이 되었던 것은 나 자신을 이용하는 것이었지요. 상담을 하지 않는 시간들은 훨씬 적었어요. 예를 들어, 대학회의, 진로수업, 그런 종류의 것들… 상담만 했던 초기 5년은 정말 흥미로웠어요. 왜냐하면 그것이 모두 내가 알고 싶어 하고 필요로 했던 것이었고, 배우려는 사람들과 함께 일하는 것이었거든요. 처음으로 사람들과 함께 슈퍼비전 집단에 있으면서 사람들이 얼마나 취약점을 기꺼이 내보이려고 하는지, 얼마나 갈등하는 것에 대해 이야기하려고 하는지를 느꼈어요. 그리고 그것이 아무 문제없을 뿐 아니라 환영받는 것을 알았죠. 그런 느낌은 정말 자유로웠어요.

R: …동료들끼리 자문을 하셨나요, 아니면 슈퍼바이저가 있었던 건가요?

P: 대부분 집단 자문이었어요. …가장 기억나는 것은 집단 자문들이에요. 집단은 정말 도움이 되었어요. 다른 사람의 사례에 대해 듣는다는 점에서요. 우리는 그런 것들을 석사과정에서 약간 해 보았지만 아주 충분하지는 못했거든요.

R: 그것이 선생님의 경험을 정상적으로 만든 것같이 들리네요. 전문가로서 말이에요. 그리고 나서 완전한 전문적 지지가 생겼군요.

P: 그 후 우리 중 두 명이 이곳에서 실무를 시작했고 내가 세 번째로 들어왔지요. 머지않아 나머지 두 명도 들어오게 되었어요. 우리는 언제나 매주 한 번씩 사례자문을 위해 여기서 만났지요. …우리는 18년 동안 이곳에

서 일하고 있고, 항상 주간 사례자문을 해왔어요. 우리를 멈추게 하는 것들, 방해하는 것들, 갈등하게 하는 것들에 대해서요. 그것은 정말 도움이 되지요.

R: 선생님의 전체적인 전문적 경력에 대해 생각해 보신다면, 정서적 안녕과 전문적 적응유연성에 대해 가장 도전적이었던 시기는 언제였나요?

P: 그렇게 묻는다면 매 순간이 도전적이었다는 생각이 드네요. 특히 내담자들로부터요. 내가 만났던 모든 사람들이 다 다른 이야기를 갖고 있었고, 실무를 했던 매년마다 도전을 받았어요. 어디서 내담자들이 부딪히는가, 그들이 그들 자신을 더 잘 이해하게 하기 위해 어떻게 더 효과적이 될 것인가, 그리고 우리가 상담자로서 계획된 돌봄을 주는 것이 어떤 것인가에 대해 지속적으로 검증하는 것… 목적과 목표들에 대해 강조하기. 하지만 그 전에 그것은 사람들이 그들 자신이 누구인지, 자신의 선택이 무엇인지에 대해 배우도록 돕고 그것을 펼칠 수 있도록 돕는다는 것 이상이었습니다. 내게는 우리가 하는 일은 무엇인가, 우리가 하는 일을 어떻게 할 것인가… 어떤 것이 도움이 되고 어떤 것이 도움이 되지 않는가 하는 것들이 지속적인 도전이에요. 도움이 되지만 갈등이 생기지 않은 시간은 없었던 것 같아요. 사람이 이 일을 했다면 이런 대답에 도달할 것이라는 수학적 관점을 가지고 있어요. 그것은 구체적이고 명확하지요….

R: 선형이란 말인가요?

P: …선형적, 맞아요. 그건 나를 더 창의적으로 만들고, 정답들은 스스로를 더 잘 알도록 하는 것 이상이지요. 만약 누군가 갈등을 겪고 그 과정을 거치고 있다면, 우리는 그 사람이 여행을 해 나갈 수 있도록 어떻게 도울까에 대해 알아야 해요. 이보다 더 도전적이었던 때는 생각할 수가 없네요. 그건 항상 도전적이었어요. 이것이 내가 항상 재미를 느끼고 있는 이유인 것 같네요.

R: 선생님은 상담을 통해서 계속 변화해 왔지요. …그러면 그 길에서 새로운 도전들을 만나셨나요?

P: 내가 처음으로 PTSD 내담자와 작업을 했던 때가 기억나네요. 우리는 석사과정 때 한 번도 PTSD에 대해 이야기해 본 적도 없고, 통계 수치에서도 PTSD는 매우 드문 증상이라고 했거든요. 그래서 모든 정신건강 분야가 관심을 갖도록, 그리고 PTSD를 어떻게 다루어야 하는지 어떤 규칙도 없었기에 모든 사람들이 관여했지요. 우리는 모든 사람과 함께 배웠어요.

R: 몇 가지 정도를 이야기하셨는데요. 하나는 새로운 진단이 대두되었다는 것이고, 또 하나는… 환경의 요구지요. 계획된 상담의 예가 되겠네요.

P: 네, 내 경력의 각 단계에서는 내가 통합과 과정에 대해 생각해야 하는 많은 진보와 도전이 있어 온 것 같아요.

R: …전문적 경력을 생각하셨을 때, 가장 도전적이었던 문제들은 무엇이었나요?

P: 개인적으로 가장 도전적이었던 것은 내가 모든 해답을 가질 필요가 있다고 생각하고 내가 할 수 있는 만큼 모든 것을 다 알려고 정말 열심히 일했던 상태에서 변화했던 것이었어요. …우리 일은 모든 해답을 가지는 것이 아니라는 것을 알았지요. 우리 일은 우리 일에 대해 알려 줄 수 있는 정보를 가지고… 내담자와 더욱 같이 있어 주고 그들이 무엇에 대해 갈등하고 있는지에 대해 정말 잘 듣는 것이었어요.

R: …선생님이 자기 자신을 도구로서 활용하는 상태로 변화하신 건가요?

P: 그리고 여전히 배울 필요가 있었지요. …공부나 배움을 중단하거나 이해를 중단한 것이 아니며 그것을 활용하는 것이 전경으로 나서기보다는 배경이 되었다는 것이에요. 이것은 나에게 도전이 되었는데, 특히 내가 앎과 전문가로서 존재하는 것이 매우 중요하다는 수학과 화학 분야에서 왔기 때문이었지요.

R: 그게 선생님이 필요로 하셨던 것이었군요….

P: 만약에 당신이 화학연구소를 날려 버릴 것이 아니라면 어떤 것을 혼합하고 어떻게 하는지에 대해 많이 알 필요가 있지요.

R: …선생님은 학생들에게 정보 전달을 하셨던 것이군요.

P: 나는 고등학교에서 수학과 화학을 가르쳤어요. 화학에 대해, 대수학이나 삼각법에 대해 아무것도 모르는 아이들을 만나게 되지요. 그들은 과정이 끝날 때 다음 단계로 옮겨 갈 수 있는 충분한 이해력을 가지고 나갈 필요가 있어요. 그건 정말 다른 것이지요.

R: 정말 그렇군요. 선생님은 어떻게 하셨나요?

P: 내 생각에 그건 긴 과정인 것 같아요. 나도 아마 여전히 발전하고 있을 거예요. 슈퍼비전으로부터 도움을 받는 것과 관련된 많은 것들이 나에게 도전이 되었어요. 많은 부분이 내 상담 작업이었는데, 그것은 정말 중요한 것이 무엇인지에 대해 알게 해 준 정말 가치로운 것이었지요. 또한 내담자에게 유용한 것, 도움이 되는 것들이 무엇인지에 대해 내담자에게 귀 기울이는 것도 있었고요. 누군가 나에게 전문가의 조언을 준 적은 거의 없었어요. 그보다는 내 말을 들어줄 수 있는 사람이나 내가 이전에 고려해 보지 못한 것들을 생각하도록 진정으로 나를 도와줄 사람을 마침내 찾아내게 된 것이지요. …내담자는 나에게 피드백을 줌으로써 큰 영향을 주었다고 말할 수 있을 거예요.

R: …선생님의 상담, 내담자들 그리고 슈퍼비전이요. 말씀해 주신 이 세 가지들에 기반하고 있는 공통점이 있을까요?

P: 그건 정말 큰 도움이 되었다고 생각해요. …내담자들은 그것을 잡아내서 당신에게 그러한 종류의 정보를 주기도 하지요. 나는 정말 그것이 중요하다고 생각해요. 집단 작업을 하는 것은 도움이 되는데, 그것이 당신에게 유용한 것에 대해 흥미와 욕구를 갖게 하면서 당신을 개방하도록 하기 때문이지요. 나는 또한 많은 공동치료를 해왔어요. 집단들도 해 왔고요. 또 공동으로 결혼상담을 하기도 했지요. 이러한 작업들은 나를 개방적이게 했어요. 왜냐하면 내가 지속적으로 새로운 정보를 받게 되고, 누군가와 함께 작업할 때 새로운 사고방식을 알게 되기 때문이지요. 또 다른 방식의 작업방식에 대해 배우게 돼요.

R: 선생님이 집단 모임에서 받으셨던 슈퍼비전에 대해 이야기해 주시겠어요?

P: 내가 경험했던 것은 개방적이고 도전적이고 지지적이고 사고적이었어요. 우리는 다섯 명이 모였는데, 모두들 호기심이 많고 새로운 정보를 갈망하고 있었지요. 그리고 그것을 기꺼이 공유하려고 했습니다. 다른 사람들이 좋은 작업을 하는 데 관심을 갖고 있었고, 다른 사람이 아는 지식을 항상 알고 싶다는 면에서 경쟁적이었어요. 뒤처지기를 바라지 않았지요. …하지만 공유하는 점에 있어서 또한 협조적이었어요. 내가 했던 것은 이런 것이었습니다. 이해하시겠어요? "나는 이런 워크숍에 갔는데, 당신은 어떻게 느끼나요?" 이러한 나눔은… 매우 오랫동안 지속되었어요.

R: 그들이 적절하게 점검자로서의 역할을 해 준 것으로 생각되는군요.

P: 맞아요, "당신은 똑같은 이야기를 5년 동안 하고 있군요. 언제 그 일을 그만둘 건가요? 당신이 충분히다는 것을 생각히려 히질 않네요. 자꾸만 되풀이하고요." "…당신이 한 상담을 가져올 때마다, 당신이 목표가 없고 다음 회기가 없다는 느낌이 들어요. …당신은 무언가를 다르게 보고 있든가 내담자와 전혀 다른 위치에 있는 것 같아요." 그래서… 주제를 보고, 패턴을 볼 수 있었지요. 도움을 주는 많은 신뢰할 수 사람들이 있었어요.

R: 정말 돌봐 주는 분위기였네요?

P: 네. 자신감을 가지고 당신을 존중하는 사람들은 믿을 수 있지요.

R: 아동기의 경험이 선생님의 전문적 판단과 발달에 어떤 영향을 미쳤는지에 대해 듣고 싶은데요.

P: 내가 상담에, 특히 가족상담에 흥미를 가지게 된 이유 중 하나는 내가 어린 시절에 하려 했던 것들이 최선을 다해 우리 가족을 구하려고 했던 것이기 때문이라고 확신해요. …우리 부모님은 모두 정말 비참한 분들이셨어요. 다른 상담자들로부터도 이런 이야기를 많이 듣지요. 그 사람들이 이 분야에 흥미를 갖게 된 이유는 그들 스스로가 경험했던 것의 의미를 찾기 위한 것이었다고 말이에요.

R: 아주 어렸을 때부터였나요?

P: 그렇지요.

R: …가족에서 형제는 어떻게 되나요?

P: 여자 형제가 넷 있어요. 우리 모두는 돌보는 직업을 가지고 있지요. 내가 생각하기에 우리 시대에는 비서가 되거나 혹은 돌보고 가르치는 일에 종사하는 것이 여자들에게 흔한 일이었어요.

R: …가족을 구하려고 노력했던 어린 시절의 경험은 선생님이 교사에서 상담자로 직업을 바꾸신 것에 어떤 영향을 주었을까요?

P: 나는 항상 가족의 의미를 찾으려고 애써 왔어요. 내가 교사가 되었을 때, 많은 학부모들은 내게 와서 자신의 아이들에게 일어나고 있는 것을 이해하려고 했지요. 그때 내가 깨달았던 것은 내가 나 자신에 대해 이해하지 못하고 있었다는 거였어요. 그것이 바로 내가 흥미를 갖게 된 이유입니다. 심지어 교사로서 특히 부모와 아이들과의 관계에 대해 이해하기 위해 수업도 들었고요. 단지 그것을 이해하려고 노력하면서 말이에요. 거기에는 내 가족에 대한 호기심이 계속 있었을 거예요. 나는 정신질환을 앓고 있는 친척들이 몇 명 있어요. 그런 질환이 어떤 것인지에 대해 전혀 알지 못했지요. 나는 항상 좀 더 많이 알게 되는 것에 흥미를 가졌고, 누군가 그 사람들을 도울 수 있기를 소망했어요. 누군가 그들에게 도움을 준다면 그들이 다른 삶을 살 수 있을 거라고 생각했지요. 되돌아보면, 아이로서 자란다는 것을 알지 못한 것 같아요. 나는 심리학자에 대해 들어 본 적도 없었고 우리 학교에는 상담선생님도 없었지요. 상담을 받으러 간다는 사람을 보지도 못했어요. 상담자를 보았다는 사람을 알지도 못했고요. 그건 내 주위 환경에서는 없는 일이었어요.

R: 모델이 없었기에 교사를 시작하셨고 후에 (상담자라는 직업에) 끌리게 되셨군요. 이해가 되네요. 그러면 이번에는 작업환경에 대해 여쭤 볼게요. 작업환경 중의 어떤 요소가 정서적 안녕과 전문적 적응유연성을 촉진하는 걸까요?

P: 중요한 것은 기꺼이 공유하려고 하는 동료들을 가지는 것이죠. 이 분야

에서 흥미를 가지고 있는 동료들 말이에요. 나는 내가 일했던 모든 곳에서 정말 운이 좋았어요. 그런 동료들이 있었지요. 자신이 하는 일에 정말 흥미를 가지고 있고, 더 많이 배우는 것에 재미를 느끼고, 새로운 일을 시도해 보려고 하고, 우리가 상담하고 있는 내담자들의 욕구가 무엇인지를 찾는 사람들 말이에요. 그들은 정말 나에게 도움이 되었어요. 내가 전문대학을 그만두었던 이유들 중의 하나는 커다란 체제 안에 있는 것이 나에게 문제였기 때문이었어요. 당시에 나는 위원회들에 소속된 더 큰 체제의 부분이 되어야 했고 조직의 한 부분이 되어야 했지요. 나는 항상 전문적 기관에 속해 있었어요. 개인상담 위원회의 미네소타 상담자 분과에 있었고, 미네소타 여성 심리학자 위원회에 있었고, 미네소타 심리학회와 미네소타 결혼가족학회에 있었지요. 나는 항상 어디엔가 소속되어 있었지만 상담자로서 우리가 하고 있는 일에 속해 있는 것과는 달랐어요. …구조의 부분이 되어 있는 것은 정반대이지요. 나는 이 일을 좋아해요. 내가 소속되어 있는 환경이니까요. 체계적인 돌봄이 있는 환경에서 일하는 것은 도움이 되기도 하고 도움이 되지 않기도 해요. 도움이 되는 부분은 우리 모두에게 지금 우리가 하고 있는 일과 그것을 하는 방법을 보게 해 주는 것이지요. 가끔은 도움이 되지 않는다고 느껴지기도 해요. 사람들은 선생님의 일만 점검할 뿐, 일이나 내담자에 대해 잘 알지 못하기 때문이지요. 이런 것들은 모두 문서를 통해 이루어져요.

R: 선생님은 그에 대해 어떻게 대처하셨나요?

P: 중요하다고 생각될 때에는 내담자를 위해 정말 헌신했지요. 어떤 때에는 상담비를 할인해 주기도 했어요. 모든 사람들을 위해 모든 것을 다 제공해 줄 수는 없다는 사실… 한계를 인정해야만 할 때도 있었지요. 자원봉사자로 예약 없이 갑자기 찾아오는 상담을 하기도 했어요. 왜냐하면 지속적인 상담비용을 지불할 능력이 없는 사람들이 지원을 받을 수 있는 공간이 있어야 한다고 느꼈기 때문이에요. 여기에서 무엇이 일어나고 또 우리가 여기에서 무엇을 배워야 하는지 찾기도 했어요. 그래서 지금

일어나고 있는 일에 우리가 지속적으로 영향을 줄 수 있도록 말이에요. 우리는 전문적 기관들을 통해 이러한 일을 했지요. 그리고 그러한 모든 일을 하더라도 우리의 한계를 인정해야 했어요. 우리의 서비스를 뒷받침하지 못하는 정책, 상담비를 낼 수 없는 내담자들이 있었기에, 결국 그것은 그들에게 유용한 자원들을 사용할 수 있도록 격려하는 것을 뜻하지요.

R: …선생님의 말씀대로라면 작업환경에서의 핵심 요소는 동료의 지원이군요?

P: 자기 자신을 돌보는 것에 대한 지지를 포함하지요.

R: 1주에 60시간을 일하지 않는 것이 옳다는 것이 선생님과 동료들이 가지고 있는 생각이었나요?

P: 네. 우리는 모두 자녀가 있는 여성이었어요. 그 때문에 직업에 대한 생각이나 서로를 지원하는 것에 대해 조금은 다른 점이 있었지요. 물론 우리 중 누군가가 아이를 가지고 있지 않았다고 해도 우리는 그들의 여가와 삶을 기꺼이 지원했을 겁니다. 그들 자신에게 중요한 것을 따르도록 사람들을 지원했지요. 우리는 우리의 내담자가 스스로를 위해 살도록 돕는 것과 같이 서로를 도우려고 노력해요. 그들의 꿈을 따라가는 것… 한계를 설정하는 것, 이런 일들이지요. 더 표현할 수 있고 또 안 된다는 말을 할 수 있는 것도요.

R: 다음은 다루기 어려운 내담자의 문제와 그들의 행동들에 관한 질문입니다. 선생님의 정서적 안녕과 전문적 적응유연성에 가장 도전적이었던 치료적 문제는 무엇이었나요?

P: 내 생각에는 자살을 시도하는 사람들 같아요. …우리가 항상 만나게 되는 사람들이지요. 충격을 받게 되요. …시간이 지난 후에도 찾아오는 충격을 피할 수가 없지요. 우리가 버텨야 할 두 가지 큰 일들이 있어요. 가족들이 뿔뿔이 흩어질 때는 힘들지요. 그들은 할 수 있는 모든 것들을 찾게 됩니다. 하지만 할 수 있는 것이 없지요. 꼭 일어나야 할 일이라고 모든 사람들이 생각한다고 해도, 그건 여전히 고통스러운 일이에요. 부분

적으로는 고통에 익숙해지기도 하고요. …필요한 일이기도 해요. 하지만 여전히 힘들지요.

R: 선생님은 자살시도를 하는 내담자의 작업을 어떻게 풀어 가셨나요?

P: 공통적인 주제로 떠오르게 되는 것은 혼자 힘으로는 정말 힘든 사례들을 감당할 수가 없기에 자문을 많이 받게 된다는 것이에요. 그게 가장 중요하지요. …내가 상황을 명확하게 보는 게 중요하고요. 가끔은 나 혼자 해야 한다는 것이 힘들어요. 누군가가 나와 함께 봐주고 들어준다는 것이… 중요한 방법이지요. 나는 이곳 사무실에서 동료들로부터 항상 자문을 받아왔어요. 그건 정말 도움이 되었습니다. 그들은 나보다 이 분야에서의 경험이 더 많았거든요. …그건 나에게 중요했지요. 사람들을 치유하는 데 무엇이 중요한지를 깨닫는다는 것은… 당신이 아이에게 상처를 주었을 때처럼 그것은 당신이 기대하는 것도 아니고 당신이 특별히 즐겨하는 것도 아니지만 아이를 기르는 데 있어서는 중요한 것임을 아는 일이에요. 어려운 일이지만 꼭 필요한 일들이지요. 누군가가 자살을 시도할 필요가 있다는 것이 아니라 가끔 사람들은 버틸 수 없다고 느껴지는 고통스러운 시기를 겪는다는 거예요. 그들은 좌절에 대해 이야기할 필요가 있어요. …기꺼이 들어주고 피하지 않고 알아차려 주는 것이지요. 이야기할 수 있는 상대가 된다는 것은 중요하지요. 이 모든 것들이 나에게 도움이 되었어요.

R: 그것이 자연스러운 과정임을 이해하는 것이 선생님의 작업이었군요?

P: 영적인 감각을 갖는 것도 있어요. 현재의 순간에서 존재감을 느낀다는 것 말이에요. 나는 현재의 순간에 존재한다는 면에서 동양의 영성에 더 관심이 있어요. 미래를 그대로 받아들이지 않고, 많은 것들을 흑백논리로 보지 않고, 대답보다는 질문을 존중하는 태도시요. 이 모든 것들이 또한 중요해요.

R: 동양철학을 어떻게 접하게 되셨나요?

P: 대부분 호기심에서 시작해서 책을 읽었어요. 한참 동양철학에 대한 사

회적 관심이 높았던 즈음에 워크숍을 가게 되었지요. 많은 것을 생각하고 공유하고 나누었어요. 내담자들이 읽었던 책들을 추천하기도 했지요. 몇 권을 읽어 보고 어떤 말을 하고 있는지, 내담자들에게 어떤 것이 도움이 되는지 알아보려고 했어요.

R: 내담자가 교사의 역할을 할 수 있는 또 다른 방법이네요?

P: 네, 물론이에요.

R: 또 다른 삶의 경험은 외상후 스트레스를 낳기도 하는데요. 선생님이 해결하기 힘드셨던 특별한 인생 경험이 있었나요?

P: 그런 일들이 많을 때가 있었어요. 예를 들어, 몇 주 동안은 가장 나쁜 일들을 계속 듣는 것같이 느껴지기도 하고요, 고통과 좌절을 낳는 더 나쁜 일들을 누군가 가져다주기도 하지요. 내가 통제할 수 있는 정도를 넘어서서 말이에요. …또 이번 겨울도 그래요. 지난 몇 년간보다 더 흐린 날이 많기 때문인 것 같아요. …많은 사람들이 중고차를 타고 느릿느릿 가는 것 같은 기분을 느껴요. 봄이 오게 되면 또 많은 사람들이 중고차를 벗어나지요. …환경에서 일어나는 일에 어느 정도는 관련이 있어요. 다시 말해서, 상담에 오는 많은 사람들의 무거운 마음과 관련이 있지요. …나에게는 그것이 다른 어떤 경험보다 더 문제라고 느껴져요. …만약에 나에게 다섯 건의 결혼 사례가 있는데 그중 네 명이 잘 진행되고 있고 한 명이 좌절을 겪고 있다면, 다섯 명 중의 세 명이 힘들어하는 것보다는 쉬울 거예요. 가끔씩 당신은 이런 변화를 겪지요. 그것이 나에게는 정말정말 어려운 일이에요.

R: …사람들이 서로에게 무엇을 해 줄 수 있는지에 대해 조금 전에 이야기하셨는데요….

P: 네. 그리고 사람이 얼마나 손상될 수 있는지에도 관련이 있지요. …되돌아보면, 어떤 아이들은 적응유연성을 더 많이 가지고 있는 것 같아요. 그래서 다른 아이들과는 다르게 대처할 수 있는 것 같고요. 당신에게 적응유연성이 없는 상태에서 전반적인 학대를 당하게 된다면 현재의 모든 것

이 고통일 뿐이지요. 그건 힘든 일이에요.

R: 선생님 자신의 정서적 안녕과 전문적 적응유연성에 대해 가장 도전이 되는 내담자의 행동들은 어떤 것인가요?

P: …우울증은 잘 나아지지 않아요. 모든 종류의 개입을 한 후에도… 어떤 사람은 나에게 오기 전에 몇 년 동안 상담을 받기도 했어요. 어떤 사람들은 충격요법을 받기도 했고, 어떤 사람들은 약물치료를 받기도 했지요. 하지만 아무것도 도움이 되지 않았어요. …필요한 것을 아무것도 갖고 있지 않은 것처럼 느끼는 사람들도 있어요. 정말 우리가 아무런 도움을 갖고 있지 않다는 것이 아니에요. 지지집단을 가지고 상담을 하면서 상담을 정말 열심히 하는 내담자도 있거든요….

R: 그 사람들은 그 모든 것을 다 하나요?

P: 그렇게 느껴져요. 그리고 어떤 사람들은 여전히 우울증에 빠져 있기도 하지요. 그게 어려운 점이에요.

R: 그러한 내담자를 만났을 때 선생님은 어떤 반응을 하게 되시나요?

P: 마찬가지로 자문을 많이 받게 되지요. 많은 사람들과 함께 그 문제에 대해 생각해 보려고 해요. 우리가 작업할 수 있는 것을 생각하게 되면 그 부분에 있어서 좀 안심하게 되지요.

R: 문제를 분석해서 초점을 맞출 영역을 찾는군요?

P: 맞아요. 그런 작업은 도움이 되지요. 또 도움이 될 수 있는 다른 대안들을 보는 것도 필요해요. …나는 정신역동치료 훈련을 좀 받았어요. 가끔은 이 사람들이 일주일에 네 번씩 장기적으로 상담을 받을 수 있다면 도움이 될 거라고 생각하지만 그렇게 할 수 있는 자원들이 없어요.

R: 도움이 될 것 같은 방법은 알고 계시지만 그것을 제공하기가 어렵군요….

P: 내가 해 왔던 것은 더 많은 대안들이었어요. 정신분석 분야에서 우리는 훈련생을 둘 수 있는 기관에 대해 이야기하고 분석가가 되기 위한 훈련 과정에서 몇 개의 사례를 보지요. …가끔 나는 어떤 가능성들이 있었다고 생각하고, 내가 정말 좋은 지지자였다고 생각해요. 왜냐하면 도움이

될 수도 있으니까요. …어려운 것들 중 하나는 무엇이 도움이 될지를 알지 못하는 것이 아니에요. …하지만 나는 이전에 갖지 못했던 것들을 대하게 될 때마다 앞으로 전진하게 된다는 믿음을 갖고 있어요.

R: 그런 믿음을 어떻게 가지게 되셨나요?

P: …내담자들에게서 듣게 되지요. "나는 이제 가족들과의 관계를 가지게 되었어요. 아직 많은 기쁨을 느끼지는 못하지만, 나에게 도움이 되네요."

R: …다음에 드릴 질문들은 전문적 경험에 관한 것이 될 거예요. 먼저 선생님의 전문적 경험에서 일어났던 중요한 사건들은 무엇이었는지, 그리고 그것이 선생님에게 어떤 영향을 미쳤는지에 대해 이야기해 주실 수 있을까요?

P: 중요한 사건이요? 음, 첫 번째로 떠오르는 것은 나의 한 내담자네요. 그녀는 내 이름을 전화번호부에서 찾았어요. 그녀는 극도로 망상이 심했어요. 아무도 믿을 수가 없었지요. 나는 그녀가 나에게 오는 것은 완전히 그녀의 영역을 벗어나는 일이라는 것을 알고 있었어요. 그녀는 내가 그때까지 같이 작업해 본 그 누구보다 망상이 심했지요. 나는 정말 내 영역의 한계를 느꼈어요. 그러니까 그녀에게 도움이 될 수 있을 사람이 누구인지를 생각하려 애썼다는 의미지요. 나는 그녀가 정신과의사를 만날 필요가 있다고 생각했어요. …하지만 그녀는 정신과의사를 만나는 일과 누군가를 다시 신뢰하는 일을 정말 두려워했어요. 나는 결국 정신과의사에게 둘이 같이 만날 수 있겠느냐고 물었어요. 많은 경험이 있고 나와 함께 작업하는 것을 정말 편안하게 여기는 정신과의사를 만난 것은 나에게 대단한 기회였어요. 그때는 내가 개인진료를 시작한 초기였지요. …그의 접근방법과 태도는 우리의 작업이 어떻게 나아가야 하는지에 대한 전반적 감각을 갖도록 도와줬어요. 기꺼이 공유하려 하고 알고 있는 것을 기꺼이 가르치려 하고 기꺼이 도움이 되려는 데에는 우리가 제공할 수 있는 무언가가 있었어요. 내가 알지 못한다고 생각했던 것을 아는 것은 나에게 정말 큰 도움이 되었지요. 그건 내가 아주 초기에 배운 극도로 가치

있었던 수업이었어요. 나는 그 경험을 정말 감사하게 생각해요. 그것은 정말 다른 경험이었고 나에게 완전히 다른 길을 주었기 때문이지요. …망상이 있는 내담자를 만났을 때 무엇을 해야 하는지를 알지 못하는 것은 소소한 일같이 보일지도 몰라요. 하지만 당신이 알아야 한다는 관점에서 본다면… 당신의 마음 어딘가에서 이렇게 말할 거예요. '나는 알아야 할지도 몰라. 하지만 알지 못해. 알 만한 사람을 찾아가야지.'

R: …위험을 감수했고 긍정적인 결과를 낳았군요. 선생님이 중요한 사건에 대해 이야기하실 때 제가 느꼈던 한 가지는 동료의 지원이 가지는 중요성에 대해 선생님이 얼마나 자주 이야기하셨나 하는 것이었어요. 특히 선생님의 경력에서의 정말 초기 부분에서요. 그 경험은 이후에 일어날 일들의 대부분을 촉진했을 것 같아요.

P: 그게 동료들과 가진 내 경험이었어요. 또 다른 중요한 사건을 고른다면 자살을 시도했던 한 내담자가 떠오르네요. 자살에 성공하지는 못했지만, 누군가 그녀를 발견하지 못했다면 성공했겠지요. …그때 기꺼이 나와 함께 작업하려고 하는 주위 사람들로부터의 지지가 있었어요. 약물치료를 맡았던 정신과의사, 치료를 받으러 갔던 병원, 그녀를 만났던 이전 동료들, 자살 시도자와 작업해 왔던 사람들 그리고 내가 의논할 수 있는 분야의 전문가들… 내 주위에서 도움을 구하고 전문가를 찾는 데 있어서 내 경험은 꽤 긍정적이었어요.

R: 위험을 감수하고 사람들을 위해 찾아나섰군요?

P: 맞아요.. 나에게는 정말 좋은 경험이었어요.

R: …그게 정말 중요한 이야기인 것 같네요. 선생님이 지속적으로 이와 같이 상담에서 애착을 형성하고 장기간에 걸쳐 많은 내담자들과의 이별 작업을 할 수 있도록 해 주는 요소들은 어떤 것일까요?

P: 상담에서 일어나는 것은 부모가 되는 것과 비슷해요. …애착이 정말 중요하지만, 분리하고 내담자의 속도를 좇아가는 것도 능력이지요. 어떤 사람들은 더 많은 애착이 필요하기도 하고, 초기 경험 때문에 분리가 얼

마나 두려운지에 대해 이야기할 필요가 있기도 하니까요. 우리가 어려워하는 것들 중의 하나는 속도 조절이에요. 좌절하지 않고 내담자의 신호를 기꺼이 따라가는 것은 중요하죠. 좌절하는 이유는 두렵기 때문이에요. 두려움에 대해 이야기할 수 있어야 하기도 하죠. …내게 모든 삶이란 애착과 분리인 것 같아요. 결혼에서도 애착이 중요한 때가 있지만 분리가 중요한 때도 있지요. 각 개인들이 서로 다른 욕구를 가지고 있고 표현하는 데 있어서 다른 능력들을 가지고 있으니까요. 그래서 내가 나 자신을 돕는 방법이 있지요. 바로 인생에서 무엇이 진리인가에 대해 중요한 것을 느끼는 것이에요. 죽음이란 정말 중요하다는 것을 느끼고, 죽음에 대해 생각하고 이야기할 수 있는 것은 어떤 면에서는 궁극적인 분리이지요. 그건 정말 중요한 과정이에요. 사람들이 자신에게 일어나지 않을 수도 있는 어떤 것들에 대해 작업하기 위해 애착하는 것은 중요하지요. 분리하고 보내 주고 그것이 일어날 필요가 있다는 것을 인식하는 것 또한 중요해요. …많은 면에서 흥미로운 주제입니다.

R: …제가 정확하게 이해했다면, 선생님은 그것을 인생의 일부로 보시는 것 같아요. 누구에게나 해 줄 수 있는 일, 엄마로서의 일, 파트너로서의 일…

P: 친구로서의 일이기도 하죠.

R: 그리고 선생님의 일은 그것과 그 과정에 대해 배우는 것을 돕는 일이지요.

P: 물론이죠. 내 생각에 사람들을 돕는 것은… 종종 화가 나고 실망스러운 분리를 다루는 것 같아요. 우리의 아이들이 자라가면서 생기는 일과 매우 비슷하지요. 그들은 당신이 모든 것을 다 알지 못한다는 것을 알게 되고, 어떤 면에서는 당신을 앞서가니까요. 이런 일이 내담자에게도 일어나는 거예요.

R: 사람들이 선생님에게 화를 내거나 실망하기도 하나요?

P: 그건 분리과정의 일부가 될 수 있는 것 같아요. 같은 방식으로 그것을 위해 있어 줄 수 있기 위해서 당신은 애착을 위한 존재가 되어야 합니다. 우

리는 특히 여성으로서 도전을 받아요. 가끔 애착 시기는 분리 시기보다 더 쉽기도 하지요. 당신이 명예를 가지고 그것을 존중하는 만큼요. 애착은 그것만의 삶을 가지고 있고, 가끔씩은 정말 불안정하기도 하지요.

R: 그리고 서투르고요?

P: 네. '서투르다' 는 좋은 표현이네요. 지금 나의 중심에 있는 사람을 가지는 것… 네, '서투르다' 는 건 정말 꼭 맞는 표현이에요. 우리가 알고 있는 만큼, 알고 있다고 생각하는 만큼, 그리고 이전에 그것을 경험한 만큼… 그것은 항상 독특한 경험이지요.

R: 그 분리를 지지하기 위해 어떤 일을 하시나요?

P: 한 가지는… 분리가 시작되었을 때, 사람들은 이전과 같이 이곳에 있고 싶어 하지 않아 해요. 그것을 무섭고 끔찍하고 절망적이고 병리적으로 보고 싶지 않아 하고요. …하지만 이전과 지금이 달라진 것에 대해 이야기하자면 가끔 사람들은 정말 어렵게 이곳에서 기다리지요. 왜냐하면 그것이 정말 중요하고 필요하니까요. 이제 그들은 인생에서 또 다른 장소들과 사물들을 가지게 되는데, 그것들은 내담자가 공포스럽지 않게 우리 자신에 대해 깊이 생각할 수 있게 도와줍니다. 피하지 않고 말이에요.

R: 다른 사람들의 고통에 지속적으로 노출되는 것에는 어떤 영향이 있을까요?

P: …가끔 나는 이런 의문을 가져봅니다. 우리가 어떤 영향을 받는지 알고는 있는가 하는 것 말이에요. 왜냐하면 우리는 여전히 그 안에 있으니까요. 내가 학위논문을 쓸 때와 비슷해요. 논문을 끝마쳤을 때는 이제까지 논문을 쓰면서 내가 얼마나 큰 부담감을 갖고 있었는지를 믿을 수가 없었어요. 나중까지 인식도 하지 못했지요. 나는 우리가 정말 어떤 것의 미치는 영향을 알고 있는지 가끔은 궁금해요. 나는 인생에서 많이 웃을 수 있는 곳을 찾으려고 애써요. 하지만 수년 동안 매일 문제들을 다루며 보내는 것이 바로 심각함을 만들어 낼 수 있다고 생각하지요. 그러나 아직은 심각성이 그다지 크지 않아요. 많은 상담자들이 정말 재미있게 지내

지요. 우리는 여기서 정말 많이 웃어요. 옆방에서 내 웃음소리를 듣는 동료들은 나를 놀리지요. 하지만 그것은 노래를 하거나 게임의 시판을 보면서 인생을 보내는 것과는 다른 것이에요. 나는 그 차이점이 무엇인지 궁금해요. …또 우리는 많은 변화, 성장, 흥분되는 일들을 보면서 끝을 맺지요. 그래서 균형이 잡히는 부분이 있어요. …우리는 인생에 대해 진정한 낙관주의를 발달시키게 돼요. 왜냐하면 사람들이 변화하고 변화시킬 수 있는 것들을 볼 수 있으니까요. 나는 부부문제를 얘기하면서 절대 부부가 같이 오지 않는 내담자들과 작업할 때 참 힘들어요. 가끔 그 사람들은 자신의 파트너에 대해서 험담을 하면서, 마치 자기가 대신 상담을 받으러 온 것 같이 느끼거든요. 그들이 어떻게 아이들을 전혀 다른 방식으로 기를 수 있는지에 관해 의아해 하지요.

R: 그건 기분좋은 일인가요?

P: 네. 좋은 기분을 느끼는 부분은 책임감이 무거운 부분과 균형이 맞는다고 생각해요. 이 분야에서 일하는 것은 전혀 다른 방향으로의 이끌림이 있어요. 하지만 우리에게는 간호사, 의사, 종양학자와 같이 우리 문화에서 이런 일들을 하는 많은 사람들을 가지고 있지요. 그래서 나는 이 답이 맞는지 정확히 모르겠어요.

R: …인생에 대해 다른 방식으로 보게 되었다는 말씀이신가요?

P: 그에 대해서는 더 나아진 것 같아요. 만약에 내가 계속 교사를 했다거나 금융계에서 일했다면 훨씬 더 나 자신을 위해 일했을 테니까요. 이 일을 하는 것만큼 성격적으로 성장했을 거라고 생각하지 않거든요. 나는 이전보다 훨씬 더 나 자신을 관찰해 왔어요.

R: 건강함을 유지하기 위해 노력했기에 고통에 노출되는 것이 그다지 선생님을 소진시키지 못한다고 이야기하셨지요.

P: 여기에서의 일은 정말 재미있어요. 우리는 명상도 같이하고, 황당하리만큼 재미있는 일도 하고, 많이 웃고, 점심도 같이 먹으러 나가지요. 나는 신체적 운동을 많이 해요. 그건 정말 중요한 것 같아요.

R: 이 분야에서 그렇게 오랫동안 상담 실무를 해 오셨는데도 생동감 있게 살수 있는 이유가 무엇일까요?

P: 꾸준히 공부를 많이 했지요. …나 혼자가 아니라 동료들과의 일을 많이 했어요. …신체적 운동을 했고요. 우리가 2차적인 외상에 대해 이야기했을 때, 밖으로 나가서 무언가를 걷어차야 할 것 같은 기분을 느낀 적이 있어요. 혹은 자전거를 정말 열심히 타거나 아주 빠르게 걷거나… 연극이나 영화를 보러 간다거나, 친구들과 함께 모여서 우리가 본 연극이나 읽은 책에 대해 이야기하는 것 등은 도움이 됩니다.

R: 선생님이 지속적으로 경험하신 교육은 대학을 통한 정통 교육과정인가요, 아니면 워크숍인가요?

P: 지금까지 내가 해왔던 것은 정통적인 교육과정보다는 워크숍이었어요. 내가 계속적으로 교육받는 것들을 본다면 그 범위가 아주 넓다는 것을 알 수 있을 거예요. 예를 들면, 나는 ENDR에서 훈련을 받았어요. 좌절에 빠진 내담자들에게 그것이 도움될지를 알고 싶었거든요. 나는 최면 훈련에 흥미를 느껴서 계속 배웠어요. 그리고 3년이 넘도록 매주 금요일 오후에는 정신역동 심리치료 프로그램에 참가했고 슈퍼비전도 받았지요. 나는 정신과 신체를 관련 짓는 무언가를 배울 준비가 되어 있어요. 그에 대해 더 많이 알고 싶어요. …나는 지금 그런 대인관계에 관심이 있어요. 대부분 그것들은 내담자와의 관계에서 일어나고, 우리가 그것에 대해 알고 있는 것에 흥미를 느끼게 되지요.

R: 그래서 동료들과 공동치료를 하게 되셨나요?

P: 아, 맞아요. 동료들과 집단을 함께했지요. 많은 다양한 사람들과 집단을 함께했어요. 치료방법, 내담자, 작업에 대해 이야기할 수 있는 기회를 갖게 되니까요. 그런 과정은 나에게 많은 힘을 주었지요.

R: 실무에서 집단과 공동치료는 어느 정도로 하셨나요?

P: 초기보다는 줄어들었어요. 한동안은 집단을 다섯 팀 했고, 네 명의 다양한 상담자들과 함께했지요. 나이가 들어가면서 그렇게 많은 집단은 유

지할 수가 없다는 것을 알게 되었어요.

R: 정말 많이 하셨네요.

P: 많지요. 일주일에 40명을 집단에서 만났으니까요. 더 어릴 때에는 에너지가 넘쳤기에 아무 문제도 되지 않았어요. 근데 이제는 그렇게 하기가 너무 힘드네요. 그래서 두 명의 동료와 두 개의 집단을 하고 있어요. 많은 부분이 내 나이와 시기에 달려 있지요. 나는 항상 에너지가 많은 사람이었어요. 내 에너지 수준이 이전과 같지 않다는 것을 알게 되는 것은 겸손하게 되는 경험이지요. 나는 내가 항상 변하지 않을 거라고 생각했었어요. 80세가 되어서 에베레스트산을 올라가는 사람도 있고, 수영이나 마라톤을 하는 사람도 있지요. 나는 항상 내가 그런 사람일 거라고 생각했어요. 나는 불가능할 것들을 붙잡으려고 하고 있지요.

R: 선생님이 작업하시는 에너지나 수준에 관한 것인가요?

P: 잘 모르겠어요. …두 가지 모두인 것 같아요. 분명히 선생님이 작업을 길게 할수록 선생님의 작업은 심층적이 될 거고, 이전과는 전혀 다른 방식으로 사람들과 일을 하게 되지요.

R: 그건 전혀 다른 정신과 에너지가 필요한가요?

P: 에너지요. 사실일 수도 있지만, 나는 내가 '피곤한 번쩍임'이라고 부르는 것을 갖고 있다는 것을 알아요. 그런 느낌은 전혀 느껴 본 적이 없지만, 우리가 하는 일의 결과로써 생길 수 있는 것이지요. 그건 또한 신체적이기도 한 것 같아요. 나는 모든 종류의 신체적 활동을 할 수 있었고 지치지 않았는데 지금은 아니에요.

R: 선생님의 스케줄은 어떠신가요?

P: 생기는 일들에 따라 많이 달라요. 대학에서 강의를 한 과목만 했어요. 그래서 부담이 덜했지요. 휴가를 갈 계획이 잡히면 새로운 내담자를 받지 않을 거예요. 몇 주 쉴 생각이 들면 무거운 책임이 뒤따르는 일에 직면한 내담자를 새로 만나지 않고 떠나겠지요.

R: 선생님의 정서적 안녕과 전문적 적응유연성을 유지하는 데 슈퍼바이저

와 멘터가 한 역할은 무엇이었나요?

P: 그들은 내가 자신감을 기르도록 도와줬어요. 또한 나에게 도전적이었어요. 나는 항상 어떤 슈퍼바이저가 나한테 했던 것보다 나 자신에게 엄격했거든요. 그들은 내가 스스로에게 그렇게 엄격하지 않도록 도전했는데 그것이 나에게 유용했어요. 그들은 그들 자신의 투쟁의 일부분을 기꺼이 나누려 했고, 그 또한 도움이 되었지요.

R: 모델링인가요?

P: 네. 두 내담자가 동시에 상담시간에 오는 두려움에 대해 이야기하고 있을 때, 슈퍼바이저가 이렇게 이야기해 준 것이 기억나요. 그녀는 3명의 내담자가 동시에 나타났고, 그로 인해 자기 자신이 일을 너무 많이 하고 있으니 줄여야 한다는 것을 깨달았다고 하더군요. 그건 정말 도움이 되었어요. …그런 정보를 공유하는 거예요.

R: 선생님의 멘터는 어떤 분이신가요?

P: 멘터는 가져본 적이 없는 것 같아요. 어떤 사람들은 자신을 날개 아래 품어 주고 길을 이끌어 준 사람을 가지고 있기도 하더라구요. 하지만 나는 멘터는 없었던 것 같아요. 가끔씩 멘터가 있었으면 좋았겠다고 생각은 하지만, 기꺼이 나와 함께 있어 준 사람들을 운 좋게도 많이 만났다고 생각해요. 그들은 모두 매우 도움이 되었고 정말 좋은 사람들이었어요. 3년 동안 같은 사람과 한 사례에 대해 의논한 적이 있는데 많이 도움이 되었지요. …사람들은 기꺼이 옆에 있어 주고, 역할을 해 주고, 어떤 질문을 하더라도 이상하게 생각하지 않았어요. …나는 종종 우리 분야의 사람들이 얼마나 헌신적인지 정말 놀라곤 해요. 워크숍에 가보면 거기에 모인 700명의 사람들은 모두 배우기를 원하고 더 나아지려고 노력하고 연구를 하지요. 사람들의 가슴에서 헌신적인 마음과 열심히 일하려는 의지를 발견하는 것은 정말 멋진 일이에요.

R: 슈퍼바이저와 멘터 외에… 선생님의 정서적 안녕과 전문적 적응유연성에 있어서 다른 전문가들과의 관계가 어떤 역할을 했나요?

P: 이제까지 별로 이야기를 안 했던 것이 전문적 기관 위원회에 대한 것이었네요. 그들은 멘터나 슈퍼바이저보다는 동료에 가깝고 이곳의 사람들과는 다르지요. 하지만 역시 도움이 되는 사람들이에요. 예를 들어 보면, 나는 미네소타 여성 심리학회에 속해서 정말 도움을 받고 있어요. 그 기관에서 나는 몇 가지 역할을 하고 있고, 정말 좋은 사람들과 일을 해 왔지요. 결혼과 가족치료에서도 마찬가지예요. 결혼과 가족 치료에서는 슈퍼비전을 맡았어요. 위원회에 속한 사람들에게 도전하는 것은 힘든 일이었고 헌신적이어야 했지만, 재미있는 일이기도 했지요. 누군가 나에게 어떤 것이 도움이 되었는지를 물어본다면 사람들에게 힘을 북돋워 준 것이라고 대답할 것 같아요.

R: 그 경험은 선생님에게 특별히 어떻게 도움이 되었나요?

P: 자신이 하고 있는 일에 대해 정말 헌신적인 사람들과 함께하는 것이지요. 자신의 일에 대해 정말 흥미를 가지고 있는 사람들과 같이 있는 것이기도 하고요. 아이디어를 만들어 내는 일에 대해 관심을 갖고 있는 사람들을 만날 수 있는 좋은 기회였어요. 나는 다양한 지역에서 온 심리학자들 그리고 장애가 있는 심리학자들과 함께 위원회에서 일해 본 적이 있어요. 그건 다양한 사람들과 접해 볼 수 있는 기회였지요. …내가 평소에 경험해 보지 못한 식으로 개인상담을 하는 다른 상담자들, 우리의 작업을 발전시켜 나가기 위한 생각을 하는 데 있어서 시간과 에너지를 투자하는 사람들과 함께한다는 것은 나에게 영감을 줄 뿐 아니라 활기와 에너지를 주었지요. 이런 식으로 도움이 되었어요.

R: 선생님의 정서적 안녕과 전문적 적응유연성에 있어서 가족과 친구들과의 관계는 어떤 역할을 했을까요?

P: 나는 가족과 친구들로부터 많은 지지와 격려, 확인, 휴식을 얻었지요. 우리가 이야기했던 것을 할 수 있는 많은 기회들을 받았어요. 그것은 정말 재미있는 것이었고 신체적인 활동이었지요.

R: 선생님에게 개인적으로 정서적 안녕과 전문적 적응유연성을 촉진한 요

소들은 어떤 것이었나요?

P: 독서라고 생각해요. 나는 매일 독서를 하려고 해요. 일종의 명상이지요. 누군가 나에게 명상을 하고 있느냐고 물으면 아니라고 할 거예요. 하지만 독서는 반성적 회고(reflection)의 특성을 가지고 있어요. 동료들과 함께 내가 읽었던 것에 대해 이야기하고 그들의 생각을 나누는 거죠. 영화를 보러 나가는 것도 있어요. …나는 일을 하면서 영화를 많이 이용해요. 많은 사람들이 영화에서 자신의 이야기를 보고 가치 있는 것을 찾거든요. 또한 동료들과 함께 나는 매주 목요일마다 산책을 하는 모임을 하고 있어요. 우리는 산책을 하고 밖에 나가서 식사를 함께하지요. 이런 일들이 내가 꾸준히 개인적으로 하고 있는 것들이에요. 우리는 가족 행사도 많이 가져요. 사교 모임도요. 사람들과 저녁식사를 함께하기도 하지요. 우리 아이들이 더 어렸을 때는 뭔가 도움이 되는 일들을 했어요. 함께 게임을 하면서 시간을 보내기도 했지요. 일에서는 완전히 분리되어서 말이에요. 나는 얼마나 그것이 가치가 있는지, 그리고 얼마나 내가 그런 일들을 좋아하는지 알고 있었어요. 내가 지금 그 일들을 하는 이유이지요.

R: 네… 누군가를 돌봐 주거나, 단순한 즐거운 일을 하거나, 휴식을 취하는 선생님의 삶의 영역이 있군요.

P: '휴식(release)'이라는 건 좋은 표현이네요. 나만의 시간을 가지는 것 또한 나에게는 매우 중요해요. 우리는 다른 사람들과 함께하는 시간이 정말 많기 때문이지요. 나는 외향적인 사람이에요. 하지만 매일 얼마간 나 혼자만의 시간을 가지지 못하면 많이 힘들어지고 메마른 느낌이 들어요. 지금은 매일 세 시간 정도를 혼자 보내요. 나는 일찍 일어나고 남편은 늦게 일어나니까요. 그래서 남편은 저녁시간을 혼자 보내는 데 쓰고, 나는 이른 아침시간을 나를 위해 쓰지요. 오늘 아침에는 5시에 일어났고, 이곳에는 8시까지만 오면 됐지요. 나는 멋진 시간을 보냈어요. …그렇게 하지 않으면 나는 힘들어지고 너무 불안해져요.

R: 선생님은 지지를 받을 수 있는 방법이 참 많으시네요. 한 방법에만 의존

하는 게 아니라 다양한 방법을 가진다는 것은 참 중요한 것 같아요.

P: 나한테는 정말 그래요. 내가 영향을 받은 모든 다양한 이론들에 대해서, 내가 가는 모든 장소들에 대해서 이야기했던 것과 같지요. …정말 그게 나예요.

R: 선생님은 모든 도구들을 다 갖추신 것처럼 보여요.

P: 나는 단 하나에 초점을 맞출 수 있는 것을 항상 부러워하고 소망했어요. 그러면 인생이 더 단순한 것같이 느껴지거든요. 하지만 나이가 들면서 나는 나 자신을 받아들일 수 있게 되었어요. 그 또한 가치 있는 일이더라구요.

R: 선생님이 하나의 초점만을 찾고 있으셨을 때는 언제였고 그 이유는 무엇이었나요?

P: 나는 한 영역에서 전문가가 될 수 있으리라고 느꼈어요.

R: 그리고 인생이 더 쉬워지고요?

P: 맞아요.

R: 숙련된 전문가가 되는 것의 일부는 우리의 일이 얼마나 모호한지에 대해 편안해지고 많은 자원들이 있다는 것을 감사할 수 있는 것 같은데, 맞나요?

P: 무언가 다른 것이 되기 위해 나 자신을 바꾸는 것이 아니라 있는 그대로의 나를 더 수용하는 것이지요.

R: 특별히 선생님이 가지고 계시는 적응유연성의 특징이 있나요?

P: 특징이요? 아마 에너지 수준이겠지요. 내가 얼마나 많은 피곤함을 가지고 있는지는 이미 이야기했지요. …하지만 나는 다시 일어나요. 피곤함이 몰려오면 바로 다음 순간에 흥미를 끄는 무엇인가를 갖게 되고, 나는 다시 시작하게 되지요. 그래서 나는 고통과 괴로움 속에 있는 사람과 함께할 수 있지만, 다음 순간에는 어떤 사람이나 유명한 사람과 함께 웃을 수 있을 만큼 정서적으로 유연해요. 나는 움직일 수 있지요. …나는 복잡한 문제를 풀려고 노력하고 그에 대해 고민할 수 있지만, 그다음에는 그

문제를 잊어버리고 한 발짝 물러설 수 있는 능력이 있고 그런 일을 해야 할 시기를 알아요.

R: 중요한 일이네요.

P: 네, 정말 중요하지요. 나는 초기만큼 잘한다고 생각하진 않아요. …뭐 다른 게 있을까? 나는 비난을 받으면서도 앞으로 나아갈 수 있는 능력이 있어요. 궁지에 빠지지 않고요. 그리고 개방성이 있어요. 가끔 내가 알고 있는 것을 모르는 것같이 생각되긴 하지만, 개방성은 나를 신선하고 열려 있게 해 줘요. 나는 거의 모든 것들을 즐길 준비가 되어 있고, 내가 기반이 된 곳을 기꺼이 찾을 거예요.

R: 그러면 선생님도 자기 자신에 대해 의문을 갖는 것이네요. 좌절이 있더라도 그 또한 필요한 것인 테고요.

P: 그렇게 생각해요.

R: 이곳에 온 사람들의 최선의 방법은 자신이 이야기하고 있는 것을 선생님이 안다고 생각하지 않는 것인가요?

P: 맞아요. 거기에다가 사물은 변화하지요. 우리가 10년 전에 안다고 생각했던 것들을 우리는 더 이상 알지 못해요. …정신분열은 어머니에 대한 문제라고 모든 사람들이 생각했지요. 그래서 나는 생각하지요. '이런, 실수를 한 모든 엄마들을 봐. …그들 중 일부는 변화가 있겠지만 그게 얼마나 되겠어. 그들이 잘 대처하고 있는데…' 우리가 모르고 있는 것들이 너무 많아요. …가끔씩 우리가 찾아나가게 될 것들을 생각하면 무서워지지요. 나는 마야 안젤루(Maya Angelou)가 이야기했던 것을 믿고 있어요. "…우리는 무언가를 알게 되어야 어떻게 해야 할지를 알게 되고, 더 잘 알게 되어야 더 잘하게 된다."

R: 맞아요. 선생님이 도움을 청하는 대상이나 장소가 있나요?

P: 동료들이요. 처음으로 찾는 것은 동료들이죠. 내가 무엇인가를 이야기했을 때, 네 사람 모두 "뭐라고?" 라고 이야기해 주는 것은 근사하죠. 그러면 나는 전체적인 동의를 얻게 돼요. 하지만 모든 사람이 "음, 나는 그

걸 이런 식으로 볼 수 있고, 저런 식으로 볼 수 있는데."라고 말한다면, 우리가 노력하고 있는 것에 대한 감각을 더 얻게 되고 개방해야 할 필요성을 더 느끼게 되지요. 그건 정말 도움이 돼요.

R: 그룹 내에서 불일치는 없나요?

P: 거의 없어요. …그런 불일치는 없어요. …그보다는 누군가 내가 다르게 생각하고 있다고 말하거나 내가 이 방향으로 가고 있다고 말하지요. 최근에 어떤 사람은 그 사람이 생각하고 있던 무언가의 실례를 제시했고, 나머지 사람들은 이렇게 말했어요. "이런, 우리는 그걸 전혀 다르게 생각해요." 그러고는 이렇게 말했지요. "내가 이것에 대해 생각해야 하는 유일한 방법은 내가 지금 생각했던 것 밖에 없는데, 그건 효과가 없었다고 느껴지는 것 같아서 도움이 돼요." 그건 자기 자신에 대해 도전할 수 있는 기회예요. 불일치가 있을 수는 있지만, 그건 적대적인 반대가 아니에요. 그들은 적대적이지 않아요, 그저 불일치할 뿐이지요.

R: …18년 전부터 생긴 선생님의 전문적 변화들을 한번 요약해 주시겠어요?

P: 나는 더 많이 듣고 이야기는 더 적게 하게 되었어요. 내가 모르는 것과 아는 것이 무엇인지 알게 되었지요. …나는 많은 사람들과 함께 이 길을 걷고 있지만, 항상 나는 다른 길을 걷고 있어요. 그래요. 처음 그 길을 걸어 보는 것과 비교해 볼 때, 되풀이해서 많이 길을 걷는다는 것은 다르지요. 나는 불안감을 덜 느끼게 돼요. 내가 항상 똑같은 상태에 있다면 어떻게 이런 열정과 흥미를 가질 수 있겠어요? 나는 자격증이 더 많아졌고, 내담자도 많아졌지요. 누군가와 나누는 것이 좋다는 생각도 더 들고… 수용감도 더 높아졌어요.

R: 선생님은 이제 어디로 나아가고 계신가요?

P: 모르겠어요. 여전히 상담을 하고 계신 76세 선배와 이야기를 나누었는데, 그녀는 매주 12시간을 상담한다고 하시더라고요. 누군가 그녀에게 이제 그만둘 때라는 것을 알지 않느냐고 물었더니, 그녀는 "아침에 일어나면 일하러 가기 싫어요."라고 말했지요. 그래서 가끔 나는 생각해요.

나는 지금 55세이고, 사람들은 55세에 은퇴하지요. 그러면 나 자신을 위해 원하는 것은 무엇일까? 나는 여전히 내 직업에 대해 많은 흥미를 가지고 있고 내 일에 대해 정말 만족하고 있어요. 개인적으로 나 자신을 지속적으로 볼 수 있지만, 아마 그 정도는 좀 감소되었을지 몰라요. 내 남편은 8월에 은퇴하게 될 텐데, 그건 우리에게 많은 도전이 될 거예요. …남편과 더 많은 시간을 가지길 원하는 면에서 그것이 나에게 어떤 의미를 가질지는 잘 모르겠어요. 전문적으로 나는 정신과 신체의 관계에 대해 더 많은 것을 알길 원한다고 이야기했지요. 나는 내가 전문적으로 발전되는 것에 대해 더 많이 알기를 원한다고 생각해요. 나는 나 자신이 부부상담, 개인상담, 집단상담, 자문, 교육에서 내가 이미 하고 있는 것들을 더 지속적으로 할 거라고 생각해요. 나는 아마 이 모든 것들을 계속 유지할 거예요. 나는 내가 가지고 있는 다양성을 좋아하거든요. 이 모든 것들을 그만두는 것은 상상할 수가 없네요. 가끔씩 남편이 여행을 더 하고 싶어 한다면 그렇게 하기를 원하겠지요. 그러면 내가 매일 하는 일들을 좀 줄이게 될 거예요. 지금은 장기상담을 많이 하고 집중작업을 많이 하고 있는데, 아마도 내가 여행을 더 많이 하게 되면 그 만큼은 하지 못하게 되겠지요. …내가 상담을 그만두게 될지는 잘 모르겠어요. 나는 이 모든 것들을 하길 원하고, 어떤 일이 일어날지 모르겠어요. 나는 미래에 대해서는 개방해 놓을 필요가 있다고 생각해요.

참 · 고 · 문 · 헌

머리말

Brown, S. D., & Lent, R. W. (2000). *Handbook of counseling psychology.* New York: Wiley.

Carkhuff, R. R. (1969). *Handbook and helping relations* (Vols. 1 & 2). New York: Holt, Rinehart, & Winston.

Frank, J. D., & Frank, J. B. (1991). *Persuasion and healing: A comparative study of psychotherapy* (3rd ed.). Baltimore: Johns Hopkins University Press.

Ivey, A. E. (1994). *International interviewing and counseling: Facilitating client development in a multicultural society* (3rd ed.). Pacific Grove, CA: Brooks/Cole.

Kagan, N. L., Krathwohl, D. R., Farquhar, W. W., Harvey, S., Ward, R. G., Fuller, B., Hartzell, J., & Woody, R. (1965). *Stimulated recall by video-tape in exploratory studies of counseling and teaching–learning* (Research Rep. No. 24). Est Lansing, MI: Bureau of Educational Research Services.

Lambert, M. J. (Ed.). (2003). *Handbook of psychotherapy and behavior change.* New York: Wiley.

Orlinsky, D., Ambuehl, H., Rønnestad, M. H., Davis, J., Gerin, P., Davis, M., Willutzki, U., Botermans, J., Dazord, A,. Cierpka, M., Aapro, N., Buchheim, P., Sae, S., Davidson, C., Friis–Jorgensen, E., Joo, E., Kalmykova, E., Meyerberg, J., Northcut, T., Parks, B., Scherb, E.,

Schroder, T., Shefler, G., Stiwne, D., Stuart, S., Tarragona, M., Vasco, A. B., Wiseman, H., SPR Collaborative Network (1999). Development of psychotherapists: Concepts, questions, and methods of a collaborative international study. *Psychotherapy Research, 9,* 127–153.

Seligman, M. E. P. (1995). The effectiveness of psychotherapy: The *Consumer Reports* study. *American Psychologist, 50,* 965–974.

서문

Anastasi, A., & Urbina, S. (1997). *Psychological testing* (7th ed.). Englewood Cliffs, NJ: Prentice–Hall.

Harrington, K. M. (1988). *Personal charateristics of diplomates defined as master therapists.* Unpublished doctoral dissertation, University of Minnesota.

Hill, C. E., Thompson, B. J., & Williams, E. N. (1997). A guide to conducting consensual qualitative research. *The Counseling Psychologist, 25*(4), 517–572.

Himelein, M. J., & Putnam, E. A. (2001). Work activities of academic clinical psychologists: Do they practice what they teach? *Professional Psychology: Research and Practice, 32,* 537–542.

Patton, M. Q. (1990). *Qualitative evaluation and research methods* (2nd ed.). Newbury Park, CA: Sage Publications.

Skovholt, T. M., & Rønestad, M. H. (1992). Themes in therapist and counselor development. *Journal of Counseling and Development, 70,* 505–515.

Skovholt, T. M., & Røncestad, M. H. (1995). *The evolving professional self: Stages and themes in therapist and counselor development.* New York: John Wiley & Sons.

Skovholt, T. M., & Rønestad, M. H., & Jennings, L. (1997). In search of expertise in counseling, psychotherapy, and professional psychology. *Educational Psychology Review, 9,* 361–369.

제1장 전문성의 역사

Akin, O. (1980). *Models of architectural knowledge*. London: Pion.

Anderson, J. R. (1990). *Cognitive psychology and its implications*. New York: W. H. Freeman and Co.

Chase, W. G. (1983). Spatial representations of taxi drivers. In D. R. Rogers & J. H. Slobada (Eds.), *Acquisition of symbolic skills* (pp. 391–405). New York: Plenum.

Chase, W. G., & Simon, H. A. (1973). The mind's eye in chess. In W. G. Chase (Ed.), *Visual information processing* (pp. 215–281). New York: Academic Press.

Chi, M. T. H., Feltovich, P. J., & Glaser, R. (1981). Categorization and representation of physics problems by experts and novices. *Cognitive Sciences, 5*, 121–125.

Chi, M. T. H., Glaser, R., & Farr, M. J. (Eds.). (1988). *The nature of expertise*. Hillsdale, NJ: Lawrence Erlbaum Associates.

Chi, M. T. H., Glaser, R., & Rees, E., (1982). Expertise in problem solving. In R. J. Sternberg (Ed.), *Advances in the psychology of human intelligence* (Vol. 1, pp. 1–75). Hillsdale, NJ: Lawrence Erlbaum Associates.

Christianson, G. E. (1996). *Isaac Newton and the scientific revolution*. London: Oxford University Press.

Csikszentmihalyi, M. (1990). *Flow: The psychology of optimal experience*. New York: Harper & Row.

De Groot, A. D. (1966). Perception and memory versus thought. In B. Kleinmuntz (Ed.), *Problem solving research, methods and theory* (pp. 19–50). New York: Wiley.

Dreyfus, H. L., & Dreyfus, S. E. (1986). *Mind over machine*. New York: Free Press.

Ericsson, K. A., & Lehmann, A. C. (1996). Expert and exceptional performance: Evidence of maximal adaptation to task constraints. *Annual Review of Psychology, 47*, 273–305.

Fook, J., Ryan, M., & Hawkins, L. (1997). Towards a theory of social work expertise. *British Journal of Social Work, 27,* 399–417.

Frensch, R. A., & Sternberg, R. J. (1989). Expertise and intelligent thinking: When is it worse to know better? In R. J. Sternberg (Ed.), *Advances in the psychology of human intelligence* (Vol. 5, pp. 157–188). Hillsdale, NJ: Lawrence Erlbaum Associates.

Glaser, R., & Chi, M. T. H. (1988). Overview. In M. T. H. Chi, R. Glaser, & M. J. Farr (Eds.), *The nature of expertise.* Hillsdale, NJ: Lawrence Erlbaum Associates.

Goleman, D. (1995). *Emotional intelligence.* New York: Bantam Books.

Hammond, K. R. (2000a). Coherence and correspondence theories in judgment and decision making. In T. Connelly & H. Arkes (Eds.), *Judgment and decision making: An interdisciplinary reader* (pp. 53–65). New York: Cambridge University Press.

Hammond, K. R. (2000b). *Judgements under stress.* New York: Oxford University Press.

Hill, C. L., & Ridley, C. R. (2001). Diagnostic decision–making: Do counselors delay final judgments? *Journal of Counseling & Development, 79*(1), 98–118.

Holyoak, K. J. (1991). Symbolic connectionism: Toward third–generation theories of expertise. In K. A. Ericsson & J. Smith (Eds.), *Toward a general theory of expertise: Prospects and limits* (pp. 301–335). New York: Cambridge University Press.

Larkin, J. (1981). Enriching formal knowledge: A model for learning to solve textbook physics problems. In J. R. Anderson (Ed.), *Cognitive skills and their acquisition.* Hillsdale, NJ: Lawrence Erlbaum Associates.

Larkin, J. H., McDermott, J., Simon, D. P., & Simon H. A. (1980). Expert and novice performance in solving physics problems. *Science, 208,* 1335–1342.

Lesgold, A., Rubinson, H., Feltovich, P., Glaser, R., Kolpfer, D., & Wang, Y.

(1988). Expertise in a complex skill: Diagnosing X-ray pictures. In M. T. H. Chi, R. Glaser, & M. J. Farr (Eds.), *The nature of expertise* (pp. 311-342). Hillsdale, NJ: Lawrence Erlbaum Associates.

Locke, T. F., & Covell, A. J. (1997). Characterizing expert psychologist behavior: Implications from selected expertise literature. *Educational Psychology Review, 9*(3), 239-249.

McKeithen, K. B., Reitman, J. S., Reuter, H. H., & Hirtle, S. C. (1981). Knowledge organization and skill differences in computer programmers. *Cognitive Psychology, 13*, 307-325.

Morrow, L. (1999, December 31). The most important people of the millennium. *Time*, 173-176.

Newton, I. (1931). *Opticks: or a treatise of the reflections, refractions, inflections, and colours of light.* New York: McGraw-Hill.

Paige, J. M., & Simon, H. A. (1966). Cognitive processes in solving algebra word problems. In P. Kleinmuntz (Ed.), *Problem solving* (pp. 119-151). New York: Wiley.

Posner, M. (1988). Introduction: What is it to be an expert. In M. T. H. Chi, R. Glaser, & M. J. Farr, (Eds.), *The nature of expertise.* Hillsdale, NJ: Lawrence Erlbaum Associates.

Richman, H. B., Gobet, F., Staszewski, J. J., & Simon, H. A. (1996). Perceptual and memory processes in the acquisition of expert performance: The EPAM model. In K. A. Ericsson (Ed.), *The road to excellence: The acquisition of expert performance in the arts and sciences, sports, and games* (pp. 167-187). Hillsdale, NJ: Lawrence Erlbaum Associates.

Schmidt, H. G., Norman, G. R., & Boschuizen, H. P. (1992). A cognitive perspective on medical expertise: Theory and implication. *Academic Medicine, 65*(10), 611-621.

Simon, H. A., & Gilmartin, K. (1973). A simulation of memory for chess positions. *Cognitive Psychology, 5*, 29-46.

Skovholt, T. M., & Rønnestad, M. H. (1995). *The evolving professional self:*

Stages and themes in therapist and counselor development. New York: Wiley.

Voss, J. F., & Post, T. A. (1988). On the Solving of ill-structured problems. In M. T. H. Chi, R. Glaser, & M. J. Farr (Eds.), *The nature of expertise* (pp. 261-285). Hillsdale, NJ: Lawrence Erlbaum Associates.

Zaentz, S. (Producer), & Forman, M. (Director). (1984). *Amadeus* [Film]. (Available from Warner Home Video. A Time Warner Entertainment Company. 4000 Warner Boulevard, Burbank, CA 91522).

제2장 치료와 상담에서의 전문성

Acredolo, C., & Horobin, K. (1987). Development of relational reasoning and avoidance of premature closure. *Developmental Psychology, 23*(1), 13-21.

Bernard, J. M., & Goodyear, R. K. (1998). *Fundamentals of clinical supervision* (2nd ed.). Boston: Allyn and Bacon.

Beutler, L. E., Arizmendi, T. G., Crago, M., Shanfield, S. B., & Hagaman, R. (1983). The effects of value similarity and clients' persuadability on value convergence and psychotherapy improvement. *Journal of Social and Clinical Psychology, 1*(3), 231-245.

Cummings, A. L., Hallberg, E. T., Martin, J., Slemon, A., & Hierbert, B. (1990). Implications of counselor conceptualizations for counselor education. *Counselor Education and Supervision, 30,* 120-134.

Dawes, R. (1994). *House of cards: Psychology and psychotherapy built on myth.* New York: Free Press.

Demos, G. D., & Zuwaylif, F. H. (1966). Characteristics of effective counselors. *Counselor Education and Supervision, 5,* 163-165.

Dreyfus, H. L., & Dreyfus, S. E. (1986). *Mind over machine.* New York: Free Press.

Fook, J., Ryan, M., & Hawkins, L. (1997). Towards a theory of social work expertise. *British Journal of Social Work, 27,* 399-417.

Goldberg, C. (1992). *The seasoned psychotherapist: Triumph over adversity.*

New York: W. W. Norton & Co.

Henry, W. E., Sims, J. H., & Spray, S. L. (1971). *The fifth profession.* San Francisco: Jossey-Bass.

Heppner, P. P., & Claiborn, C. D. (1989). Social influence research in counseling: A review and critique. *Journal of Counseling Psychology, 36,* 365-387.

Hillerbrand, E., & Claiborn, C. D. (1990). Examining reasoning skill differences between expert and novice counselors. *Journal of Counseling and Development, 68,* 684-691.

Jackson, M., & Thompson, C. L. (1971). Effective counselor: Characteristics and attitudes. *Journal of Counseling Psychology, 18,* 249-254.

Jennings, L., & Skovholt, T. M. (1999). The cognitive, emotional, and relational characteristics of master therapists. *Journal of Counseling Psychology, 46*(1), 3-11.

Kivlighan, D. M., & Quigley, S. T. (1991). Dimensions used by experienced and novice group therapists to conceptualize group processes. *Journal of Counseling Psychology, 38,* 415-423.

Landman, J. T., & Dawes, R. M. (1982). Psychotherapy outcome: Smith and Glass' conclusions stand up to scrutiny. *American Psychologist, 37,* 504-516.

Luborsky, L., McLellan, T. A., Woody, G. E., O'Brien, C. P., & Auerbach, A. (1985). Therapist success and its determinants. *Archive of General Psychiatry, 42,* 602-611.

Martin, J., Slemon, A. G., Hiebert, B., Hallberg, E. T., & Cummings, A. L. (1989). Conceptualizations of novice and experienced counselors. *Journal of Counseling Psychology, 36,* 395-400.

Meehl, P. E. (1954). *Clinical versus statistical prediction.* Minneapolis, MN: University of Minnesota Press.

Miller, W. R., & Hester, R. K. (1986). Inpatient alcoholism treatment: Who benefits? *American Psychologist, 41,* 794-805.

Orlinsky, D., Rønnestad, M. H., Ambuehl, H., Willutzki, U., Botersman, J., Cierpka, M., Davis, J., & Davis, M. (1999). Psychotherapists' assessments of their development at different career levels. *Psychotherapy, 36*(3), 203–215.

Rønnestad, M. H., & Skovholt, T. M. (1991). The professional development and stagnation of psychotherapists and counselors. *Tidsskrift for Norsk Psykologforening, 28*(7), 555–567.

Rønnestad, M. H., & Skovholt, T. M. (2001). Learning arenas for professional development: Retrospective accounts of senior psychotherapists. *Professional Psychology, Research & Practice, 32*(2), 181–187.

Skovholt, T. M., & Rønnestad, M. H. (1992). Themes in therapist and counselor development. *Journal of Counseling & Development, 70*(4), 505–515.

Skovholt, T. M., & Rønnestad, M. H. (1995). *The evolving professional self: Stages and themes in therapist and counselor development.* New York: Wiley.

Skovholt, T. M., Rønnestad, M. H., & Jennings, L. (1997). In search of expertise in counseling, psychotherapy, and professional psychology. *Educational Psychology Review, 9,* 361–369.

Smith, M. L., & Glass, G. V. (1977). Meta-analysis of psychotherapy outcome studies. *American Psychologist, 32,* 752–760.

Strong, S. R. (1968). Counseling: An interpersonal influence process. *Journal of Counseling Psychology, 15,* 215–224.

Strupp, H., & Hadley, S. (1977). A tripartite model of mental health and therapeutic outcome with special reference to negative effects in psychotherapy. *American Psychologist, 32,* 187–196.

Teyber, E., & McClure, F. (2000). Therapist variables. In C. R. Snyder & R. E. Ingram (Eds.), *Handbook of psychological change.* New York: Wiley, 62–87.

Wampold, B. E. (2001). *The great psychotherapy debate: Models, methods, and findings:* Mahwah, NJ: Lawrence Erlbaum Associates.

Wicas, E. A., & Mahan, T. W. (1966). Characteristics of counselors rated effective by supervisors and peers. *Counselor Education and Supervision, 6,* 50–56.

Wiggins, J. D., & Moody, A. (1983). Identifying effective counselors through client supervisor ratings and personality-environmental variables. *The Vocational Guidance Quarterly*, 259-269.

Wiggins, J. D., & Weslander, D. L. (1979). Personality characteristics of counselors rated as effective or ineffective. *Journal of Vocational Behavior, 15,* 175-185.

제3장 대가 상담자의 인지적, 정서적, 관계적 특성

Albert, G. (1997). What are the characteristics of effective psychotherapists? The experts speak. *Journal of Practical Psychology and Behavioral Health, 3,* 36-44.

Beutler, L. E., Machado, P. P., & Neufeldt, S. A. (1994). Therapists variables. In S. L. Garfield & A. E. Bergin (Eds.), *Handbook of psychotherapy and behavior change* (4th ed., pp. 229-268). New York: Wiley.

Colton, A. B., & Sparks-Langer, G. M. (1993). A conceptual framework to guide the development of teacher reflection and decision-making. *Journal of Teacher Education, 44,* 45-54.

Cummings, A. L., Hallberg, E. T., Martin, J., Slemon, A., & Hiebert, B. (1990). Implications of counselor conceptualizations for counselor education. *Counselor Education and Supervision, 30,* 120-134.

Erikson, E. (1963). *Childhood and society* (2nd ed.). New York: W. W. Norton & Co.

Goldberg, C. (1992). *The seasoned psychotherapist.* New York: W. W. Norton & Co.

Harrington, K. M. (1988). *Personal characteristics of diplomates defined as master therapists.* Unpublished doctoral dissertation, University of Minnesota.

Hillerbrand, E. (1989). Cognitive differences between expert and novices: Implications for group supervision. *Journal of Counseling and Development, 67,* 293-296.

Hillerbrand, E. T., & Claiborn, C. D. (1990). Examining reasoning skill differences between expert and novice counselors. *Journal of Counseling and Development, 68,* 684-691.

Horvath, A. O., & Symonds, B. D. (1991). Relation between working alliance and outcome in psychotherapy: A meta-analysis. *Journal of Counseling Psychology, 38,* 139–149.

Hoshmand, L. L. S. T. (1989). Alternate research paradigms: A review and teaching proposal. *Counseling Psychologist, 17,* 3–79.

Jackson, M., & Thompson, C. L. (1971). Effective counselor: Characteristics and attitudes. *Journal of Counseling Psychology, 18,* 249–254.

Kivlighan, D. M., & Quigley, S. T. (1991). Dimensions used by experienced and novice group therapists to conceptualize group process. *Journal of Counseling Psychology, 38,* 415–423.

Luborsky, L., McLellan, T. A., Woody, G. E., O'Brien, C. P., & Auerbach, A. (1985). Therapist success and its determinants. *Archive of General psychiatry, 42,* 602–611.

Martin, J., Slemon, A. G., Hiebert, B., Hallberg, E. T., & Cummings, A. L. (1989). Conceptualizations of novice and experienced counselors. *Journal of Counseling Psychology, 36,* 395–400.

Maslow, A. (1970). *Motivation and personality.* New York: Harper & Row.

Miller, L. (1993). Who are the best psychotherapist? *Psychotherapy in Private Practice, 12,* 1–18.

Neufeldt, S. A., Karno, M. P., & Nelson, M. L. (1996). A qualitative study of experts' conceptualization of supervisee reflectivity. *Journal of Counseling Psychology, 43,* 3–9.

Patton, M. Q. (1990). *Qualitative evaluation and research methods* (2nd ed.). Newbury Park, CA: Sage Publications.

Ricks, D. F. (1974). Supershrink: Methods of a therapist judged successful on the basis of adult outcomes of adolescent patients. In D. F. Ricks, M. Roff, & A. Thomas (Eds.), *Life history research in psychopathology.* Minneapolis: University of Minnesota Press.

Rogers, C. (1961). *On becoming a person.* Boston: Houghton Mifflin.

Rønnestad, M. H., & Skovholt, T. M. (1991). En modell for profesionell utvikling og stagnasjon hos tetapeuter og radgivere. *Tidsskirft for Norsh psykolog-forening.* [A model of the professional development and stagnation of therapists and counselors]. *Journal of the Norwegian Psychological Association, 28,* 555–567.

Rønnestad, M. H., & Skovholt, T. M. (1997). Berfliche entwicklung und supervision von psychotherapeuten [Professional development and supervision of psychotherapists]. *Psychotherapeut, 42,* 299–306.

Schon, D. A. (1983). *The reflective practitioner: Toward a new design for teaching and learning in the professions.* San Francisco: Jossey–Bass.

Schon, D. A. (1987). *Educating the reflective practitioner: Toward a new design for teaching and learning in the professions.* San Francisco: Josscy–Bass.

Sexton, T. L., & Whiston, S. C. (1994). The status of the counscling relationship: An empirical review, theoretical implications, and research directions. *The Counseling Psychologist, 22,* 6–78.

Skovholt, T. M., & Rønnestad, M. H. (1995). *The evolving professional self.* Chichester, England: Wiley.

Skovholt, T. M., Rønnestad, M. H., & Jennings, L. (1997). In search of expertise in counseling, psychotherapy, and professional psychology. *Educational Psychology Review, 9,* 361–369.

Tremmel, R. (1993). Zen and the art of reflection practice in teacher education. *Harvard Educational Review, 63,* 434–458.

Ward, C. C., & House, R. M. (1998). Counseling supervision: A reflective model. *Counselor Education and Supervision, 38,* 23–33.

Wicas, E. A., & Mahan, T. W. (1966). Characteristics of counselors rated effective by supervisors and peers. *Counselor Education and Supervision, 6,* 50–56.

Wiggins, J. D., & Weslander, D. L. (1979). Personality characteristics of counselors rated as effective of ineffective. *Journal of Vocational Behavior, 15,* 175–185.

Worthen, V., & McNeill, B. W. (1996). A phenomenological investigation of "good" supervision events. *Journal of Counseling Psychology, 43,* 25–34.

제4장 대가 상담자의 치료관계 형성

Al-Darmaki, F., & Kivlighan, D. Mr. Jr. (1993). Congruence in client-counselor expectations for relationship and the working alliance. *Journal of Counseling Psychology, 40,* 379-384.

American Heritage Dictionary of the English Language (3rd ed.). (1992). Boston: Houghton Mifflin.

Anastasi, A., & Urbina, S. (1997). *Psychological testing* (7th ed.). Englewood Cliffs, NJ: Prentice-Hall.

Asay, T. P., & Lambert, M. J. (1999). The empirical case for the common factors in therapy: Quantitative findings. In M. A. Hubble, B. L. Duncan, & S. D. Miller (Eds.), *The heart and soul of change: What works in therapy.* Washington, DC: American Psychological Association.

Bachelor, A. (1991). Comparison and relation to outcome of diverse measures of the helping alliance as seen by client and therapist. *Psychotherapy: Theory, Research, and Practice, 28,* 534-549.

Bachelor, A. (1995). Clients perception of the therapeutic alliance: A qualitative analysis. *Journal of Counseling Psychology, 42,* 323-337.

Bachelor, A., & Horvath, A. O. (1999). The therapeutic relationship. In M. A. Hubble, B. L. Duncan, & S. D. Miller (Eds.), *The heart and soul of change: What works in therapy.* Washington, DC: American Psychological Association.

Beck, A. T., Emery, G., & Greenberg, R. L. (1985). *Anxiety disorders and phobias: A cognitive perspective.* New York: Basic Books.

Beutler, L. E., & Consoli, A. (1993). Matching the therapist's interpersonal stance to client's characteristics; Contributions from systematic eclectic psychotherapy. *Psychotherapy, 30,* 417-422.

Beutler, L. E., Rocco, F., Moleiro, C. M., & Talebi, H. (2001). Resistance. *Psychotherapy: Theroy/Research/Practice/Trainging, 38,* 431-436.

Blatt, S. J., Sanislow, C. A., Zuroff, D., Pilkoins, P. (1996). Characteristics of effective therapists: Further analyses of data from the National Institute of

Mental Health Treatment of Depression Collaborative Research Program. *Journal of Consulting and Clinical Psychology, 64,* 1276–1284.

Bordin, E. S. (1979). The generalizability of the psychoanalytic concept of the working alliance. *Psychotherapy: Theory, Research, and Practice, 16,* 252–260.

Bordin, E. S. (1994). Theory and research on the therapeutic working alliance: New directions. In A. O. Horvath & L. S. Greenberg (Eds.), *The working alliance: Theory, research, and practice.* New York: Wiley.

Clarkson, P. (1994). The psychotherapeutic relationship. In. P. Clarkson & M. Pokorny (Eds.), *The handbook of psychotherapy* (pp. 28–48). London: Routledge.

Dolan, R., Arnkoff, D., & Glass, C. (1993). Client attachment style and the psychotherapist's interpersonal stance. *Psychotherapy, 30,* 408–412.

Dunkle, J. H., & Friedlander, M. L. (1996). Contribution of therapist experience and personal characteristics to the working alliance. *Journal of Counseling Psychology, 43,* 456–460.

Foreman, S. A., & Marmar, C. R. (1985). Therapist actions that address initially poor therapeutic alliances in psychotherapy. *American Journal of Psychiatry, 142,* 922–926.

Freud, S. (1912). The dynamics of transference. In *The standard edition of the complete works of Sigmund Freud* (pp. 97–108). London: Hogarth.

Gelso, C. J., & Carter, J. A. (1985). the relationship in counseling and psychotherapy: Components, consequences, and theoretical antecedents. *The Counseling Psychologist, 13,* 155–243.

Goldfried, M. R., Raue, P. J., & Castonquay, L. G. (1998). The therapeutic focus in significant sessions of master therapists: A comparison of cognitive–behavioral and psychodynamic–interpersonal interpersonal interventions. *Journal of Consulting and Clinical Psychology, 66,* 803–810.

Goldfried, M. R., & Safran, J. D. (1986). Future directions in psychotherapy integration. In J. D. Norcross (Ed.), *Handbook of eclectic psychotherapy.*

New York: Brunner/Mazel.

Greenson, R. R. (1967). *The technique and practice of psychoanalysis* (Vol. 1). New York: International Universities Press.

Hartley, D. E., & Strupp, H. H. (1983). The therapeutic alliance: Its relationship to outcome in brief psychotherapy. In J. Masling (Ed.), *Empirical studies of psychoanalytic theories* (Vol. 1). Hillsdale, NJ: Lawrence Erlbaum Associates.

Henry, W. P., Strupp, H. H., Butler, S. F., Schacht, T. E., & Binder, J. L. (1993). Effects of training in time-limited dynamic psychotherapy: Changes in therapist behavior. *Journal of Consulting and Clinical Psychology, 61*, 434–440.

Hill, C. E., Thompson, B., & Williams, E. (1997). A guide to conducting consensual qualitative research. *The Counseling Psychologist, 25*, 517–572.

Horowitz, M. J., Marmar, C., Weiss, D. S., DeWitt, K. N., & Rosenbaum, R. (1984). Brief psychotherapy of bereavement reactions: The relationship of process to outcome. *Archives of General Psychiatry, 41*, 438–448.

Horvath, A. O. (1994). Research on the alliance. In A. O. Horvath & L. S. Greenberg (Eds.), *The working alliance: Theory, research, and practice* (pp. 259–286). New York: Wiley.

Horvath, A. O., & Greenberg, L. S. (1994). Introduction (pp. 1–9). In A. O. Horvath & L. S. Greenberg (Eds.), *The working alliance: Theory, research, and practice*. New York: Wiley.

Horvath, A. O., & Luborsky, L. (1993). The role of the therapeutic alliance in psychotherapy. *Journal of Consulting and Clinical Psychology, 61*, 561–573.

Horvath, A. O., & Symonds, B. D. (1991). Relation between working alliance and outcome in psychotherapy: A meta-analysis. *Journal of Counseling Psychology, 38*, 139–149.

Howard, G. S., Nance, D. W., & Myers, P. (1986). Adaptive counseling and therapy: An integrative, eclectic model. *The Counseling Psychologist, 14*, 363–442.

Jones, E. E. (1985). *Manual for the Psychotherapy Q–Sort.* Unpublished manuscript, University of California, Berkeley.

Kivlighan, D. M. (1990). Relationship between counselor use of intentions and clients perception of working alliance. *Journal of Counseling Psychology, 37,* 87–97.

Kivlighan, D. M., Patton, M. J., & Foote, D. (1998). Moderating effects of client attachment on the counselor experience–working alliance relationship. *Journal of Counseling Psychology, 45,* 274–278.

Kivlighan, D. M., & Schmitz, P. (1992). Counselor technical activity in cases with improving working alliances and continuing–poor working alliances. *Journal of Counseling Psychology, 39,* 32–38.

Krupnick, J. L., Sotsky, S. M., Simmens, S., Moyer, J., Elkin, I., Watkins, J., & Pilkonis, P. A. (1996). The role of the therapeutic alliance in psychotherapy and pharmacotherapy outcome: Findings in the National Institute of Mental Health Treatment of Depression Collaborative Research Program. *Journal of Consulting and Clinical Psychology, 64,* 532–539.

Lazarus, A. (1993). Tailoring the therapeutic relationship, or being an authentic chameleon. *Psychotherapy, 30,* 404–407.

Luborsky, L., Crits–Christoph, P., Alexander, L., Margolis, M., & Cohen, M. (1983). Two helping alliance methods for predicting outcomes of psychotherapy: A counting signs versus global ratings method. *Journal of Nervous and Mental Diseases, 171,* 480–491.

Luborsky, L., McLellan, T., Woody, G. E., O'Brien, C. P., & Auerbach, A. (1985). Therapist success and its determinants. *Archives of General Psychiatry, 42,* 602–611.

Mahoney, M., & Norcross, J. (1993). Relationship styles and therapeutic choices: A commentary on the preceding four articles. *Psychotherapy, 30,* 423–426.

Mahrer, A. (1993). The experiential relationship: Is it all–purpose or is it tailored to the individual client? *Psychotherapy, 30,* 413–422.

Mallinckrodt, B., & Nelson, M. L. (1991). Counselor training level and the formation of the psychotherapeutic working alliance. *Journal of Counseling Psychology, 38,* 133–138.

Marmar, C. R., Horowitz, M. J., Weiss, D. S., & Mariaza, E. (1986). The development of the therapeutic alliance rating system. In L. S. Greenberg & W. M. Pinsof (Eds.), *The psychotherapy: A research handbook.* New York: Guilford.

Miller, S. D., Duncan, B. L., & Hubble, M. A. (1997). *Escape from babel: Toward a unifying language for psychotherapy practice.* New York: W. W. Norton Co.

Nance, D. W., & Associates (Eds.). (1995). *How therapists act: Cases combining major approaches to psychotherapy and the adaptive counseling and therapy model.* Washington, DC: Accelerated Development.

Norcross, J. (1993). Tailoring relationship stances to client needs: An introduction. *Psychotherapy: Theory, Research, and Practice, 30,* 402–403.

Norcross, J. C. (2001). Purposes, processes, and products of the task force on empirically supported therapy relationships. *Psychotherapy: Theory/Research/Practice/Training, 38,* 345–356.

Norcross, J. C. (Ed.). (2002). *Psychotherapy relationships that work: Therapist contributions and responsiveness to patient needs.* New York: Oxford University Press.

Patton, M. Q. (1990). *Qualitative research and evaluation methods* (2nd ed.). Newbury Park, CA: Sage Publications.

Prochaska, J. O., & Norcross, J. C. (2001). Stages of change. *Psychotherapy: Theory/Research/Practice/Training, 38,* 443–448.

Rogers, C. R. (1957). The necessary and sufficient conditions of therapeutic personality change. *Journal of Consulting Psychology, 21,* 95–103.

Safran, J. D., & Muran, J. C. (1996). The resolution of ruptures in the therapeutic alliance. *Journal of Consulting and Clinical Psychology, 64,* 447–458.

Sexton, T. L., & Whiston, S. C. (1994). The status of the counseling relationship: An empirical review, theoretical implications, and research directions. *The Counseling Psychologist, 22,* 7–78.

Strong, S. R. (1968). Counseling: An interpersonal influence process. *Journal of Counseling Psychology, 15*, 215–224.

Tallman, K., & Bohart, A. C. (1999). The client as a common factor: Clients as self-healers. In M. A. Hubble, B. L. Duncan & S. D. Miller (Eds.), *The heart and soul of change*. Washington, DC: American Psychological Association.

Teyber, E., & McClure, F. (2000). Therapist variables. In C. R. Snyder & R. E. Ingram (Eds.), *Handbook of psychological change*. New York: Wiley.

Tobin, S. (1990). *Multidimensional scaling analysis of the Psychotherapy Process Q-Sort*. Unpublished manuscript. University of Missouri, Columbia.

Wampold, B. E. (2001). *The great psychotherapy debate: Models, methods, and findings*. Mahwah, NJ: Lawrence Erlbaum Associates.

제5장 대가 상담자의 정서적 안녕과 전문적 적응유연성

Ackerly, G. D., Burnell, J., Holder, D. C., & Kurdek, L. A. (1988). Burnout among licensed psychologists. *Professional Psychology: Research and Practice, 19*(6), 624–631.

American Psychiatric Association. (1994). *Diagnositc and statistical manual of mental disorders* (4th ed.). Washington DC: Author.

Catherall, D. R. (1995). Coping with secondary traumatic stress: The importance of the therapist's professional peer group. In B. H. Stamm (Ed.), *Secondary traumatic stress: Self-care issues for clinicians, researchers, and educators* (pp. 80–92). Lutherville, MD: Sidran Press.

Coster, J. S., & Schwebel, M. (1997). Well-functioning in professional psychologists. *Professional Psychology: Research and Practice, 28*(1), 5–13.

Deutsch, C. J. (1984). Self-reported sources of stress among psychotherapists. *Professional Psychology: Research and Practice, 15*(6), 833–845.

Dupree, P. I., & Day, H. D. (1995). Psychotherapists' job satisfaction and job burnout as a function of work setting and percentage of managed care clients. *Psychotherapy in Private Practice, 14*(2), 77–93.

Elliott, D. M., & Guy, J. D. (1993). Mental health professionals versus non-mental-health professionals: Childhood trauma and adult functioning. *Professional Psychology: Research and Practice, 24*(1), 83–90.

Farber, B. (1983a, Summer). The effects of psychotherapeutic practice upon the psychotherapists. *Psychotherapy: Theory, Research, and Practice, 20*(2), 174–182.

Farber, B. (1983b). Psychotherapists' perceptions of stressful patient behavior. *Professional Psychology, Research and Practice, 14*(5), 697–705.

Farber, B. (1990). Burnout in psychotherapists: Incidence, types, and trends. *Psychology in Private Practice, 8*(1), 35–44.

Farber, B., & Heifetz, L. J. (1981). The satisfactions and stresses of psychotherapeutic work: A factor analytic study. *Professional Psychology, 12*(5), 621–630.

Figley, C. R. (1995). Compassion fatigue: Toward a new understanding of the costs of caring. In B. H. Stamm (Ed.), *Secondary traumatic stress: Self-care issues for clinicians, researchers, and educators* (pp. 3–28). Lutherville, MD: Sidran Press.

Freudenberger, H. J. (1975). The staff burnout syndrome in alternative institutions. *Psychotherapy: Theory, Research, and Practice, 12*(1), 73–82.

Freudenberger, H. J., & Robbins, A. (1979). The hazards of being a psychoanalyst. *The Psychoanalytic Review, 66*(2), 275–295.

Grosch, W. N., & Olsen, D. C. (1994). *When helping starts to hurt: A new look at burnout among psychotherapists.* New York: W. W. Norton & Co.

Jennings, L., & Skovholt, T. M. (1999). The cognitive, emotional, and relational characteristics of master therapists. *Journal of Counseling Psychology, 46,* 3–11.

Kassam-Adams, N. (1995). The risks of treating sexual trauma: Stress and secondary trauma in psychotherapists. In B. H. Stamm (Ed.), *Secondary traumatic stress: Self-care issues for clinicians, researchers, and educators* (pp. 37–48). Lutherville, MD: Sidran Press.

Mahoney, M. J. (1997). Psychotherapists' personal problems and self-care patterns. *Professional Psychology: Research and Practice, 28*(1), 14–16.

McCann, L., & Pearlman, L. A. (1990). Vicarious traumatization: A framework for understanding the psychological effects of working with victims. *Journal of Traumatic Stress, 3*(1), 131–149.

Medeiros, M. E., & Prochaska, J. O. (1988). Coping strategies that psychotherapists use in working with stressful clients. *Professional Psychology: Research and Practice, 19*(1), 112–114.

Neumann, D. A., & Gamble, S. J. (1995). Issues in the professional development of psychotherapists: Countertransference and vicarious traumatization in the new trauma therapist. *Psychotherapy, 32*(2), 341–347.

Norcross, J. C. (1990). Personal therapy for therapists: One solution. *Psychotherapy in Private Practice, 8*(1), 45–59.

Norcross, J. C., Prochaska, J. O., & DiClemente, C. C. (1986). Self–change of psychological distress: Laypersons versus psychologists' coping strategies. *Journal of Clinical Psychology, 42*(5), 834–840.

Pearlman, L. A., & MacIan, P. S. (1995). Vicarious traumatization: An empirical study of the effects of trauma work on trauma therapists. *Professional Psychology: Research and Practice, 26*(6), 558–565.

Racusin, G. R., Abramowitz, S. I., & Winter, W. D. (1981). Becoming a therapist: Family dynamics and career choice. *Professional Psychology, 12*(2), 271–279.

Radke, J. T., & Mahoney, M. J. (2000). Comparing the personal lives of psychotherapists and research psychologists. *Professional Psychology: Research and Practice, 31*(1), 82–84.

Raquepaw, J. M., & Miller, R. S. (1989). Psychotherapist burnout: A componential analysis. *Professional Psychology: Research and Practice, 20*(1), 32–36.

Rodolfa, E. R., Kraft, W. A., & Reilley, R. R. (1988). Stressors of professionals and trainees at APA–approved counseling and VA medical center internship sites. *Professional Psychology: Research and Practice, 19*(1), 43–49.

Rosenbloom, D. J., Pratt, A. C., & Pearlman, L. A. (1995). Helpers' responses to trauma work: Understanding and intervening in an organization. In B. H.

Stamm (Ed.), *Secondary traumatic stress: Self-care issues for clinicians, researchers, and educators* (pp. 65–79). Lutherville, MD: Sidran Press.

Saakvitne, K. W., & Pearlman, L. A. (1996), *Transforming the pain: A workbook on vicarious traumatization for helping professionals who work with traumatized clients.* New York: W. W. Norton & Co.

Savicki, V., & Cooley, E. (1987). The relationship of work environment and client contact to burnout in mental health professionals. *Journal of Counseling and Development, 65,* 249–252.

Skovholt, T. M. (2001). *The resilient practitioner: Burnout prevention and self-care strategies for counselors, therapists, teachers, and health professionals.* Boston: Allyn and Bacon.

Snibbe, J. R., Radcliffe, T., Weisberger, C., Richards, M., & Kelly, J. (1989). Burnout among primary care physicians and mental health professionals in a managed health care setting. *Psychological Reports, 65,* 775–780.

Sussman, M. B. (1995). Introduction. In M. B. Sussman (Ed.), *A perilous calling: The hazards of psychotherapy practice* (pp. 1–12). New York: Wiley.

제6장 대가 상담자의 윤리적 가치관

American Psychological Association. (2002, December). Ethical principles of psychologist and code of conduct. *American Psychologist, 57*(12), 1060–1073.

Assouline, S. (1989). Developing moral responsibleness through professional education. *Counseling and Values, 34,* 47–49.

Bernard, J., & Jara, C. (1986). The failure of clinical psychology graduate students to apply understood ethical principles. *Professional Psychology: Research and Practice, 17,* 313–315.

Bernard, J., Murphy, M., & Little, M. (1987). The failure of clinical psychologists to apply understood ethical principles. *Professional Psychology: Research and Practice, 18,* 489–491.

Bersoff, D., & Koeppl, P. (1993). The relation between ethical codes and moral principles. *Ethics and Behavior, 3,* 345–357.

Bogart, C. J. (1999). A feminist approach to teaching theory use to counseling psychology graduate students. *Teaching of Psychology, 26*(1), 46–47.

Carlson, T., & Erickson, M. (1999). Recapturing the person in the therapist: An exploration of personal values, commitments, and beliefs. *Contemporary Family Therapy: An International Journal, 21*(1), 57–76.

Consoli, A., & Williams, L. (1999). Commonalities in values among mental health counselors. *Counseling and Values, 43,* 106–115.

Conte, H., Plutchik, R., Picard, S., & Karasu, T. (1989). Ethics in the practice of psychotherapy: A survey. *American Journal of Psychotherapy, 43,* 32–42.

Corey, G. (1989). Values in counseling and psychotherapy. *Counseling and Values, 33,* 177–178.

Corey, G., Corey, M., & Callanan, P. (1998). *Issues and ethics in the helping professions.* Pacific Grove, CA: Brooks/Cole Publishing Company.

Eberlein, L. (1987). Introducing ethics to beginning psychologists: A problem-solving approach. *Professional Psychology: Research and Practice, 18,* 353–359.

Gilligan, C. (1982). *In a different voice: Psychological theory and women's development.* Cambridge, MA: Harvard University Press.

Grant, B. (1985). The moral nature of psychotherapy. *Counseling and Values, 29,* 141–150.

Haas, L., Malouf, J., & Mayerson, N. (1988). Personal and professional characteristics as factors in psychologists' ethical decision making. *Professional Psychology: Research and Practice, 19,* 35–42.

Haugen, M., Tyler, J., & Clark, J. (1991). Mental health values of psychotherapists: How psychologists, psychiatrists, psychoanalysts, and social workers conceptualize good mental health, *Counseling and Values, 36,* 24–36.

Hill, C., Thompson, B., & Williams, E. (1997). A guide to conducting consensual qualitative research. *The Counseling Psychologist, 25,* 517–572.

Jennings, L., & Skovholt, T. M. (1999). The cognitive, emotional, and relational characteristics of master therapists. *Journal of Counseling Psychology, 46*(1), 3–11.

Jensen, J., & Bergin, A. (1988). Mental health values of professional therapists: A national interdisciplinary survey. *Professional Psychology: Research and Practice, 19,* 290–297.

Kelly, E. (1995). Counselor values: A national survey. *Journal of Counseling and Development, 73,* 648–653.

Khan, J., & Cross, D. (1983). Mental health professional and client values: Similar or different? *Australian Journal of Sex, Marriage & Family, 4*(2), 71–78.

Kitchener, K. (1984). Intuition, critical evaluation and ethical principles: The foundation for ethical decisions in counseling psychology. *The Counseling Psychologist, 12*(3), 43–55.

Knauss, L. (1997). Professional training in ethics. In D. Marsh & R. Magee (Eds.), *Ethical and legal issues in professional practice with families.* New York: John Wiley & Sons.

Kohlberg, L. (1984). Essays in moral development: Vol. 2. *The psychology of moral development.* New York: Harper & Row.

Kovel, J. (1982). Values, interests, and psychotherapy. *The American Journal of Psychoanalysis, 42*(2), 109–119.

Lambert, M. J. (1992). Psychotherapy outcome: Implications for integrative and eclectic therapists. In J. C. Norcross & M. R. Goldfried (Eds.), *Handbook of psychotherapy integration.* New York: Basic Books.

Marshall, C., & Rossman, G. B. (1999). *Designing qualitative research* (3rd ed.). Thousand Oaks, CA: Sage Publications.

Meara, N. M., Schmidt, L. D., Day, J. D. (1996). Principles and virtues: A foundation for ethical decisions, policies, and character. *The Counseling Psychologist, 24*(1), 4–77.

Micklebrugh, W. E. (1992). Clarification of values in counseling and psychotherapy. *Australian and New Zealand Journal of Psychiatry, 26*(3), 391–398.

Myers, J., & Truluck, M. (1998). Health beliefs, religious values, and the counseling process: A comparison of counselors and other mental health professionals. *Counseling and Values, 42,* 106–123.

Pope, K., & Bajt, T. (1988). When laws and values conflict: A dilemma for psychologists. *American Psychologist, 43,* 828–829.

Pope, K., & Vetter, V. (1992). Ethical dilemmas encountered by members of the American Psychological Association. *American Psychologist, 47,* 397–411.

Prilleltensky, I., Walsh–Bowers, R., & Rossiter, A. (1999). Clinicians' lived experience of ethics: Values and challenges in helping children. *Journal of Educational and Psychological Consultation, 10,* 315–342.

Rest, J. (1984). Research on moral development: Implications for training counseling psychologists. *The Counseling Psychologist, 12*(3), 19–29.

Skovholt, T. M., & Rønnestad, M. H. (1995). *The evolving professional self: Stages and themes in therapist and counselor development.* New York: John Wiley & Sons.

Smith, T., McGuire, J., Abbott, D., & Blau, B. (1991). Clinical ethical decision making: An investigation of the rationales used to justify doing less than one believes one should. *Professional Psychology: Research and Practice, 22,* 235–239.

Vachon, D. O., & Agresti, A. A. (1992). A training proposal to help mental health professionals clarify and manage implicit values in the counseling process. *Professional Psychology: Research and Practice, 23,* 509–514.

Webb, E., Campbell, D. T., Schwartz, R. D., & Sechrest, L. (1966). *Unobtrusive measures: Nonreactive research in the social sciences.* Chicago: Rand McNally.

Wilkins, M., McGuire, J., Abbott, D., & Blau, B. (1990). Willingness to apply understood ethical principles. *Journal of Clinical Psychology, 46,* 539–547.

제7장 대가 상담자의 초상: 고기능 자아의 발달 모델

Bales, P. B., & Staudinger, U. M. (2000). Wisdom: A metaheuristic (pragmatic) to orchestrate mind and virtue toward excellence. *American Psychologist, 55,* 122–136.

Barber, J. D. (1977). *The presidential character: Predicting performance in the White House.* Englewood Cliffs, NJ: Prentice–Hall.

Chi, M. T. H., Glaser, R., & Farr, M. J. (Eds.). (1988). *The nature of expertise.* Hillsdale, NJ: Lawrence Erlbaum Associates.

Dlugos, R. F., & Friedlander, M. L. (2001). Passionately committed therapists: A qualitative study of their experiences. *Professional Psychology: Research and Practice, 32,* 298–394.

Goldfried, M. (Ed.). (2001). *How therapists change: Personal and professional reflections.* Washington, DC: American Psychological Association.

Horvath, A. O., & Luborsky, L. (1993). The role of the therapeutic alliance in psychotherapy. *Journal of Consulting and Clinical Psychology, 61,* 561–573.

Jennings, L. (1996). *The personal characteristics of master therapists.* Unpublished doctoral dissertation. University of Minnesota.

Johnson, W. B. (2002). The intentional mentor: Strategies and guidelines for the practice of mentoring. *Professional Psychology: Research and Practice, 33,* 88–96.

Jordan, A. E., & Mears, N. M. (1990). Ethics and the professional practice of psychologists: The role of virtues and principles. *Professional Psychology: Research and Practice, 21,* 107–114.

Jourard, S. M., & Landsman, T. (1980). *Healthy personality.* New York: Macmillan.

Kohlberg, L. (1969). Stage and sequence: The cognitive–developmental approach to socialization. In D. A. Goslin (Ed.), *Handbook of socialization theory and research.* Chicago: Rand McNally.

Knopp, S. B. (1976). *If you meet the Buddha on the road, kill him: The pilgrimage of psychotherapy patients.* Toronto: Bantam Books.

Lerner, H. (1989). *The dance of intimacy: A woman's guide to courageous acts of change in key relationships.* New York: Harper Perennial.

Lichtenberg, J. W., & Wampold, B. E. (2002). Closing comments on counseling psychology's principles of empirically supported interventions. *The Counseling Psychologist, 30*, 309–313.

Lubinski, D., & Benbow, C. P. (2000). States of excellence. *American Psychologist, 55*, 137–150.

Mullenbach, M. A. (2000). *Master therapists: A study of professional resiliency and emotional wellness.* Unpublished doctoral dissertation, University of Minnesota.

Myers, D. G. (2000). The funds, friends, and faith of happy people. *American Psychologist, 55*, 56–67.

Neufeldt, S. A., Karno, M. P., & Nelson, M. L. (1996). A qualitative study of experts' conceptualization of supervisee reflectivity. *Journal of Counseling Psychology, 43*, 3–9.

Orlinsky, D., Rønnestad, M. H., Ambeuhl, H., Willutzki, U., Botersman, J., Cierpka, M., Davis, J., & Davis, M. (1999). Psychotherapists' assessments of their development at different career levels. *Psychotherapy, 36*(3), 203–215.

Orlinsky, D. E., Botermans, J. F., Rønnestad, M. H., and the SPR Collaborative Research Network. (2001). Toward an empirically grounded model of psychotherapy training: Four thousand therapists rate influences on their development. *Australian Psychologist, 36*, 1–10.

Orlinsky, D. E., Rønnestad, M. H., Willutzki, U., Wiseman, H., Botermans, J. F., and the SPR Collaborative Network. (2003). The prevalence, parameters and purpose of personal therapy: An international perspective. In J. D. Geller, J. C. Norcross, & D. E. Orlinsky (Eds.), *The psychotherapist's own psychotherapy: Patient and clinician perspectives.* New York: Oxford University Press.

Rogers, C. (1961). *On becoming a person.* Boston: Houghton Mifflin.

Rønnestad, M. H., & Skovholt, T. M. (1991). A model of the professional development and stagnation of therapists and counselors. *Journal of the*

Norwegian Psychological Association, 28, 555–567.

Rønnestad, M. H., & Skovholt, T. M. (1993). Supervision of beginning and advanced graduate students in counseling and psychotherapy. *Journal of Counseling and Development, 71*, 396–405.

Rønnestad, M. H., & Skovholt, T. M. (2001). Learning arenas for professional development: Retrospective accounts of senior psychotherapists. *Professional Psychology: Research and Practice, 32*, 181–187.

Ryan, R. M., & Deci, E. L. (2000). Self–determination theory and the facilitation of intrinsic motivation, social development, and well–being. *American Psychologist, 55*, 68–78.

Scatura, D. J. (2001). The evolution of psychotherapy and the concept of manualization: An integrative perspective. *Professional Psychology: Research and Practice, 32*, 522–530.

Sexton, T. C., & Whiston, S. C. (1994). The status of the counseling relationship: An empirical review, theoretical implications and research directions. *The Counseling Psychologist, 22*(1), 6–78.

Simonton, D. K. (2000). Creativity: Cognitive, personal, developmental, and social aspects. *American Psychologist, 55*, 151–158.

Skovholt, T. M. (2001). *The resilient practitioner: Burnout prevention and self–care strategies for counselors, therapists, teachers, and health professionals.* Boston: Allyn and Bacon.

Skovholt, T. M., & Rønnestad, M. H. (2001). The long, textured path from novice to senior practitioner. In T. M. Skovholt (Ed.), *The resilient practitioner: Burnout prevention and self–care strategies for counselors, therapists, teachers and health professionals* (pp. 25–54). Boston: Allyn and Bacon.

Skovholt, T. M., & Rønnestad, M. H. (1995). *The evolving professional self: Stages and themes in counselor and therapist development.* New York: Wiley.

Sullivan, M. (2001). *Master therapists' construction of the therapeutic relationship.* Unpublished doctoral dissertation, University of Minnesota.

Spitz, B. (1989). *Dylan: A biography.* New York: McGraw-Hill.

Teyber, E., & McClure, F. (2000). Therapist variables. In C. R. Snyder & R. E. Ingram (Eds.), *Handbook of psychological change* (pp. 62-87). New York: Wiley.

Vakoch, D. A., & Strupp, H. H. (2000). Psychodynamic approaches to psychotherapy: Philosophical and theoretical foundations of effective practice. In C. R. Snyder & R. E. Ingram (Eds.), *Handbook of psychological change* (pp. 200-216). New York: Wiley.

Wampold, B. (2001). *The great psychotherapy debate: Models, methods, findings.* Mahwah, NJ: Lawrence Erlbaum Associates.

Winner, E. (2000). The origins and ends of giftedness. *American Psychologist, 55,* 159-169.

Wrenn, C. G. (1962). The culturally encapsulated counselor. *Harvard Educational Review, 32,* 444-449.

부록 A. 방법론

Ackerly, G. D., Burnell, J., Holder, D. C., & Kurdek, L. A. (1988). Burnout among licensed psychologists. *Professional Psychology: Research and Practice, 19*(6), 624-631.

American Psychological Association. (1992). Ethical principles of psychologists and code of conduct. *American Psychologist, 47,* 1597-1611.

Anastasi, A., & Urbina, S. (1997). *Psychological testing* (7th ed.). Englewood Cliffs, NJ: Prentice-Hall.

Bachelor, A. (1991). Comparison and relation to outcome of diverse measures of the helping alliance as seen by client and therapist. *Psychotherapy: Theory, Research, and Practice, 28,* 534-549.

Bordin, E. S. (1979). The generalizability of the psychoanalytic concept of the working alliance. *Psychotherapy: Theory, Research, and Practice, 16,* 252-260.

Bordin, E. S. (1994). Theory and research on the therapeutic working alliance: New directions. In A. O. Horvath & L. S. Greenberg (Eds.), *The working alliance: Theory, research, and practice.* New York: John Wiley & Sons.

Cole, D. A., & White, K. (1993). Structure of peer impressions of children's competence: Validation of the peer nomination of multiple competencies. *Psychological Assessment, 5,* 449–456.

Corey, G., Corey, M., & Callanan, P. (1998). *Issues and ethics in the helping professions.* Pacific Grove, CA: Brooks/Cole Publishing.

Coster, J. S., & Schwebel, M. (1997). Well-functioning in professional psychologists. *Professional Psychology: Research and Practice, 28*(1), 5–13.

Creswell, J. W. (1994). *Research design: Qualitative and quantitative approaches.* Newbury Park, CA: Sage Publications.

Farber, B. (1990). Burnout in psychotherapists: Incidence, types, and trends. *Psychology in Private Practice, 8*(1), 35–44.

Gaston, L., & Marmar, C. R. (1994). The California psychotherapy alliance scales. In A. O. Horvath & L. S. Greenberg (Eds.), *The working alliance: Theory, research, and practice.* New York: Wiley.

Gilligan, C. (1982). *In a different voice: Psychological theory and women's development.* Cambridge, MA: Harvard University Press.

Guba, E. G. (1978). *Toward a methodology of naturalistic inquiry in educational evaluation. CSE Monograph Series in Evaluation No. 8.* Los Angeles: Center for the Study of Evaluation, University of California.

Henry, W. P., & Strupp, H. H. (1994). The therapeutic alliance as interpersonal process. In A. Horvath & L. S. Greenberg (Eds.), *The working alliance: Theory, research, and practice.* New York: Wiley.

Hill, C. E., Thompson, B. J., & Williams, E. N. (1997). A guide to conducting consensual qualitative research. *The Counseling Psychologist, 25*(4), 517–572.

Hillerbrand, E. T., & Clairborn, C. D. (1990). Examining reasoning skill differences between expert and novice counselors. *Journal of Counseling and*

Development, 68, 684–691.

Horvath, A. O. (1994). Research on the alliance. In A. O. Horvath & L. S. Greenberg (Eds.), *The working alliance: Theory, research, and practice* (pp. 259–286). New York: Wiley.

Horvath, A. O., & Greenberg, L. S. (1994). Introduction. In A. O. Horvath & L. S. Greenberg (Eds.), *The working alliance: Theory, research, and practice* (pp. 1–9). New York: Wiley.

Hoshmand, L. L. S. T. (1989). Alternate research paradigms: A review and teaching proposal. *Counseling Psychologist, 17,* 3–79.

Jennings, L., & Skovholt, T. M. (1999). The cognitive, emotional, and relational characteristics of master therapists. *Journal of Counseling Psychology, 46,* 3–11.

Kitchener, K. (1984). Intuition, critical evaluation and ethical principles: The foundation for ethical decisions in counseling psychology. *The Counseling Psychologist, 12*(3), 43–55.

Kohlberg, L. (1984). Essays in moral development: Vol. 2. *The psychology of moral development.* New York: Harper & Row.

Luborsky, L. (1994). Therapeutic alliances as predictors of psychotherapy outcomes: Factors explaining the predictive success. In A. O. Horvath & L. S. Greenberg (Eds.), *The working alliance: Theory, research, and practice.* New York: Wiley.

Luborsky, L., McLellan, T. A., Woody, G. E., O'Brien, C. P., & Auerbach, A. (1985). Therapist success and its determinants. *Archive of General Psychiatry, 42,* 602–611.

Marshall, C., & Rossman, G. B. (1999). *Designing qualitative research* (3rd ed.). Thousand Oaks, CA: Sage publications.

Marziali, E. (1984). Three viewpoints on the therapeutic alliance: Similarities, differences and associations with psychotherapy outcome. *Journal of Nervous and Mental Disease, 172,* 417–423.

Meara, N. M., Schmidt, L. D., & Day, J. D. (1996). Principles and virtues: A foundation for ethical decisions, policies, and character. *The Counseling*

Psychologist, 24(1), p. 4–77.

Morrow, S. L., & Smith, M. L. (2000). Qualitative research for counseling psychology. In S. D. Brown, & R. W. Lent (Eds.), *Handbook of counseling psychology* (3rd ed., pp. 199–230). New York: Wiley.

Patton, M. Q. (1990). *Qualitative evaluation and research methods* (2nd ed.) Newbury Park, CA: Sage Publications.

Peters, T. J., & Waterman, R. H. (1982). *In search of excellence: Lessons from America's best-run companies.* New York: Harper & Row.

Rodolfa, E. R., Kraft, W. A., & Reilley, R. R. (1988). Stressors of professionals and trainees at APA-approved counseling and VA medical center internship sites. *Professional Psychology: Research and Practice, 19*(1), 43–49.

Savicki, V., & Cooley, E. (1987, January). The relationship of work environment and client contact to burnout in mental health professionals. *Journal of Counseling and Development, 65,* 249–252.

Seidman, I. E. (1991). *Interviewing as qualitative research.* New York: Teachers College Press.

Serbin, L. A., Lyons, J. A., Marchessault, K., Schartzman, A. E., & Ledingham, J. E. (1987). Observational validation of a peer nomination technique for identifying aggressive, withdrawn, and aggressive/withdrawn children. *Journal of Consulting and Clinical psychology, 55,* 109–110.

Skovholt, T. M., & Rønnestad, M. H. (1995). *The evolving professional self: Stages and themes in therapist and counselor development.* Chichester, UK: Wiley.

Skovholt, T. M., Rønnestad, M. H., & Jennings, L. (1997). Searching for expertise in counseling, psychotherapy, and professional psychology. *Educational Psychology Review, 9*(4), 361–369.

Strauss, A., & Corbin, J. (1990). *Basics of qualitative research: Grounded theory procedures and techniques.* Newbury Park, CA: Sage Publications.

Whitt, E. J. (1991). Artful science: A primer on qualitative research methods. *Journal of College Student Development, 32,* 406–415.

찾·아·보·기

인명

내용

| 편저자 소개 |

Thomas M. Skovholt

St. Olaf College에서 학사학위를, University of Missouri에서 박사학위를 받았다. 미네소타 주의 공인 심리학자로서 American Board of Professional Psychology를 수료하고 American Psychological Association에서 수련하였다. 현재 The University of Minnesota의 Counseling and Student Personnel Psychology 교수로 재직 중이다.
그는 교육, 상담, 치료 분야의 실무자 양성과 전문성 개발에 관심을 갖고 연구하고 있으며, 특히 각 분야의 대가나 거장에 관한 연구, 이들의 자아탄력성, 소진의 예방 등이 주요 연구 분야다. 또한 초심자들의 발달상 어려움, 임상 슈퍼비전, 상담과정과 상담기법에도 많은 관심을 갖고 있다.

Len Jennings

Psychology from Missouri Western State University에서 학사학위를, Counseling and Guidance from the University of Missouri-Kansas City에서 석사학위를, Counseling and Student Personnel Psychology from the University of Minnesota에서 박사학위를 받았다. 미네소타 주의 공인 심리학자로 Graduate School of Professional Psychology at the University of St. Thomas 교수로 재직 중이다.
그는 개인상담 분야에서 남성상담, 진로개발 그리고 집단상담을 중심으로 상담자 발달의 최적 과정, 다문화상담, 진로발달, 남성의 삶 등에 관심을 갖고 연구하고 있다.

| 역자 소개 |

유정이

서울대학교 교육학과에서 학사 · 석사 및 박사 학위를 받았다. 삼성그룹 상담실의 선임 상담원 과장을 거쳐 한국청소년상담원 상담교수를 역임했으며, 현재 안양대학교 교육대학원 상담심리교수로 재직 중이다. 저 · 역서로는 『카운슬링의 원리』(공저), 『건강한 상담자만이 남을 도울 수 있다』(공역), 『상담 및 심리치료 대인과정접근』(공역)이 있다.

유성경

서울대학교 교육학과에서 학사 및 석사 학위를, 미네소타 대학교 교육심리학과에서 상담심리전공으로 석사 및 박사 학위를 받았다. 한국청소년상담원 상담교수를 역임하였으며, 현재는 이화여자대학교 사회과학대학 심리학과 교수로 재직 중이다. 역서로는 『건강한 상담자만이 남을 도울 수 있다』(공역), 『상담의 디딤돌』(공역)이 있다.

이문희

이화여자대학교 심리학과에서 상담심리학 박사과정을 수료하였다. 한국청소년상담원 상담원을 거쳐 현재 소향 신나는 심리클리닉의 객원 상담원으로 재직 중이다.

박정민

이화여자대학교 심리학과에서 상담심리전공으로 석사 및 박사 학위를 받았다. 한국청소년상담원의 선임상담원과 이화여자대학교 학생상담센터의 연구원을 거쳐, 현재 HR 컨설팅 회사인 리더스 인싸이트그룹(www.insighteap.co.kr)에서 TA & E(Talent Assessment & EAP) 담당 이사로 재직 중이다.

심리치료의 거장

Master Therapists

2008년 7월 15일 1판 1쇄 인쇄
2008년 7월 22일 1판 1쇄 발행

엮은이 · Thomas M. Skovholt · Len Jennings
옮긴이 · 유정이 · 유성경 · 이문희 · 박정민
펴낸이 · 김진환
펴낸곳 · 학지사
121-837 서울특별시 마포구 서교동 352-29 마인드월드빌딩 5층
대표전화 · 02)326-1500 팩스 02)324-2345
등 록 · 1992년 2월 19일 제2 1329호
http://www.hakjisa.co.kr

ISBN 978-89-5891-610-9 93180

정가 18,000원